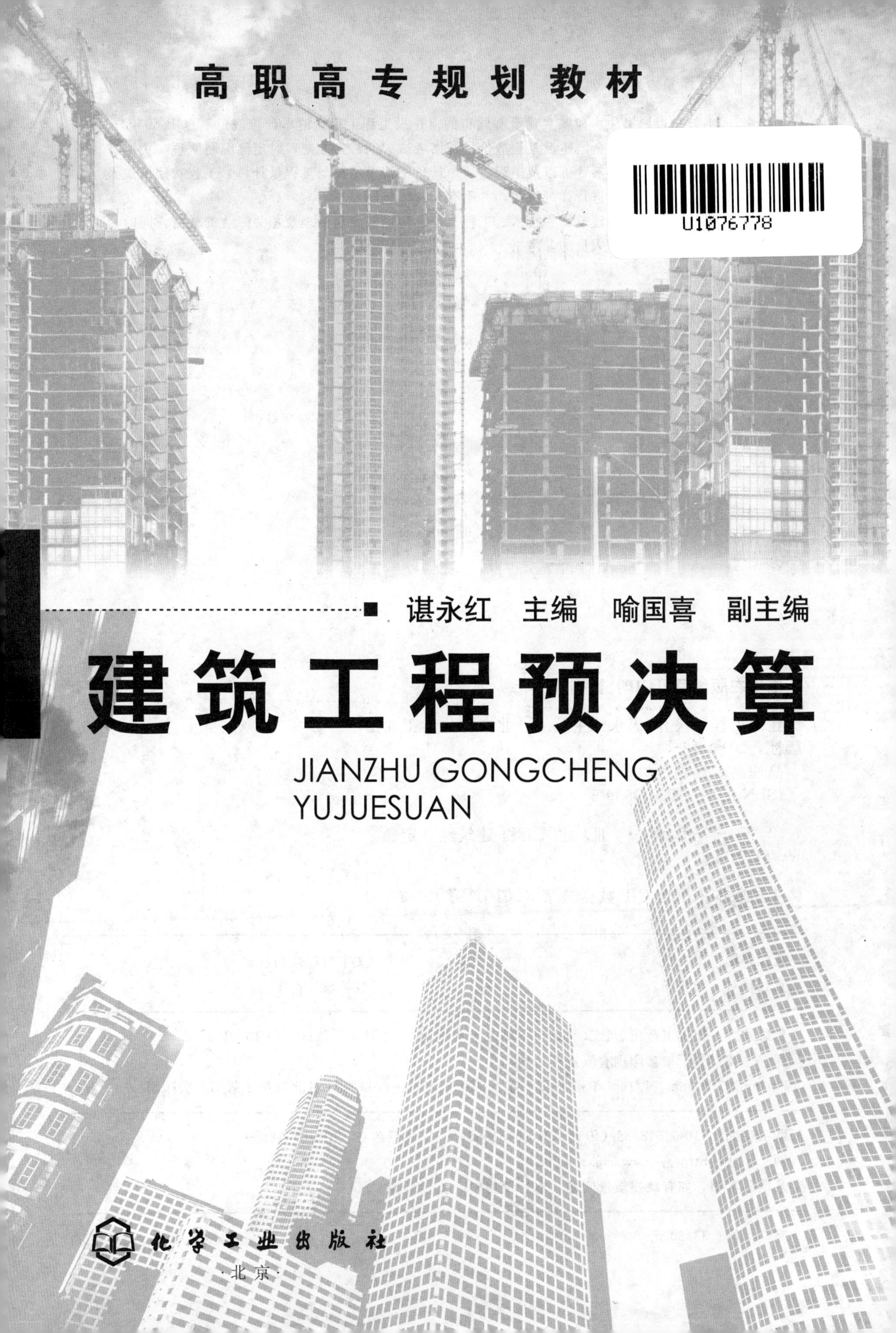

高职高专规划教材

谌永红　主编　喻国喜　副主编

建筑工程预决算

JIANZHU GONGCHENG YUJUESUAN

化学工业出版社
·北京·

本教材以国家住房和城乡建设部颁布的《建设工程工程量清单计价规范》（GB 50500—2008）为依据，以《全国建设工程造价员资格考试大纲》为准则，对定额编制原理、编制方法、定额的使用、定额计价以及工程量清单计价中清单编制与工程量计算、工程费用构成及工程造价计算等内容进行详细讲述，并附有相关的例题。

本书为高职高专建筑工程技术、工程造价、环境监测与治理及相关专业的教材，同时也可作为相关工程技术人员的参考书。

图书在版编目（CIP）数据

建筑工程预决算/谌永红主编. —北京：化学工业出版社，2010.12

高职高专规划教材

ISBN 978-7-122-09639-5

Ⅰ. 建… Ⅱ. 谌… Ⅲ. 建筑工程-建筑经济定额 Ⅳ. TU723.3

中国版本图书馆 CIP 数据核字（2010）第 197008 号

责任编辑：王文峡　　文字编辑：刘莉珺

责任校对：周梦华　　装帧设计：张　辉

出版发行：化学工业出版社（北京市东城区青年湖南街 13 号　邮政编码 100011）

印　　装：大厂聚鑫印刷有限责任公司

787mm×1092mm　1/16　印张 18¼　字数 464 千字　2011 年 1 月北京第 1 版第 1 次印刷

购书咨询：010-64518888（传真：010-64519686）　售后服务：010-64518899

网　　址：http://www.cip.com.cn

凡购买本书，如有缺损质量问题，本社销售中心负责调换。

定　　价：33.50 元

编审委员会

前言

建设工程造价一般是指进行一项工程建设所需消耗货币资金数额的总和。随着我国建设工程造价计价模式改革的不断深化，国家对事关公共利益的建设工程造价专业人员实行了准入制度，要求所有从业人员持执业资格证上岗。

2003年2月17日，中华人民共和国原建设部以第119号公告批准发布了国家标准GB 50500—2003《建设工程工程量清单计价规范》(以下简称“03规范”)，自2003年7月1日起实施。“03规范”的实施，使我国工程造价从传统的以预算定额为主的计价方式向国际上通行的工程量清单计价模式转变，是我国工程造价管理政策的一项重大措施，在工程建设领域受到了广泛的关注与积极的响应。但在我国建设市场逐步放开的改革中，虽然已经制定并推广了工程量清单计价，但由于各地实际情况的差异，目前的工程造价计价方式不可避免地存在着双轨并行的局面——定额计价模式和工程量清单计价模式。而且，目前我国的建设工程定额还是工程造价管理的重要手段。因此，在学习工程造价确定方法时，除对《计价规范》进行深入、细致地学习外，还必须对工程定额和定额计价有一个基本认识。

为了满足我国高职高专环境监测与治理技术专业、城市水净化专业等工程类专业及建筑工程技术、工程造价管理等专业的学生能够尽快掌握工程造价的基础知识，提高就业竞争力，本教材依据国家住房和城乡建设部颁布的《建设工程工程量清单计价规范》(GB 50500—2008)、《全国统一建筑工程基础定额》(GJD-101—95)、《建筑工程建筑面积计算规范》(GB/T 50353—2005)，结合湖南省建设行政主管部门颁布的指导性的《消耗量定额》，以《全国建设工程造价员资格考试大纲》为准则，对定额编制原理、编制方法、定额的使用、定额计价，以及工程量清单计价中清单编制与工程量计算、工程费用构成及工程造价计算等内容进行详细讲述，并附有相关的例题。

与同类书籍相比较，本教材具有以下几方面的特点：

1. 理论性与知识性相结合。本书依据高职高专《建筑工程定额与预算》课程的教学要求编写。在内容组织上以必需、实用和够用为原则，注重实用性。

2. 依据明确、内容新颖。教材编写中尽量体现“新”字和“精”字，重点突出工程建设施工阶段的工程造价计算。

3. 图文并茂、实践性强。本教材结合有关内容绘制大量相关图样、以达到以图代言的目的，同时书中列举了大量示例，以帮助初学者掌握有关问题的计算方法，具有图文并茂、实践性强的特点。

4. 文字通俗易懂。可满足高职学生及其他人员培训、自学的需要。

本书有配套的PPT电子教案，可发邮件至cipedu@163.com免费获取。

本教材由长沙环境保护职业技术学院谌永红任主编，喻国喜任副主编，从事工程施工管理及工程造价工作多年且教学经验丰富的邓柳、谌扬、王金菊工程师参加了教材的编写。教材编写的具体分工：长沙环境保护职业技术学院谌永红第1、4、5章，王金菊第6章，中国建工五局工程部喻国喜第7章，邓柳第8章，湖南第一师范学院谌扬第2、3章。

在本书的编写过程中参考了众多教材与专业著作，并列于书后，在此向其作者表示衷心感谢。工程造价计算有许多新的内容需在实际工作中不断摸索、不断总结、不断完善，由于编者水平有限，书中难免会有不妥之处，恳请各位读者和同行批评指正。

编　者

2010年7月

目　　录

1 环境工程预决算概述

知识目标

通过本章学习，了解环境工程的概念，熟悉环境工程的分类及组成；掌握环境工程的建设程序，环境工程造价的概念及环境工程造价的组成。熟悉环境工程投资估算、设计概算、施工图预算、工程结算及竣工决算的概念及编制方法。

能力目标

掌握项目的分解、了解项目建设程序与概预算的关系；会编制环境工程投资估算、设计概算、工程结算及竣工决算。

1.1 环境工程建设概述

1.1.1 环境工程建设的概念

环境保护是我国的一项基本国策，是我国现代化建设中的一项重要战略任务，是可持续发展的必然要求。为确保这一基本国策的贯彻执行，我国制定和颁布了一系列环境保护的法律、法规，20 世纪 90 年代先后修订了《中华人民共和国大气污染防治法》、《中华人民共和国水污染防治法》，出台了《中华人民共和国固体废物污染环境防治法》、《中华人民共和国噪声污染防治法》，并对水、大气、噪声等污染物排放标准进行了修订，1997 年 10 月 1 日起实施的《中华人民共和国刑法》增加了“破坏环境资源保护罪”，对排污、废物进口、破坏环境资源等方面做出了刑事处罚的规定。近年来，我国实行“预防为主，防治结合；谁污染，谁治理；强化管理”和“可持续发展”的环境政策；对开发和建设项目实行环境影响评价和“三同时”的制度，即新、改、扩建项目、技术改造项目、可能对环境造成污染和破坏的工程项目建设项目中环境保护设施必须与主体工程同步设计、同时施工、同时投产使用；明确规定，在技术改造中要把控制污染作为一项重要目标，并对历史上遗留下来的工矿企业的污染，实行限期治理；通过法律手段、经济手段和行政手段促使各污染物排放企业进行污染治理。随着各种环境污染问题日益突出和影响范围的不断扩大，随着我国环境保护力度的加强，用于环境工程的投资越来越多，建设步伐越来越快，建设项目也越来越多。

环境工程建设项目是指为防治由生产和生活活动引起的环境污染，如防治工业生产排放的“三废”(废水、废气、废渣)，以及产生的噪声、振动、恶臭和电磁微波辐射，交通运输活动产生的有害气体、液体、噪声，工农业生产和人民生活使用的有毒有害化学品，城镇生活排放的烟尘、污水和垃圾等造成的污染而兴建的永久性和临时性的各种房屋、构筑物及设备等，以防治局部污染和末端治理为特征。

1.1.2 环境工程建设的分类

国家基本建设的主要内容包括建筑工程、设备安装工程、设备及工器具购置和建设项目的其他工作，是增添固定资产的一种经济活动。为有利于建设项目的造价确定和管理，按照不同的分类方法，可以划分为以下几类，见表 1-1。生产性和非生产性建设项目内容见表1-2和表 1-3。

表 1-1 国家基本建设的分类

序号	分类方法	类别	说明
1	按照建设性质分类	新建项目	指"平地起家",从无到有,新建设的项目或原有固定资产价值很小,经扩大后其固定资产价值超过原有固定资产价值三倍以上的,属新建项目
		扩建项目	指原有企业为扩大产品的生产能力或增加新的产品品种,对原有车间的建筑面积进行扩大,工艺装置进行增添或更换或进行新产品的厂房(车间)和工艺装置的建设及其附属设施的扩充等工作过程
		改建项目	指原有企业为提高产品质量、节约能源、降低消耗、改变产品结构、更改产品花色、品种、规格以及改进生产工艺流程而对厂房、设备、管路、线路等进行整体技术改造的项目
		恢复项目	指由于某种原因(如火灾、水灾、地震、战争等)使原有企业或部分设备、厂房损坏报废,而后按原有规模又进行投资建设的项目
		迁建项目	指为改变工业结构布局,按原有产品品种和生产规模由甲地迁移到乙地的建设项目
2	按建设过程划分	筹建项目	指尚未开工,正在进行选址、规划、设计等施工前各项准备工作的建设项目
		施工项目	指报告期内实际施工的建设项目,包括报告期内新开工的项目、上期跨入报告期续建的项目、以前停建而在本期复工的项目、报告期施工并在报告期建成投产或停建的项目
		投产项目	指报告期内按设计规定的内容,形成设计规定的生产能力(或效益)并投入使用的项目,包括部分投产项目和全部投产项目
		收尾项目	指已经建成投产和已经组织验收,设计能力已全部建成,但还遗留少量尾工需继续进行扫尾的建设项目
		停缓建项目	指根据现有人财物力和国民经济调整的要求,在计划期内停止或暂缓建设的项目
3	按项目工作阶段划分	前期工作项目	指已批准项目建议书,正在做可行性研究或者进行初步设计(或扩初设计)的项目
		预备项目	指已批准可行性研究报告和初步设计(或扩初设计),正在进行施工准备待转入正式计划的项目
		新开工项目	指施工准备已经就绪,经批准,报告期内计划新开工建设的项目
		续建项目	(包括报告期建成投产项目),指在报告期之前已开始建设,跨入报告期继续施工的项目
4	按项目隶属关系划分	中央项目	指中央各主管部门直接安排和管理的企业、事业和行政单位的建设项目。这些项目的基本建设计划,由中央各主管部门编制、报批和下达。所需的统配物资和主要设备以及建设过程中存在的问题,均由中央各主管部门直接供应和解决
		地方项目	指由省、市、自治区和地(市)、县等各级地方直接安排和管理的企业、事业、行政单位的建设项目。这些项目的基本建设计划由各级地方主管部门编制、报批和下达,所需物资和设备由各地方主管部门直接供应
5	按建设规模分类	大中型建设项目	习惯上将大型和中型项目合称为大中型项目。项目的规模是指经批准的可行性研究报告中规定的建设规模,而不是指远景规划所设想的长远发展规模。明确分期设计、分期建设的,应按分期规模计算。能源、交通、原材料工业项目 5000 万元以上,其他项目 3000 万元以上的为大中型项目
		小型建设项目	能源、交通、原材料工业项目 5000 万元以下,其他项目 3000 万元以下
6	按经济用途分类	生产性建设项目	指直接为物质生产部门服务的建设项目。具体类别见表 1-2
		非生产性建设项目	指直接用于满足人民物质文化生活需要的建设项目。具体类别见表 1-3

表 1-2 生产性建设项目的内容

序号	类别	建设内容
1	工业建设	工矿企业建设项目中的生产车间、油田、矿井、实验室、仓库、办公室及其他工业用建筑物、构筑物的建造,生产用机器设备的购置及安装,生产用的工具、器具、仪器的购置等
2	建筑业建设	施工企业的仓库、办公室、建筑生产用和施工用的建筑物建设,以及设备、工具、器具等的购置
3	农、林、水利、气象建设	农场、牧场、拖拉机站、林场、渔场等有关农、林、牧、副、渔生产的仓库、修理间、办公室、水库、防洪、排涝、灌溉、气象站建设,以及为满足生产用的机械、设备、渔轮、工器具的购置及安装
4	交通邮电建设	铁路(含专用铁路)、公路、桥梁、涵洞、航道、隧道、码头等建设,以及车辆、船舶、飞机等设备的购置;邮电事业的房屋(如邮政局、所)建设,以及设备、工器具的购置;长途电缆、长途明线、微波、电台、市内电话和电信用房屋的建设,设备、工具、器具的购置与安装
5	商业和物资供应建设	百货商店、石油储库、冷藏库和商业、物资用仓库等建设,以及贸易采购用的交通工具(如汽车、摩托车等)以及其他固定资产购置
6	地质资源勘探建设	地质资源勘探(包括普查)用的仓库、办公室及其他工程建设,以及勘探用的机械、设备、工具、器具、仪器等购置

表 1-3 非生产性建设项目内容

序号	类别	建设内容
1	文教卫生建设	独立的学校、影剧院、文化馆、俱乐部、图书馆、通讯社、报社、出版社、书店、体育场(馆)、广播电台(站)、独立医院、卫生院、诊疗所、门诊部、托儿所、幼儿园、疗养院用房屋的建设及设备、器械、仪器的购置
2	科学研究建设	独立的各种研究院、试验室、检验所等建设项目
3	公用事业建设	城市公用给排水管道工程、污水处理工程、煤气或天然气管道工程、水源工程、防洪工程、道路、桥梁、电车、公共汽车、渡轮、旅馆、宾馆、环境绿化等工程的建设
4	住宅建设	专供居住使用的房屋及其附属设施的建设,如住宅区、宿舍等
5	其他建设	各级行政机关和社会团体的建设以及不属以上各类的其他非生产性建设

环境工程建设项目可以是工业建设项目中的一部分，是与主体工程同时设计、同时施工、同时投入使用的厂区内污废水治理工程、废气治理工程、固体废物的处理处置工程或噪声污染控制工程等项目，也可以是公用事业建设项目中的城镇污水处理厂、垃圾填埋场、危险废物处理处置中心等建设项目，投资大的上亿，小的几万或几十万不等。

1.1.3 环境工程建设的内容及建设程序

1.1.3.1 环境工程建设内容

(1) 环境工程的任务

环境工程是在人类与各种污染进行斗争和保护生存环境的过程中形成和发展起来的。目前环境工程的主要任务可概括为以下三个方面：一是保护自然资源和能源，消除资源的浪费，控制和减轻污染；二是研究防治环境污染的机理和有效途径，保护和改善环境，保护人民身体健康；三是综合利用废水、废气、固体废物，促进工农业生产的发展。

(2) 环境工程的内容

环境工程的基本内容有以下几个方面：大气污染控制工程；水污染控制工程；固体废物处理与处置工程；噪声污染控制工程；其他污染控制工程（包括辐射污染、土壤污染、恶臭等污染控制工程）；环境污染的综合防治。

(3) 环境工程建设项目的主要内容

环境工程建设项目包括水污染治理项目、大气污染治理项目、固体废物的处理处置项目、噪声及放射性等污染的治理项目等，不同的治理对象，不同的治理方法、不同的工艺流程均使环境工程建设的具体内容各不相同，但归纳一下，大都包括以下主要内容。

① 各类房屋建筑工程和列入房屋建筑工程的给排水、供暖、通风、燃气、设备等的安装工程以及各种管道、电力、电信和电缆导线的敷设工程。如污水处理厂的厂房、办公楼、监测站、泵房等建筑物的建设；给排水管道的安装；污水泵、污泥泵、风机、多管旋风除尘器、静电除尘器、汽车排气三元催化净化器等设备的安装等。

② 设备基础、支柱、工作台、烟囱、水塔、水池、排气塔（筒）等构筑物的建筑工程以及各种炉窑的砌筑工程和金属结构工程。如大气污染治理工程中的各类吸收塔的基础、烟气高空排放所需的烟囱、各类设备操作平台，水处理中的沉砂池、沉淀池、污泥消化池、清水池等构筑物的建设等。

③ 为工程施工而进行的场地平整工程和总图竖向工程，工程和水文地质勘察，原有建筑物和障碍物的拆除以及建筑场地完工后的清理和绿化工程。

1.1.3.2 环境工程建设程序

环境工程建设项目作为基本建设项目中的一类，其建设程序遵循国家基本建设程序。按照工程建设项目发展的内在规律，投资建设一个工程项目都要经过投资决策和建设实施两个时期。这两个时期又可分为若干个阶段，它们之间存在着严格的先后次序，可以进行合理的交叉，但不能任意颠倒次序。通常拟建项目按设想、论证、评估、决策、设计、施工、验收、投入生产或交付使用的先后顺序进行建设。这个先后顺序反映了建设工作的客观规律，是建设项目科学决策和顺利进行的重要保证。

按照我国现行规定，一般大中型工程项目的建设程序可以分为以下几个阶段。

(1) 项目建议书阶段

根据国民经济和社会发展长远规划，结合行业和地区发展规划的要求，提出项目建议书。

由国务院各部门、各省、自治区、直辖市、计划单列省辖市以及各企（事）业单位，根据国民经济和社会发展的长远规划、行业（部门）发展规划、地区发展规划，经过周密调查研究和预测分析，向国家主管部门编报拟建工程项目的轮廓设想和建议立项的技术经济文件，称为项目建议书。项目建议书是工程建设程序中的最初阶段，是国家确定建设项目的决策依据。环保类的工程建设项目的项目建议书的主要内容包括：

① 项目建设的目的、意义和依据；

② 建设规模；

③ 治理方法、工艺流程；

④ 资源情况、建设条件等的初步分析；

⑤ 环境保护及“三废”治理的设想；

⑥ 工厂组织和劳动定员，资金来源和投资估算；

⑦ 工厂建设地点、占地面积和建设进度安排；

⑧ 投资经济效果、社会效益和环境效益、投资回收年限的初步估计等。

(2) 可行性研究阶段

在勘察、试验、调查研究及详细技术经济论证的基础上编制可行性研究报告。对工程项目的投资兴建在技术上是否先进，经济上是否合理，效益上是否合算进行科学论证。

国家规定：“所有新建、扩建大中型项目，不论用什么资金安排，都必须先由主管部门对项目的产品方案和资源地质情况，以及原料、材料、煤、电、水、运输等协作配套条件，经过反复周密的论证和比较后，提出可行性研究报告”。一般来说，一个大型新建环保项目的可行性研究报告应包括以下几个方面的内容：

① 建设的目的和依据；

② 建设规模；

③ 处理方法或工艺原则；

④ 自然资源、工程地质和水文地质条件；

⑤ 主要协作条件；

⑥ 资源综合利用、环境保护、“三废”治理的要求；

⑦ 建设地区或地点，占地数量估算；

⑧ 建设工期；

⑨ 总投资估算；

⑩ 劳动定员及企业组织；

⑪ 要求达到的经济效益及投资回收期等。

(3) 项目决策阶段

根据咨询评估情况，对工程项目进行决策。

按照国家现行规定，凡属中央政府投资、中央和地方政府合资的大中型和限额以上项目的可行性研究报告，都要报送国家计委审批。国家计委在审批过程中要征求行业主管部门和国家专业投资公司的意见，同时要委托具有相应资质的工程咨询公司进行评估。总投资在2亿元以上的项目，无论是中央政府投资还是地方政府投资，都要经国家计委审查后报国务院批准。中央各部门所属小型和限额以下项目的可行性研究报告，由各部门审批。总投资在2亿元以下的地方政府投资项目，其可行性研究报告由地方计委审批。

可行性研究报告经过正式批准后，将作为初步设计的依据，不得随意修改和变更。如果在建设规模、产品方案、建设地点、主要协作关系等方面有变动以及突破原定投资控制数时，应报请原审批单位同意，并正式办理变更手续。可行性研究报告经批准，建设项目才算正式“立项”。

(4) 项目设计阶段

根据可行性研究报告，编制设计文件。

当拟建项目的可行性研究报告批准后，建设单位通过设计招标或委托设计单位按照可行性研究报告中规定的内容及要求编制设计文件。设计是对拟建工程的实施在技术上和经济上所进行的全面而详尽的安排，是基本建设计划的具体化，同时是组织施工的依据。大中型建设项目，一般采用两阶段设计，即初步设计和施工图设计。重大项目和特殊项目，可根据各行业的特点，经主管部门同意，可以按三阶段进行设计，即初步设计和施工图设计之间增加技术设计阶段。初步设计阶段应编制设计概算，技术设计阶段应编制修正概算，施工图设计阶段应编制施工图预算。经批准的初步设计概算，是控制建设项目总投资的主要依据。

(5) 施工前准备阶段

设计经批准后，做好施工前的各项准备工作。

施工前的各项准备工作主要包括：建设用地征购、拆迁、场地平整；工程、水文地质勘察；完成施工用水、电、路三通工程；组织施工招标，选择施工单位；办理建设项目施工许可证和组织设计文件审查、编制材料计划、组织大型专用设备采购订货预安排等工作。

(6) 施工阶段

组织施工，并根据施工进度，做好生产或动用前的准备工作。

根据批准的初步设计总概算和建设工期、合理地编制年度建设计划和投资运用支出计划。年度计划安排的建设内容，要和当年分配的投资、材料、设备相适应，配套项目要同时安排；相互衔接。年度建设计划经主管部门批准后，便可以督促总承包单位编制施工进度计划和施工组织设计等工作，并进行全面施工。

建设项目生产准备工作主要包括：组建生产经营管理机构；制定有关制度和规定；招收和培训生产人员，组织生产人员参加设备安装、调试和工程验收；签订原材料、燃料、水、电、气及协作产品等的供应运输协议；组织工具、器具、备品、备件的制造或订货；进行其他必需的准备工作。

（7）验收交付使用阶段

项目按批准的设计内容完成，经验收合格后正式投产交付使用。

建设项目按设计文件规定内容全部施工完成后，工业项目经负荷试运转和试生产考核，能够生产合格产品；非工业项目符合设计要求，能够满足正常使用功能，便可及时组织验收；建设项目竣工验收，是工程建设程序的最后一步，是投资成果转入生产或服务的标志。因此，国家规定建设项目按批准的设计文件所规定的内容建完，都要及时组织验收、交付使用。

《建设项目环境保护设施竣工验收管理规定》：为加强建设项目竣工验收阶段的环境保护管理，防治环境污染和生态破坏，确保建设项目环境保护设施与主体工程同时投产或使用，国务院环境保护行政主管部门可直接组织建设项目环境保护设施的竣工验收，也可委托下一级环境保护行政主管部门组织验收。建设项目试生产前，建设单位应会同施工单位、设计单位检查其环境保护设施是否符合“三同时”要求，并将检查结果和建设项目准备试生产的开始时间报告当地地市级、省级环境保护行政主管部门和国务院环境保护行政主管部门、行业主管部门，经当地地市级环境保护行政主管部门检查同意后，建设项目方可进行试生产。建设单位要确保建设项目的环境保护设施和主体工程同时投入试运行。试运行期间，建设单位应当委托环境保护行政主管部门所属的地、市级以上（含地、市级）环境保护监测站，对建设项目排污情况及清洁生产工艺和环保设施运转效果进行监测。建设项目在正式投入生产或使用之前，建设单位必须向国务院环境保护行政主管部门提出环境保护设施竣工验收申请。

国务院环境保护行政主管部门自接到《验收申请报告》之日起，一个月内组织审查验收。单独进行环境保护设施竣工验收时，由国务院环境保护行政主管部门组织地方各级环境保护行政主管部门、行业或企业主管部门等成立验收委员会或验收小组提出验收意见，作为批准《验收申请报告》的依据。建设单位、设计单位、施工单位、环境影响报告书（表）编制单位应参加验收。若①建设项目建设前期环境保护审查、审批手续完备，技术资料齐全，环境保护设施按批准的环境影响报告书（表）和设计要求建成；②环境保护设施安装质量符合国家和有关部门颁发的专业工程验收规范、规程和检验评定标准；③环境保护设施与主体工程建成后经负荷试车合格，其防治污染能力适应主体工程的需要；④外排污染物符合经批准的设计文件和环境影响报告书（表）中提出的要求；⑤建设过程中受到破坏并且可恢复的环境已经得到修整；⑥环境保护设施能正常运转，符合交付使用的要求，并具备正常运行的条件，包括经培训的环境保护设施岗位操作人员的到位、管理制度的建立、原材料、动力的落实等；⑦环境保护管理和监测机构，包括人员、监测仪器、设备、监测制度、管理制度等符合环境影响报告书（表）和有关规定的要求，验收合格，国务院环境保护行政主管部门批准由建设单位提交的《验收申请报告》。各省、自治区、直辖市环境保护行政主管部门负责审批环境影响报告书（表）的建设项目的环境保护设施竣工验收，可参照上述规定执行。

1.1.3.3　环境工程投资控制过程

依照工程建设程序，整个建设过程一般分成多个阶段，按阶段逐步投入资金。为了提高建设项目的投资效益，减少投资风险，在建设过程中应该合理地、科学地投入资金，对工程项目的建设全过程进行投资控制。

工程项目的建设过程往往周期长，影响因素多。我国工程建设（包括环境工程建设）程序及投资控制过程如图 1-1 所示。建设项目投资控制过程主要包括如下几部分。

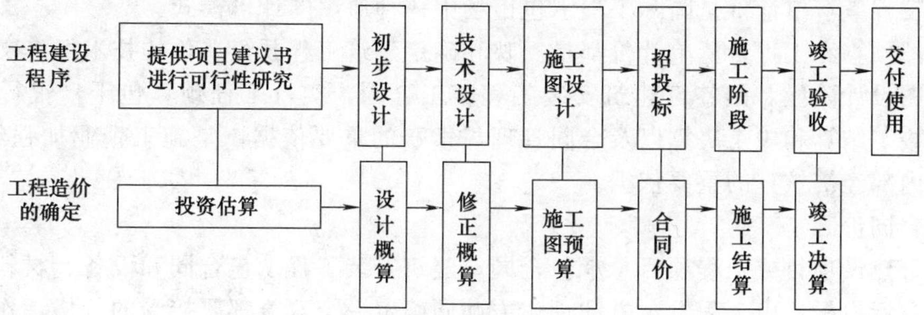

图 1-1　工程建设投资控制过程

（1）投资估算

在编制项目建议书、进行可行性研究阶段，一般可按规定的投资估算指标、类似工程的造价资料、现行的设备材料价格，并结合工程实际情况进行估算。投资估算是在项目的可行性研究阶段为工程造价控制设定的一个大致目标，是项目评估决策的重要依据，是设计方案选择和进行初步设计时项目投资的控制目标。由于投资估算是在设计文件编制前进行，编制依据不十分具体与详细，因而只能是粗线条的估算。

（2）设计概算

在初步设计阶段，工程项目建设的设想第一次具体化，投资控制目标逐渐清晰，人们可在初步设计基础上按照有关规定编制并审批初步设计概算，作为技术设计或施工图设计时项目投资的控制目标。设计概算是由设计单位编制的，确定一个建设项目或一个工程项目从筹建到竣工结束所发生的全部建设费用的文件，它依据初步设计图纸、概算定额或概算指标、设备预算价格、有关收费标准、市场价格信息和建设地点的自然、技术经济条件等资料进行计算，比投资估算略为准确。

（3）修正概算

对于大型项目或技术复杂、涉及面广、不可预见因素多的工程项目，设计单位需要在初步设计与施工图设计之间增加技术设计环节，技术设计的成果使得初步设计进一步深入、细化，必然使设计规模、建（构）筑物结构性质、工艺流程、设备型号等与初步设计对比有出入。为此，设计单位根据技术设计图纸、概算指标或概算定额、取费标准、材料设备价格等资料，对初步设计概算进行修正，形成技术设计的修正概算。修正概算的作用与设计概算基本相同。一般情况下，修正概算不能超过原批准的设计概算投资额。

（4）施工图预算与工程量清单计价

施工图预算与工程量清单计价是两个不同的概念，但都是反映工程造价的结果，都属于施工图设计阶段的预算。

施工图预算是在施工图设计完成之后，由设计单位或施工单位的预算人员以施工图为依据，根据预算定额、取费标准以及工程所在地区人工、材料、机械台班的预算价格编制的确定建筑安装工程预算造价的文件。施工图预算经过建设单位或有关部门的审查批准，就正式确定了该工程的预算价值。所以，施工图预算是工程施工阶段项目投资的控制目标。同时也是建设单位与施工承包单位签订工程施工承包合同的依据，也是银行贷款的主要依据。

工程量清单计价也是单位工程预算的一种，对于采用招投标制的建设项目，可由建设单位或受建设单位委托的有资质的咨询机构按照施工图纸及有关规定，编制工程项目的工程量清单，作为招标文件的一部分，招标单位可据此计算招标标底；投标单位根据工程量清单，考虑企业自身的技术经济条件、施工组织设计、按照企业定额及企业投标策略等进行工程投标报价。工程量清单计价是国际工程承包市场中一种通用的计价模式。

施工图预算和工程量清单计价都是反映和确定建筑工程预算造价的技术经济文件，均产生于施工图设计阶段。是签订建筑安装工程施工合同，实行工程预算包干，银行拨付工程款，进行竣工结算和竣工决算以及合同管理与索赔的重要依据，是施工企业加强经营管理，搞好企业内部经济核算的重要依据。

(5) 合同价

在签订建设项目或工程项目总承包合同，建筑安装工程承包合同和设备、材料采购合同时，通过招标投标，由工程发包方和承包方共同确定一个双方都愿接受的价格，作为双方结算的基础。合同价按付款方式可划分为：总价合同、单价合同、成本加酬金合同等多种类型。合同价是指按合同规定或协议条款约定的各种取费标准计算的用以支付给承包方按照合同要求完成工程内容的价款总额。

(6) 施工结算价

施工结算是指一项工程的局部或全部完成之后，经建设单位及有关部门验收或验收点交之后，施工单位根据施工过程中现场实际情况的记录，设计变更通知书、现场工程更改签证，预算定额、材料和设备的预算价格和各项费用标准以及承包合同等资料，按规定编制的向建设单位办理结算工程价款，取得收入，用以补偿施工过程中的资金耗费的经济行为。竣工结算是工程结算中最终的一次性结算。

施工结算价反映了建筑安装工程的全部造价。

(7) 竣工决算

建设单位的竣工决算是建设项目完工后，由建设单位编制的建设项目从筹建到建成投产使用全过程的费用文件，包括建筑工程费用，安装工程费用，设备、工器具购置费用和其他费用。竣工决算造价是建设工程的实际造价。

建设项目投资控制目标是随着工程建设的实施程序不断深入细化而分阶段设置。相应地，计价过程各环节之间又相互衔接，前者约束后者，后者补充前者。从投资估算、设计概算、施工图预算到招投标合同价，再到结算价和最后在结算价基础上编制的竣工决算，整个计价过程是一个由粗到细、由浅到深、最后确定工程实际造价的过程。

1.2 环境工程造价构成

1.2.1 环境工程建设项目的划分

环境工程预算造价，必须根据设计图纸、预算定额、取费标准等资料，按照建筑产品价格构成因素分别计算并按照一定的步骤和表格汇总起来才能求得。

在整个工程建设造价中，设备、工具和器具的预算值的确定比较简单，设备可以依据设计人员编制的设备清单，按照机电产品现行价格或订货价格，再加上必要的有关费用（如运杂费等)，逐台计算；工器具的品种、类型、数量较多，但在建筑项目中所占比重很小，一般可按占设备费的百分比计算，工程建设“其他费”属于单纯的费用支出，如培训费、建设单位管理费等，可以根据各地各部门的规定进行计算，也比较容易。但对工程造价的重要组成部分——建筑及设备安装工程费用的计算，却是一件十分复杂的工作。

建筑及设备安装工程的施工建造是一项“兴工动料”的生产活动，既是物化劳动价值转移的过程又是活劳动创造价值的过程。一个建设项目是由许多部分组成的庞大综合体，因此，将庞大复杂的建筑及安装工程按构成性质、组织形式、用途、作用等，分门别类地、由大到小地分解为许多简单的、便于计算的基本组成部分，然后分别计算出其价值，再经过由小到大、由单个到综合、由局部到总体，逐项综合，层层汇总，最后可计算出一个建设项目(如一个污水处理厂、一个垃圾填埋场或一栋监测楼)的预算造价。

一个完整的新建工程可逐步分解到概预算的基本单元。项目分解见图 1-2。

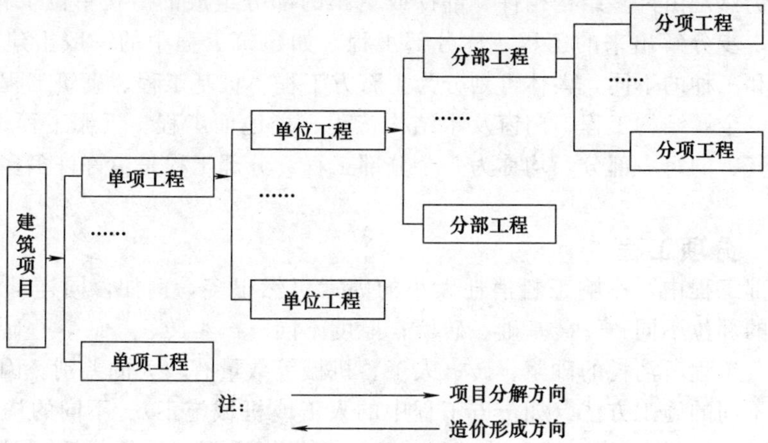

图 1-2 项目分解示意

1.2.1.1 建设项目

建设项目是指经过有关部门批准的立项文件和设计任务书，按一个总体设计组织施工、经济上实行独立核算、管理上具有独立组织形式的基本建设单位。通常包括在厂区总图布置上表示的所有拟建工程；也包括与厂区外各协作点相连接的所有相关工程，如输电线路、给水排水工程、通讯线路；还包括与生产相配套的厂外生活区内的一切工程。如一座工厂、一所学校、一个垃圾填埋场或是一个污水处理厂等均为一个建设项目。

建设项目的名称一般是以建设单位的名称来命名的，一个建设单位就是一个建设项目。如××污水处理厂、××水泥厂、××学校、××医院等均为建设项目。

一个建设项目由多个单项工程构成，有的建设项目如改扩建项目也可能由一个单项工程构成。

1.2.1.2 单项工程

具有独立的设计文件，竣工后可以独立发挥生产能力、使用效益的工程，叫做单项工程，也称做工程项目。单项工程是建设项目的组成部分，如工业建设中一个工厂的各种生产车间、仓库、各种构筑物等；民用建设中的综合办公楼、住宅楼、学校的教学楼、实验楼等；工业建设项目配套的污废水处理工程、废气治理工程等，都是能够发挥设计规定效益的单项工程。

单项工程是具有独立存在意义的一个完整工程，也是一个极为复杂的综合组成体，一般都是由多个单位工程所构成。

1.2.1.3 单位工程

可以独立设计，可以单独组织施工，但竣工后不能独立发挥效益的工程，称为单位工程。

为了便于组织施工，通常根据工程的具体情况和独立施工的可能性，可以把一个单项工程划分为若干个单位工程。这样的划分，便于按设计专业计算各单位工程的造价。

在工业与民用建筑中一般包括建筑工程、装饰装修工程、室内给排水工程、室内采暖通风工程、电气照明工程、设备安装工程等多个单位工程。单位工程是编制单项工程综合概（预）算的基本依据。单位工程造价一般可由编制施工图预算或工程量清单计价确定。

一个单位工程由多个分部工程构成。

1.2.1.4 分部工程

单位工程仍然是由许多结构构件、部件或更小的部分组成的。在单位工程中，按部位、材料和工种进一步分解出来的工程，称分部工程。如建筑工程中的一般土建工程，按照部位、材料结构和工种的不同，大体可划分为土石方工程、桩基工程、砌筑工程、混凝土及钢筋混凝土工程、金属结构工程、门窗及木结构工程、楼地面工程、天棚工程、防腐、保温、隔热工程等，其中的每一部分，均称为一个分部工程。分部工程是由许许多多的分项工程构成的。

1.2.1.5 分项工程

在每一分部工程中，影响工料消耗大小的因素仍然很多。例如，同样都是"砌砖"工程，由于所处的部位不同——砖基础、砖墙；厚度不同——半砖、一砖、一砖半厚等，则每一单位"砌砖"工程所消耗的砂浆、砖、人工、机械等数量有较大的差别。因此，还必须把分部工程按照不同的施工方法（如土方工程中的人工或机械施工）、不同的构造（如实砌墙或空斗墙）、不同的规格（半砖、一砖、一砖半）等，加以更细致的分解，划分为通过简单的施工过程就能生产出来，并且可以用适当的计量单位计算工料消耗的基本构造要素，如条形基础、独立基础、满堂基础、设备基础等，则称为分项工程。

分项工程是分部工程的组成部分。分项工程没有独立存在的意义，它只是为了便于计算工程造价而分解出来的假定"产品"。在不同的建筑物与构筑物工程中，完成相同计量单位的分项工程，所需要的人工、材料和机械等的消耗量，基本上是相同的。因此，分项工程是工程量计算的基本元素，是工程项目划分的基本单位，也是工程造价计算的基本单位。

需要注意的是：如果按照工程量清单计价方式中的清单分项工程与传统的定额计价中的分项工程是不同的两个概念。以砖基础分项为例，预算定额中的砖基础分项，其工作内容只包括砂浆制作、材料运输、砌砖；而工程量清单计价中的砖基础清单分项，其工作内容应包括砂浆制作、运输、砌砖、还包括铺设垫层、铺设防潮层。因此不能将两者混淆。

将庞大复杂的建筑及安装工程由大到小地分解为许多简单的、便于计算的分项工程，然后分别计算出其价值，再经过由小到大、由单个到综合、由局部到总体，逐项综合，层层汇总，最后可计算出一个建设项目的预算造价。

1.2.2 环境工程造价的特点

环境工程造价是指为建成一项工程，预计或实际在土地市场、设备市场、技术劳务市场以及承发包市场等交易活动中所形成的建筑安装工程价格和建设工程总价格，即：建筑安装工程造价＋设备、工器具造价＋其他造价＋建设期贷款利息＋铺底流动资金等。"其他造价"

是指土地使用费、勘察设计费、研究试验费、工程保险费、工程建设监理费、总承包管理费、引进技术和进口设备其他费等。是以社会主义商品经济和市场经济为前提的，通过招标或承发包等交易方式，在进行多次估价的基础上，最终由竞争形成的市场价格，它具有以下几个特点，见图1-3。

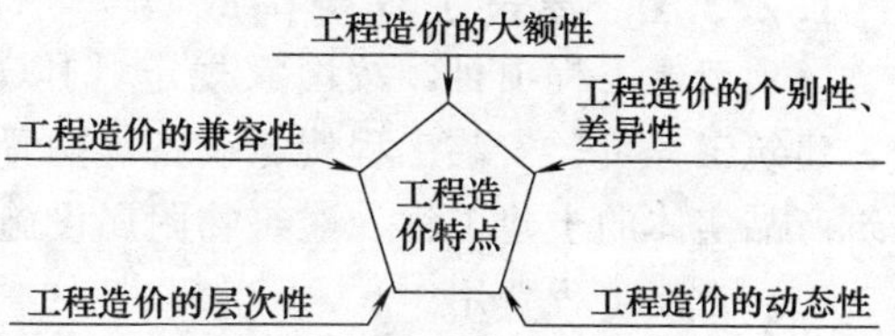

图1-3　工程造价的特点

1.2.2.1　工程造价的大额性

土木建筑工程表现为结构复杂、工程庞大，需要投入众多的人力、物力和财力，而且施工周期长，因而造价高昂，动辄几十万、几百万、几千万甚至几亿。

1.2.2.2　工程造价的个别性和差异性

环境工程建设都有特定的规模、用途和功能。对每一项工程的结构、工艺设计、设备配置等都有具体的要求，因而使工程内容和实物形态都具有个别性和差异性。工程的差异性决定了工程造价的个别性。同时，由于每一项工程所处地区、地段及地理环境的不同，使得这一特点更加突出。

1.2.2.3　工程造价的动态性

任何一项建设工程从立项到竣工交付使用，都有一个较长的建设周期，在这一期间内，可能会出现许多影响工程造价的因素，诸如设计变更、设备材料价格、人工工资标准、机械台班单价、利率、汇率的变化等。这些变化必然会影响到工程造价的变动。所以工程造价在整个建设期内一般来说都是处于不确定状态，直至项目竣工结（决）算后，才能最终确定它的实际造价。

1.2.2.4　工程造价的层次性

工程造价的层次性取决于工程的层次性。一个工程项目往往含有多项能够独立发挥设计效能的单项工程（车间、写字楼、住宅楼等）。一个单项工程又是由能够各自发挥专业效能的多个单位工程（土建工程、电气安装工程等）组成。与此相适应，工程造价有3个层次：建设项目总造价、单项工程造价和单位工程造价。如果专业分工更细，单位工程的组成部分——分部分项工程也可以成为造价对象，如大型土方工程、基础工程等，这样工程造价的层次就增加分部工程和分项工程而成为5个层次。即使从造价的计算和工程管理的角度看，工程造价的层次性也是非常突出的。

1.2.2.5　工程造价的兼容性

工程造价的兼容性首先表现在它具有两种含义。第一种含义：工程造价是指建设一项工程预期开支或实际开支的全部固定资产投资费用。第二种含义：工程造价是指工程价格。即为建成一项工程，预计或实际在土地市场、设备市场、技术劳务市场，以及承包市场等交易活动中所形成的建筑安装工程的价格和建设工程总价格。前者是从投资者——业主的角度来定义的，涵盖了形成全部固定资产投资的费用。后者是从市场交易的角度来定义的，涵盖了全部工程价格或建筑安装工程价格。当两种含义是指工程全部时，反应的价值量相同，即两种含义的同一性；当第二种含义是部分工程价格时，两种含义反应的价值量不同。

其次工程造价的兼容性表现在工程造价构成因素的广泛性和复杂性。在工程造价中，成本因素非常复杂。其中为获得建设工程用地支出的费用、项目可行性研究和规划设计费用、与政府一定时期政策（特别是产业政策和税收政策）相关的费用占有相当的份额。最后，盈利的构成也较为复杂，资金成本较大。

1.2.3 环境工程造价的构成

1.2.3.1 建筑工程费构成

一项新建工程项目，按国家规定，其建设支出按经济性质划分为项目前期费用、征地费、建筑工程费、安装工程费、设备等购置费、其他各种费用等。其中建筑工程费是指构成建筑产品实体的土建工程、建筑物附属设施安装工程和装饰装修工程的支出。

(1) 土建工程费用

指反映各种房屋、各种构筑物的结构工程、设备基础工程、矿井工程、桥梁工程、隧道工程等发生的费用。

(2) 建筑物附属设施安装工程费

指反映建筑物附属的卫生、给水排水、采暖、通风及空调、消防、电气照明、信息网络等安装工程发生的费用。

(3) 装饰装修工程费用

指反映各种房屋、各种构筑物装饰发生的费用。

1.2.3.2 建筑工程预算造价构成

根据中华人民共和国原建设部、财政部建标［2003］206号文件规定，建筑工程预算造价由直接费、间接费、利润和税金四部分内容构成（见表1-4）。

表1-4 建筑工程预算造价的组成

序号	项目		内容
1	直接费	直接工程费	直接工程费是指土木建筑工程施工建造过程中耗费的构成工程实体的各项费用,包括人工费、材料费、施工机械使用费三项内容。 (1)人工费。指直接从事建筑安装工程施工的生产工人开支的各项费用,包括： ①基本工资。指发放给生产工人的基本工资。 ②工资性补贴。指按规定标准发放的物价补贴,煤、燃气补贴,交通补贴,住房补贴,流动施工津贴等。 ③生产工人辅助工资。指生产工人年有效施工天数以外非作业天数的工资,包括职工学习、培训期间的工资,调动工作、探亲、休假期间的工资,因气候影响的停工工资,女工哺乳期间的工资,病假在六个月以内的工资及产、婚、丧假期的工资。 ④职工福利费。指按规定标准计提的职工福利费。 ⑤生产工人劳动保护费。指按规定发放的劳动保护用品的购置及修理费,徒工服装补贴,防暑降温费,在有碍身体健康环境中施工的保健费用等。 (2)材料费。指施工过程中耗费的构成工程实体的原材料、辅助材料、构配件、零件、半成品的费用。包括： ①材料原价(或供应价格)。 ②材料运杂费。指材料自来源地运至工地仓库或指定堆放地点所发生的全部费用。 ③运输损耗费。指材料在运输过程中不可避免的损耗。 ④采购及保管费。指为组织采购、供应和保管材料过程中所需要的各项费用。包括采购费、仓储费、工地保管费、仓储损耗。 ⑤检验试验费。指对建筑材料、构件和建筑安装物进行一般鉴定、检查所发生的费用,包括自设试验室进行试验所耗用的材料和化学药品等费用。不包括新结构、新材料的试验费和建设单位对具有出厂合格证明的材料进行检验,对构件做破坏性试验及其他特殊要求检验试验的费用。 (3)施工机械使用费。施工机械使用费指施工机械作业所发生的机械使用费以及机械安拆费和场外运费。施工机械台班单价应由下列七项费用组成： ①折旧费。指施工机械在规定的使用年限内,陆续收回其原值及购置资金的时间价值。 ②大修理费。指施工机械按规定的大修理间隔台班进行必要的大修理,以恢复正常功能所需的费用。 ③经常修理费。指施工机械除大修理以外的各项保养和临时故障排除所需的费用。包括为保障机械正常运转所需替换设备与随机配备工具(附具)的摊销和维护费用,机械运转中日常保养所需润滑与擦拭的材料费用及机械停滞期间的维护和保养费用等。

续表

序号	项目		内容
1	直接费	直接工程费	④安拆费用及场外运费。安拆费指施工机械在现场进行安装与拆卸所需的人工、材料、机械和试运转费用以及机械辅助设施的折旧、搭设、拆除等费用；场外运输指施工机械整体或分体自停放地点运至施工现场或由一施工地点运至另一施工地点的运输、装卸、辅助材料及架线等费用。 ⑤人工费。指机上司机(司炉)和其他操作人员的工作日人工费及上述人员在施工机械规定的年工作台班以外的人工费。 ⑥燃料动力费。指施工机械在运转作业中所消耗的固体燃料(煤、木柴)、液体燃料(汽油、柴油)及水、电等。 ⑦养路费及车船使用税。指施工机械按照国家规定和有关部门规定应缴纳的养路费、车船使用税、保险费及年检费等。 上述施工机械使用费中的①～④项费用通常称为不变费用；⑤～⑦项费用称为可变费用
		措施费	措施费指为完成工程项目施工，发生于该工程施工前和施工过程中非工程实体项目的费用。包括内容： (1)环境保护费。指施工现场为达到环境保护部门要求所需要的各项费用。 (2)文明施工费。指施工现场文明施工所需要的各项费用。 (3)安全施工费。指施工现场安全施工所需要的各项费用。 (4)临时设施费。指施工企业为进行建筑工程施工所必须搭设的生活和生产用的临时建筑物、构筑物和其他临时设施费用等。 临时设施包括：临时宿舍、文化福利及公用事业房屋与构筑物，仓库，办公室，加工厂以及规定范围内道路、水、电、管线等临时设施和小型临时设施。 临时设施费用包括：临时设施的搭设、维修、拆除费或摊销费。 (5)夜间施工费。指因夜间施工所发生的夜班补助费、夜间施工降效、夜间施工照明设备摊销及照明用电等费用。 (6)二次搬运费。指因施工场地狭小等特殊情况发生的二次搬运费用。 (7)大型机械设备进出场及安拆费。指机械整体或分体自停放场地运至施工现场或由一个施工地点运至另一个施工地点，所发生的机械进出场运输及转移费用及机械在施工现场进行安装、拆卸所需的人工费、材料费、机械费、试运转费和安装所需的辅助设施费用。 (8)混凝土、钢筋混凝土模板及支架费。指混凝土施工过程中需要的各种钢模板、木模板、支架等的支、拆、运输费用及模板、支架的摊销(或租赁)费用。 (9)脚手架费。指施工需要的各种脚手架的搭、拆、运输费用及脚手架的摊销(或租赁)费用。 (10)已完工程及设备保护费。指竣工验收前，对已完工程及设备进行保护所需的费用。 (11)施工排水、降水费。指为确保工程在正常条件下施工，采取各种排水、降水措施所发生的各种费用。 为了适应工程计价改革的需要和适应建筑安装工程招标投标竞争定价的需要，国家在总结《关于调整建筑安装工程费用项目组成的若干规定》执行情况的基础上，将原其他直接费和临时设施费等合并为措施费。因此，措施费用项目实际是"建标[1993]894号"文件中"其他直接费"项目的调整和补充。
2	间接费	规费	规费指政府和有关权力部门规定必须缴纳的费用。 (1)工程排污费。指施工现场按规定缴纳的工程排污费； (2)工程定额测定费。指按规定支付工程造价(定额)管理部门的定额测定费； (3)社会保障费。 ①养老保险费。指企业按规定标准为职工缴纳的基本养老保险费。 ②失业保险费。指企业按规定标准为职工缴纳的失业保险费。 ③医疗保险费。指企业按规定标准为职工缴纳的基本医疗保险费。 ④住房公积金。指企业按规定标准为职工缴纳的住房公积金。 ⑤危险作业意外伤害保险。指按照建筑法规定，企业为从事危险作业的建筑安装施工人员支付的意外伤害保险费
		企业管理费	指建筑安装企业组织施工生产和经营管理所需费用。 (1)管理人员工资。指管理人员的基本工资、工资性补贴、职工福利费、劳动保护费等。 (2)办公费。指企业管理办公用的文具、纸张、账表、印刷、邮电、书报、会议、水电、烧水和集体取暖(包括现场临时宿舍取暖)用煤等费用。 (3)差旅交通费。指职工因公出差、调动工作的差旅费，住勤补助费，市内交通费和误餐补助费，职工探亲路费，劳动力招募费，职工离退休、退职一次性路费，工伤人员就医路费，工地转移费以及管理部门使用的交通工具的油料、燃料、养路费及牌照费。 (4)固定资产使用费。指管理和试验部门及附属生产单位使用的属于固定资产的房屋、设备仪器等的折旧、大修、维修或租赁费。

续表

序号	项目		内容
2	间接费	企业管理费	(5)工具用具使用费。指管理使用的不属于固定资产的生产工具、器具、家具、交通工具和检验、试验、测绘、消防用具等的购置、维修和摊销费。 (6)劳动保险费。指由企业支付离退休职工的易地安家补助费、职工退职金、六个月以上的病假人员工资、职工死亡丧葬补助费、抚恤费、按规定支付给离休干部的各项经费。 (7)工会经费。指企业按职工工资总额计提的工会经费。 (8)职工教育经费。指企业为职工学习先进技术和提高文化水平，按职工工资总额计提的费用。 (9)财产保险费。指施工管理用财产和车辆的保险费用。 (10)财务费。指企业为筹集资金而发生的各种费用。如企业经营期间发生的短期贷款利息支出、汇兑净损失、调剂外汇手续费、金融机构手续费，以及企业筹集资金发生的其他财务费用等。 (11)税金。指企业按规定缴纳的房产税、车船使用税、土地使用税、印花税等。 (12)其他。包括技术转让费、技术开发费、业务招待费、绿化费、广告费、公证费、法律顾问费、审计费、咨询费等
3	利润		利润是指施工企业完成所承包工程获得的盈利
4	税金		税金是指国家税法规定的应计入建筑安装工程造价内的营业税、城市维护建设税及教育费附加等

按照《建设工程工程量清单计价规范》（GB 50500—2008）的有关规定，实行工程量清单计价的建筑安装工程造价则由分部分项工程费、措施项目费、其他项目费、规费、税金组成。《计价规范》清单项目计价的建筑安装工程造价组成内容，见表1-5。

表1-5 清单项目计价的建筑安装工程造价组成

序号	项目	内容
1	分部分项工程费	分部分项工程费是工程实体的费用，指为完成设计图纸所要求的工程所需的费用。主要包括：人工费、材料费、机械使用费；以综合单价计价还包括管理费和利润，并适当考虑风险因素
2	措施项目费	措施项目是为完成工程项目施工，发生于该工程施工前和施工过程中技术、生活、安全等方面所需的非工程实体项目费。包括安全文明施工费、夜间施工费、二次搬运费、冬雨季施工费、大型机械设备进出场及安拆费、施工排水费、施工降水费、地上地下设施、建筑物的临时保护设施费、已完工程及设备保护费、各专业工程的措施项目费
3	其他项目费	暂列金额、暂估价、计日工、总承包服务费及其他(索赔、现场签证)
4	规费	规费是指国家及地方政府规定必须交纳的费用。包括工程排污费、工程定额测定费、社会保障费、住房公积金、危险作业意外伤害保险等
5	税金	国家税法规定的应计入建筑安装工程造价内的营业税、城市维护建设税及教育费附加

1.3 工程投资估算

1.3.1 投资估算的概念及作用

1.3.1.1 投资估算概念

投资估算是指建设单位在项目投资决策过程中，依据现有的资料和规定的估算办法，对建设项目投资数额进行估计的文件。

投资估算是一个逐步深化的过程，这是因为从项目建议书到可行性研究，再到投资决策，不同阶段所掌握的资料和具备的条件不同，因而对建设项目投资估算的准确度不同。后一阶段比前一阶段的投资估算更细，更准确。

1.3.1.2 投资估算的作用

在项目评估与投资决策的过程中，不同阶段的投资估算具有不同作用。

① 项目建议书阶段的投资估算，是项目主管部门审批项目建议书的依据之一，并对项目的规划、规模起参考作用。

② 项目可行性研究阶段的投资估算，是项目投资决策的重要依据。

③ 项目投资估算对工程设计概算起控制作用。一般情况下，设计概算应控制在投资估算以内。

④ 项目投资估算，可作为项目资金筹措、制订建设贷款计划的依据。

⑤ 项目投资估算是工程设计招标、优选设计单位和设计方案的依据。在进行工程设计招标时、投标单位报送的标书中应包括投资估算和经济性分析，以便衡量设计方案的经济合理性。

⑥ 项目投资估算是实行限额设计的依据。实行工程限额设计要求设计者必须在一定的投资额内确定设计方案，以便控制项目建设的标准。

1.3.2 投资估算的内容

建设项目从其构成来讲，可分为整体性建设项目和单体性建设项目。环境工程项目中城镇污水处理厂项目属全厂性建设项目，而工业企业内的污水处理、废气治理等项目则属单体性建设项目。不同的工程项目，由于工程规模的大小不同，投资估算的内容也会有所差异。

全厂性工业项目投资估算，从项目构成来讲应包括：主体生产项目（如污水处理厂的主体构筑物，泵房等），附属及辅助生产项目（如污水处理厂的配电间、化验室、仓库等），厂内运输系统（如围墙大门、厂区道路），服务性工程项目（如办公楼、食堂、车库等），厂外工程（如专用道路、供电线路、供水管道、排水管渠等）的所需投资额。

环境工程项目的投资估算，从费用构成来讲应包括该项目从筹建、施工直至竣工投产所需的全部费用。按国家有关规定具体应包括：建筑安装工程费、设备和工器具购置费、工程建设其他费用、预备费、建设期贷款利息、固定资产投资方向调节税、企业流动资金等。

1.3.3 投资估算的编制依据

1.3.3.1 投资估算的编制依据

投资估算的编制依据主要有：①项目建议书或项目可行性研究报告、方案设计；②投资估算指标等相关资料；③类似工程概、预算；④造价指标（包括单项工程和单位工程造价指标）；⑤设计参数（或称设计定额指标），包括建筑面积指标、能源消耗指标等；⑥概、预算定额及其单价；⑦当地材料、设备预算价格及市场价格；⑧当地建筑工程取费标准；⑨现场情况，如地理位置、地质条件、交通、供电条件等；⑩其他经验参考数据。

以上资料越具体、越完备，编制的投资估算就越准确。投资估算通常以独立的单项工程或完整的工程项目为计算对象进行计算。

1.3.3.2 投资估算指标

投资估算指标有建设项目综合指标和单项工程指标两种。

(1) 建设项目综合投资估算指标

建设项目综合投资估算指标一般以生产能力为计算单位，列出投资和人工、主要材料的消耗量。

表 1-6、表 1-7 为某省排水工程中污水管道和污水处理厂的部分综合指标。

表 1-6 污水管道综合指标

序号	设计规模	投资/元	人工/工日	主要材料				
				钢材/kg	水泥/kg	木材/m^3	金属管/kg	非金属管/kg
污水管道综合指标/[m^3/(d·km)]								
1	Ⅰ类(水量 $10\times10^4m^3/d$ 以上)	7～11	0.2～0.3	0.3～0.4	2～2	0.0003～0.0004	2～4	12～18
2	(水量 $5\times10^4\sim10\times10^4m^3/d$)	10～14	0.3～0.4	0.4～0.5	2～3	0.0004～0.0005	3～4	17～23
3	Ⅱ类(水量 $2\times10^4\sim5\times10^4m^3/d$)	13～18	0.4～0.5	0.5～0.7	3～4	0.0005～0.0006	4～6	22～30
4	(水量 $6\times10^3\sim2\times10^4m^3/d$)	17～25	0.5～0.7	0.7～1.0	4～5	0.0006～0.0009	5～8	28～42
5	Ⅲ(水量 $2\times10^3\sim6\times10^3m^3/d$)	20～30	0.6～0.9	0.8～1.1	4～7	0.0007～0.0011	6～10	33～50
6	(水量 $2\times10^3m^3/d$ 以下)	28～40	0.8～1.2	1.1～1.5	6～9	0.0010～0.0014	9～13	47～67
污水干管综合指标/[m^3/(d·km)]								
1	Ⅰ类(水量 $10\times10^4m^3/d$ 以上)	6～10	0.2～0.3	0.2～0.4	1～2	0.0002～0.0004	2～3	10～17
2	(水量 $5\times10^4\sim10\times10^4m^3/d$)	8～14	0.2～0.4	0.3～0.5	2～3	0.0003～0.0005	3～4	13～23
3	Ⅱ类(水量 $2\times10^4\sim5\times10^4m^3/d$)	14～17	0.4～0.5	0.5～0.6	3～4	0.0005～0.0006	4～5	23～28
4	Ⅲ(水量 $2\times10^3m^3/d$ 以下)	17～30	0.5～0.9	0.6～1.1	4～7	0.0006～0.0011	5～10	28～50

表 1-7 污水处理厂综合指标

序号	设计规模	投资/元	人工/工日	主要材料				
				钢材/kg	水泥/kg	木材/m^3	金属管/kg	非金属管/kg
一级处理综合指标/(m^3/d)								
1	Ⅰ类(水量 $10\times10^4m^3/d$ 以上)	100～130	3～4	9～12	64～83	0.008～0.011	4～6	8～11
2	(水量 $5\times10^4\sim10\times10^4m^3/d$)	130～150	4～5	12～14	83～96	0.011～0.012	6～8	11～12
3	Ⅱ类(水量 $2\times10^4\sim5\times10^4m^3/d$)	150～180	5～6	14～17	96～116	0.012～0.015	6～8	12～15
4	(水量 $6\times10^3\sim2\times10^4m^3/d$)	180～200	6～7	17～18	116～128	0.015～0.016	8～9	15～16
5	Ⅲ(水量 $6\times10^3m^3/d$ 以下)	200～300	7～9	18～28	128～193	0.016～0.024	9～13	16～25
二级处理综合指标/(m^3/d)(一)								
1	Ⅰ类(水量 $10\times10^4m^3/d$ 以上)	160～190	2～3	17～20	110～131	0.008～0.010	9～11	13～15
2	(水量 $5\times10^4\sim10\times10^4m^3/d$)	190～220	2～3	19～23	124～152	0.009～0.011	10～13	14～18
3	Ⅱ类(水量 $2\times10^4\sim5\times10^4m^3/d$)	220～300	3～4	21～26	138～173	0.010～0.013	12～15	16～20
4	(水量 $6\times10^3\sim2\times10^4m^3/d$)	300～450	4～5	26～32	173～207	0.013～0.016	15～17	20～24
5	Ⅲ(水量 $1\times10^3\sim6\times10^3m^3/d$)	450～850	5～6	32～37	207～242	0.016～0.018	17～20	24～28
6	(水量 $1\times10^3m^3/d$ 以下)	850～1400	6～8	37～53	242～345	0.018～0.026	20～29	28～40
二级处理综合指标/(m^3/d)(二)								
1	Ⅰ类(水量 $10\times10^4m^3/d$ 以上)	200～300	3～4	24～30	139～174	0.014～0.017	12～15	6～8
2	(水量 $5\times10^4\sim10\times10^4m^3/d$)	300～400	4～5	30～39	174～223	0.017～0.022	15～19	8～10
3	Ⅱ类(水量 $2\times10^4\sim5\times10^4m^3/d$)	400～600	5～6	36～48	209～279	0.021～0.028	17～23	9～12
4	(水量 $6\times10^3\sim2\times10^4m^3/d$)	600～750	7～8	52～58	300～334	0.030～0.033	25～28	13～14
5	Ⅲ(水量 $1\times10^3\sim6\times10^3m^3/d$)	750～1000	7～9	54～67	314～383	0.031～0.038	26～32	14～17
6	(水量 $1\times10^3m^3/d$ 以下)	1000～1300	8～13	65～97	376～558	0.037～0.055	31～46	16～24

(2) 建设项目投资估算单项指标

建设项目投资估算单项指标一般以生产能力为计算单位，列出直接费投资，包括土建工程，设备购置、配管及安装工程的费用。

表 1-8 为污水处理厂总平面布置单项指标，本指标包括围墙大门、厂区道路、厂区管

道、闸门井及厂区动力线路照明等，但不包括拆迁、征地、绿化等费用，本指标按水量分上下限×××以上～×××，×××以上不包括本身，×××已包括本身，在选用指标时，水量小取上限，水量大取下限；本指标所列投资系直接费，应结合当地实际情况，参照调价方法进行调整。

表 1-9 为污水泵房系列单项指标。

表 1-8 污水处理厂总平面布置单项指标

项目			单位	浅丘地区 单位：厂区面积 $100m^2$			
				水量/(m^3/d)			
				500 以上～1000	1000 以上～5000	5000 以上～10000	10000 以上～20000
投资指标	直接费合计		元	2700～3560	2740～3010	2470～2740	2190～2470
	其中	土建	元	2700～2920	2250～2470	2030～2250	1790～2030
		配管及安装	元	420～460	360～400	320～360	290～320
		设备	元	170～180	130～140	120～130	110～120
主要工料指标	略						

表 1-9 污水泵房系列单项指标

项目			单位	圆形泵房指标 单位：建筑体积 $100m^3$			
				水量/(m^3/d)			
				500 以上～1000	1000 以上～5000	5000 以上～10000	10000 以上～20000
投资指标	直接费合计		元	17550～18200	16900～17550	15600～16900	14300～14950
	其中	土建	元	10530～10920	10140～10530	10920～11830	8580～8970
		配管及安装	元	2640～2730	2540～2640	1560～1690	1430～1500
		设备	元	4380～4550	4220～4380	3120～3380	4290～4480
主要工料指标	略						

1.3.4 投资估算的常用编制方法

投资估算的编制方法较多，没有定式。有的适用于整个综合项目的投资估算，有的适合于一个单项工程的投资估算。不同的方法精确度不同，为提高投资估算的科学性和精确性，应根据建设项目的性质、规模以及现有的技术资料、数据和对估算的精度要求选择投资估算方法。常用的投资估算方法如下：

1.3.4.1 生产规模指数估算法

这种方法是根据已建成的性质与拟建项目类似的项目投资额或设备投资额，估算同类型而不同规模的项目的投资或设备投资的方法。

其估算式为：

$$x=y\left(\frac{C_2}{C_1}\right)^n\times C_f$$

式中 x——拟建项目投资额；

y——已建同类型项目投资额；

C_1——已建同类型项目的生产规模；

C_2——拟建项目的生产规模；

C_f——增价系数，为不同时期、不同地点定额单价、材料价格、费用变更等的综合调整系数；

n——生产规模指数，$0 \leqslant n \leqslant 1.0$。

该法中“n”值取定有一定要求，若已建同类项目的装置规模与拟建项目的装置规模相差不大，生产能力比值在0.5～2.0之间，$n=1$；若已建同类项目装置与拟建项目装置的规模相差不大于50倍，且拟建项目的扩大仅靠扩大设备规格来达到时，n为0.6～0.7；若是靠增加相同规格的设备的数量达到时，n为0.8～0.9。

采用生产规模指数法进行投资估算，计算较简便，但要求类似工程的资料要可靠。与拟建项目条件基本相同，否则误差较大。生产规模指数法适合项目申请书（建议书）阶段的投资估算。

【例1-1】 已建成的某污水处理工程项目，处理能力为$10 \times 10^4 m^3/d$，固定资产为8000万元。若拟建一个生产能力为$15 \times 10^4 m^3/d$的同类项目，试估算其固定资产投资为多少？（按增加设备容量考虑n为0.6～0.7）

【解】 据题意，已知，$y=8000$万元　$C_1=10 \times 10^4 m^3/d$　$C_2=15 \times 10^4 m^3/d$

取$n=0.6$，增价系数取$C_f=2.0$

拟建项目固定资产投资为：

$$x=8000 \times (15 \times 10^4/10 \times 10^4)^{0.6} \times 2.0=20406.79\text{（万元）}$$

1.3.4.2　比例系数估算法

采用比例系数估算法的基本条件是已掌握已有同类工程项目的设备与固定资产相关资料。先求出已有同类项目主要设备投资占全项目固定资产投资的比例，然后再算出拟建项目的主要设备投资，即可按比例求出拟建项目的固定资产投资。其表达式为：

$$I=\frac{1}{K}\sum_{i=1}^{n} Q_i \cdot P_i$$

式中　I——拟建项目的固定资产投资；

K——已有同类项目主要设备投资占固定资产投资的比例，%；

n——设备种类数；

Q_i——第i种设备的数量；

P_i——第i种设备的单价。

【例1-2】 某市准备建一供水工程，经调查研究，其主要设备规格及价格的需求见表1-10。并收集到已有同类项目资料，其主要设备总价为350万元，固定资产总投资4500万元。试根据上述条件，估算待建供水工程的固定资产投资。

表1-10　某供水工程主要设备表

序号	设备名称	单位	数量	单价/万元	合价/万元
1	水泵机组	座	25	4.54	113.5
2	阀门	座	60	1.25	75
3	吸刮泥机	组	4	12.84	51.36
4	加氯机	套	4	11.82	47.28
5	吊车	部	3	10.45	31.35
6	配电设备	套	6	12.40	74.4

【解】 ① 求K

$$K=350/4500=0.078=7.8\%$$

② 求新建供水工程的固定资产投资

$$I=(1/0.078)\times(113.5+75+51.36+47.28+31.35+74.4)$$
$$=5037.05\ (万元)$$

1.3.4.3 设备费用比例估算法

该法是将项目的固定资产投资分为设备投资、建筑物投资或构筑物投资、其他投资三部分，先估算设备投资额，然后再按一定比例估算出建筑物与构筑物的投资及其他投资，最后将三部分投资加在一起。

(1) 设备投资估算

设备投资按其出厂价格加上运杂费、安装费等，其估算公式为：

$$K_1=\sum_{i=1}^{n}Q_iP_i(1+L_i)$$

式中 K_1——设备投资估算值；

Q_i——第 i 种设备所需数量；

P_i——第 i 种设备的出厂价格；

L_i——同类项目同类设备的运杂费、安装费（包括材料费）系数；

n——所需设备的种类。

(2) 建（构）筑物的投资估算

$$K_2=K_1\times L_b$$

式中 K_2——建（构）筑物投资估算值；

L_b——同类项目建筑物，构筑物投资占设备投资的比例。

(3) 其他投资估算

$$K_3=K_1\times L_w$$

式中 K_3——其他投资估算值；

L_w——同类项目其他投资占设备投资的比例。

项目固定资产投资总额的估算值，则为：

$$K=(K_1+K_2+K_3)\times(1+S\%)$$

式中 $S\%$——考虑不可预见因素而设定的费用系数，一般为10%～15%。

【例 1-3】 某污水处理厂工程，初步设计提出的主要设备及出厂价格的需求见表1-11。根据同类工程资料，设备运杂费系数为15%，安装费系数为45%，建（构）筑物费用系数为6～8，其他费用系数为1.5。试估算该污水处理厂工程的总投资。

表 1-11 某污水处理厂主要设备表

序号	设备名称	单位	数量	单价/万元	合价/万元
1	污水泵	台	8	1.5	12.00
2	曝气机	座	5	8.5	42.50
3	格栅	组	2	2.5	5.00
4	吸刮泥机	套	4	18.00	72.00
5	带式压滤机	台	2	12.00	24.00
6	吊车	台	2	1.5	3.00
7	阀门	套	30	0.50	15.00

【解】 ① 求 K_1

$$K_1=(8\times1.5+5\times8.5+2\times2.5+4\times18.00+2\times12.00+2\times1.5+30\times0.50)\times(1+15\%+45\%)=277.60\ (万元)$$

② 求 K_2

$$K_2=277.60\times7.0=1943.20\ (\text{万元})\ (L_b=7.0)$$

③ 求 K_3

$$K_3=277.60\times1.5=416.40\ (\text{万元})\ (L_w=1.5)$$

④ 求 K（不可预见费用系数取 $S=12\%$）

$$K=(277.60+1943.20+416.40)\times(1+12\%)=2953.664\ (\text{万元})$$

1.3.4.4 造价指标估算法

造价指标估算法，是根据各类建设项目或单项工程投资估算指标，进行投资估算的方法。造价指标的形式很多，如单位生产能力指标，元/(m^3/d)；单位建筑面积指标，元/m^2；单位建筑体积指标，元/m^3 等。将这些指标乘以同类工程的规模，就可以求得相应的土建工程、安装工程等各单位工程的投资数额。在此基础上，汇总后得到单项工程的投资数额，再估算工程建设其他费用，即求得建设项目总投资的估算值。

采用造价指标估算法，要注意指标制定时间与工程建设时间的差异，指标包含内容与工程实际包含内容的差异，指标使用地区与工程所在地点的差异，以及施工建设条件的差异等，有时要乘以必要的调整系数。

(1) 单位生产能力指标法

当工程所在地、建设时间和工程所包含的内容与造价指标没有很大的差别时：

项目投资额＝单位造价指标×生产能力

当工程所在地，建设时间和工程所包含的内容与造价指标有较大差别时：

项目投资额＝单位造价指标×生产能力×物价调整系数

(2) 单项指标估算法

单项工程投资额计算式如下：

单项工程投资额＝单项指标×规模×物价调整系数

【例 1-4】 某市拟建一污水处理厂，处理能力 $Q=60000m^3/d$，二级处理，曝气沉砂池容积为 $36m^3$，一般标准。试估算曝气沉砂池造价。

【解】 参照《城市基础设施投资估算指标》曝气沉砂池采用单项指标，水量 40000～60000m^3/d，工程直接费指标为 60750～67500 元/100m^3，取 675 元/m^3。其中土建投资 405 元/m^3，配管及安装投资 168.8 元/m^3，设备投资 101.2 元/m^3。

① 计算物价调整系数 根据工程所在地的人工工资标准，材料预算价格、机械台班预算价格，按系列单项指标中的工料消耗量计算物价调整系数，见表 1-12，得 $K=3.347$。

物价调整系数＝43212.82÷12910.34＝3.347

表 1-12 物价调整系数计算表

序号	项目名称	单位	数量	指标价格/元		现行当地价格/元	
				单价	合计	单价	合计
1	土建人工	工日	6.19×36	2.94	655.15	25	5571.0
2	安装人工	工日	86	3.05	262.3	28	2408.0
3	水泥	t	12.96	124.0	1607.0	320.0	4147.2
4	钢材	t	4.38	772.4	3383.11	3406.0	14918.28
5	锯材	m^3	3.36	452.0	1518.72	784.0	2634.24
6	标准砖	千块	1.52	77.94	118.47	189.45	287.96
7	砂	m^3	22.68	24.29	550.89	49.50	1122.66

续表

序号	项目名称	单位	数量	指标价格/元		现行当地价格/元	
				单价	合计	单价	合计
8	碎(砾)石	m^3	35.10	18.62	653.56	45.10	1583.0
9	块石	m^3	56.8	18.25	1036.6	46.20	2707.32
10	铸铁管	t	1.07	530.0	567.1	1480.0	1694.45
11	铸铁管件	t	0.52	810.0	421.2	1890.0	982.8
12	钢管及钢管件	t	1.24	1720.0	2136.24	4158.0	5155.92
	合计				12910.34		43212.82

② 计算工程直接费

a. 土建工程　405×36×3.347＝48799.26（元）

b. 配管及安装工程　168.8×36×3.347＝20339.05（元）

c. 设备　101.2×36×3.347＝12193.79（元）

合计　48799.26＋20339.05＋12193.79＝81332.10（元）

③ 曝气沉砂池单项工程造价

根据《城市基础设施投资估算指标》的有关应用说明，曝气沉砂池单项工程造价的组成为：

造价＝直接费＋间接费

其中，间接费＝直接费×50％

则　曝气沉砂池造价＝81332.10×(1＋0.5)＝121998.15（元）

应该注意的是利用上述方法计算时，如算出的是工程直接费，估算工程造价时还需按工程投资估算的相关规定计算工程建设其他费用，综合汇总成该项目投资估算。工程建设其他费用包括：建设单位管理费、工程建设监理费、征地费、青苗补偿费、拆迁补偿费、人员培训费、评估招标费、设计前期费、环境影响评价费、设计费等费用，同时一个完整的投资估算还需考虑建设期贷款利息、基本预备费及铺底流动资金。

1.3.5　投资估算书

1.3.5.1　投资估算书组成

工程估算书通常由以下几方面组成：封面、编制说明及投资估算表构成。

(1) 封面

封面如下所示，主要反映建设单位、工程名称、工程地址、编制时间、编制人、审核人，以及编制单位与建设单位的负责人等栏目。

______________________工程

估　算　书

建筑单位：______________________

工程地址：______________________

编制时间：______年______月______日

编制人：__________审核人：__________

编制单位：　　　　　　　　建设单位：

（盖章）　　　　　　　　　（盖章）

负责人：　　　　　　　　　负责人：

（2）投资估算表

投资估算表包括建筑工程、设备购置、设备安装工程费用及其他费用表等。

（3）编制说明

编制说明主要内容包括编制范围，投资估算及工程费用构成、编制依据等。

1.3.5.2 某市污水处理厂投资估算实例

（1）投资估算书封面（略）

（2）投资估算编制说明

① 编制范围　××市城市污水处理厂投资估算编制范围包括 $15\times10^4m^3/d$ 污水处理厂一座、污水截流管道及污水提升泵站 4 座。

② 投资估算

建设项目总投资：33470.22 万元

静态投资：30867.72 万元

动态投资：2470.50 万元

铺底流动资金：132.00 万元

（3）工程费用

工程费用：23012.49 万元，100%

其中，污水处理厂：13607.60 万元，59%

截污管道：7945.40 万元，35%

提升泵站：1400.80 万元，6%

（4）编制依据

① 工程设计方案。

② 建设部颁“市政工程投资估算指标”、“市政工程投资估算编制办法”等。

③ 某省现行市政工程、建设工程概预算定额及费用定额及某市现行材料市场价格。

④ 工程勘察设计收费标准（2002 年修订本）。

⑤ 类似项目概预算指标。

⑥ 建设单位提供的有关资料（考虑部分设备进口）。

（5）资金筹措

某市自筹 8000 万元，其余考虑银行贷款（年息 5.76%，建设期三年）。

（6）投资估算表

投资估算表

工程或费用名称	估算价值/万元					
	建筑工程	设备购置	安装工程	其他费用	小计	合计
第一部分工程费用	14729.40	5927.79	2355.30		23012.49	
……						
第二部分其他费用				5049.07	5049.07	
……						
第一、二部分合计						28061.56
项目建设其他费用				5408.66		
……						
建设项目总投资						33470.22

注：第一部分工程费用为直接费，第二部分其他费用包括工程监理、人员培训费、建设单位管理费等费用，建设其他费用包括征地费、“三通一平”费用。

1.4 设计概算

1.4.1 概述

1.4.1.1 设计概算的概念

设计概算是设计文件的重要组成部分，是在投资估算的控制下由设计单位根据初步设计（或技术设计）图纸及说明，概算定额（概算指标），各项费用定额或取费标准、设备、材料预算价格等资料，编制和确定的建设项目从筹建到施工交付使用所需全部费用的文件。采用两阶段设计的建设项目，初步设计阶段必须编制设计概算；采用三阶段设计的，技术设计阶段必须编制修正概算。

1.4.1.2 设计概算的作用

设计概算的主要作用是：①设计概算是编制建设项目投资计划、确定和控制建设项目投资的依据。②设计概算是签定建设工程合同和贷款合同的依据，也是银行拨款或签定贷款合同的最高限额。③设计概算是控制施工图设计和施工图预算的依据。经批准的设计概算是建设项目投资的最高限额，设计单位必须按照批准的初步设计和总概算进行施工图设计，施工图预算不得突破设计概算。④设计概算是衡量设计方案技术经济合理性和选择最佳设计方案的依据。设计概算是设计方案技术经济合理性的综合反映，据此可以用来对不同的设计方案进行技术与经济合理性的比较，以便选择最后的设计方案。⑤设计概算是考核建设项目投资效果的依据。通过设计概算与竣工决算对比，可以分析和考核投资效果的好坏，同时还可以验证设计概算的准确性，有利于加强设计概算管理和建设项目的造价管理工作。

1.4.1.3 设计概算的分类

设计概算按工程特征可分为建筑工程概算和设备安装工程概算。

建筑工程概算又分为土建工程概算、给排水工程概算、采暖通风工程概算、电气照明工程概算等。单位工程概算是单项工程综合概算文件的组成部分。

工程概算按编制的范围与程序，可分为单位工程概算，单项工程概算、其他工程和费用概算、总概算等。

1.4.1.4 三级概算的相互关系

设计概算通常分为单位工程概算、单项工程综合概算和建设项目总概算三级。各级概算之间的相互关系如图 1-4 所示。

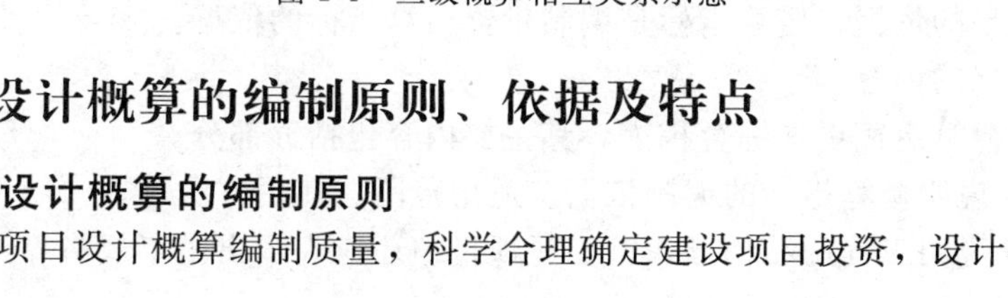

图 1-4 三级概算相互关系示意

1.4.2 设计概算的编制原则、依据及特点

1.4.2.1 设计概算的编制原则

为提高建设项目设计概算编制质量，科学合理确定建设项目投资，设计概算编制应坚持

以下原则。

① 严格执行国家建设方针和经济政策的原则。

② 要完整、准确地反映设计内容原则。

编制设计概算时，要充分调查研究，掌握第一手资料，认真了解设计意图，根据设计文件、图纸准确计算工程量，避免重算和漏算。设计修改后，要及时修正概算。

③ 要结合拟建工程的实际，反映工程所在地当时价格水平。

为提高设计概算的准确性，要求实事求是地对工程所在地的建设条件，可能影响造价的各种因素，认真进行调查研究。在此基础上正确使用定额、指标、费率和价格等各项编制依据，按照现行的工程造价的构成，根据有关部门发布的价格信息及价格调整指数，考虑建设期的价格变化因素，使概算尽可能地反映设计内容、施工条件和实际价格。

④ 抓住主要矛盾，突出重点，保证概算编制质量。

概算编制时由于受设计深度的制约，局部细节尚不详尽，因此应注重关键项目和主要部分的编制精度，以便更好地控制整个建设项目的概算造价。

1.4.2.2 设计概算的编制依据

设计概算的编制依据主要包括以下几条：

① 批准的可行性研究报告、投资估算书。

② 初步设计或扩大初步设计图纸、技术文件。

③ 工程所在地人工工资标准、材料预算价格、机械台班价格等资料。

④ 国家或工程所在省、市、自治区现行的建筑工程概算定额或概算指标。

⑤ 工程所在地区的自然、技术经济条件方面的资料。

⑥ 国家或省、市、自治区最新颁布的建筑安装工程间接费取费标准或其他有关费用文件。

1.4.2.3 概算定额和概算指标

（1）概算定额

概算定额是规定建筑安装企业为完成完整的结构构件或扩大的结构构件所需人工、材料和机械消耗和费用的数量标准。利用概算定额可计算人工、机械台班、材料费及直接费。概算定额是在预算定额的基础上，根据有代表性的建筑工程通用图和标准图等资料，进行综合、扩大和合并而成，因此，建筑工程概算定额也称“扩大的结构定额”。由于概算定额综合了若干分项工程的预算定额，因而使概算工程量的计算和概算表的编制，都比编制预算定额简化了很多。

（2）概算指标

建筑工程的概算指标则常以每 $100m^2$ 建筑面积或 $100m^3$ 建筑体积（容积）为计算单位，构筑物以座为计算单位，安装工程以成套设备或装置的台、组、套、吨为计算单位以确定某一建筑物、构筑物的建设或设备、生产装置的购置和安装所需人工、材料、机械消耗量或资金需要量。概算指标通常有综合指标和单项指标两种表现形式。概算指标是编制初步设计概算，确定概算造价的依据；是设计单位进行设计方案的技术经济分析，衡量设计水平，考核基本建设投资效果的依据；概算指标是编制投资估算指标的依据。

（3）概算指标的内容

概算指标比概算定额更加综合扩大，其主要内容包括五部分。

① 总说明：说明概算指标的编制依据、适用范围、使用方法等。

② 示意图：说明工程的结构形式。工业项目中还应表示出吊车规格等技术参数。

③ 结构特征：详细说明主要工程的结构形式、层高、层数和建筑面积等。

④ 经济指标：说明该项目每 $100m^2$ 建筑面积或 $100m^3$ 建筑体积或每座构筑物的造价指标，以及其中土建、水暖、电器照明等单位工程的相应造价。

⑤ 分部分项工程构造内容及工程量指标：说明该工程项目各分部分项工程的构造内容，相应计量单位的工程量指标，以及人工、材料消耗指标。

1.4.2.4　设计概算编制的特点

概算相对于投资估算与施工图预算而言，起着承上启下的作用。它基于投资估算，又要作为控制施工图预算的依据，要求准确，不得有大的遗漏或高估冒算。概算的编制与施工图预算编制相比，具有以下三个方面的特点。

（1）简略

如概算指标的计量单位是以整个建筑物每 $100m^2$ 或 $100m^3$ 建筑体积（容积）为计量单位，构筑物以“座”为单位计算。

（2）综合

用于编制概算的概算定额或概算指标，与预算定额相比具有很强的综合性。例如，概算定额中砖基础扩大分项工程，是由预算定额中五个关联性较大的分项工程合并而成，它们是以砌砖基础为主要工作内容，包含了施工顺序相衔接的人工挖地槽、砌砖基础、铺设防潮层、回填土、余土外运等内容。

（3）快捷

“缩短工期、加快进度”是建设主体各方所共同追求的目标。为使建设工程在不违背基建程序的前提下，力求在时间顺序上能交替展开或重叠进行，就不能等到施工图设计全部完成之后再来进行工程造价分析。为了争主动、抢时间，概算的编制处于初步设计或扩大初步设计阶段。在保证一定精度的前提下，与基于施工图的预算编制相比能充分体现出一个“快”字，从而为工程开工的前期准备赢得充裕的时间。

1.4.3　设计概算的编制方法

1.4.3.1　单位工程概算的编制方法

单位工程是单项工程的组成部分，是指具有单独设计可以独立组织施工，但不能独立发挥生产能力或使用效益的工程。单位工程概算由建筑安装工程中的直接工程费、间接费、计划利润和税金组成。

单位工程概算分建筑工程概算和设备及安装工程概算两大类。建筑工程概算的编制方法有概算定额法、概算指标法、类似工程预算法等；设备及安装工程概算的编制方法有预算单价法、扩大单价法、设备价值百分比法和吨位指标法等。

（1）建筑工程概算的编制方法

① 概算定额法　又叫扩大单价法或扩大结构定额法。它是采用概算定额编制建筑工程概算的方法，类似用预算定额编制建筑工程预算。它是根据初步设计图纸资料和概算定额的项目划分计算出工程量，然后套用概算定额单位（基价），计算汇总后，再计取有关费用，便可得出单位工程概算造价。

概算定额法要求初步设计达到一定深度、建筑结构上较明确时，才可采用。

② 概算指标法　是拟建厂房、住宅的建筑面积或体积乘以技术条件相同或基本相同的概算指标编制概算的方法。当初步设计深度不够，不能准确地计算出工程量，但工程设计是采用技术比较成熟而又类似工程概算指标可以利用时，可采用概算指标法。由于拟建工程

(设计对象) 往往与类似工程概算指标的技术条件不尽相同，而且概算指标编制年份的设备、材料、人工等价格与拟建工程当时当地的价格也不会一样。因此，必须对其进行调整。

③ 类似工程预算法　适用于拟建工程初步设计与已完工程或在建工程的设计相类似又没有可用的概算指标时，但必须对建筑结构差异和价差进行调整。建筑结构差异的调整方法与概算指标法的调整方法相同。类似工程造价的价差调整有两种方法：一是类似工程造价具体的人工、材料、机械台班的用量，可按类似工程造价资料中的主要材料用量、工日数量、机械台班用量乘以拟建工程所在地的相近日期的主要材料预算价格、人工单价、机械台班单价，计算其工程直接费，再乘以当地的综合费率；二是类似工程造价只有人工、材料、机械台班费用和其他直接费、现场经费、间接费时，可按下面公式调整，即

$$M=a\%M_1+b\%M_2+c\%M_3+d\%M_4+e\%M_5+f\%M_6$$

式中　M——综合调整系数；

$a\%$，$b\%$，$c\%$，$d\%$，$e\%$，$f\%$——类似工程预算的人工费、材料费、机械费、其他直接费、现场经费、间接费之间的差异系数；

M_1，M_2，M_3，M_4，M_5，M_6——单项调整系数，分别为人工费、材料费、机械费及其他直接费、现场经费、间接费的调整系数。

(2) 设备及安装工程概算的编制方法

设备购置费概算由设备原价和运杂费两项组成，标准设备原价可根据设备型号规格、性能、材质、数量及附带的配件，向制造厂家问价或向设备、材料信息部门查询或按主管部门规定的现行价格逐项计算。非主管标准设备和器具的原价可按主要标准设备原价的百分比计算。百分比指标按主管部门或地区有关规定执行。

设备安装工程概算的编制方法有以下几种。

① 预算单价法　当初步设计较深，有详细的设备清单时，可直接按安装工程预算定额单位编制设备安装工程概算，概算程序基本同于安装工程施工图预算。

② 扩大单位法　当初步设计深度不够，设备清单不完备，只有主体设备或仅有成套设备质量时，可采用主体设备、成套设备的综合扩大安装单价来编制概算。

③ 设备估价百分比法　又叫安装设备百分比法。当初步设计深度不够，只有设备出厂价而无具体规格、质量时，安装费可按占设备费的百分比计算。其百分比值由主管部门制定或设计单位根据与它类似工程确定。价格波动不大的定型产品和通用设备产品，应用下式计算设备安装费：

设备安装费＝设备原价×安装费率（%）

④ 综合吨位指标法　当初步设计提供的设备清单有规格和质量时，可采用综合吨位指标编制概算，其综合吨位指标由主管部门或由设计院根据已完类似工程资料确定。

设备安装费＝设备质量(t)×每吨设备安装费指标（元/t）

1.4.3.2　建设项目总概算的编制方法

建筑项目总概算是设计文件的重要组成部分，是确定整个建设项目从筹建到竣工交付使用所预计花费的全部费用的文件。它是由各单项工程综合概算、工程建设其他费用、预备费、固定资产投资方向调节税和经营性项目的铺底资金，按照主管部门规定的统一表格进行编制而成。

设计概算文件一般包括封面及目录、编制说明、总概算表、工程建设其他费用概算表、单项工程综合概算表、单位工程概算表、工程量计算表、分年度投资汇总表与分年度资金流量汇总表以及主要材料汇总表与工日数量表等。

1.4.4 设计概算编制步骤

重点介绍三种单位工程设计概算的编制步骤。一是用概算定额编制概算；二是用概算指标编制概算；三是用类似工程预算成果编制概算。

1.4.4.1 用概算定额编制概算步骤

(1) 收集编制概算的基础资料

除前面已经列出的编制依据外，还应获得施工方法和技术规范方面的资料。

(2) 熟悉设计图纸和其他设计文件，掌握施工现场情况

充分了解设计意图，掌握工程全貌，明确工程的结构形式和特点；深入施工现场了解建设地点的地形、地貌，以及作业环境，并加以核实、分析和修正。

(3) 分列工程项目

应根据概算定额手册所列项目及顺序，结合初步设计图纸内容进行划分和列出。

(4) 零星工程项目计取

没有包括的零星工程项目，可暂不计算，按占工程概算造价直接费的百分比表示，称不可预见工程费，一般按工程直接费的5%～8%计取。

(5) 套用概算定额

必须严格按照概算定额说明中的规定套用。对于定额中未包括的项目（非零星项目）可有两种解决方法：一是按预算定额执行；二是制定补充概算定额项目。

表1-13是某建筑工程中基础工程概算表，表1-14为主要材料表格式。

套用定额计算工程直接费后，再计取各项费用（包括间接费、计划利润、其他费用和税金）。

(6) 计算工程概算造价并确定单位造价指标

工程概算造价＝直接费＋间接费＋计划利润＋其他费用＋税金

单位面积造价指标＝工程概算造价÷工程建筑面积（元/m^2）

表1-13 建筑工程概算表（工程直接费计算表）

序号	定额编号	工程或费用名称	工程量		概算单价/元	
			单位	数量	单价	合价
1	30-9	砖基础	10m^3	18.41	542.12	9980.43
2	38-62	独立钢筋混凝土基础	10m^3	0.50	1330.45	665.23
3	40-73	基础梁	10m^3	6.59	1855.83	12229.92
4	41-76	桩承台	10m^3	19.30	1328.20	25634.26
5	48-121	钢筋混凝土灌注桩	m^3	270.74	134.88	36571.40
6	51-151	钢筋笼	t	17.50	680.46	11908.05
		小计				96989.29

核对： 编制： 年 月 日

表1-14 主要材料表格式

序号	工程项目名称	钢筋	型钢	水泥	木材	……
		t	t	t	m^3	……

核对： 编制： 年 月 日

1.4.4.2 用概算指标编制概算步骤

当初步设计深度不够、设计文件不完备、处于方案阶段或不能依据设计文件准确地计算各分部分项工程的工程量时，可采用概算指标编制拟建工程的概算造价。编制步骤如下：

(1) 收集概算的原始资料

与采用概算定额编制法所要收集的基础资料相同。

(2) 计算建筑面积或体积

根据初步设计文件和工程量计算规则及方法，计算建筑面积或建筑体积。

(3) 计算工程直接费和主要材料消耗量

直接费的计算方法为：

直接费＝每平方米建筑面积直接费指标×建筑面积

直接费＝每立方米建筑体积直接费指标×建筑体积

主要材料消耗量的计算方法为：

主要材料消耗量＝每平方米建筑面积主要材料消耗量×建筑面积

主要材料消耗量＝每立方米建筑体积主要材料消耗量×建筑体积

(4) 取费计算

计取间接费、计划利润、其他费用和税金、确定工程概算造价及技术经济指标。

采用概算指标编制概算的前提条件是拟建工程项目的结构特征、工程内容要基本相同。如果拟建工程的结构特征、工程内容与概算指标的规定有局部不同时，应先对概算指标进行修正，再用修正后的概算指标计算直接费。

【例 1-5】 某圆形泵房，外径 14.5m，±0.000 以上建筑为砖混结构，高 6.0m，下部为钢筋混凝土结构，深 11.56m，采用概算指标编制土建单位工程概算。

【解】 如表 1-15 所示，某泵房土建概算结果为 1648672.2 元。

表 1-15 某泵房土建概算表

序号	编制依据	工程或费用名称	工程量		概算单价/元	
			单位	数量	单价	合价
1	略	上部建筑	m^2	166	960	159360
2	略	下部建筑	m^3	1920	600	1152000
3	略	金属结构	t	12	4500	54000
4	略	其他设计预算 5%				68268
5	略	直接费小计				1433628
6	略	间接费 15%				215044.2
7		合计				1648672.2

1.4.4.3 用类似工程预算成果编制概算步骤

该法就是以现有的相似工程的预算、结算或决算的造价为基础，对拟建工程或建设项目的造价进行估算。这是一种较为方便、快捷的概算编制方法。其前提是应具有可比性，即拟建工程在建筑面积、结构特征等方面与已建或在建工程基本一致。

采用类似工程预算成果编制概算应考虑调整：类型差异的调整、时距差异的调整、地域差异的调整等，一般可用综合调整系数表示。

拟建工程概算造价计算公式为：

拟建工程概算造价＝K×类似工程预（决）算价值

式中 K——综合调整系数。是考虑拟建工程与类似工程由于建设地点不同、时间不同等多种因素而引起人工费、材料费、施工机械台班费以及其他费用（如利润、税金）的差别所做的调整。

【例 1-6】 某待建污水处理厂处理能力 $Q=4000m^3/d$，二级处理，同类工程调查可知：某同类型污水处理厂决算价值为 2050 万元。试概算拟建污水处理厂造价。

【解】 根据工程所在地的人工工资标准，材料预算价格、机械台班预算价格以及其他费用与同类型污水处理厂的差别，综合调整系数取 $K=1.6$。

$$拟建污水处理厂造价=2050\times1.6=3280（万元）$$

1.4.4.4 概算编制中应注意的问题

① 应按照概算定额（指标）的规定、项目划分与工程量计算规则、设计图纸的深度进行计算，不得任意加大或缩小各部位的尺寸。

② 对于列项顺序，为避免重复或遗漏，应按一定的层次、部位、轴线编号等一定的规律进行。一个单位工程按一个确定的规则，如按定额（或指标）项目的顺序并在图纸上按逆时针方向计算；或按统筹法，即利用“基数连续计算、一次计算多次使用”的方法进行。

③ 应尽量采用表格形式进行计算，按照各地区统一格式和规定的程序进行，既清晰整洁，又便于审核，能减少重复劳动，提高工作效率，同时还应充分利用图纸中的各种表格，如门窗表、钢筋表、设备清单等。

④ 计量单位应与定额（或指标）所规定的相一致。工程量计算公式中的和数字应按相同的次序排列，如长×宽。价与量的精度前后应一致，如统一精确到小数点后两位。

⑤ 概算指标是一种综合性很强的指标，因此，在选用概算指标时，要特别慎重，使设计对象与所选用的指标在多方面尽量一致或接近。在应用概算指标时，有两种情况：一种情况是直接套用，即拟建工程的结构特征与概算指标吻合；另一种情况是拟建工程与概算指标在建筑特征、结构特征、自然条件和施工条件上不完全一致，此时必须对指标的局部内容进行调整后再套用。

1.4.5 工程概算书组成

设计概算文件一般包括封面及目录、编制说明、总概算表、工程建设其他费用概算表、单项工程综合概算表、单位工程概算表、工程量计算表、分年度投资汇总表与分年度资金流量汇总表以及主要材料汇总表与工日数量表等。

1.4.5.1 封面格式

封面与估算书封面基本相同，主要反映建设单位、工程名称、工程地址、编制时间、编制人、审核人，以及编制单位与建设单位的负责人等栏目。

______________________工程

概 算 书

建筑单位：__________________

工程地址：__________________

编制时间：______年______月______日

编制人：__________审核人：__________

编制单位： 建设单位：

（盖章） （盖章）

负责人： 负责人：

1.4.5.2 概算造价汇总表

概算造价汇总表包括直接费、间接费、其他费用、利润、税金，以及概算价值总计。概算汇总表格式见表1-16。

表1-16 概算造价汇总表

序号	费用项目名称	计费基数	费率	概算价值(元)		备注
				合计	其中人工费	
1	(一)直接费					
	1. 定额直接费					
	2. 其他直接费					
2	(二)间接费					
	1. 施工管理费					
	2. 临时设施费					
	……					
	……					
3	(三)利润					
4	(四)其他费用					
	1. 远地工程费					
	2. 材料价差					
	……					
	……					
5	(五)税金					
	总计	万 仟 佰 拾 元 角 分				

审核： 编制： 证号： 编制日期： 年 月 日

1.4.5.3 建筑工程概算表、建筑安装工程概算表以及编制说明

建筑工程概算表格式见表1-13，与建筑工程概算表配合使用的还有建筑材料表，见表1-14。

建筑安装工程概算表与建筑工程概算表相似，只是由于取费计算时以人工费为基数，概算价值中须将人工费单独列出。

建筑安装工程概算表见表1-17。

表1-17 建筑安装工程概算表

序号	定额编号	工程或费用名称	工程量		定额单价(元)		概算价值(元)	
			单位	数量	合计	其中人工	总价	人工费
1								
2								
3								
4								
5								
6								
		小计						

核对： 编制： 年 月 日

1.5 施工图预算

1.5.1 施工图预算的概念及作用

1.5.1.1 施工图预算的概念

施工图预算是施工图设计预算的简称，也叫设计预算。是按建筑安装工程的施工图纸计算工程量，由施工组织设计确定施工方案，依据现行预算定额或基价表、取费标准等进行计算和编制的单位工程或单项工程建设费用的经济文件。

1.5.1.2 施工图预算的作用

① 施工图预算是设计阶段控制工程造价的重要环节，是控制施工图设计不突破设计概算的重要措施。

② 施工图预算是编制或调整固定资产投资计划的依据。

③ 对于实行施工招标的工程，施工图预算是编制标底的依据，也是承包企业投标报价的基础。

④ 对于不宜实行招标而采用施工图预算加调整价结算的工程，施工图预算可作为确定合同款的基础或作为审查施工企业提出的施工图预算的依据。

1.5.2 施工图预算的编制依据

施工图预算的编制依据如下所述。

(1) 施工图

施工图是计算工程量和套用预算定额的依据，施工图除了施工蓝图外，还包括标准施工图，图纸会审纪要和设计变更等都是编制施工图预算的重要依据。

(2) 施工组织设计或施工方案

施工组织设计或施工方案是编制施工图预算过程中，计算工程量和套用预算定额时，确定土方类别，基础工作面大小，构件运输距离及运输方式等依据。

(3) 建筑安装工程费用定额

建筑安装工程费用定额是各省、市、自治区和各专业部门规定的费用定额及计算程序。

(4) 地区材料预算价格

地区材料预算价格或材料指导价是计算材料费和调整材料价的依据。

(5) 费用定额和税率

费用定额包括措施费、间接费、利润和税金的计算基础和费率、税率的规定。

(6) 施工合同

施工合同是确定收取哪些费用，控制费用收取的依据。

1.5.3 施工图预算的编制方法与步骤

施工图预算的编制方法有单价法和实物法。具体编制在第 8 章定额计价中介绍。

1.5.3.1 单价法

单价法是用事先编好的分项工程的单位估价表来编制施工图预算的方法。

单位工程施工图预算的直接工程费＝∑(分项工程量×预算定额单价)

单位工程施工图预算的间接费＝定额直接费(或人工费)×间接费率

单位工程施工图预算的利润＝(定额直接费＋间接费)(或人工费)×利润率

税金按有关规定计算。

单位工程造价＝直接费＋间接费＋利润＋税金

单价法编制施工图预算的步骤见图 1-5 所示。

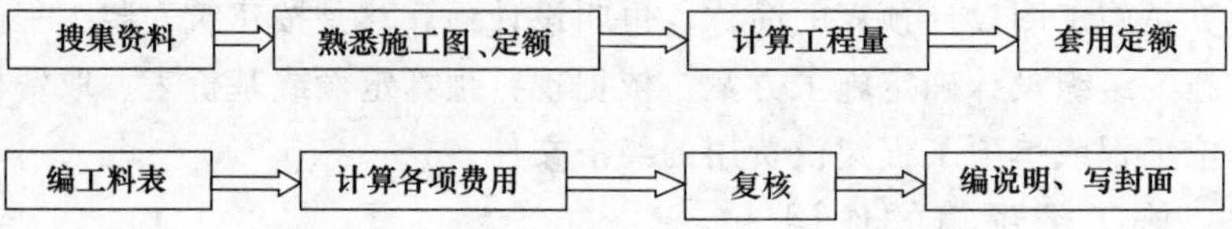

图 1-5 单价法编制施工图预算步骤

具体步骤如下所述。

① 搜集各种编制依据材料。例如施工图纸、施工组织、现行预算定额、费用定额、工程量计算规则、预算手册和地区材料、人工、机械台班预算价格与调价规定等。

② 熟悉施工图纸和定额。在对施工图和定额有全面详细的了解，才能准确计算出工程量，从而合理编制出施工预算造价。

③ 计算工程量。工程量的计算在整个预算过程中是最重要、最繁重的一个环节，不仅影响预算的及时性，而且影响预算造价的准确性。因此，必须在工程量计算上狠下工夫，确保预算质量。

④ 套用预算定额单价。工程量计算完毕并核对无误后，把所算出的分部分项工程量乘以单位估价表中相应的定额基价，相乘后相加汇总，求出单位工程的定额直接工程费。

⑤ 编制工料分析表。由各分部分项工程的实际工程量与相应定额中的项目所列的用工工日及材料数量，计算出各分部分项工程所耗人工及材料数量，相加汇总得出该单位工程的所需的各类人工及材料数量。

⑥ 计算其他各项应取费用和汇总造价。按造价构成中规定的费用项目、费率及计算基础，计算出间接费、利润和税金，汇总得单位工程造价。

⑦ 复核。单位工程预算编制后，有关人员对单位工程预算进行复核，以便及时发现差错，提高预算质量。

⑧ 编写编制说明，填写封面装订成册。

施工图预算的具体内容在后面章节中详细介绍。

1.5.3.2 实物法

用实物法编制施工图预算，首先计算出各分项工程的实物工程量，分别套取预算定额，并按类相加，求出单位工程所需的各种人工、材料、施工机械台班的消耗量，然后分别乘以当地当时的各种人工、材料、机械台班的实际单价，求得人工费、材料费、施工机械使用费，再汇总求和。其他直接费、间接费、利润、税金的计算方法均与单价法相同。

用实物法编制施工图预算的主要公式为：

单位工程施工图预算直接费＝(人工费＋材料费＋机械使用费)×(1＋其他直接费费率)

其中：人工费＝∑工程量×定额人工消耗量×当时当地人工工资单价

材料费＝∑工程量×定额材料消耗量×当时当地材料预算价格

机械使用费＝∑工程量×定额机械台班消耗量×当时当地机械台班单价

1.6 工程结算与竣工决算

1.6.1 工程结算

1.6.1.1 工程结算的概念

环境工程项目的定价过程，是一个具有单件性、多次性特征的动态定价过程。由于施工过程中人工、材料耗用量较大，在施工过程中为了合理补偿施工企业的生产资金，通常将已完成的施工部分，按有关文件规定的结算方式或合同约定的付款方式结算建筑安装工程价款，俗称工程进度款，直到工程项目全部竣工验收，再进行最终的工程竣工结算。最终的工程竣工结算价，才是承发包双方的市场真实价格，也是最终产品的工程造价。因此，工程结算是指建筑安装工程施工期间，建设单位与施工单位围绕建筑安装工程价款的计算、拨付和收付事宜而发生的经济往来行为。

1.6.1.2 环境工程价款结算对象及程序

(1) 环境工程价款的结算对象

环境工程价款结算对象为施工过程中的“中间产品”，一般是指预算定额规定的全部工序的分部分项工程。凡是没有完成预算定额所规定的作业内容及相应工作量的，只能按“未完施工”产品处理，不允许作为办理结算的对象。对工期短、预算造价低的工程，可分次或分月预支，竣工后一次结算。在办理中间结算的施工期间，其中间结算累计额一般不应超过承包工程价值的95%，其余尾款在竣工结算时处理。

(2) 按月结算工程价款的一般程序

环境工程价款的结算方式有多种，如按月结算，分阶段结算，竣工后的一次结算，以及结算双方协商约定并经开户银行同意的其他结算方式。办理按月结算的程序如下：

① 预付备料款　为确保工程施工顺利进行，在工程开工前，建设单位按照施工承包合同规定，向施工单位提供一定数额的工程款，这种预先支付给施工方的款项叫工程预付款，主要用于施工方筹备工程材料、搭建临时设施以及其他与施工有关的准备工作，所以又称其为备料款。备料款的限额应根据工程的规模和造价、工期、材料费在工程造价中所占的比重，以及材料储备的时间长短等综合考虑，合理确定，或根据当地主管部门的规定执行。如建设工程价款结算暂行办法（财建［2004］369号）规定：包工包料工程的预付款按合同约定拨付，原则上预付比例不低于合同金额的10%，不高于合同金额的30%，对重大工程项目，按年度工程计划逐年预付。湖南省建设工程价款结算暂行办法规定：备料款的预付额度，建筑工程一般为当年建筑（包括水、电、暖、卫）工程工作量的15%～20%；大量采用预制构件以及工期在六个月以内的工程，可适当增加；安装工程一般为当年安装工作量的5%～10%，安装材料用量大的工程，可以适当增加。

备料款属于预付性质，到施工的中后期，应随着工程备料储量的减少，预付备料款应在中间结算工程价款中逐步扣还。

② 中间结算　施工企业在施工过程中，按逐月完成的分部分项工程数量计算各项费用，于上旬末或月中向建设单位提出预支工程款账单，预支一旬或半月的工程款，月终再提交工程款结账单和已完工程月报表，经建设单位和建设银行审定签证后，收取当月工程价款。

为了简化手续，是以施工企业提出的统计进度月报表作为支取工程价款的凭证，故通常称为“工程进度款”。工程进度款的拨付，应体现及时、准确的原则。

按月结算时，对现场已完成的施工部分产品，必须严格检查质量和逐一清点工程量，质量不合格或工作量不足，不能办理中间结算。工程承发包双方必须遵守结算纪律，不准虚报冒领，不准相互拖欠，违者应按国家主管部门的规定处罚。

每期拨付工程进度款数额＝本期完成建安工程造价－本期完成建安工程造价中材料费

＝本期完成建安工程造价×(1－材料费所占比重)

【例 1-7】 某污水处理厂土建与安装工程施工承包造价为 600 万元。合同规定工程预付款额度按总造价 25％计算。该工程材料费占总造价的比重为 62.5％，二月至五月完成工程情况见表 1-18。试确定工程预付款数额和进度款的拨付。

表 1-18 工程进度情况

月　　份	二月	三月	四月	五月
完成产值/万元	164	156	188	92

【解】 工程预付款数额为：600×25％＝150（万元）

未完工程造价为：150/62.5％＝240（万元）

预付款起扣点造价为：600－240＝360（万元）

二月至五月工程进度款拨付情况如下：

二月　164 万元

三月　156 万元

四月　360－(164＋156)＋148－148×62.5％＝95.5 万元

五月　92×(1－62.5％)＝34.5 万元

③ 分段结算方式　分段结算是把整个工程按形象进度划分为几个阶段，根据施工图预算划分出每个段落的造价占合同总造价的比重，或以单项或单位工程为对象，采用分段预支、分段结算、竣工清算。如某污水处理厂曝气池土建和安装工程，按形象进度的结算情况如下：

破土动工、基坑土方工程，按合同造价预付 30％。

基础完成，按合同造价预付 15％。

主体结构完成，按合同造价预付 20％。

设备管道安装工程完成，按合同造价预付 30％。

工程竣工后，按合同造价支付 5％。

④ 竣工后一次结算方式　竣工后一次结算就是分期预支、竣工后一次清算的方式。这种结算方式适用于投资少、工期短、技术简单的工程，可减少结算次数。

对于按月结算和分段结算，累计拨付工程款和预付款之和，一般不应超过承包工程价值的 95％，保留 5％，等工程验收合格后，由竣工结算最后结清。

1.6.1.3　环境工程竣工结算

竣工结算是在工程竣工后，施工单位与建设单位依据招投标文件或施工承包合同，对工程施工价款进行的最终结算。

(1) 采用定额计价的工程竣工结算

① 编制工程竣工结算的依据

a. 工程竣工报告和工程验收单。

b. 工程承包合同与已经核查的原施工图预算。

c. 设计变更图、通知书、技术洽谈与现场施工记录。

d. 现行预算定额、地区人工工资标准、材料预算价格、材料调价凭证及费用标准等有关文件。

e. 工程签证凭证、工程价款结算凭证及其他有关资料等。

② 竣工结算方式　用作确定合同价的施工图预算，是在开工之前的招标投标中确定的，在施工过程中，往往由于地质条件的变化，设计变更和施工条件及措施的变动，在施工中发生的各种经济签证，导致原定工程预算已不能如实地反映竣工验收后的最终产品的价值，应对原定预算价格进行合理的调整。由施工单位编制竣工结算，报建设单位和建设银行审查，经三方协商同意后，办理最后一次的工程价款结算，即竣工结算，也是承发包双方的工程财务结算。

竣工结算方式随工程承包方式的不同，有以下几种。

a. 施工图预算加签证的结算方式　这种方式是以原施工图预算为基础，以施工中发生而原施工图预算并未包含的增减工程项目和费用签证为依据，在竣工结算中进行调整。

b. 预算包干结算方式　此种方式是承发包双方已在承包合同中明确了双方的义务和经济责任，一般不需在工程结算时作增减调整。只有在发生超出包干范围的工程内容时，才在工程结算中进行调整。

c. 平方米造价包干的结算方式　这是承发包双方根据预定的建筑工程图纸及有关资料，确定了固定的平方米造价。工程竣工结算时，按已完成的平方米数量进行结算。

③ 工程竣工结算书的编制内容和方法　工程结算书的内容和编制方法与施工图预算书基本相同，不同处是以变动签证等资料为依据，以原施工图预算书为基础，进行部分增减与调整。随着承包方式的不同，工程竣工结算的编制也有差异。

a. 采用施工图预算加增减账承包方式的工程结算书的编制　是在原工程预算的基础上，加上工程施工过程中不可避免地发生的设计变更、材料代用、施工条件的变化、经济政策的变化等而产生的增减费用。所以又称为预算结算制。

ⅰ. 工程分项有无增减　由于设计的变更，可能带来工程分项的增减，应对原施工图预算分项进行核对、调整。一般情况下原施工图预算分项不变，遇特殊情况设计变动较大时，也可能增加不同类别的分项。此时应根据设计变更计算其分项工程量，确定采用相应的预算定额，作为新项列入工程决算。

ⅱ. 调整工程量差　即调整原预算书与实际完成的工程数量之间的差额，一般是调整的主要部分。出现量差的主要原因是修改设计或设计漏项，现场施工条件及其措施的变动和原施工图预算的差错等。

ⅲ. 调整材料价差　材料价差的调整是调整结算的重要内容，政策性强，应严格按照当地主管部门的规定进行调整。材料代用发生的价差，应以材料代用核定通知单为依据，在规定范围内调整。

ⅳ. 各项费用的调整　由于工程量的增减会影响直接费（或定额人工费总额）的变化，其间接费、利润和税金也应作相应调整。各种材料价差不能列入直接费作为间接费的调整基数，但可作为工程预算成本，也可作为调整利润和税金的基数费用。

其他费用，例如因建设单位的原因发生的窝工费用、机械进出场费用等，应一次结清，分摊到结算的工程项目之中。施工现场使用建设单位的水电费用，应在竣工结算时按有关规定付给建设单位。

b. 采用施工图预算加包干系数或平方米造价包干的工程结算书的编制。

采用这种承包方式的工程，一般在承包合同中已分清了承发包单位之间的义务和经济责任，不再办理工程施工过程中承包内容的经济洽商，在工程结算时不再办理增减调整。工程竣工后，仍以原预算加系数或平方米造价包干价值进行结算。

c. 采用投标方式承包工程结算书的编制。

采用招标投标方式的工程，其结算原则上应按中标价格进行。但是一些工期较长、内容较复杂的工程，在施工过程中难免发生一些较大的设计变更和材料价格调整。如果在合同中规定有允许调价的条文，施工单位在工程竣工结算时，在中标价格的基础上进行调整。合同条文规定允许调价范围以外发生的非建筑企业原因造成中标价格以外的费用，建筑企业可以向招标单位提出洽商或补充合同作为结算调整的依据。

④ 工程竣工结算书的编制程序　由于各地区编制施工图预算所使用的定额有差异，费用定额的内容、费率及取费基数、计算方法不尽相同，所以竣工结算的计算程序也不尽相同。表 1-19 所示是某市建筑市政工程竣工结算费用计算程序，仅供参考。

表 1-19　建筑市政工程竣工结算费用计算程序表

序号	费用项目	计算公式	金额
1	原预算直接费		
2	历次增减变更直接费		
3	其中：暂估价	1、2 项所含	
4	人工费调整金额	1、2 两项人工费×系数	
5	五类材料价差		
6	暂估价价差		
7	其他直接费	其他直接费	
8		人工费调整＝7 所含人工费×系数	
9		现场经费＝(1＋2＋4＋5＋6)×费率	
10	小计	1＋2＋4＋5＋6＋7＋8＋9	
11	调价金额	(10－3－6)×调价系数	
12	工程直接费	10＋11	
13	企业经营费	12×相应工程类别费率	
14	利润	12×相应工程类别费率	
15	税金	12×相应工程类别费率	
16	参考价价差	实际供应价格－参考供应价格×(1＋3.4％)	
17	工程造价	12＋13＋14＋15＋16	
18	劳保基金	17×1.5％	
19	建材发展补充基金	17×2.0％	
20	工程总价	17＋18＋19	

(2) 工程量清单计价工程的竣工结算

采用工程量清单计价的工程完工后，发、承包双方应在合同约定时间内办理工程竣工结算。

工程竣工结算由承包人或受其委托具有相应资质的工程造价咨询人编制，由发包人或受其委托具有相应资质的工程造价咨询人核对。

工程竣工结算应依据：2008 计价规范；合同约定的工程价款；工程竣工资料；双方确认的工程量；双方确认追加（减）的工程价款；双方确认的索赔、现场签证事项及价款；投标文件；招标文件；其他依据。

分部分项工程费用依据双方确认的工程量、合同约定的综合单价计算；如发生调整的，以发、承包双方确认调整的综合单价计算。

措施项目费依据合同约定的项目和金额计算；如发生调整的，以发、承包双方调整确认的金额计算，其中安全文明施工费按 2008 计价规范的规定计算。

其他项目费用按下列规定计算：计日工按发包人实际签证确认的事项计算；暂估价中的材料单价按发、承包双方最终确认价在综合单价中调整；专业工程暂估价应按中标价或发包人、承包人与分包人最终确认价计算；总承包服务费应依据合同约定金额计算，如发生调整的，以发、承包双方确认调整的金额计算；索赔费用依据发、承包双方确认的索赔事项和金额计算；现场签证费用应依据发、承包双方签证资料确认的金额计算；暂列金额应减去工程价款调整与索赔、现场签证金额计算，如有余额归发包人。

规费和税金按规范的规定计算。

承包人应在合同约定时间内编制完成竣工结算书，并在提交竣工验收报告的同时递交给发包人。承包人未在合同约定时间内递交竣工结算书，经发包人催促后仍未提供或没有明确答复的，发包人可以根据已有资料办理结算。

发包人在收到承包人递交的竣工结算书后，应按合同约定时间核对。工程竣工结算核对完成，发、承包双方签字确定认。

竣工结算办理完毕，发包人应将竣工结算书报送工程所在地工程造价管理机构备案。竣工结算书作为工程竣工验收备案、交付使用的必备文件。

工程竣工结算办理完毕，发包人应根据确认的竣工结算书在合同约定期限内向承包人支付工程竣工结算价款。

1.6.2　竣工决算

1.6.2.1　竣工决算的概念

工程竣工决算是在建设工程全部完成之后，以竣工结算资料为基础编制的费用文件，可分为两个方面，即施工企业的竣工决算和建设单位的竣工决算。

为了严格执行基本建设项目竣工验收制度，正确核定新增固定资产价值，分析考核投资效果，建立健全经济责任制，所有新建、改建和扩建项目竣工后，都必须按照国家主管部门对基本建设竣工验收的有关规定和要求编制竣工决算。竣工决算造价反映整个工程从筹建到竣工直至交付使用过程中全部投资的使用情况。竣工决算造价是建设项目的最终造价，它包括各单项工程造价和其他工程费用之和。

(1) 施工企业的竣工决算

施工企业内部的工程竣工决算是以单位工程为对象，以单位工程竣工结算为依据编制的从开工到竣工时为止的施工企业的实际总成本，并进行成本降低额核算，因此又可称为工程竣工成本决算。企业通过内部的实际成本决算，进行成本分析，评价经营效果，总结经验，不断提高项目经营的管理水平。

(2) 建设单位的竣工决算

建设单位的工程竣工决算是反映竣工验收项目建设成果的文件，是办理交付使用验收的依据，是竣工验收报告的重要内容之一。建设单位编制竣工决算时，施工单位应负责提供有关资料。施工单位在完成每项单位工程之后，应向建设单位提供有关技术资料和竣工图纸，办理交工验收后，应及时办理工程结算，同时编制好工程决算。

建设工程竣工决算的编制以竣工结算等资料为基础。其内容一般应包括竣工工程概况表、竣工工程财务决算表、交付使用财产总表、交付使用财产明细表以及必要的说明。是说明从项目筹建开始到工程全部竣工为止的实际投入总费用的文件，它能全面反映一个建设项目的财务支出状况和建设成果。

1.6.2.2 竣工决算的步骤

（1）收集、整理、分析原始资料

从建设工程开始就按编制依据的要求，收集、清点整理有关资料，主要包括建设工程档案资料。

（2）对照、核实工程变动情况，重新核实各单位工程、单项工程造价

将竣工资料与原设计图纸进行查对、核实，必要时可实地测量，确认实际变更情况；根据经审定的施工单位竣工结算等原始资料，按照有关规定对原概（预）算进行增减调整，重新核定工程造价。

（3）计算建设成本

将审定后的待摊投资、设备工器具投资、建筑安装工程投资、工程建设其他投资严格划分和核定后，分别计入相应的建设成本栏目内。

（4）编制竣工财务决算说明书

力求内容全面、简明扼要、文字流畅、说明问题。

（5）填报竣工财务决算报表

（6）做好工程造价对比分析

（7）清理、装订好竣工图

（8）按国家规定上报、审批、存档

本章练习

一、填空题

1. 基本建设按建设项目建设的性质不同可分为______、______、______、______、______。

2. 基本建设按建设项目在国民经济中的用途不同可分为______和______。

3. 建筑产品定价的基本原理是将最基本的______工程作为假定产品计算出单位工程估价。

4. 基本建设预算根据编制顺序可分为______、______、修正概算、______、施工预算、______和______。

5. 为方便工程造价的计算，工程建设项目从大到小依次可划分为：______、______、______、______和______。

6. 建筑工程预算费用主要由______、______、______和______四大费用组成。

二、选择题

1. （　）是指在一个建设项目中，具有独立的设计文件，竣工后可以独立发挥生产能力或效益的工程。

A. 单位工程　　B. 单项工程　　C. 分部工程　　D. 分项工程

2. （　）是竣工后一般不能独立发挥生产能力或效益，但具有独立设计，可以独立组织施工的工程。

A. 单位工程　　B. 单项工程　　C. 分部工程　　D. 分项工程

3. 建筑产品定价的基本原理是将最基本的（　）作为假定产品计算出单位工程估价。

A. 单位工程　　B. 子项工程　　C. 分部工程　　D. 分项工程

4. 材料二次搬运费属于（　）。

A. 直接费　　B. 间接费　　C. 其他直接费　　D. 现场经费

5. 工程建设投资估算指标是编制建设工程投资估算的依据。下面对投资估算表述正确的是（　）。

A. 投资估算指标分为建设项目综合指标和单项工程指标两个层次
B. 投资估算指标的综合程度越大越好
C. 投资估算指标的概括性不如概算指标全面

6. 概算定额主要作用是（　　）。
A. 建设工程材料计划编制的主要依据　　B. 编制投资估算的主要依据
C. 编制概算、修正概算的主要依据　　D. 确定投资估算的主要依据

7. 概算指标在具体内容的表示方法上，有（　　）两种形式。
A. 单项指标和分类指标　　B. 综合指标和分类指标
C. 综合指标和单项指标　　D. 单项指标和分项指标

8. 下列各项指标，不属于投资估算指标内容的是（　　）。
A. 分部分项工程指标　　B. 单位工程指标
C. 单项工程指标　　D. 建设项目综合指标

9. 投资估算指标是在（　　）阶段编制投资估算、计算投资需要量时使用的一种定额。
A. 招投标阶段　　B. 项目建议书和可行性研究
C. 初步设计　　D. 施工图设计阶段

10. 投资估算指标较其他各种计价定额具有更大的（　　）。
A. 综合性和灵活性　　B. 综合性和准确性
C. 综合性和概括性　　D. 概括性和可调性

11. 建筑安装工程概算指标所反映消耗量指标和造价指标的对象通常是（　　）。
A. 分项工程　　B. 结构构件
C. 扩大结构构件　　D. 整个建筑物或构筑物

12. 下列关于设计概算的说法，错误的是（　　）。
A. 设计概算是建设项目从筹建至竣工交付使用所需全部费用
B. 设计概算一经批准就作为工程造价管理的最高限额
C. 设计概算是确定静态投资，作为筹措、供应和控制资金使用的限额
D. 设计概算是设计方案技术经济合理性的综合反映

三、判断题

1. 一个厂房的电气照明工程属于单项工程。（　　）
2. 房屋的门窗工程属于分部工程。（　　）
3. 工程结算是指在竣工验收阶段，建设单位编制的从筹建到竣工验收、交付使用全过程实际支付的建设费用的经济文件。（　　）
4. 分项工程是分部工程的组成部分。（　　）
5. 按照单项工程的构成，可以分为建筑工程和设备及安装工程两类。（　　）
6. 直接费与直接工程费是一回事。（　　）
7. 材料二次搬运费属于现场经费。（　　）
8. 企业管理费属于间接费。（　　）
9. 企业管理费属于其他直接费。（　　）
10. 间接费由临时设施费、现场管理费和企业管理费组成。（　　）
11. 临时设施费属于其他直接费。（　　）

四、简答题

1. 绘制“工程多次性计价示意图”并作简要说明。
2. 直接工程费由哪几部分组成？
3. 直接费由哪几部分组成？

4. 简述竣工结算、竣工决算的概念及区别。

5. 什么情况下编制工程投资估算和设计概算？

6. 投资估算的常用方法有哪些？

7. 设计概算的常用方法有哪些？

8. 说明办理工程结算的一般程序。

9. 竣工结算的方式有哪些？

10. 竣工结算与竣工决算有什么不同？

11. 竣工决算的主要内容是什么？

12. 简述竣工决算的编制方法和步骤。

五、综合实训

1. 已建成的某污水处理工程项目，处理能力为 $10\times10^4m^3/d$，固定资产为 8000 万元。若拟建一个生产能力为 $20\times10^4m^3/d$ 的同类项目，试估算其固定资产投资为多少？（按增加设备容量考虑 $n=0.7$）

2. 背景

某施工单位承包某工程，甲乙双方签订的关于工程价款的合同内容如下：

建筑安装工程造价 660 万，建筑材料及设备费占施工产值的 60%。

工程预付款为建筑安装工程造价的 20%。工程实施后，工程预付款从未施工工程尚需的建筑材料及设备费相当于工程预付款数额时起扣，从每次结算工程价款中按材料和设备占施工产值的比重抵扣工程预付款，竣工前全部扣清；工程进度款逐月计算；工程质量保证金为建筑安装工程造价的 3%，竣工结算月一次扣留；建筑材料和设备价差调整按当地工程造价管理部门有关规定，上半年材料和设备价差上调 10%，在 6 月份一次调增。

工程各月实际完成产值见下表。

各月实际完成产值 单位：万元

月份	2	3	4	5	6	合计
完成产值	55	110	165	220	110	660

问题：

工程竣工决算的前提条件是什么？

工程价款结算的方式有哪几种？

该工程的工程预付款、起扣点为多少？

该工程在 2～5 月每月拨付工程款为多少？累积工程款为多少？

6 月份办理竣工结算，该工程结算造价是多少？甲方应付工程结算款是多少？

2 建筑工程工程量清单计价规范

知识目标

通过本章学习，熟悉GB 50500—2008《建筑工程工程量清单计价规范》（以下简称《计价规范》）的适用范围、特点、作用；掌握工程量清单及工程量清单计价的概念及工程量清单编制的程序、要求，工程量清单的组成及编制原则。

能力目标

熟悉《计价规范》要求，会编制工程量清单，并利用清单计价。

2.1 工程量清单计价规范的特点及作用

2.1.1 《计价规范》的概念

规范是一种标准。所谓“计价规范”，就是应用于规范建设工程计价行为的国家标准。具体地讲，就是工程造价计价人员，对确定建筑产品价格的分部分项工程名称、工程特征、工程内容、项目编码、工程量计算规则、计量单位、费用项目组成与划分、费用项目计算方法与程序等做出的全国统一规定标准。

2008年7月9日，由国家住房和城乡建设部以公告第63号发布的、2008年12月1日起实施的《建筑工程工程量清单计价规范》（GB 50500—2008）是我国招标投标实行工程量清单计价应遵守的规则，它统一了建设工程工程量清单的编制和计价方法，规范了工程造价计价行为。条文数量共136条，其中强制性条文15条。

2.1.2 《计价规范》的内容

工程量清单计价规范由正文和附录两部分组成。

正文部分共有五章，包括总则、术语、工程量清单编制、工程量清单计价、工程量清单及其计价格式等内容，分别就计价规范的适用范围、应遵循的基本原则（编制工程量清单的原则、工程量清单计价活动的原则）和工程量清单及其计价格式作了明确的规定。

附录部分共有6个附录，即附录A、B、C、D、E、F，它们分别表示建筑工程、装饰装修工程、安装工程、市政工程、园林绿化工程和矿山工程。这些附录中主要内容包括：项目编码、项目名称、项目特征、计量单位、工程量计算规则等。其中项目编码、项目名称、计量单位、工程量计算规则作为“四统一”内容，要求招标人在编制工程量清单时必须执行。

2.1.2.1 总则

总则共计8条，强制性规定1条，规定了建设工程工程量清单计价规范制度的目的、依据、工程量清单计价活动及附录适用的工程范围等。

为规范工程造价计价行为，统一建设工程工程量清单的编制和计价方法，根据《中华人民共和国建筑法》、《中华人民共和国合同法》、《中华人民共和国招投标法》等法律法规，制定本规范。

本规范适用于建设工程工程量清单计价活动。

全部使用国有资金投资或国有资金投资为主的工程建设项目，必须采用工程量清单计价。(强制性规定)

非国有资金投资的工程建设项目，可采用工程量清单计价。

工程量清单、招标控制价、投标报价、工程价款结算等工程造价文件的编制与核对应由具有资格的工程造价专业人员承担。

建设工程工程量清单计价活动应遵循客观、公正、公平的原则。

2.1.2.2 术语

主要术语定义如下所述。

(1) 工程量清单

建设工程的分部分项工程项目、措施项目、其他项目、规费项目和税金项目的名称和相应数量等的明细清单。

(2) 项目编码

分部分项工程量清单项目名称的数字标识。

(3) 项目特征

构成分部分项工程量清单项目、措施项目自身价值的本质特征。

(4) 综合单价

完成一个规定计量单位的分部分项工程量清单项目或措施清单项目所需的人工费、材料费、施工机械使用费和企业管理费与利润，以及一定范围内的风险费用。

(5) 措施项目

为完成工程项目施工，发生于该工程施工准备和施工过程中技术、生活、安全、环境保护等方面的非工程实体项目。

(6) 暂列金额

招标人在工程量清单中暂定并包括在合同价款中的一笔款项。用于施工合同签订时尚未确定或者不可预见的所需材料、设备、服务的采购，施工中可能发生的工程变更、合同约定调整因素出现时的工程价款调整及发生的索赔、现场签证确认等的费用。

(7) 暂估价

招标人在工程量清单中提供的用于支付必然发生但暂时不能确定价格的材料的单价以及专业工程的金额。

(8) 计日工

在施工过程中，完成发包人提出的施工图纸以外的零星项目或工作，按合同中约定的综合单价计价。

(9) 总承包服务费

总承包人为配合协调发包人进行的工程分包自行采购的设备、材料等进行管理、服务以及施工现场管理、竣工资料汇总整理等服务所需的费用。

(10) 企业定额

施工企业根据本企业的施工技术和管理水平而编制的人工、材料和施工机械台班等的消耗标准。

(11) 规费

根据省级政府或省级有关权力部门规定必须缴纳的，应计入建安工程造价的费用。

(12) 税金

国家税法规定的应计入建筑安装工程造价内的营业税、城市维护建设税及教育附加费等。

(13) 造价工程师

取得《造价工程师注册证书》，在一个单位注册从事建设工程造价活动的专业人员。

(14) 造价员

取得《全国建设工程造价员资格证书》，在一个单位注册从事建设工程造价活动的专业人员。

2.1.2.3 工程量清单编制

工程量清单编制规定了工程量清单编制人及其资质、工程量清单的组成内容、编制依据和各组成内容的编制要求。

工程量清单应由具有编制能力的招标人或受其委托，具有相应资质的工程造价咨询人编制。

采用工程量清单方式招标，工程量清单必须作为招标文件的组成部分，其准确性和完整性由招标人负责。

工程量清单是工程量清单计价的基础，应作为标准招标控制价、投标报价、计算工程量、支付工程款、调整合同价款、办理竣工结算以及工程索赔等的依据。

工程量清单应由分部分项工程量清单、措施项目清单、其他项目清单、规费项目清单、税金项目清单组成。

具体分部分项工程量清单、措施项目清单、其他项目清单、规费项目清单、税金项目清单的编制依据、编制原则、清单组成等见 2.2。

清单项目工程量的计算见第 3 章。

工程量清单的编制内容及格式见第 4 章。

2.1.2.4 工程量清单计价

采用工程量清单计价，建设工程造价由分部分项工程费、措施项目费、其他项目费、规费和税金组成。分部分项工程量清单计价应采用综合单价计价。

招标文件中的工程量清单标明的工程量是投标人投标报价的共同基础，竣工结算的工程数量按发、承包双方在合同中约定应予计量且实际完成的工程量确定。

措施项目清单计价应根据拟建工程的施工组织设计，可以计算工程量的措施项目，应按分部分项工程量清单的方式采用综合单价计价；其余的措施可以“项”为单位的方式计价，应包括除规费、税金外的全部费用。

措施项目清单中的安全文明施工费应按照国家或省级、行业建设主管部门的规定计价，不得作为竞争性费用。

其他项目清单，应根据工程特点和本规范规定计价。

规费和税金应按国家、省级或行业建设主管部门的规定计算，不得作为竞争性费用。

工程量清单计价的具体内容、计价原理及计价文件的编制方法等见第 5 章。

2.1.3 《计价规范》的特点

工程量清单计价规范具有明显的强制性、竞争性、通用性和实用性四个方面的特点。

(1) 强制性

强制性主要表现在，一是由建设主管部门按照强制性国家标准的要求批准颁布，规定全部使用国有资金或国有资金投资为主的大中型建设工程应按计价规范规定执行。二是明确工程量清单是招标文件的组成部分，并规定了招标人在编制工程量清单时必须遵守的规则，做到四个统一，即统一项目编码、统一项目名称、统一计量单位、统一工程量计算规则。

（2）竞争性

竞争性表现在计价规范中从政策性规定到一般内容的具体规定，充分体现了工程造价由市场竞争形成价格的原则。计价规范中的措施项目，在工程量清单中只列"措施项目"一栏，具体采用什么措施，如模板、脚手架、临时设施、施工排水等详细内容由投标人根据企业的施工组织设计，视具体情况报价。因为这些项目在各个企业之间各不相同，是企业的竞争项目，是留给企业竞争的空间，从中可体现企业的竞争力。另一方面，计价规范中人工、材料和施工机械没有具体的消耗量，投标企业可依据企业定额和市场价格信息进行报价，为企业报价提供了自主的空间。

（3）通用性

通用性的表现是我国采用的工程量清单计价是与国际惯例接轨的，符合工程量计算方法标准化、工程量计算规则统一化、工程造价确定市场化的要求。

（4）实用性

实用性表现在计价规范的附录中工程量清单项目及工程量计算规则的项目名称表现的是工程实体项目，项目名称明确清晰，工程量计算规则简洁明了，此外还列有项目特征和工程内容，方便编制工程量清单时确定项目名称和投标报价。

2.1.4 《计价规范》的适用范围

GB 50500—2008《建筑工程工程量清单计价规范》主要适用于建设工程招标投标的工程量清单计价活动。本规范所指的工程量清单计价活动包括：工程量清单编制、招标控制价编制、投标报价编制、工程合同价款的约定、竣工结算的办理以及工程施工过程中工程计量、工程价款的支付、索赔与现场签证、工程价款的调整和工程计价纠纷处理等活动。工程量清单计价是与现行定额计价方式共存于招标投标计价活动中的另一种计价方式。

《计价规范》所称的建设工程包括建筑工程、装饰装修工程、安装工程、市政工程、园林绿化工程和矿山工程。凡是建设工程招投标实行工程量清单计价，不论招标主体是政府机构、国有企事业单位、集体企业、私人企业和外商投资企业，不管资金来源是国有资金、外国政府贷款及援助资金、私人资金等都应遵守该规范。全部使用国有资金投资或国有资金投资为主的工程建设项目，必须采用工程量清单计价。"国有资金投资为主"的工程是指国有资金占总投资额50%以上或虽不足50%，但国有资产投资者实质上拥有控股权的工程。

2.1.5 《计价规范》的作用

《计价规范》在工程量清单项目及计算规则的项目名称上表现的都是工程实体项目，项目名称明确清晰；计算规则简洁明了；同时，由于工程量清单统一提供，简化了投标报价的计算过程，节省了时间，减少了不必要的重复劳动。这种计价方式符合工程量计算方法标准化、统一化，工程造价确定市场化的要求，有利于提高国内建设主体参与国际化竞争的能力，有利于提高工程建设的管理水平。《计价规范》的发布与实施，在我国工程造价管理领域具有以下作用：

① 有利于我国工程造价管理政府职能的转变；

② 有利于规范市场计价行为，规范建设市场，促进有序竞争；

③ 有利于控制投资，促进技术进步，提高劳动生产率；

④ 有利于提高计价专业人员的素质，使其成为集施工技术和经济管理知识于一体的复合型人才；

⑤ 有利于适应我国与国际惯例接轨的要求；

⑥ 有利于提高我国各种建设主体参与国内和国际竞争的能力；

⑦ 有利于全面提升我国的工程造价管理水平。

2.2 工程量清单编制概述

《计价规范》计价的核心：一是由招标人提供承担风险的工程量清单；二是由投标人进行自主和承担风险的报价。在工程量清单的计价过程中，工程量清单向建设市场的交易双方提供了一个平等的平台，是投标人在投标活动中进行公正、公平、公开竞争的重要基础。

2.2.1 工程量清单及其计价的概念

2.2.1.1 工程量清单的概念

用以表现拟建建筑安装工程的分部分项工程项目、措施项目、其他项目、规费项目和税金项目名称和相应数量等的明细标准表格，即称为工程量清单。采用工程量清单方式招标，工程量清单必须作为招标文件的组成部分，其准确性和完整性由招标人负责。它由招标人或由其委托的具有相应资质的代理机构按照招标要求，依据《计价规范》中的统一项目编码、统一项目名称、统一计量单位、统一计算规则进行编制，作为编制招标控制价、投标报价、计算工程量、支付工程款、调整合同价款、办理竣工结算以及工程索赔等的依据之一。

2.2.1.2 工程量清单计价的概念

工程量清单计价，是指在招标过程中投标人根据招标人提供的工程量清单，逐一的填报单价，并计算出建设项目所需的全部费用，包括分部分项工程费、措施项目费、其他项目费、规费和税金等的这一过程。工程量清单计价应采用“综合单价”计价。综合单价是指完成规定计量单位分项工程所需的人工费、材料费、施工机械使用费、管理费、利润，并考虑了风险因素的一种单价。

2.2.2 实行工程量清单计价的意义

与在招投标过程中采用定额计价法相比，采用工程量清单计价方法满足了市场竞争的需要，有利于工程款的拨付和工程造价的最终确定，有利于实现风险的合理分担，也有利于业主对投资的控制。工程量清单计价有利于实现从政府定价向市场定价，从消极自我保护向积极公平竞争的转变，对计价依据改革具有推动作用。特别是对施工企业，通过采用工程量清单计价，有利于施工企业编制自己的企业定额，从而改变了过去企业过分依赖国家发布定额的状况，通过市场竞争自主报价。

采用定额计价来投标报价，由于设计图纸的缺陷，不同投标企业的人员理解不一，计算出的工程量也不同，报价相去甚远，容易产生纠纷。而工程量清单报价为投标者提供了一个平等竞争的条件，招标人按照《建设工程工程量清单计价规范》的计量规则，提供统一的工程量，由投标企业根据自身的实力来报不同的综合单价，符合商品交换的一般性原则。

其次，工程量清单计价让企业自主报价，将属于企业性质的施工方法、施工措施和人工、材料、机械的消耗量水平以及管理费、利润等留给企业来确定。投标人根据招标人给出的工程量清单，结合自身的生产效率、消耗水平和管理能力与已储备的本企业报价资料，确定综合单价进行投标报价。这就体现了企业技术、管理水平的重要，形成了企业整体实力的竞争。中标后，业主要与中标施工企业签订施工合同，工程量清单报价基础上的中标价就成为合同价的基础，投标清单上的单价成为拨付工程款的依据。业主根据施工企业完成的工程量，可以很容易地确定进度款的拨付额；工程竣工后，再根据设计变更、工程量的增减乘以相应单价，业主也可以很容易确定工程的最终造价。投标单位只对自己所报的单价负责，对于工程量的漏项、增减或工程变更等风险由业主承担，这种格局符合风险合理分担与责权利关系对等的一般原则。

2.2.3　工程量清单编制的程序和要求

2.2.3.1　工程量清单编制的程序

① 熟悉施工图纸；
② 熟悉工程量计算规则；
③ 计算分部分项工程工程量；
④ 校审工程量；
⑤ 确定分部分项工程量清单；
⑥ 确定措施项目清单；
⑦ 确定其他项目清单；
⑧ 确定规费及税金清单；
⑨ 审核工程量清单；
⑩ 发送投标人计价（或招标人自行编制标底价）。

2.2.3.2　工程量清单编制的要求

(1) 避免错项、漏项

分部分项工程量清单编制要求数量准确，避免错项、漏项。因为投标人要根据招标人提供的清单进行报价，如果工程量都不准确，报价也不可能准确。因此清单编制完成以后，除编制人要反复校核外，还必须要由其他人审核。

(2) 适当补充缺项项目

随着建设领域新材料、新技术、新工艺的出现，附录中缺项的项目，编制人可以作补充。

(3) 仔细分项

附录中的9位编码项目，有的涵盖面广，编制人在编制清单时要根据设计要求仔细分项。其宗旨就是要使清单项目名称具体化、项目划分清晰，以便于投标人报价。

(4) 专业素质高

编制工程量清单是一项涉及面广、环节多、政策性强、对技术和知识都有很高要求的技术经济工作。造价人员必须精通编制规范，认真分析拟建工程的项目构成和各项影响因素，多方面接触工程实际，才能编制出高水平的工程量清单。

2.3　工程量清单的组成及编制原则

工程量清单是招投标活动中，对招标人和投标人都具有约束力的重要文件，是招投标活动的依据，应由具有编制招标文件能力的招标人或具有相应资质的中介机构进行编制。工程量清单体现了招标人要求投标人完成的工程项目及相应工程数量，全面反映了投标报价要求，是投标人进行报价的依据，工程量清单是招标文件不可分割的一部分。

其编制原则可归纳为“四个统一”（或“五个统一”），即：项目编码统一，计算规则统一，项目名称统一，项目特征统一、计量单位统一。

2.3.1 工程量清单的组成

《计价规范》规定：工程量清单由分部分项工程量清单、措施项目清单、其他项目清单、规费项目清单和税金项目清单组成。

2.3.1.1 分部分项工程量清单

分部分项工程量清单应表明拟建工程的全部分项实体工程名称和相应数量，该清单为不可调整的闭口清单，编制时应避免错项、漏项。分部分项工程量清单应根据《计价规范》规定的统一项目编码、项目名称、项目特征、计量单位和工程量计算规则进行编制。

(1) 项目编码

分部分项工程量清单编码以12位阿拉伯数字表示，前9位为全国统一编码，编制分部分项工程量清单时应按附录中的相应编码设置，不得变动，后3位是清单项目名称编码，由清单编制人根据设置的清单项目编制，并应自001起顺序编制。项目编码以五级编码设置，一、二、三、四级编码（即前9位）统一；第五级编码由工程量清单编制人区分具体工程的清单项目的特征而分别编码。各级编码代表的含义如下：

第一级表示分类码（分二位），如建筑工程为01、装饰装修工程为02、安装工程为03、市政工程为04、园林绿化工程为05；

第二级表示章顺序码（分二位）；

第三级表示节顺序码（分二位）；

第四级表示清单项目码（分三位）；

第五级表示具体清单项目码（分三位）。

(2) 项目名称

分部分项工程量清单项目名称的设置应考虑三个因素，一是附录中的项目名称；二是附录中的项目特征；三是拟建工程的实际情况。工程量清单编制时，以附录中的项目名称为主体，考虑该项目的规格、型号、材质等特征要求，结合拟建工程的实际情况，使其工程量清单项目名称具体化、细化，能够反映影响工程造价的主要因素。另外，附录中的缺项在工程量清单编制时，编制人可作补充。补充项目应填写在工程量清单相应分部工程项目之后，并在“项目编码”栏中以“补”字标明。

(3) 计量单位

分部分项工程量清单的计量单位应按《计价规范》规定的计量单位确定，采用基本物理计量单位或自然计量单位。

工程量的有效位数应遵守下列规定：

以“t”为单位，应保留小数点后三位数，第四位四舍五入；

以“m^3”、“m^2”、“m”为单位，应保留小数点后两位数字，第三位四舍五入；

以“个”、“项”等为单位，应取整数。

2.3.1.2 措施项目清单

措施项目是指为完成工程项目施工，发生于该工程施工前和施工过程中技术、生活、安全等方面的非工程实体项目。应根据拟建工程的具体情况，考虑多种因素，除工程本身的因素外，还涉及水文、气象、环境、安全等和施工企业的实际情况。

措施项目清单为可调整清单，投标人按招标文件中所列项目，根据企业自身特点可作适当的变更增减。投标人要对拟建工程可能发生的措施项目和措施费用做通盘考虑，清单计价一经报出，即被认为是包括了所有应该发生的措施项目的全部费用。如果报出的清单中没有列项，且施工中又必须发生的项目，业主有权认为，其已经综合在分部分项工程量清单的综合单价中，将来措施项目发生时投标人不得以任何借口提出索赔与调整。

2.3.1.3 其他项目清单

其他项目清单包括如下几方面。

(1) 暂列金额

暂列金额是招标人在工程量清单中暂定并包括在合同价款中的一笔款项。由工程建设自身的规律决定，工程设计需要根据工程进展不断地进行优化和调整，发包人的需求可能会随工程建设进展出现变化，工程建设过程还存在其他诸多不确定性因素。消化这些因素必然会影响合同价格的调整，暂列金额正是因应这类不可避免的价格调整而设立，以便合理确定工程造价的控制目标。暂列金额的定义非常明确，只有按照合同约定程序实际发生后，才能成为中标人的应得金额，纳入合同结算价款中。扣除实际发生金额后的暂列金额余额仍属于招标人所有。

(2) 暂估价

暂估价包括材料暂估单价、专业工程暂估价。暂估价是指招标阶段直至签订合同协议时，招标人在招标文件中提供的用于支付必然要发生但暂时不能确定价格的材料以及需另行发包的专业工程金额。

(3) 计日工

计日工是为了解决现场发生的零星工作的计价而设立的。计日工以完成零星工作所消耗的人工工时、材料数量、机械台班进行计量，并按照计日工表中填报的适用项目的单价进行计价支付。计日工适用的所谓零星工作一般是指合同约定之外的或者因变更而产生的、工程量清单中没有相应项目的额外工作，尤其是那些时间不允许事先商定价格的额外工作。计日工为额外工作和变更的计价提供了一个方便快捷的途径。因此，为了获得合理的计日工单价，计日工表中一定要给出暂定数量，并且需要根据经验，尽可能估算一个比较贴近实际的数量。

(4) 总承包服务费

总承包服务费是为了解决招标人在法律、法规允许的条件下进行专业工程发包以及自行采购供应材料、设备时，要求总承包人对发包的专业工程提供协调和配合服务（如分包人使用总包人的脚手架、水电接剥等）；对供应的材料、设备提供收、发和保管服务以及对施工现场进行统一管理；对竣工资料进行统一汇总整理等发生并向总承包人支付的费用。

规范规定：对其他项目清单可根据工程实际情况补充。

2.3.1.4 规费项目清单

根据建设部、财政部“关于印发《建筑安装工程费用项目组成》的通知”（建标［2003］206号）的规定，规费包括工程排污费、工程定额测定费、社会保障费（含养老保险、失业保险、医疗保险）、住房公积金、危险作业意外伤害保险。规费作为政府和有关权力部门规定必须缴纳的费用，政府和有关权力部门可根据形势发展的需要，对规费项目进行调整。因此，对《建筑安装工程费用项目组成》未包括的规费项目，在计算规费时应根据省级政府和省级有关权力部门的规定进行补充。

2.3.1.5 税金项目清单

目前国家税法规定应计入建筑安装工程造价内的税种包括营业税、城市建设维护税及教育费附加。如国家税法发生变化或地方政府及税务部门依据职权对税种进行了调整，应对税金项目清单进行相应调整。

2.3.2 工程量清单编制的依据

工程量清单编制的依据包括：

①《建设工程工程量清单计价规范》(GB 50500—2008)；

② 国家或省级、行业建设主管部门颁发的计价依据和办法；

③ 建设工程设计文件（施工设计图纸及相应通用图册）；

④ 与建设工程项目有关的标准、规范、技术资料；

⑤ 工程场地勘察资料、工程特点及其他相关资料；

⑥ 有关工具书籍等。

2.3.3 工程量清单编制的原则

按计价规范的要求，工程量清单编制应遵守的原则，归纳有如下几点。

① 必须能满足建设工程项目招标和投标计价的需要。

② 必须遵循《计价规范》中的各种规定（包括项目编码、项目名称、项目特征、计量单位、工程量计算规则等）。

③ 必须能满足控制实物工程量，市场竞争形成价格的价格运行机制和对工程造价进行合理确定与有效控制的要求。

④ 必须有利于规范建筑市场的计价行为，能够促进企业的经营管理、技术进步，增加企业的综合能力、社会信誉和在国内、国际建筑市场的竞争能力。

⑤ 必须适度考虑我国目前工程造价管理的现状。虽然在我国已经推行了工程量清单计价模式，但由于各地实际情况的差异，工程造价计价方式不可避免地会出现双轨并行的局面，工程量清单计价与定额计价同时存在、交叉执行。

本章练习

1. 什么是《建筑工程工程量清单计价规范》?
2. 《计价规范》的内容由哪几部分组成?
3. 《计价规范》的特点是什么?
4. 何谓“工程量清单”和“工程量清单计价”?
5. 工程量清单由哪几部分组成?

3 建筑工程清单项目工程量计算

知识目标

掌握《计价规范》中建筑工程及装饰装修工程工程量清单项目工程量的计算规则。

能力目标

会确定工程量清单项目名称、能按照工程量计算规则正确计算清单工程数量。

3.1 土（石）方工程工程量计算

土石方工程的子分部工程包括土方工程、石方工程、土石方回填，其中土方工程的分项工程有平整场地、挖土方、挖基础土方、冻土开挖、挖淤泥、流砂、管沟土方六个项目；石方工程的分项工程有预裂爆破、石方开挖、管沟石方三个项目；土石方回填的分项工程为土（石）方回填一个项目。

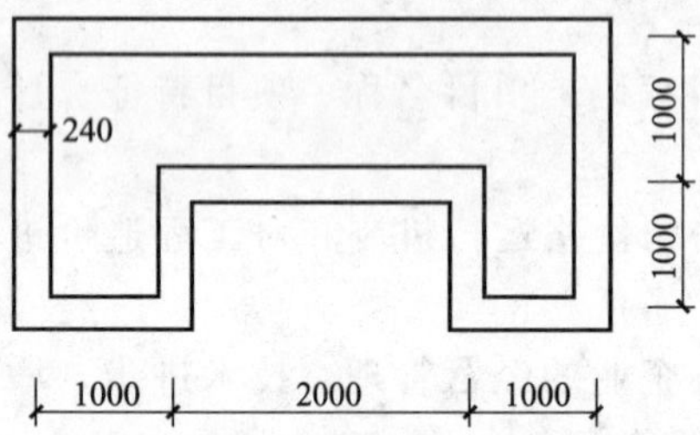

图 3-1 建筑物平整场地示意

3.1.1 土方工程（编码：010101）

(1) 平整场地

是指建筑物场地厚度在±30cm 以内的挖土、填土、运土及找平。工程量应根据项目特征（土壤类别、弃土运距、取土运距），按设计图示尺寸以建筑物首层面积以“m^2”为计量单位计算。

其中工程内容包括：土方挖填、场地找平、运输。

【例 3-1】 求如图 3-1 所示人工平整场地工程量（三类土）。

【解】 按设计图示尺寸以建筑物首层面积计算：

$$\text{人工平整场地工程量}=(1.0+2.0+1.0+0.24)\times(1.0+1.0+0.24)-(2.0-0.24)\times1.0=7.74(m^2)$$

(2) 挖土方

适用于建筑场地平均厚度在±30cm 以外，设计室外地坪标高以上的竖向布置的挖土或山坡切土，并包括指定范围内的土方运输。或者说人工挖土方系指坑底面积大于 $20m^2$ 的地坑或沟槽底宽大于 3m 的坑、槽（沟）土方开挖。挖土方工程量应根据项目特征（土壤类别、挖土平均厚度、弃土运距），以“m^3”为计量单位，按设计图示尺寸以体积计算。

其中工程内容包括：排地表水、土方开挖、挡土板支拆、截桩头、基底钎探、运输。

【例 3-2】 欲开挖一矩形游泳池，尺寸如图 3-2 所示，求挖土方工程量。

【解】 按设计图示尺寸以体积计算：

$$\text{挖土方工程量}=50\times35\times1.5=2625\ (m^3)$$

(3) 挖基础土方

适用带形基础、独立基础、设备基础、满堂基础及人工挖孔桩等的土方开挖和指定范围

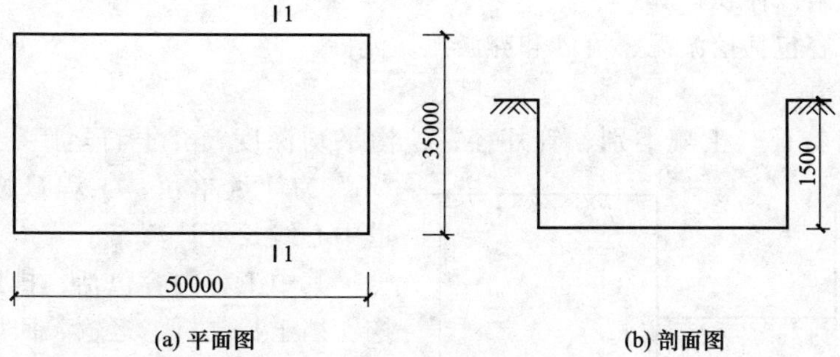

图 3-2 游泳池平面及剖面图

内的土方运输。应根据项目特征（土壤类别、基础类型、垫层底宽、底面积、挖土深度、挖土平均厚度、弃土运距），以“m³”为计量单位，工程量按设计图示尺寸以基础垫层底面积乘以挖土深度计算。

其中工程内容包括：排地表水、土方开挖、挡土板支拆、截桩头、基底钎探、运输。

【例 3-3】 某不放坡砖基础沟槽如图 3-3 所示，求挖基础土方工程量（三类土，已知槽长 50m）。

【解】 按设计图示尺寸以基础垫层底面积乘以挖土深度计算：

挖基础土方工程量＝1.2×50×1.5＝90（m³）

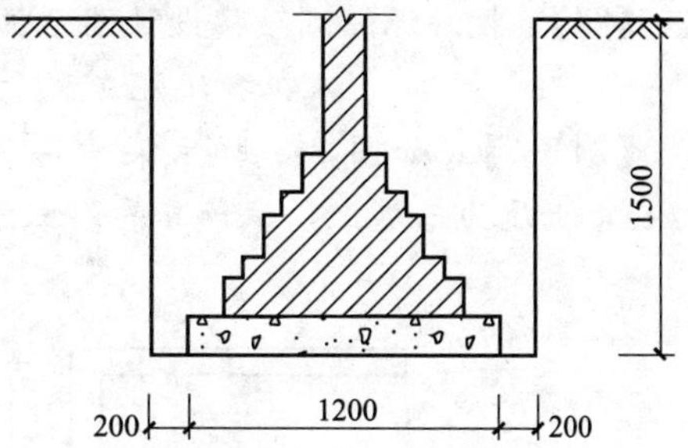

图 3-3 条形基础剖面图

（4）冻土开挖

应根据项目特征（冻土厚度、弃土运距），以“m³”为计量单位，工程量按设计图示尺寸开挖面积乘以厚度以体积计算。

其中工程内容包括：打眼、装药、爆破、开挖、清理、运输。

【例 3-4】 欲开挖一圆形地槽，如图 3-4 所示，已知地面表层冻土厚度 0.8m，地槽总的开挖深度为 1.5m，开挖时不支挡土板，不放坡，求挖冻土工程量。

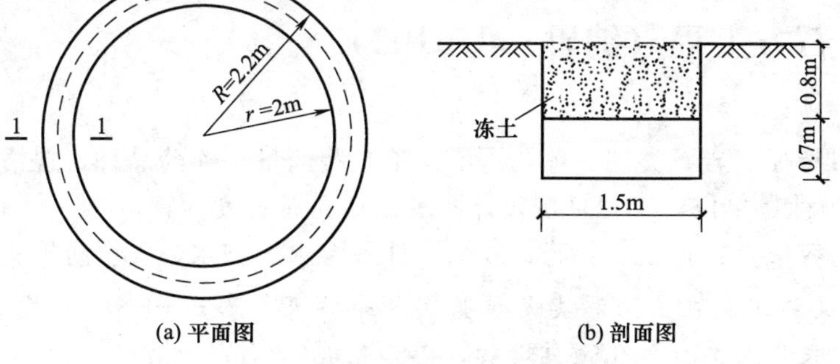

图 3-4 圆形地槽平面及剖面图

【解】 按设计图示尺寸开挖面积乘以厚度，以体积计算：

地槽中心线长度＝2×3.1416×[2＋(2.2－2.0)/2]＝13.20（m）

冻土开挖工程量＝1.5×13.2×0.8＝15.80（m³）

（5）挖淤泥、流砂

应根据项目特征（挖掘深度、弃淤泥、流砂距离），以“m³”为计量单位，工程量按设计图示位置、界限以体积计算。

其中工程内容包括挖淤泥、流砂和弃淤泥、流砂。

(6) 管沟土方

应根据项目特征（土壤类别、管外径、挖沟平均深度、弃土石运距、回填要求），以"m"为计量单位，工程量按设计图示以管道中心线长度计算。

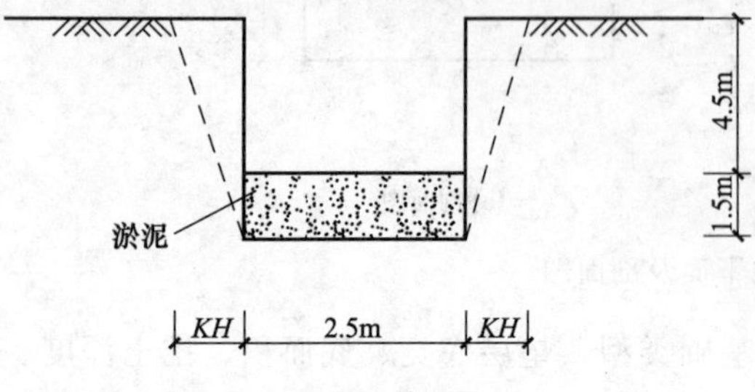

图 3-5 河道开挖图

其中工程内容包括：排地表水、土方开挖、挡土板支拆、运输、回填。

【例 3-5】 如图 3-5 所示，某河道开挖工程，放坡系数 $K=0.33$，试根据图示尺寸计算人工挖淤泥工程量（已知河道总长度 8000m）。

【解】 挖淤泥、流砂按设计图示位置、界限，以体积计算：

人工挖淤泥工程量 $=2.5\times8000\times1.5=30000$ (m^3)

【例 3-6】 如图 3-6 所示某管道沟槽平面图，采用铸铁管道，管直径 450mm，挖深 1.6m，土质为三类土，试计算管沟土方。

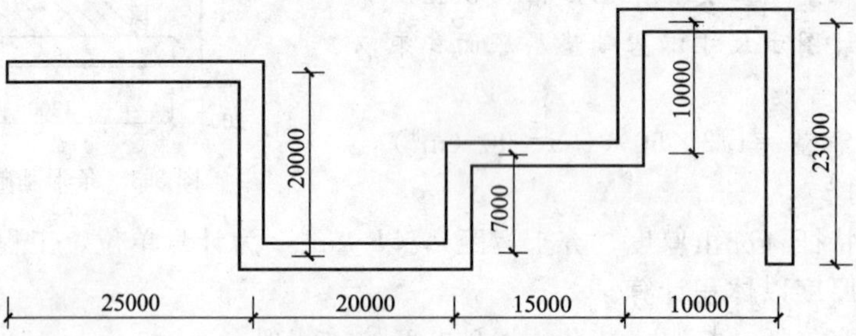

图 3-6 管道沟槽平面图

【解】 按设计图示以管道中心线长度计算：

管沟土方 $=25+20+15+10+20+7+10+23=130.00$ (m)

3.1.2 石方工程（编码：010102）

(1) 预裂爆破

应根据项目特征（岩石类别、单孔深度、单孔装药量、炸药品种、规格、雷管品种、规格），以"m"为计量单位，工程量按设计图示以钻孔总长度计算。

其中工程内容包括：打眼、装药、放炮、处理渗水、积水，安全防护、警卫。

【例 3-7】 某施工队在岩石种类是特坚实的地方开挖一基础沟槽，采用人工打单孔预裂爆破，已知钻孔总深度 1.53m，爆破后沟槽断面尺寸如图 3-7 所示，沟槽总长度 79m，求岩石挖方量。

【解】 预裂爆破石方按设计图示以钻孔总长度计算：

预裂爆破工程量 $=1.53$m

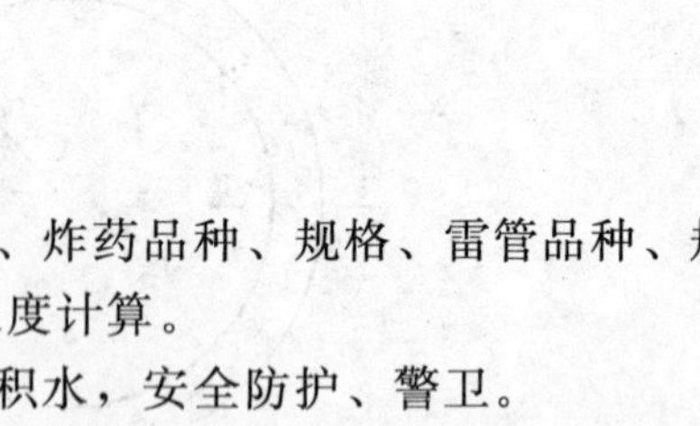

图 3-7 爆破后沟槽断面

注：b 为允许超挖量

(2) 石方开挖

应根据项目特征（岩石类别、开凿深度、弃渣运距、光面爆破要求、基底摊座要求、爆破石块直径要求)，以“m^3”为计量单位，工程量按设计图示尺寸以体积计算。

其中工程内容包括：打眼、装药、放炮、处理渗水、积水、解小、岩石开凿、摊座、清理、运输，安全防护、警卫。

【例 3-8】 假设欲在一次坚石地带人工开挖一方形爆破后沟槽断面，其平面和剖面图如图 3-8 所示，求石方开挖工程量。

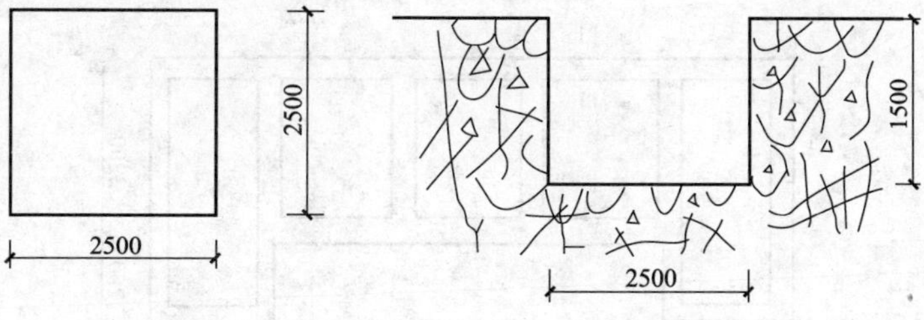

图 3-8 基坑开挖图

【解】 按设计图示尺寸以体积计算：

石方开挖工程量＝2.5×2.5×1.5＝9.40（m^3）

(3) 管沟石方

应根据项目特征（岩石类别、管外径、开凿深度、弃渣运距、爆破石块直径要求等)，以“m”为计量单位，工程量按设计图示以管道中心线长度计算。

其中工程内容包括：石方开凿、爆破、处理渗水、积水、清理、运输、回填、安全防护、警卫等。

【例 3-9】 某地区采用人工开挖管道沟槽，已知该地区土质类别为普坚石，采用直径为 550mm 的铸铁管道，平均开凿深度为 1.68m，管道沟槽中心线总长度为 67.5m，管道沟槽剖面图如图 3-9 所示，求管沟石方工程量。

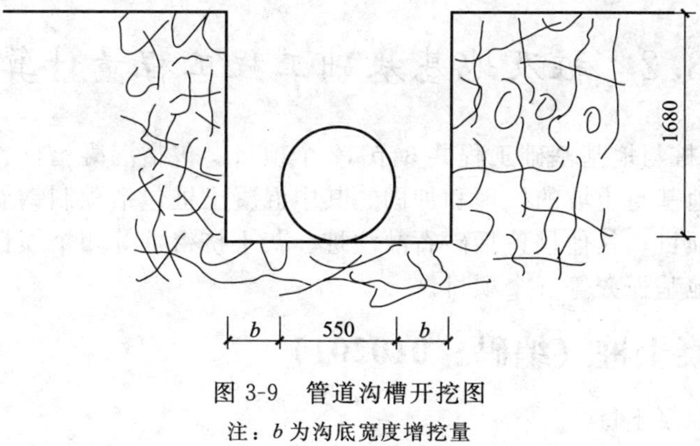

图 3-9 管道沟槽开挖图

注：b 为沟底宽度增挖量

【解】 管沟石方按设计图示尺寸以管道中心线长度计算：

管沟石方工程量＝67.5m

3.1.3 土石方运输与回填（编码：010103)

土（石）方回填，应根据项目特征（土质要求、密实度要求、粒径要求、夯填（碾压)、松填、运输距离)，以“m^3”为计量单位，工程量按设计图示尺寸以体积计算。

其中工程内容包括：挖土方、装卸、运输、回填、分层碾压、夯实。

【例 3-10】 某建筑物基础沟槽如图 3-10 所示，已知该建筑物场地回填土平均厚度为 500mm，土质类别为三类土，沟槽采用放坡人工开挖，基础类型为砖基础，求该场地回填土工程量。

【解】 按回填面积乘以平均回填厚度，以体积计算：

场地回填=[(3.0×2+3.2×3+1.0)×(2.5+3.2+1.0)−(3.2×3−1.0)×2.5]×0.5=44.86 (m^3)

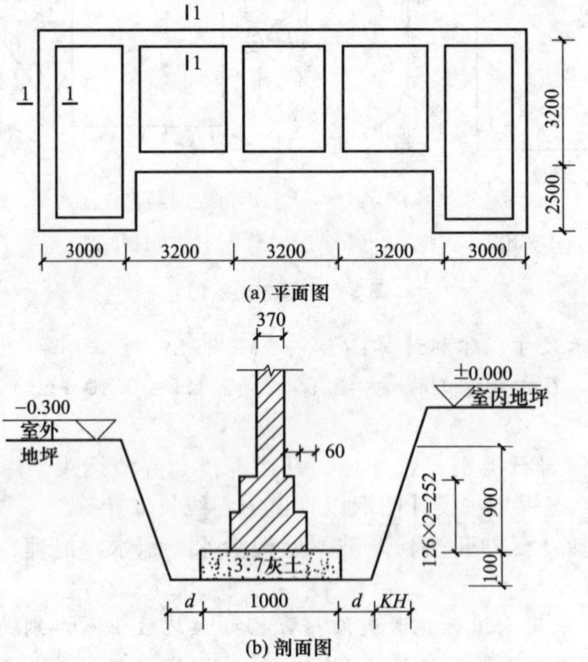

图 3-10　某建筑物基础开挖图

3.2　桩及地基基础工程工程量计算

《计价规范》中桩与地基基础工程共 3 节 12 个项目。包括混凝土桩、其他桩和地基与边坡的处理。适用于地基与边坡的处理和加固。其中混凝土桩包括预制钢筋混凝土桩、接桩及混凝土灌注桩三个项目；其他桩包括砂石灌注桩、灰土挤密桩等四个项目；地基与边坡处理包括地下连续墙、地基强夯等五个项目。

3.2.1　混凝土桩（编码：010201）

（1）预制钢筋混凝土桩

应根据项目特征（土壤级别、单桩长度、根数、桩截面、板桩面积、管桩填充材料种类、桩倾斜度），以“m 或根”为计量单位，工程量按设计图示尺寸以桩长（包括桩尖）或根数计算。

其中工程内容包括：桩制作、运输；打桩、试验桩、斜桩；送桩；管桩填充材料、刷防护材料、清理、运输。

（2）接桩

应根据项目特征（桩截面、接头长度、接桩材料）以“个或 m”为计量单位，工程量按设计图示规定以接头数量（板桩按接头长度）计算。其中工程内容包括：桩制作、运输、接桩、材料运输。

(3) 混凝土灌注桩

应根据项目特征（土壤级别、单桩长度、根数、桩截面、成孔方法、混凝土强度等级），以“m 或根”为计量单位，工程量按设计图示尺寸以桩长（包括桩尖）或根数计算。

其中工程内容包括：成孔、固壁；混凝土制作、运输、灌注、振捣、养护；泥浆池及沟槽砌筑、拆除、泥浆制作、运输；清理、运输。

【例 3-11】 如图 3-11 所示，已知共有 20 根钢筋混凝土桩，二类土，求用柴油打桩机打桩工程量。

【解】 按设计图示尺寸以桩长（包括桩尖）或根数计算：

柴油打桩机打桩工程量=20 根

【例 3-12】 某工程需打桩 20 根，每根桩由四段接成，如图 3-12 所示，求接桩工程量。

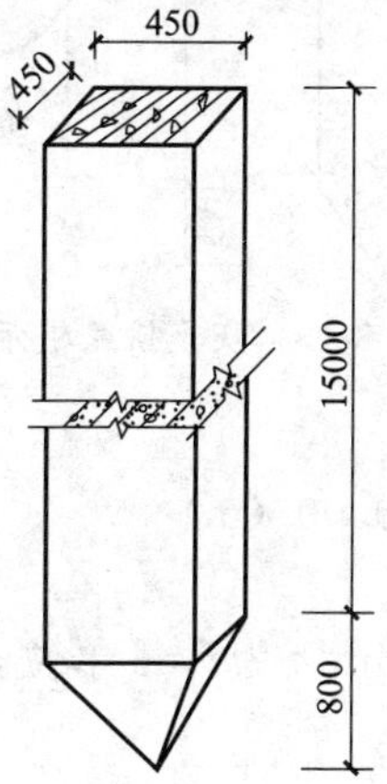

图 3-11 钢筋混凝土桩示意

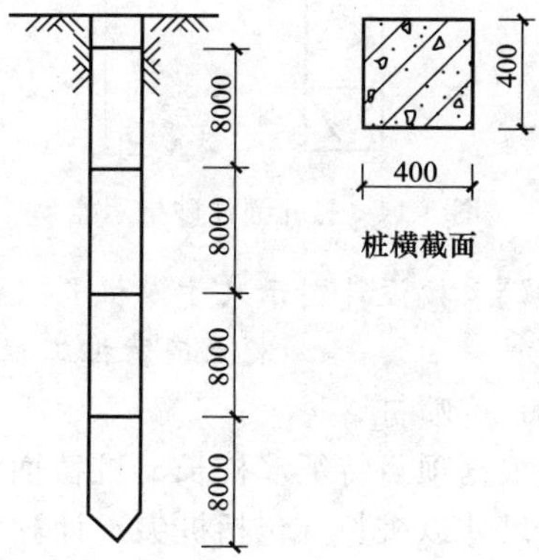

图 3-12 接桩示意

【解】 按设计图示规定以接头数量（板桩按接头长度）计算：

接桩工程量=(4－1)×20=60（个）

【例 3-13】 某工程现场人工挖孔扩底桩，形状大致如图 3-13 所示，试计算其工程量。

【解】 按设计图示尺寸以桩长（包括桩尖）或根数计算：

挖孔扩底桩工程量=1.0×7+1.2+0.15+0.4=8.75（m）

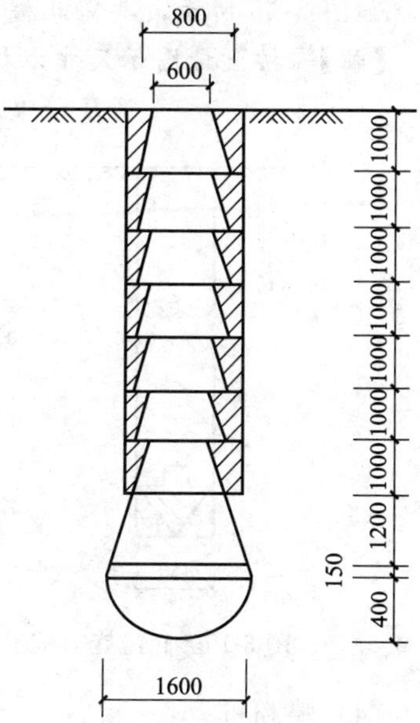

图 3-13 人工挖孔扩底桩剖面图

3.2.2 其他桩（编码：010202）

(1) 砂石灌注桩

根据项目特征（土壤级别、桩长、桩截面、成孔方法、砂石级配），以“m”为计量单位，工程量按设计图示尺寸以桩长（包括桩尖）计算。

其中工程内容包括：成孔、砂石运输、填充、振实。

【例 3-14】 某工程现场土质为二类土，桩基采用打孔灌注砂桩共60根，形状如图3-14所示，求工程量。

【解】 按设计图示尺寸以桩长（包括桩尖）或根数计算：

打孔砂石灌注桩工程量＝(8＋1.2)×60＝552.00（m）

（2）灰土挤密桩

根据项目特征（土壤级别、桩长、桩截面、成孔方法、灰土级配），以“m”为计量单位，工程量按设计图示尺寸以桩长（包括桩尖）计算。

其中工程内容包括：成孔；灰土拌合、运输；填充、夯实。

【例3-15】 某工程采用灰土挤密桩，桩如图3-15所示，D＝600mm，共需打桩20根，求工程量。

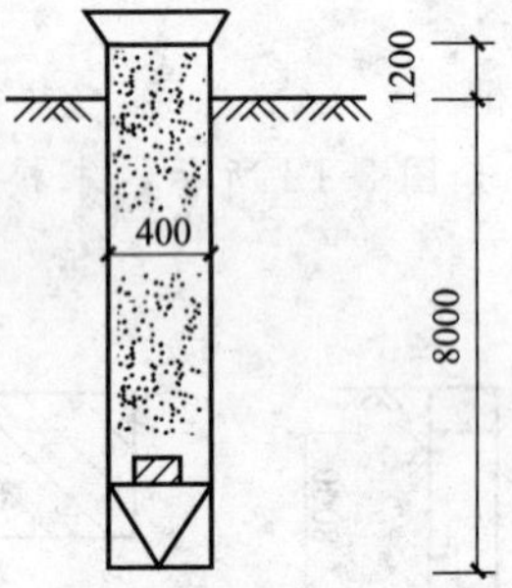

图3-14 打孔灌注砂桩示意

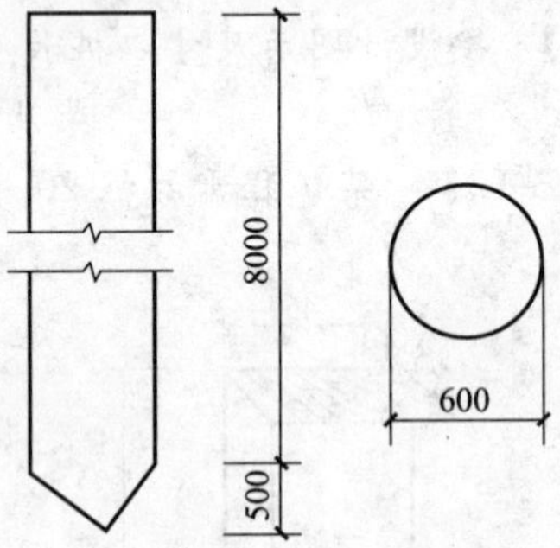

图3-15 灰土挤密桩示意

【解】 按设计图示尺寸以桩长（包括桩尖）计算：

灰土挤密桩工程量＝(8＋0.5)×20＝170.00（m）

（3）旋喷桩

应根据项目特征（桩长、桩截面、水泥强度等级），以“m”为计量单位，工程量按设计图示尺寸以桩长（包括桩尖）计算。

其中工程内容包括：成孔、水泥浆制作运输、水泥浆旋喷。

【例3-16】 某工程桩基施工采用高压旋喷桩，土质为一级土，桩成孔孔径D＝450mm，形状如图3-16所示，共需此桩36根，求其工程量

【解】 按设计图示尺寸以桩长（包括桩尖）计算：

高压旋喷桩工程量＝(8＋0.5)×36＝306.00（m）

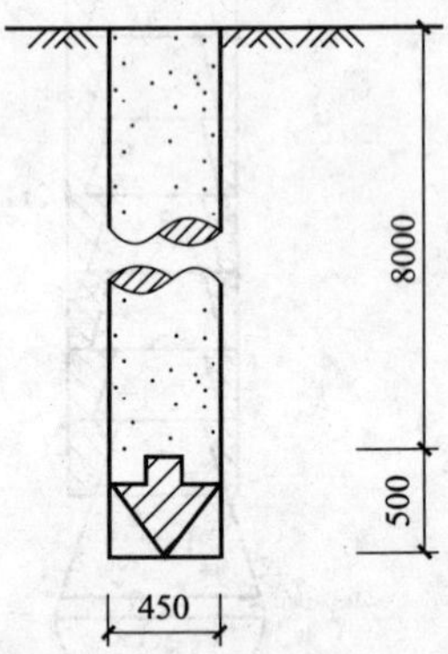

图3-16 高压旋喷桩示意

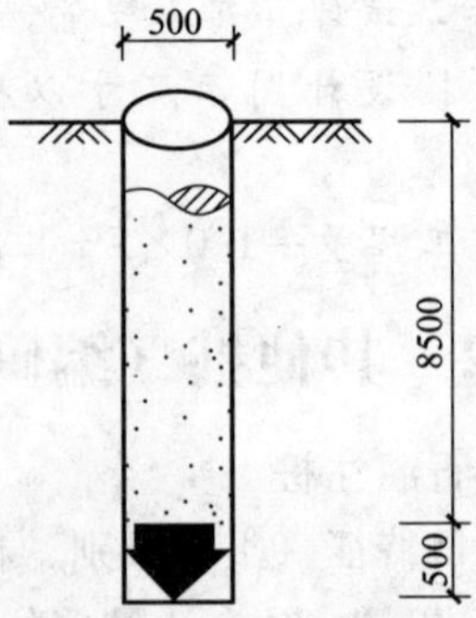

图3-17 喷粉桩示意

（4）喷粉桩

应根据项目特征（桩长、桩截面、粉体种类、水泥强度等级、石灰粉要求），以“m”

为计量单位，工程量按设计图示尺寸以桩长（包括桩尖）计算。

其中工程内容包括：成孔、粉体运输、喷粉固化。

【例 3-17】 某工程喷粉桩施工中，桩大致形状如图 3-17 所示，求其工程量。

【解】 按设计图示尺寸以桩长（包括桩尖）计算：

喷粉桩工程量＝8.5＋0.5＝9.00（m）

3.2.3 地基与边坡处理（编码：010203）

（1）地下连续墙

应根据项目特征（墙体厚度、成槽深度、混凝土强度等级），以“m^3”为计量单位，工程量按设计图示墙中心线长乘以厚度乘以槽深以体积计算。

其中工程内容包括：挖土成槽、余土运输；导墙制作、安装；锁口管吊拔；浇筑混凝土连续墙、材料运输。

【例 3-18】 某工程地基处理采用地下连续墙形式，如图 3-18 所示，墙体厚 300mm，埋深 4.6m，土质为二类土，求其工程量。

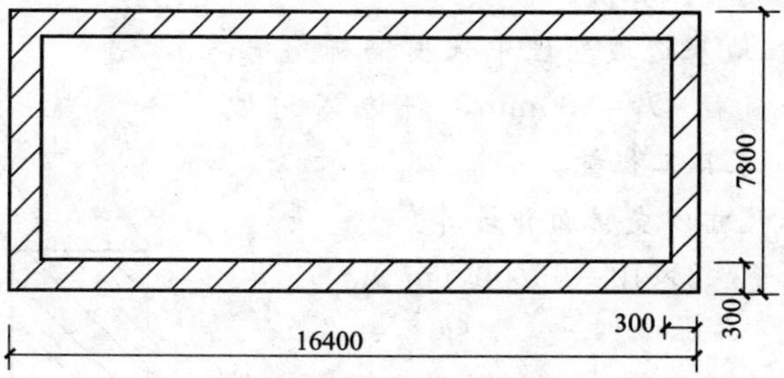

图 3-18 地下连续墙平面

【解】 按设计图示墙中心线长乘以厚度乘以槽深以体积计算：

地下连续墙工程量＝[(16.4－0.3)＋(7.8－0.3)]×2×0.3×4.6＝65.14（m^3）

（2）振冲灌注碎石

应根据项目特征（振冲深度、成孔直径、碎石级配），以“m^3”为计量单位，工程量按设计图示孔深乘以孔截面积以体积计算。

其中工程内容包括：成孔、碎石运输、灌注、振实。

【例 3-19】 某工程边坡处理时，采用振冲灌碎石的方法，如图 3-19 所示，振冲深度 H＝6000mm，成孔直径 D＝500mm，在高为 8m 基坑中的一边坡共进行了 7 次，求其工程量。

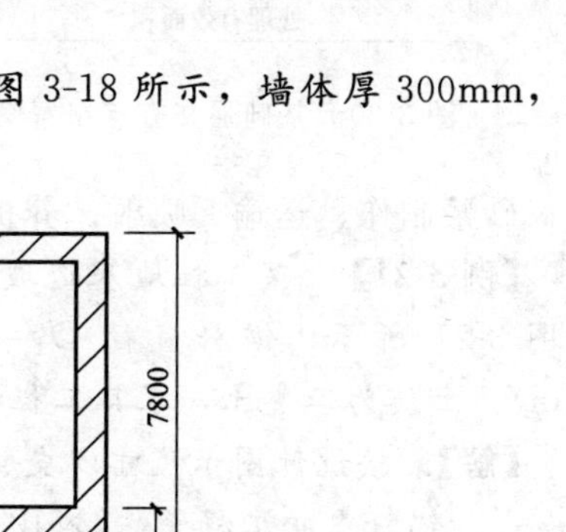

图 3-19 边坡处理示意

【解】 按设计图示孔深乘以孔截面积以体积计算：

振冲灌注碎石工程量＝3.1416×0.25×0.5^2×6×7＝8.25（m^3）

（3）地基强夯

应根据项目特征（夯击能量、夯击遍数、地耐力要求、夯填材料种类），以“m^2”为计量单位，工程量按设计图示尺寸以面积计算。

其中工程内容包括：铺夯填材料、强夯、夯填材料运输。

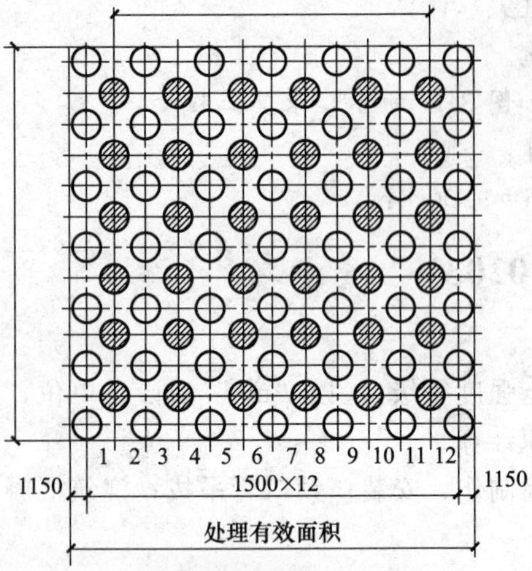

图 3-20 基础强夯夯点布置图

【例 3-20】 某基础强夯工程，夯点布置如图 3-20 所示，夯击能 400t・m，每次夯击数为 4 击，设计要求第一遍、第二遍为隔点夯击，第三遍为低锤满夯，试计算该强夯工程量。

【解】 按设计图示孔深乘以面积计算：

强夯工程量=(1.5×12+2.3)×(1.5×12+2.3)=412.09 (m^2)

(4) 锚杆支护

应根据项目特征（锚孔直径；锚孔平均深度；锚固方法、浆液种类；支护厚度、材料种类；混凝土强度等级；砂浆强度等级），以“m^2”为计量单位，工程量按设计图示尺寸以支护面积计算。

其中工程内容包括：钻孔；浆液制作、运输、压浆；张拉锚固；混凝土制作、运输、喷射、养护；砂浆制作、运输、喷射、养护。

【例 3-21】 某工程地基边坡处理中采用锚杆支护，如图 3-21 所示，锚杆直径 $D=500$mm，斜边×边坡(6m)，土质为二类土，求其工程量。

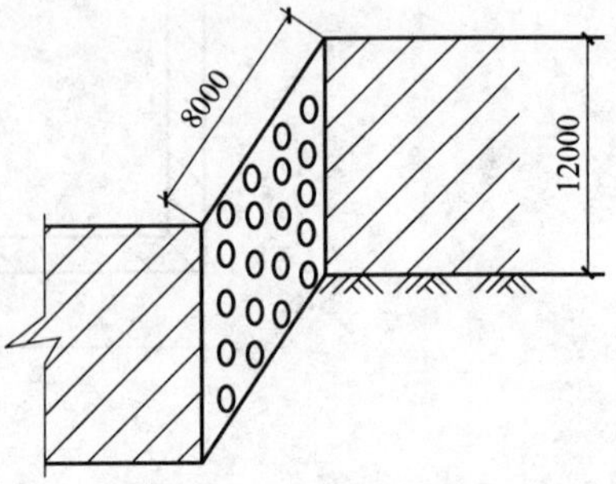

图 3-21 锚杆支护示意

【解】 按设计图示尺寸以支护面积计算：

锚杆支护工程量=8×12=96.00 (m^2)

(5) 土钉支护

应根据项目特征（支护厚度、材料种类、混凝土强度等级、砂浆强度等级），以“m^2”计量单位，工程量按设计图示尺寸以支护面积计算。

其中工程内容包括：钉土钉；挂网；混凝土制作、运输、喷射、养护；砂浆制作、运输、喷射、养护。

3.3 砌筑工程工程量计算

采用小型块状建筑材料以砂浆粘接而成的结构构件可称砌筑工程。《计价规范》中共有 6 节 25 个项目。

3.3.1 砖基础（编码：010301）

砖基础，应根据项目特征（垫层材料种类、厚度；砖品种、规格、强度等级；基础类型；基础深度；砂浆强度等级），以“m^3”为计量单位，工程量按设计图示尺寸以体积计算。包括附墙垛基础宽出部分体积，扣除地梁（圈梁）、构造柱所占体积。不扣除基础大放脚 T 形接头处的重叠部分及嵌入基础内的钢筋、铁件、管道、基础砂浆防潮层和单个面积 0.3m^2 以内的孔洞所占体积，靠墙暖气沟的挑槽不增加。基础长度：外墙按中心线，内墙按净长线计算。

其中工程内容包括：砂浆制作、运输；铺设垫层；砌砖；防潮层铺设；材料运输。

【例 3-22】 如图 3-22 所示，某基础平面图与剖面图，求砖基础工程量。

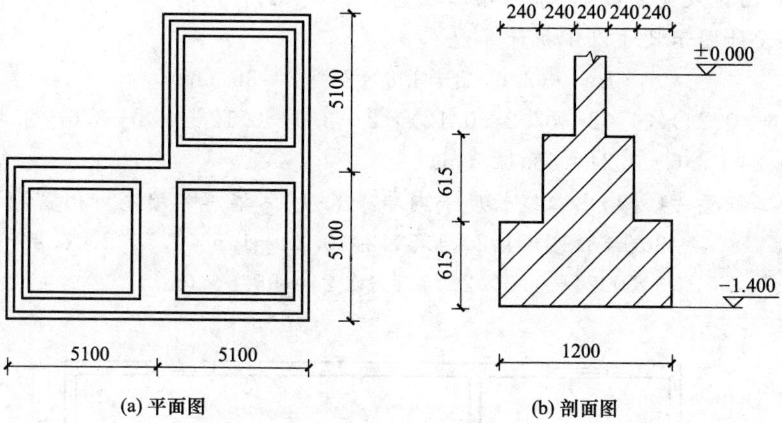

图 3-22 基础平面图与剖面图

【解】 按设计图示尺寸以体积计算：

$$L_{外}=(5.1\times2-0.24+5.1\times2-0.24)\times2=39.84\ (\mathrm{m})$$

$$L_{内}=5.1-0.36+5.1-0.36=9.48\ (\mathrm{m})$$

砖基础工程量=(外墙中心线长度+内墙净长度)×砖基础断面面积

$$=(39.84+9.48)\times(1.2\times0.615+0.72\times0.615+0.17\times0.24)=60.25\ (\mathrm{m^3})$$

3.3.2 砖砌体（编码：010302）

(1) 实心砖墙

应根据项目特征（砖品种、规格、强度等级；墙体类型；墙体厚度；墙体高度；勾缝要求；砂浆强度等级、配合比），以“m^3”为计量单位，工程量按设计图示尺寸以体积计算。扣除门窗洞口、过人洞、空圈、嵌入墙内的钢筋混凝土柱、梁、圈梁、挑梁、过梁及凹进墙内的壁龛、管槽、暖气槽、消火栓箱所占体积。不扣除梁头、板头、椽头、垫木、木楞头、沿缘木、木砖、门窗走头、砖墙内加固钢筋、木筋、铁件、钢管及单个面积 0.3m^2 以内的孔洞所占体积。凸出墙面的腰线、挑檐、压顶、窗台线、虎头砖、门窗套的体积亦不增加。凸出墙面的砖垛并入墙体体积内计算。

① 墙长度：外墙按中心线，内墙按净长计算。

② 墙高度：

a. 外墙：斜（坡）屋面无檐口顶棚者算至屋面板底；有屋架且室内外均有顶棚者算至屋架下弦底另加 200mm；无顶棚者算至屋架下弦底另加 300mm；出檐宽度超过 600mm 时按实砌高度计算；平屋面算至钢筋混凝土板底。

b. 内墙：位于屋架下弦者，算至屋架下弦底；无屋架者算至顶棚底另加 100mm；有钢筋混凝土楼板隔层者算至楼板顶；有框架梁时算至梁底。

c. 女儿墙：从屋面板上表面算至女儿墙顶面（如有混凝土压顶时算至压顶下表面）。

d. 内、外山墙：按其平均高度计算。

③ 围墙：高度算至压顶上表面（如有混凝土压顶时算至压顶下表面），围墙柱并入围墙体积内。

其中工程内容包括：砂浆制作、运输；砌砖；勾缝；砖压顶砌筑：材料运输。

【例 3-23】 如图 3-23 所示，为某单层建筑平面图，墙厚 240mm，外墙、内墙均为砖砌体，高 3.2m，门窗表见表 3-1，求砖砌工程量。

【解】 按设计图示尺寸以体积计算：

$$L_{外}=(3.6\times3+3.6\times2)\times2=36\ (\text{m})$$

$$L_{内}=(3.6-0.24)\times4\times2+(7.2-0.12)\times2+3.6-0.12+4.8+3.6+2.4-0.12+4.8-0.24+3.6-0.24=63.12\ (\text{m})$$

实心砖墙工程量＝(外墙中心线长度＋内墙净长度)×墙厚×墙高－门窗洞口所占体积

$$=36+63.12-1.2\times1.5\times2\times0.24-1.5\times1.5\times2\times0.24-0.6\times1.8\times3\times0.24-1.5\times2.1\times1\times0.24\approx95.64\ (\text{m}^3)$$

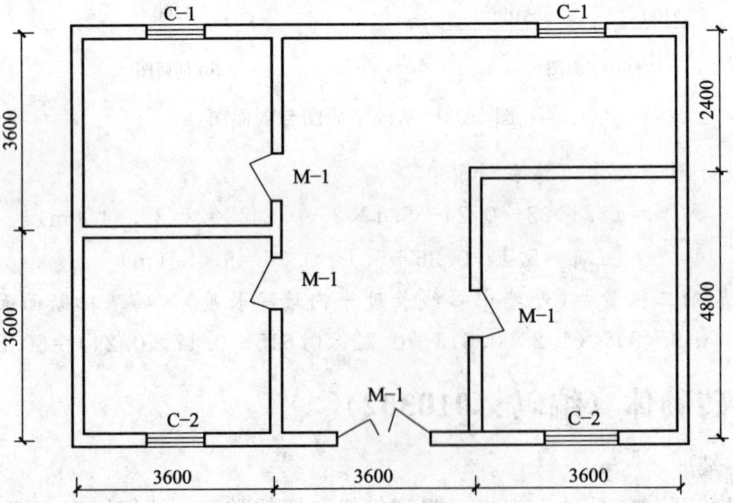

图 3-23 单层建筑平面图

表 3-1 门窗一览表

门窗编号	尺寸/mm	数量	门窗编号	尺寸/mm	数量
C-1	1200×1500	2	M-1	600×1800	3
C-2	1500×1500	2	M-2	1500×2100	1

(2) 空斗墙

应根据项目特征（砖品种、规格、强度等级；墙体类型；墙体厚度；勾缝要求；砂浆强度等级、配合比），以“m^3”为计量单位，工程量按设计图示尺寸以空斗墙外形体积计算。墙角、内外墙交接处、门窗洞口立边、窗台砖、屋檐处的实砌部分体积并入空斗墙体积内。

其中工程内容包括：砂浆制作、运输；砌砖；装填充料；勾缝；材料运输。

【例 3-24】 如图 3-24 所示，为某一场院围墙示意图，围墙墙高 2.4m，其中勒脚高 0.6m，勒脚墙厚 365mm，其余为空斗墙，墙厚 240mm，所用砌体均为普通砖，求砖墙工程量。

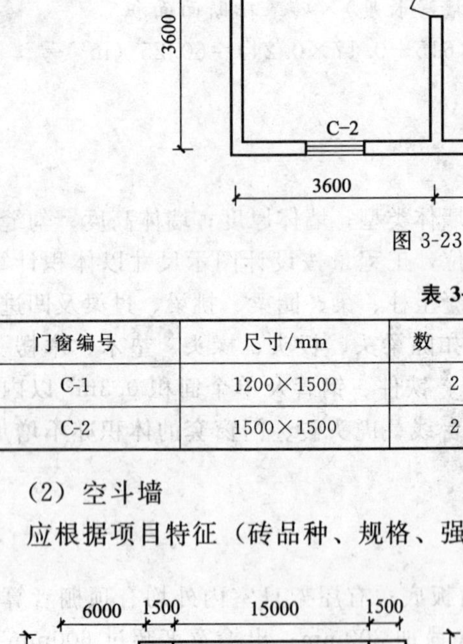

图 3-24 围墙示意

【解】 按设计图示尺寸以体积计算：

实心墙工程量=[(12×2+9×2)×2-15]×0.365×0.6=15.11 (m^3)

空斗墙工程量=[(12×2+9×2)×2-15]×0.24×(2.4-0.6)=29.81 (m^3)

(3) 空花墙

应根据项目特征（砖品种、规格、强度等级；墙体类型；墙体厚度；勾缝要求；砂浆强度等级），以“m^3”为计量单位，工程量按设计图示尺寸以空花部分外形体积计算，不扣除空洞部分体积。

其中工程内容包括：砂浆制作、运输；砌砖；装填充料；勾缝；材料运输。

【例 3-25】 如图 3-25 所示为一围墙的空花墙示意图，求其砖工程量。

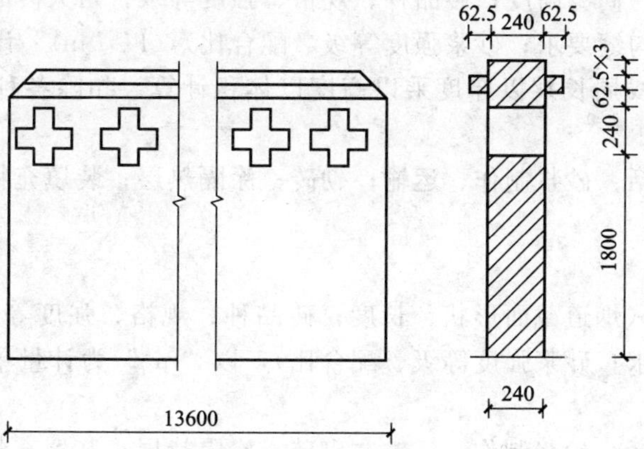

图 3-25　空花墙示意

【解】 按设计图示尺寸以空花部分外形体积计算：

实砌砖墙工程量=(1.8×0.24+0.0625×2×0.24+0.0625×0.365)×136=65.94 (m^3)

空花墙部分工程量=0.24×0.24×136=7.83 (m^3)

(4) 填充墙

应根据项目特征（砖品种、规格、强度等级；墙体厚度；填充材料种类；勾缝要求；砂浆强度等级），以“m^3”为计量单位，工程量按设计图示尺寸以填充墙外形体积计算。

其中工程内容包括：砂浆制作、运输；砌砖；装填充料；勾缝；材料运输。

【例 3-26】 如图 3-26 所示，为某建筑一榀框架示意图，求填充墙工程量（设填充墙厚 240mm）。

【解】 按设计图示尺寸以填充墙外形体积计算：

填充墙工程量=[(2.9×5×2+2.9×3.2)×3+5×5×2+5×3.2]×0.24
=43.40 (m^3)

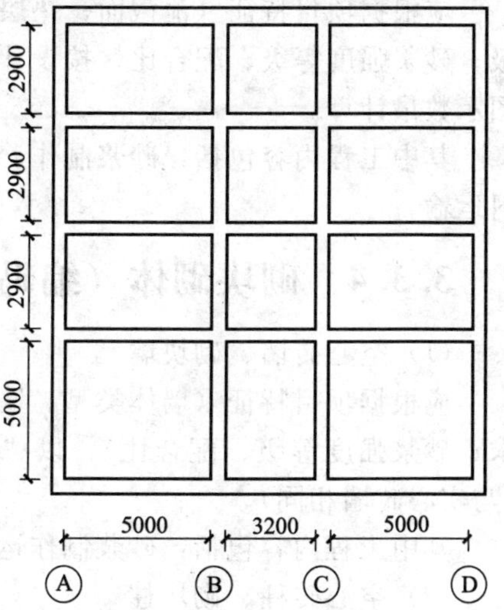

图 3-26　建筑物框架示意

(5) 实心砖柱

应根据项目特征（砖品种、规格、强度等级：柱类型；柱截面：柱高；勾缝要求；砂浆强度等级、配合比），以“m^3”为计量单位，工程量按设计图示尺寸以体积计算，扣除混凝土及钢筋混凝土梁垫、梁头、扳头所占体积。

其中工程内容包括：砂浆制作、运输；砌砖；勾缝；材料运输。

（6）零星砌砖

应根据项目特征（零星砌砖名称、部位：勾缝要求：砂浆强度等级、配合比），以“m^3”为计量单位，工程量按设计图示尺寸以体积计算。扣除混凝土及钢筋混凝土梁垫、梁头、板头所占体积。

其中工程内容包括：砂浆制作、运输；砌砖；勾缝；材料运输。

3.3.3 砖构筑物（编码：010303）

（1）砖烟囱、水塔

应根据项目特征（简身高度；砖品种、规格、强度等级；耐火砖品种、规格；耐火泥品种；隔热材料种类；勾缝要求；砂浆强度等级、配合比），以“m^3”计量单位，工程量按设计图示筒壁平均中心线周长乘以厚度乘以高度以体积计算。扣除各种孔洞、钢筋混凝土圈梁、过梁等的体积。

其中工程内容包括：砂浆制作、运输；砌砖；涂隔热层；装填充料；砌内村：勾缝；材料运输。

（2）砖烟道

应根据项目特征（烟道截面形状、长度；砖品种、规格、强度等级；耐火砖品种规格；耐火泥品种；勾缝要求；砂浆强度等级、配合比），以“m^3”为计量单位，工程量按图示尺寸以体积计算。

其中工程内容包括：砂浆制作、运输；砌砖；涂隔热层；装填充料；砌内衬；勾缝；材料运输。

（3）砖窨井、检查井

应根据项目特征（井截面；垫层材料种类、厚度：底板厚度；勾缝要求；混凝土强度等级；砂浆强度等级、配合比；防潮层材料种类），以“座”为计量单位，工程量按图示数量计算。

其中工程内容包括：土方挖运；砂浆制作、运输；铺设垫层；底板混凝土制作、运输、浇筑、振捣、养护；砌砖：勾缝；井池底、壁抹灰；抹防潮层；回填；材料运输。

（4）砖水池、化粪池

应根据项目特征（池截面；垫层材料种类、厚度：底板厚度；勾缝要求；混凝土强度等级；砂浆强度等级、配合比；按设计图示简壁平均中心），以“座”为计量单位，工程量按图示数量计算。

其中工程内容包括：砂浆制作、运输；砌砖；涂隔热层；装填充料；砌内衬；勾缝；材料运输。

3.3.4 砌块砌体（编码：010304）

（1）空心砖墙、砌块墙

应根据项目特征（墙体类型；墙体厚度；空心砖、砌块品种；规格、强度等级；勾缝要求；砂浆强度等级、配合比），以“m^3”为计量单位，工程量按设计图示尺寸以体积计算（与实心砖墙相同）。

其中工程内容包括：砂浆制作运输；砌砖、砌块；勾缝；材料运输。

（2）空心砖柱、砌块柱

应根据项目特征（柱高度；柱截面；空心砖、砌块品种、规格、强度等级；勾缝要求；

砂浆强度等级、配合比），以“m^3”为计量单位，工程量按设计图示尺寸以体积计算。扣除混凝土及钢筋混凝土梁垫、梁头、板头所占体积。

其中工程内容包括：砂浆制作运输；砌砖、砌块；勾缝；材料运输。

3.3.5　石砌体（编码：010305）

（1）石基础

应根据项目特征（垫层材料种类、厚度；石料种类、规格；基础深度；基础类型；砂浆强度等级、配合比），以“m^3”为计量单位，工程量按设计图示尺寸以体积计算。包括附墙垛基础宽出部分体积，不扣除基础砂浆防潮层及单个面积 0.3m^2 以内的孔洞所占体积，靠墙暖气沟的挑檐不增加体积。基础长度：外墙按中心线，内墙按净长计算。

其中工程内容包括：砂浆制作、运输；铺设垫层；砌石；防潮层铺设；材料运输。

（2）石勒脚

应根据项目特征（石料种类、规格；石表面加工要求；勾缝要求；砂浆强度等级、配合比），以“m^3”为计量单位，工程量按设计图示尺寸以体积计算。扣除单个 0.3m^2 以外的孔洞所占的体积。

其中工程内容包括：砂浆制作、运输；砌石；石表面加工；勾缝；材料运输。

（3）石墙

应根据项目特征（石料种类、规格；墙厚；石表面加工要求；勾缝要求；砂浆强度等级、配合比），以“m^3”为计量单位，工程量按设计图示尺寸以体积计算（与实心砖墙相同）。

其中工程内容包括：砂浆制作、运输；砌石；石表面加工；勾缝；材料运输。

3.3.6　砖散水、地坪、地沟（编码：010306）

（1）砖散水、地坪

应根据项目特征（垫层材料种类、厚度；散水、地坪厚度；面层种类、厚度；砂浆强度等级、配合比），以“m^2”为计量单位，工程量按设计图示尺寸以面积计算。

其中工程内容包括：地基找平、夯实；铺设垫层；砌砖散水、地坪；砂浆面层。

（2）砖地沟、明沟

应根据项目特征（沟截面尺寸；垫层材料种类、厚度；混凝土强度等级；砂浆强度等级、配合比），以“m”为计量单位，工程量按设计图示以中心线长度计算。

其中工程内容包括：挖运土石；铺设垫层；板混凝土制作、运输、浇筑、振捣、养护；砌砖；勾缝；材料运输。

3.4　混凝土及钢筋混凝土工程工程量计算

以混凝土及钢筋为主要材料构筑的工程称为混凝土及钢筋混凝土工程。《计价规范》中该分部工程清单项目分为 17 节 69 个项目。

3.4.1　现浇混凝土工程

（1）现浇混凝土基础（编码：010401）

带形基础、独立基础、满堂基础、设备基础、桩承台基础，应根据项目特征（垫层材料种类、厚度；混凝土强度等级；混凝土拌合料要求；砂浆强度等级)，以“m^3”为计量单位，工程量按设计图示尺寸以体积计算。不扣除构件内钢筋、预埋铁件和伸入承台基础的桩头所占体积。

其中工程内容包括：铺设垫层；混凝土制作、运输、浇筑、振捣、养护；地脚螺栓二次灌浆。

【例 3-27】 某工程采用带形基础，截面如图 3-27 所示，基础截面长 35m，求其工程量。

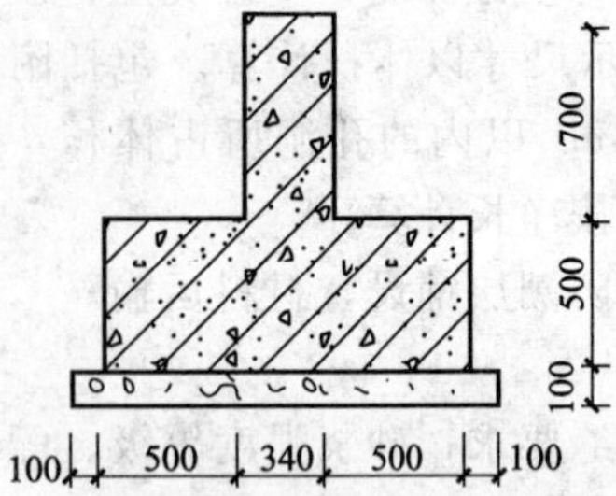

图 3-27 带形基础剖面图

【解】 按设计图示尺寸以体积计算：

带形基础工程量＝[(0.5×2＋0.34)×0.5＋0.34×0.7]×35
＝31.78 (m^3)

(2) 现浇混凝土柱（编码：010402）

矩形柱、异形柱，应根据项目特征（柱高度、柱截面尺寸、混凝土强度等级、混凝土拌合料要求)，以“m^3”为计量单位，工程量按设计图示尺寸以体积计算。不扣除构件内钢筋、预埋铁件所占体积。柱高：有梁板的柱高，应自柱基上表面（或楼板上表面）至上一层楼板上表面之间的高度计算；无梁板的柱高，应自柱基上表面（或楼板上表面）至柱帽下表面之间的高度计算；框架柱的柱高，应自柱基上表面至柱顶高度计算；构造柱柱高按全高计算，嵌接墙体部分并入柱身体积；依附柱上的牛腿和升板的柱帽，并入柱身体积计算。

其中工程内容包括：混凝土制作、运输、浇筑、振捣、养护。

【例 3-28】 试计算如图 3-28 所示混凝土构造柱体积，已知柱高 3.3m，断面尺寸为 360mm×360mm，与砖墙咬接 60mm。

【解】 按设计图示尺寸以全高计算：

构造柱工程量＝(0.36×0.36＋0.06×0.36)×3.3
＝0.50 (m^3)

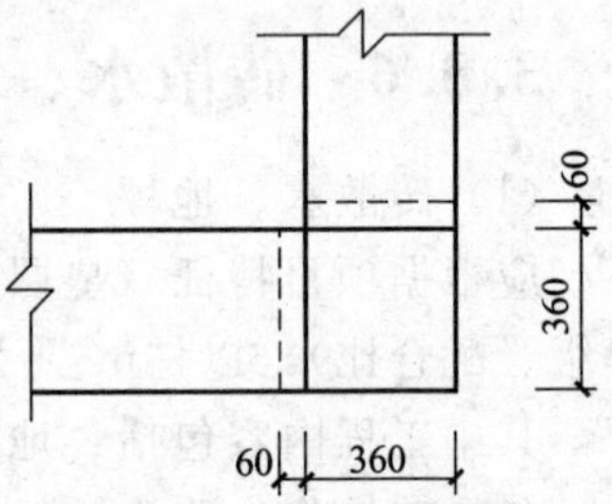

图 3-28 混凝土构造柱示意

(3) 现浇混凝土梁（编码：010403）

基础梁、矩形梁、异形梁、圈梁、过梁、弧形、拱形梁，应根据项目特征（梁底标高、梁截面、混凝土强度等级、混凝土拌合料要求)，以“m^3”为计量单位，工程量按设计图示尺寸以体积计算。不扣除构件内钢筋、预埋铁件所占体积，伸入墙内的梁头、梁垫并入梁体积内。

梁长：梁与柱连接时，梁长算至柱侧面；主梁与次梁连接时，次梁长算至主梁侧面。

【例 3-29】 求如图 3-29 所示地基梁工程量（用组合钢模板、钢支撑)。

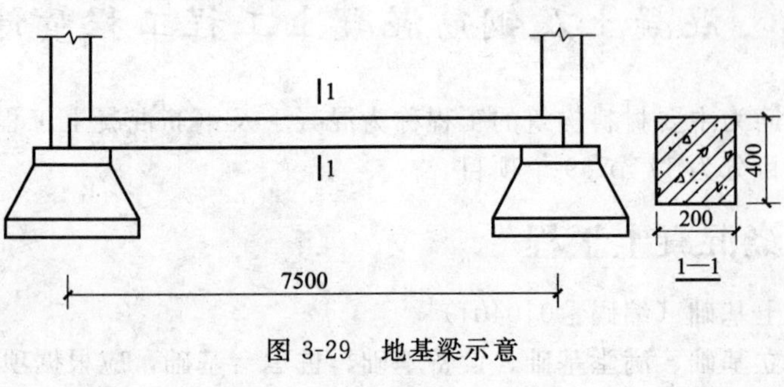

图 3-29 地基梁示意

【解】 按设计图示尺寸以体积计算：

地基梁工程量=7.5×0.2×0.4=0.6 (m^3)

(4) 现浇混凝土墙（编码：010404）

直形墙、弧形墙，应根据项目特征（墙类型、墙厚度、混凝土强度等级、混凝土拌合料要求），以“m^3”为计量单位，工程量按设计图示尺寸以体积计算。不扣除构件内钢筋、预埋铁件所占体积，扣除门窗洞口及单个面积 0.3m^2 以外的孔洞所占体积，墙垛及突出墙面部分并入墙体体积计算。

【例 3-30】 如图 3-30 所示，某框剪结构一段剪力墙板，墙厚 240mm，组合钢模板、钢支撑，求该现浇混凝土墙的工程量。

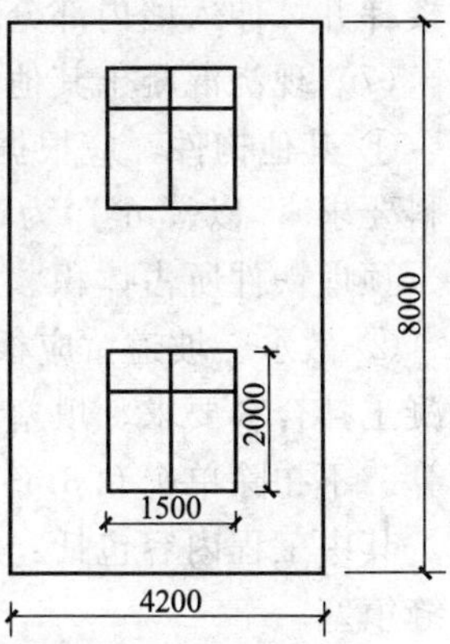

图 3-30 现浇混凝土墙立面图

【解】 按设计图示尺寸以体积计算：

直形墙工程量=(4.2×8−1.5×2×2)×0.24=6.62 (m^3)

(5) 现浇混凝土板（编码：010405）

① 有梁板、无梁板、平板、拱板、薄壳板、栏板，应根据项目特征（板底标高、板厚度、混凝土强度等级、混凝土拌合料要求），以“m^3”为计量单位，工程量按设计图示尺寸以体积计算。不扣除构件内钢筋、预埋铁件及单个面积 0.3m^2 以内的孔洞所占体积。

有梁板（包括主、次梁与板）按梁、板体积之和计算，无梁板按板和柱帽体积之和计算，各类板伸入墙内的板头并入板体积内计算，薄壳板的肋、基梁并入薄壳体积内计算。

② 天沟、挑檐板，应根据项目特征（混凝土强度等级、混凝土拌合料要求），以“m^3”为计量单位，工程量按设计图示尺寸以体积计算。

③ 雨篷、阳台板，应根据项目特征（混凝土强度等级、混凝土拌合料要求），以“m^3”为计量单位，工程量按设计图示尺寸以墙外部分体积计算。包括伸出墙外的牛腿和雨篷反挑檐的体积按设计图示尺寸的体积。

④ 其他板，应根据项目特征（混凝土强度等级、混凝土拌合料要求），以“m^3”为计量单位，工程量按设计图示尺寸以体积计算。

【例 3-31】 如图 3-31 所示，楼面板为钢筋混凝土现浇板，板底标高为+3.800m，板厚为 100mm，次梁断面尺寸为 300mm×500mm，主梁断面尺寸为 300mm×650mm，混凝土强度等级为 C30 砾 20，柱尺寸为 600mm×600mm，求现浇钢筋混凝土有梁板的工程量。

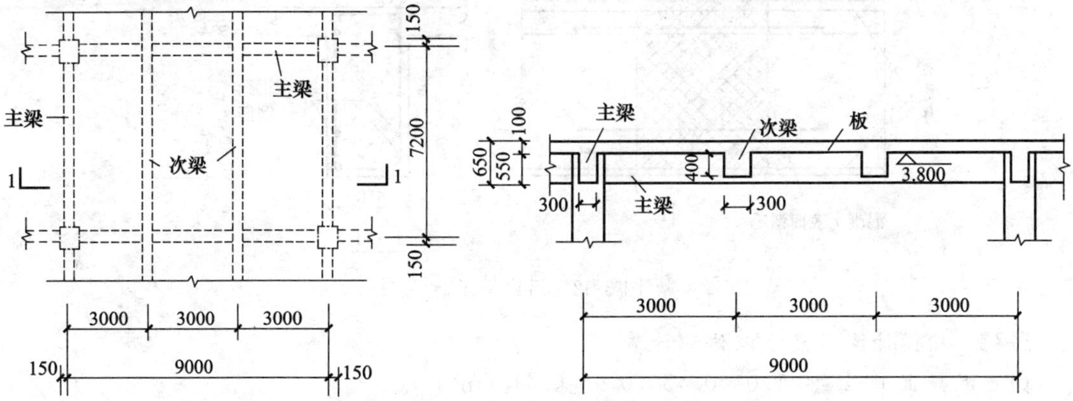

图 3-31 钢筋混凝土现浇板示意

【解】 按设计图示尺寸以体积计算：

浇钢筋混凝土有梁板工程量＝0.1×(3.0－0.3)×(7.2－0.3)×3＋[(7.2－0.6)×2＋(9.0－0.6)×2]×0.3×0.65＋(7.2－0.3)×2×0.3×0.5－0.15×0.15×0.1×4＝13.5（m^3）

（6）现浇混凝土楼梯（编码：010406）

直形楼梯、弧形楼梯，应根据项目特征（混凝土强度等级、混凝土拌合料要求），以“m^2”为计量单位，工程量按设计图示尺寸以水平投影面积计算。不扣除宽度小于500mm的楼梯井，伸入墙内部分不计算。

（7）现浇混凝土其他构件（编码：010407）

① 其他构件，应根据项目特征（构件的类型、构件规格、混凝土强度等级、混凝土拌合料要求），以“m^3”为计量单位，工程量按设计图示尺寸以体积计算。不扣除构件内钢筋、预埋铁件所占体积。

② 散水、坡道，应根据项目特征（垫层材料种类、厚度、面层厚度、混凝土强度等级、混凝土拌合料要求、填塞材料种类），以“m^2”为计量单位，工程量按设计图示尺寸以面积计算。不扣除单个0.3m^2以内的孔洞所占面积。

其中工程内容包括：地基夯实、铺设垫层、混凝土制作、运输、浇筑、振捣、养护、变形缝填塞。

③ 电缆沟、地沟，应根据项目特征（沟截面、垫层材料种类、厚度、混凝土强度等级、混凝土拌合料要求、防护材料种类），以“m”为计量单位，工程量按设计图示以中心线长度计算。

其中工程内容包括：挖运土石、铺设垫层、混凝土制作、运输、浇筑、振捣、养护、刷防护材料。

（8）后浇带（编码：010408）

后浇带，应根据项目特征（部位、混凝土强度等级、混凝土拌合料要求），以“m^3”为计量单位，工程量按设计图示尺寸以体积计算。

其中工程内容包括：混凝土制作、运输、浇筑、振捣、养护。

【例3-32】 如图3-32所示，为现浇梁的后浇带示意图，混凝土强度等级为C30，钢筋HRB335，求其工程量。

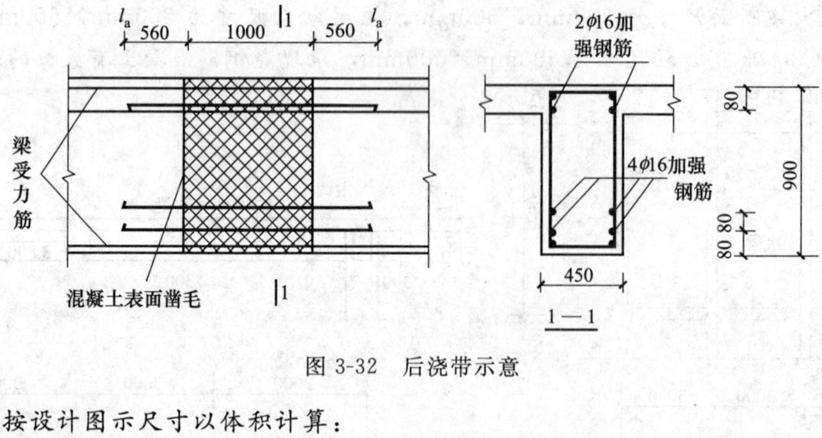

图3-32 后浇带示意

【解】 按设计图示尺寸以体积计算：

（1）混凝土工程量＝1.0×0.45×0.9＝0.41（m^3）

（2）钢筋长度＝1000＋560×2＋4.9×16×2＝2277（mm）＝2.277（m）

根数：6根

钢筋总工程量＝2.277×6×1.58＝21.59(kg)≈0.022（t）

3.4.2　预制混凝土工程

（1）预制混凝土柱（编码：010409）

矩形柱、异形柱，应根据项目特征（柱类型、单件体积、安装高度、混凝土强度等级、砂浆强度等级），以“m^3（根）”为计量单位，工程量按设计图示尺寸以体积计算（或按设计图示尺寸以“数量”计算）。不扣除构件内钢筋、预埋铁件所占体积。其中工程内容包括：混凝土制作、运输、浇筑、振捣、养护；构件制作、运输；构件安装；砂浆制作、运输；接头灌缝、养护。

（2）预制混凝土梁（编码：010410）

矩形梁、异形梁、过梁、拱形梁、鱼腹式吊车梁、风道梁，应根据项目特征（单件体积、安装高度、混凝土强度等级、砂浆强度等级），以“m^3”为计量单位，工程量按设计图示尺寸以体积计算。不扣除构件内钢筋、预埋铁件所占体积。

（3）预制混凝土屋架（编码：010411）

折线型屋架、组合屋架、薄腹屋架、门式、刚架屋架、天窗架屋架，应根据项目特征（屋架的类型、跨度；单件体积；安装高度；混凝土强度等级、砂浆强度等级），以“m^3（榀）”为计量单位，工程量按设计图示尺寸以体积或榀计算。不扣除构件内钢筋、预埋铁件所占体积。

【例3-33】 已知如图3-33所示，预制混凝土折线型屋架，计算其工程量。

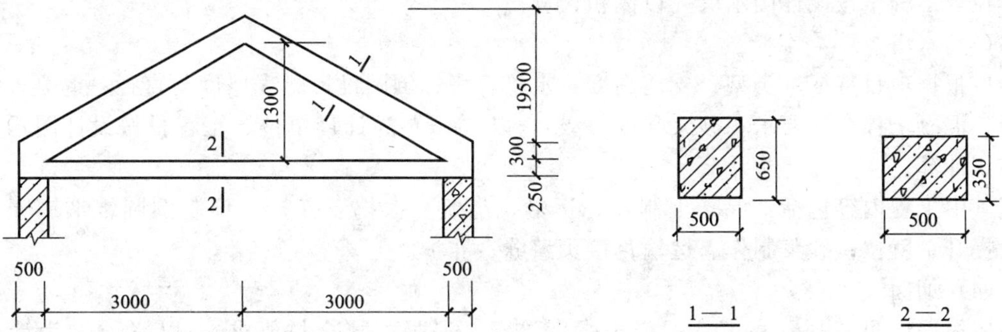

图3-33　预制混凝土屋架示意

【解】 按设计图示尺寸以体积计算：

屋架工程量＝0.55×7×0.65＋3.5×1.95×0.65－3×1.3×0.65＝4.40（m^3）

（4）预制混凝土板（编码：010412）

① 平板、空心板、槽形板、网架板、折线板、带肋板、大型板，应根据项目特征（构件尺寸、安装高度、混凝土强度等级、砂浆强度等级），以“m^3”为计量单位，工程量按设计图示尺寸以体积计算。不扣除构件内钢筋、预埋铁件及单个尺寸300mm×300mm以内的孔洞所占体积，扣除空心板空洞体积。

其中工程内容包括：混凝土制作、运输、浇筑、振捣、养护；构件制作、运输；构件安装；升板提升；砂浆制作、运输；接头灌缝、养护。

② 沟盖板、井盖板、井圈，应根据项目特征（构件尺寸、安装高度、混凝土强度等级、砂浆强度等级），以m^3（块、套）为计量单位，工程量按设计图示尺寸以体积计算。不扣除

构件内钢筋、预埋铁件所占体积。

(5) 预制混凝土楼梯（编码：010413）

楼梯，应根据项目特征（楼梯类型、单件体积、混凝土强度等级、砂浆强度等级），以“m^3”为计量单位，工程量按设计图示尺寸以体积计算。不扣除构件内钢筋、预埋铁件所占体积，扣除空心踏步板空洞体积。

(6) 其他预制构件（编码：010414）

① 烟道、垃圾道、通风道，应根据项目特征（构件类型、单作体积、安装高度、混凝土强度等级、砂浆强度等级），以“m^3”为计量单位，工程量按设计图示尺寸以体积计算。不扣除构件内钢筋、预埋铁件及单个尺寸 300mm×300mm 以内的孔洞所占体积，扣除烟道、垃圾道、通风道的孔洞所占体积。

② 其他构件、水磨石构件，应根据项目特征（构件的类型；单件体积；水磨石面层厚度；安装高度；混凝土强度等级；水泥石子浆配合比；石子品种、规格、颜色；酸洗、打蜡要求），以“m^3”为计量单位，工程量按设计图示尺寸以体积计算。

3.4.3 混凝土构筑物（编码：010415）

(1) 贮水（油）池

应根据项目特征（池类型、池规格、混凝土强度等级、混凝土拌合料要求），以“m^3”为计量单位，工程量按设计图示尺寸以体积计算。

(2) 贮仓

应根据项目特征（类型、高度、混凝土强度等级、混凝土拌合料要求），以“m^3”为计量单位，工程量按设计图示尺寸以体积计算。

(3) 水塔

应根据项目特征（类型；支筒高度、水箱容积；倒圆锥形罐壳厚度、直径；混凝土强度等级；混凝土拌合料要求；砂浆强度等级），以“m^3”为计量单位，工程量按设计图示尺寸以体积计算。

其中工程内容包括：混凝土制作、运输、浇筑、振捣、养护；预制倒圆锥形罐壳、组装、提升、就位；砂浆制作、运输；接头灌缝、养护。

(4) 烟囱

应根据项目特征（高度、混凝土强度等级、混凝土拌合料要求），以“m^3”为计量单位，工程量按设计图示尺寸以体积计算。

以上 4 个项目工程量均不扣除构件内钢筋、预埋铁件及单个面积 0.3m^2 以内的孔洞所占体积。

3.4.4 钢筋工程（编码：010416）

(1) 现浇混凝土钢筋、预制构件钢筋、钢筋网片、钢筋笼

应根据项目特征（钢筋种类、规格），以“t”为计量单位，工程量按设计图示钢筋（网）长度（面积）乘以单位理论质量计算。

其中工程内容包括：钢筋（网、笼）制作、运输、钢筋（网、笼）安装。

(2) 先张法预应力钢筋

应根据项目特征（钢筋种类、规格；锚具种类）以“t”为计量单位，工程量按设计图示钢筋长度乘以单位理论质量计算。

其中工程内容包括：钢筋制作、运输；钢筋张拉。

(3) 后张法预应力钢筋、预应力钢丝、预应力钢绞线

应根据项目特征（钢筋种类、规格；钢丝束种类、规格；钢绞线种类、规格；锚具种类；砂浆强度等级），以“t”为计量单位，工程量按设计图示钢筋（丝束、绞线）长度乘以单位理论质量计算。

① 低合金钢筋两端均采用螺杆锚具时，钢筋长度按孔道长度减 0.35m 计算，螺杆另行计算。

② 低合金钢筋一端采用镦头插片、另一端采用螺杆锚具时，钢筋长度按孔道长度计算，螺杆另行计算。

③ 低合金钢筋一端采用镦头插片、另一端采用帮条锚具时，钢筋增加 0.12m 计算；两端均采用帮条锚具时，钢筋长度按孔道长度增加 0.3m 计算。

④ 低合金钢筋采用后张混凝土自锚时，钢筋长度按孔道长度增加 0.35m 计算。

⑤ 低合金钢筋（钢绞线）采用 JM、XM、QM 型锚具，孔道长度在 20m 以内时，钢筋长度增加 1m 计算；孔道长度 20m 以外时，钢筋（钢绞线）长度按孔道长度增加 1.8m 计算。

⑥ 碳素钢丝采用锥形锚具，孔道长度在 20m 以内时，钢丝束长度按孔道长度增加 1m 计算；孔道长在 20m 以上时，钢丝束长度按孔道长度增加 1.8m 计算。

⑦ 碳素钢丝束采用镦头锚具时，钢丝束长度按孔道长度增加 0.35m 计算。

其中工程内容包括：钢筋、钢丝束、钢绞线制作、运输；钢筋、钢丝束、钢绞线安装；预埋管孔道铺设；锚具安装；砂浆制作、运输；道压浆、养护。

3.4.5　螺栓、预埋铁件（编码：010417）

螺栓、预埋铁件，应根据项目特征（钢材种类、规格；螺栓长度；铁件尺寸），以“t”为计量单位，工程量按设计图示尺寸以质量计算。

其中工程内容包括：螺栓（铁件）制作、运输；螺栓（铁件）安装。

3.5　厂库房大门、特种门、木结构工程工程量计算

厂库房大门、特种门、木结构工程共分为 3 节 11 个项目。

3.5.1　厂库房大门、特种门（编码：010501）

木板大门、钢木大门、全钢板大门、特种门、围墙铁丝门，应根据项目特征（开启方式；有框、无框；门扇数；材料品种、规格；五金种类、规格；防护材料种类；油漆品种、刷漆遍数），以“樘”为计量单位，工程量按设计图示数量计算。

其中工程内容包括：门（骨架）制作、运输；门、五金配件安装；刷防护材料、油漆。

【例 3-34】 某厂房大门为一木板大门，如图 3-34 所示，平开式不带采光窗，有框，两扇门，洞口尺寸 3m×3.3m，刷底油一遍、调和漆两遍，求工程量。

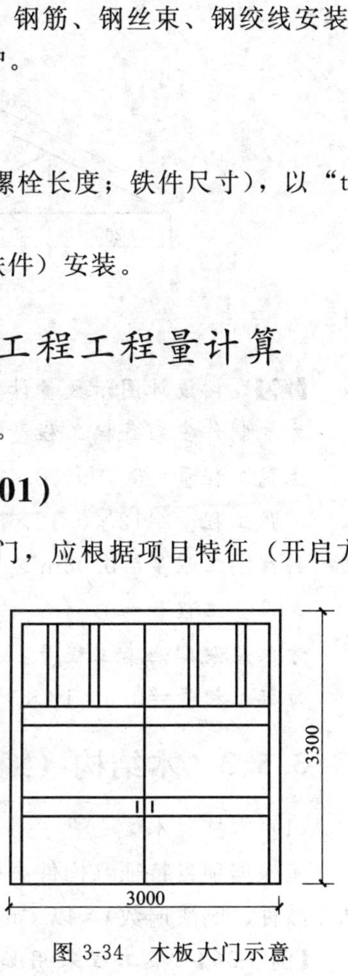

图 3-34　木板大门示意

【解】 按设计图示数量计算：

木板大门工程量＝1 樘

3.5.2 木屋架（编码：010502）

木屋架、钢木屋架，应根据项目特征（跨度；安装高度；材料品种、规格；刨光要求；防护材料种类；油漆品种、刷漆遍数），以“榀”为计量单位，工程量按设计图示数量计算。

其中工程内容包括：制作、运输；安装；刷防护材料、油漆。

【例 3-35】 如图 3-35 所示某杉方木屋架，跨度 12m，共 10 榀，木屋架刷底油一遍、调和漆两遍，求木屋架工程量。

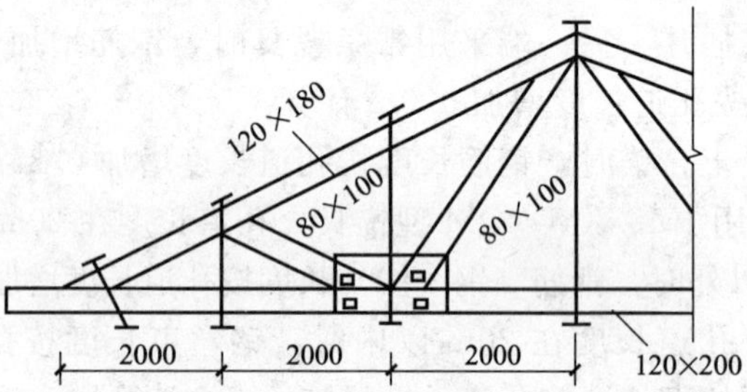

(a) 屋架立面详图

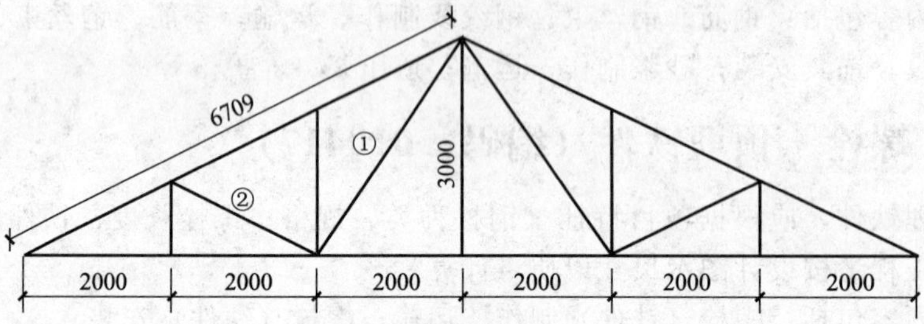

(b) 屋架示意

图 3-35 木屋架示意

【解】 按设计图示数量计算：

方木制作安装每榀工程量：

上弦工程量＝6.709×0.12×0.18×2＝0.29（m^3）

下弦工程量＝12×0.12×0.2≈0.29（m^3）

斜撑①工程量＝0.06m^3

斜撑②工程量＝0.04m^3

方木屋架刷油漆工程量：

每榀工程量＝0.5×12×3×1.79＝32.22（m^2）

3.5.3 木结构（编码：010503）

（1）木柱、木梁

应根据项目特征（构件高度、长度；构件截面；木材种类；刨光要求；防护材料种类；油漆品种、刷漆遍数），以“m^3”为计量单位，工程量按设计图示尺寸以体积计算。

【例 3-36】 某工程采用如图 3-36 所示方杉木柱，尺寸为 250mm×300mm，高 4.2m，

计算其工程量。

【解】 按设计图示尺寸以体积计算：

木柱工程量$=4.2\times0.25\times0.3=0.32$（$m^3$）

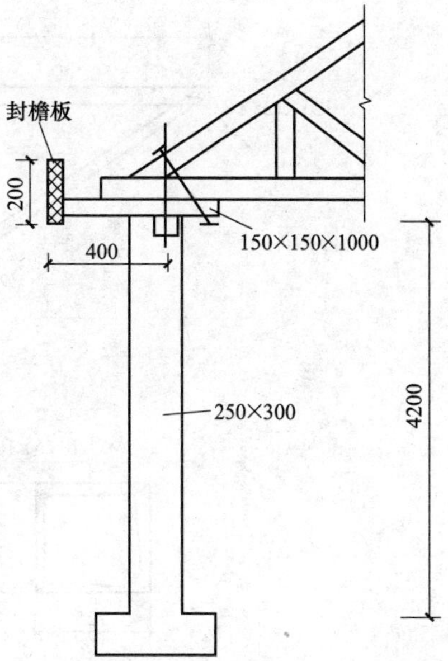

图 3-36　木柱示意

（2）木楼梯

应根据项目特征（木材种类；刨光要求；防护材料种类；油漆品种、刷漆遍数），以“m^2”为计量单位，工程量按设计图示尺寸以水平投影面积计算。不扣除宽度小于 300mm 的楼梯井，伸入墙内部分不计算。

（3）其他木构件

应根据项目特征（构件名称；构件截面；木材种类；刨光要求；防护材料种类；油漆品种、刷漆遍数），以“m^3（m）”为计量单位，工程量按设计图示尺寸以体积或长度计算。

以上项目工程内容包括：制作；运输；安装；刷防护材料、油漆。

3.6　金属结构工程工程量计算

以强度高而匀质的建筑材料——钢、铝和铸铁等金属制成的杆件和板件经过必要的组装和连接而成的金属结构构件，即称金属结构工程。《计价规范》中共 7 节 24 个项目。

3.6.1　钢屋架、钢网架（编码：010601）

（1）钢屋架

应根据项目特征（钢材品种、规格；单榀屋架的重量；屋架跨度、安装高度；探伤要求；油漆品种、刷漆遍数）以“t（樘）”为计量单位，工程量按设计图示尺寸以重量计算。不扣除孔眼、切边、切肢的重量，焊条、铆钉、螺栓等不另增加重量，不规则或多边形钢板以其外接矩形面积乘以厚度乘以单位理论重量计算。

其中工程内容包括：制作、运输、拼装、安装、探伤、刷油漆。

（2）钢网架

根据项目特征（钢材品种、规格；网架节点形式、连接方式；网架的跨度、安装高度；探伤要求；油漆品种、刷漆遍数），以“t（樘）”为计量单位，工程量按设计图示尺寸以重量计算。

3.6.2　钢托架、钢桁架（编码：010602）

钢托架、钢桁架，应根据项目特征（钢材品种、规格；单榀重量；安装高度；探伤要求；油漆品种、刷漆遍数），以“t”为计量单位，工程量按设计图示尺寸以重量计算。不扣除与不另增加内容与钢屋架相同。

【例 3-37】 如图 3-37 所示的钢托架，求其工程量。

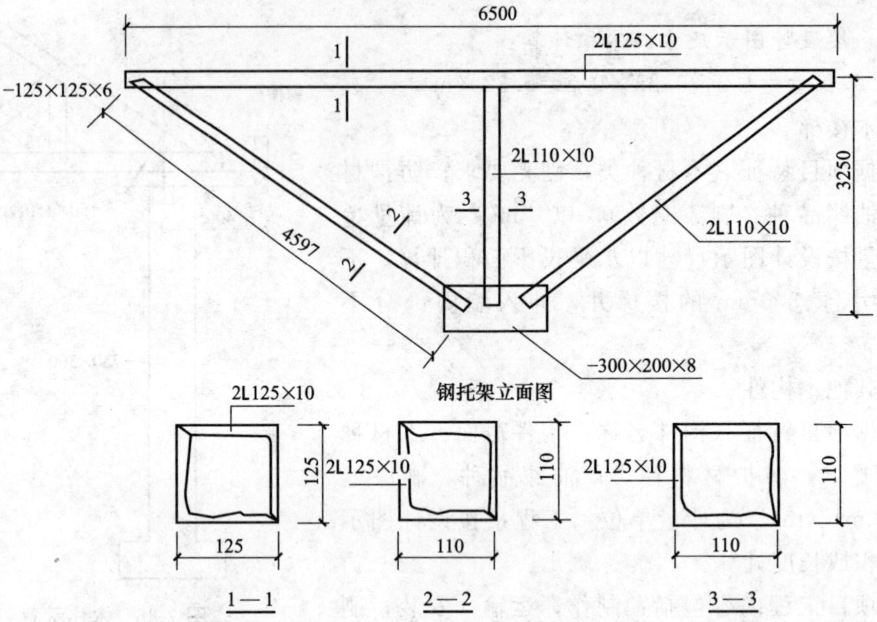

图 3-37 钢托架示意

【解】 按设计图示尺寸以重量计算：

(1) 上弦杆的工程量

查表知：L125×10 的理论重量是 19.133kg/m

$$19.133\times6.5\times2=153.45(\text{kg})\approx0.153\ (\text{t})$$

(2) 斜向支撑杆的工程量

查表知：L110×10 的理论重量是 16.69kg/m

$$16.69\times4.597\times2=153.45(\text{kg})\approx0.153\ (\text{t})$$

(3) 竖向支撑杆的工程量

查表知：L110×8 的理论重量是 13.532kg/m

$$13.532\times3.25\times2=87.96(\text{kg})\approx0.088\ (\text{t})$$

(4) 连接板的工程量

查表知：8mm 厚的钢板理论重量是 62.8kg/m^2

$$62.8\times0.2\times0.3=3.768(\text{kg})\approx0.004\ (\text{t})$$

(5) 塞板的工程量

查表知：6mm 厚的钢板理论重量是 47.1kg/m^2

$$47.1\times0.125\times0.125\times2=1.472(\text{kg})\approx0.001\ (\text{t})$$

钢托架总工程量＝0.249＋0.153＋0.088＋0.004＋0.001＝0.495 (t)

3.6.3 钢柱（编码：010603）

(1) 实腹柱、空腹柱

应根据项目特征（钢材品种、规格；单根柱重量；探伤要求；油漆品种、刷漆遍数），以“t”为计量单位，工程量按设计图示尺寸以重量计算。不扣除孔眼、切边、切肢的重量，焊条、铆钉、螺栓等不另增加重量，不规则或多边形钢板，以其外接矩形面积乘以厚度乘以单位理论重量计算。依附在钢柱上的牛腿及悬臂梁等并入钢柱工程量内。

其中工程内容包括：制作、运输、拼装、安装、探伤、刷油漆。

(2) 钢管柱

应根据项目特征（钢材品种、规格；单根柱重量；探伤要求；油漆种类、刷漆遍数），以“t”为计量单位，工程量按设计图示尺寸以重量计算。

【例 3-38】 如图 3-38 所示的空腹柱，求该柱的工程量。

【解】 按设计图示尺寸以重量计算：

(1) 板①-350×350×8 钢板的工程量：

查表知：8mm 厚钢板的理论重量是 62.8kg/m²

$$62.8\times0.35\times0.35\times2=15.386(kg)\approx0.015\ (t)$$

(2) 板②-200×5 钢板的工程量：

查表知：5mm 厚钢板的理论重量是 39.2kg/m²

$$39.2\times0.2\times(3-0.008\times2)\times2=46.789(kg)\approx0.047\ (t)$$

(3) [23a 的工程量：

查表知：[23a 的理论重量是 27.4kg/m

$$27.4\times(3-0.008\times2)\times2=163.52(kg)\approx0.164\ (t)$$

空腹柱总的工程量＝0.015＋0.047＋0.164＝0.226 (t)

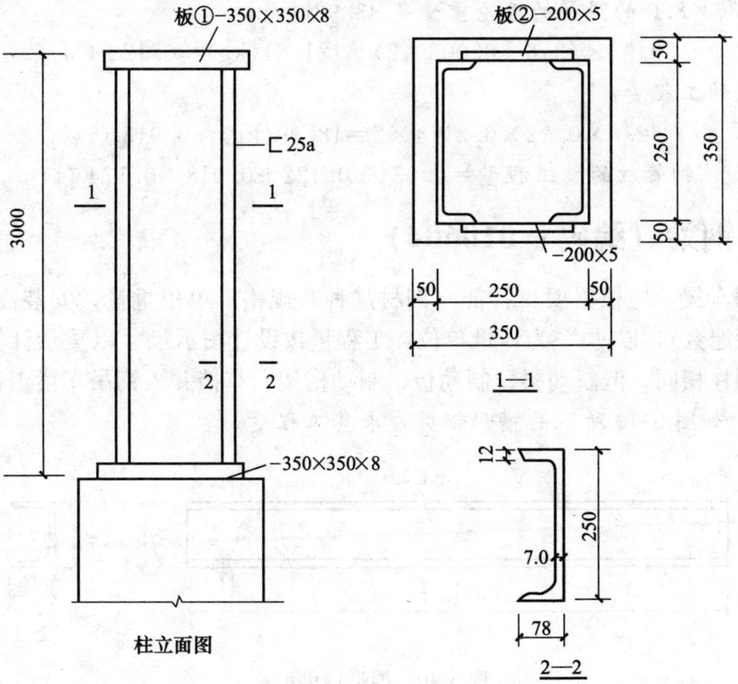

图 3-38　空腹柱示意

【例 3-39】 如图 3-39 所示钢管柱，求该柱的工程量。

【解】 按设计图示尺寸以重量计算：

(1) 上、下底板的工程量：

查表知：8mm 厚钢板的理论重量是 62.8kg/m²

$$62.8\times0.52\times0.52\times2=33.96(kg)\approx0.034\ (t)$$

(2) 180×8.0 的圆柱的工程量：

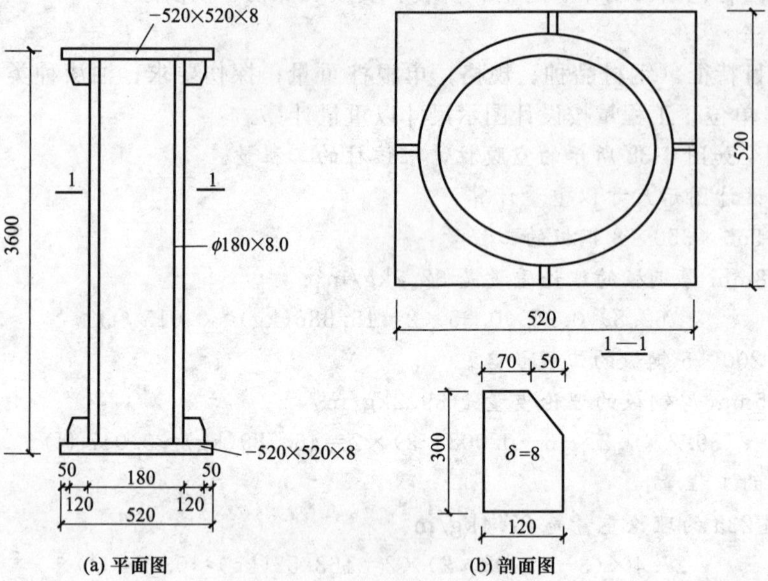

图 3-39 钢管柱示意

查表知：180×8.0 的圆柱的理论重量是 33.93kg/m

$$33.93\times(3.6-0.008\times2)=121.61(\mathrm{kg})\approx0.122\ (\mathrm{t})$$

(3) 支撑板的工程量：

$$62.8\times0.12\times0.3\times4\times2=18.09(\mathrm{kg})\approx0.018\ (\mathrm{t})$$

钢管柱的总工程量 $=0.034+0.122+0.018=0.174\ (\mathrm{t})$

3.6.4 钢梁（编码：010604）

钢梁、网吊车梁，应根据项目特征（钢材品种、规格；单根重量；安装高度；探伤要求；油漆品种、刷漆遍数），以“t”为计量单位，工程量按设计图示尺寸以重量计算。不扣除与不另增加内容与钢柱相同，但制动梁、制动板、制动桁架、车挡并入钢吊车梁工程量内。

【例 3-40】 如图 3-40 所示的槽形钢梁，求其工程量。

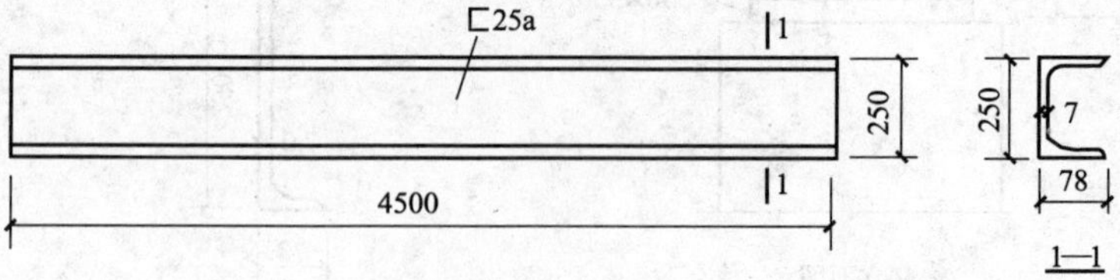

图 3-40 槽形钢梁示意

【解】 按设计图示尺寸以重量计算：

查表知：[25a 的理论重量为 27.4kg/m

槽形钢梁工程量 $=27.4\times4.5=123.3(\mathrm{kg})=0.123\ (\mathrm{t})$

3.6.5 压型钢板楼板、墙板（编码：010605）

(1) 压型钢板楼板

应根据项目特征（钢材品种、规格；压型钢板厚度；油漆品种、刷漆遍数），以“m²”

为计量单位，工程量按设计图示尺寸以铺设水平投影面积计算。不扣除柱、垛及单个 0.3m^2 以内的孔洞所占面积。

其中工程内容包括：制作、运输、安装、刷油漆。

(2) 压型钢板墙板

应根据项目特征（钢材品种、规格；压型钢板厚度、复合板厚度；复合板夹芯材料种类、层数、型号、规格），以"m^2"为计量单位，工程量按设计图示尺寸以铺挂面积计算。不扣除单个 0.3m^2 以内的孔洞所占面积，包角、包边、窗台泛水等不另增加面积。

其中工程内容包括：制作、运输、安装、刷油漆。

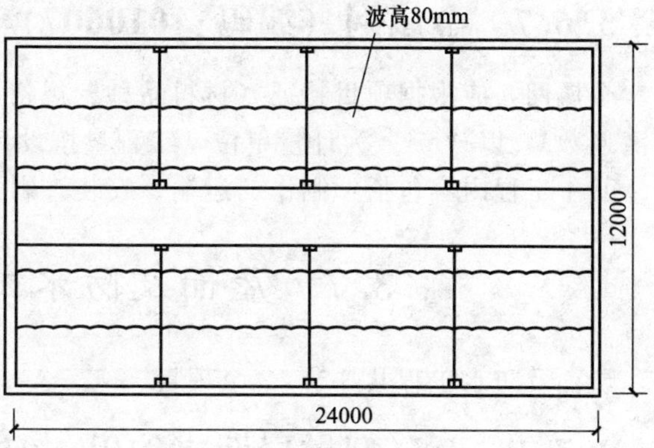

图 3-41 压型钢板楼板示意

【例 3-41】 如图 3-41 所示的压型钢板楼板，求其工程量。

【解】 按设计图示尺寸以铺设水平投影面积计算：

压型钢板楼板工程量＝24×12＝288 (m^2)

3.6.6 钢构件（编码：010606）

(1) 钢支撑

应根据项目特征（钢材品种、规格；单式、复式；支撑高度；探伤要求；油漆品种、刷漆遍数），以"t"为计量单位，工程量按设计图示尺寸以重量计，不扣除孔眼、切边、切肢的重量，焊条、铆钉、螺栓等不另增加重量，不规则或多边形钢板以其外接矩形面积乘以厚度乘以单位理论重量计算。

其中工程内容包括：制作、运输、安装、探伤、刷油漆。

(2) 钢檩条

应根据项目特征（钢材品种、规格；型钢式、格构式；单根重量；安装高度；油漆品种、刷漆遍数），以"t"为计量单位，工程量和工程内容同钢支撑。

(3) 钢天窗架、钢挡风架、钢墙架、钢栏杆

应根据项目特征（钢材品种、规格、单榀重量、安装高度、探伤要求、油漆品种、刷漆遍数），以"t"为计量单位，工程量和工程内容同钢支撑。

(4) 钢平台、钢走道、钢梯

应根据项目特征（钢材品种、规格；油漆品种、刷漆遍数），以"t"为计量单位，工程量和工程内容同钢支撑。

(5) 钢漏斗

应根据项目特征（钢材品种、规格；方形、圆形；安装高度；探伤要求；油漆品种、刷漆遍数），以"t"为计量单位，工程量按设计图示尺寸以重量计算。依附漏斗的型钢并入漏斗工程量内。

(6) 钢支架

应根据项目特征（钢材品种、规格；单件重量；油漆品种、刷漆遍数），以"t"为计量单位，工程量按设计图示尺寸以重量计算。

(7) 零星钢构件

应根据项目特征（钢材品种、规格；构件名称；油漆品种、刷漆遍数），以“t”为计量单位，工程量和工程内容同钢支架。

3.6.7 金属网（编码：010607）

金属网，应根据项目特征（材料品种、规格；边框及立柱型钢品种、规格；油漆品种、刷漆遍数），以“m^2”为计量单位，工程量按设计图示尺寸以面积计算。

其中工程内容包括：制作、运输、安装、刷油漆。

3.7 屋面及防水工程工程量计算

屋面及防水工程共3节12个项目。

3.7.1 瓦、型材屋面（编码：010701）

(1) 瓦屋面

应根据项目特征（瓦品种、规格、品牌、颜色；防水材料种类；基层材料种类；模条种类、截面；防护材料种类）以“m^2”为计量单位，工程量按设计图示尺寸以斜面积计算。不扣除房上烟囱、风帽底座、风道、小气窗、斜沟等所占面积。小气窗的出槽部分不增加面积。

其中工程内容包括：檩条、椽子安装；基层铺设；铺防水层；安顺水条和挂瓦条；安瓦；刷防护材料。

(2) 型材屋面

应根据项目特征（型材品种、规格、品牌、颜色；骨架材料品种、规格；接缝、嵌缝材料种类），以“m^2”为计量单位，工程量按设计图示尺寸以斜面积计算。不扣除与不增加面积同瓦屋面。

其中工程内容包括：骨架制作、运输、安装；屋面型材安装；接缝、嵌缝。

(3) 膜结构屋面

应根据项目特征（膜布品种、规格、颜色；支柱钢材品种、规格；钢丝绳品种、规格；油漆品种、刷漆遍数），以“m^2”为计量单位，工程量按设计图示尺寸以需要覆盖的水平面积计算。

其中工程内容包括：膜布热压胶接；支柱（网架）制作、安装；膜布安装；穿钢丝绳、锚头锚固；刷油漆。

3.7.2 屋面防水（编码：010702）

(1) 屋面卷材防水

根据项目特征（卷材品种、规格；防水层做法；嵌缝材料种类；防护材料种类），以“m^2”为计量单位，工程量按设计图示尺寸以面积计算。

① 斜屋顶（不包括平屋顶找坡），按斜面积计算，平屋顶按水平投影面积计算。

② 不扣除房上烟囱、风帽底座、风道、屋面小气窗和斜沟所占面积。

③ 屋面的女儿墙、伸缩缝和天窗等处的弯起部分并入屋面工程量内。其中工程内容包括：基层处理；抹找平层；刷底油；铺油毡卷材、接缝、嵌缝；铺保护层。

（2）屋面涂膜防水

应根据项目特征（防水膜品种；涂膜厚度、遍数、增强材料种类；嵌缝材料种类；防护材料种类），以“m^2”为计量单位，工程量计算同屋面卷材防水。

其中工程内容包括：基层处理、抹找平层、涂防水膜、铺保护层。

（3）屋面刚性防水

应根据项目特征（防水层厚度、嵌缝材料种类、混凝土强度等级），以“m^2”为计量单位，工程量按设计图示尺寸以面积计算。不扣除房上烟囱、风帽底座、风道等所占面积。

其中工程内容包括：基层处理；混凝土制作、运输、铺筑、养护。

（4）屋面排水管

应根据项目特征（排水管品种、规格、品牌、颜色；接缝、嵌缝材料种类；油漆品种、刷漆遍数），以“m”为计量单位，工程量按设计图示尺寸以长度计算。如设计未标注尺寸，以槽口至设计室外散水上表面垂直距离计算。

其中工程内容包括：排水管及配件安装、固定；雨水斗安装；接缝、嵌缝。

（5）屋面天沟、沿沟

应根据项目特征（材料品种；砂浆配合比；宽度、坡度；接缝、嵌缝材料种类；防护材料种类），以“m^2”为计量单位，工程量按设计图示尺寸以面积计算。铁皮和卷材天沟按展开面积计算。

其中工程内容包括：砂浆制作、运输；砂浆找坡、养护；天沟材料铺设；天沟配件安装；接缝、嵌缝；刷防护材料。

3.7.3　墙、地面防水、防潮（编码：010703）

（1）卷材防水

应根据项目特征（卷材、涂膜品种；涂膜厚度、遍数、增强材料种类；防水部位；防水做法；接缝、嵌缝材料种类；防护材料种类），以“m^2”为计量单位，工程量按设计图示尺寸以面积计算。

① 地面防水：按主墙间净空面积计算，扣除凸出地面的构筑物、设备基础等所占面积，不扣除间壁墙及单个 $0.3m^2$ 以内的柱、垛、烟囱和孔洞所占面积。

② 墙基防水：外墙按中心线，内墙按净长乘以宽度计算，其中工程内容包括：基层处理；抹找平层；刷胶粘剂；铺防水卷材；铺保护层；接缝、嵌缝。

（2）涂膜防水

应根据项目特征（卷材、涂膜品种；涂膜厚度、遍数、增强材料种类；防水部位；防水做法；接缝、嵌缝材料种类；防护材料种类），以“m^2”为计量单位，工程量按设计图示尺寸以面积计算（同卷材防水）。

（3）砂浆防水（潮）

应根据项目特征［防水（潮）部位；防水（潮）厚度、层数；砂浆配合比；外加剂材料种类］，以“m^2”为计量单位，工程量按设计图示尺寸以面积计算（同卷材防水）。

其中工程内容包括：基层处理；挂钢丝网片；设置分格缝；砂浆制作、运输、摊铺、养护。

（4）变形缝

应根据项目特征（变形缝部位、嵌缝材料种类、止水带材料种类），以“m”为计量单位，工程量按设计图示以长度计算。

其中工程内容包括：清缝、填塞防水材料、止水带安装、盖板制作、刷防护材料。

【例 3-42】 求如图 3-42 所示的二毡三油卷材防水地面的工程量。

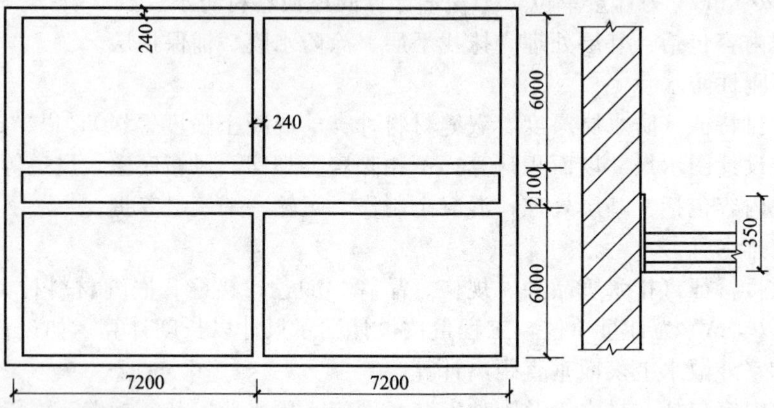

图 3-42 地面防水示意

【解】 按主墙间净空面积计算：

地面防水工程量＝(7.2－0.24)×(6－0.24)×4＋(7.2×2－0.24)×(2.1－0.24)＋0.35×(6－0.24)×8＋0.35×(7.2－0.24)×8＋(7.2×2－0.24)×2×0.35＋(2.1－0.24)×2×0.35＝233.53 (m^2)

3.8 防腐、隔热、保温工程工程量计算

《计价规范》中防腐、隔热、保温工程共 3 节 14 个项目。

3.8.1 防腐面层（编码：010801）

(1) 防腐混凝土面层、防腐砂浆面层

应根据项目特征（防腐部位；面层厚度；砂浆、混凝土、胶泥种类），以“m^2”为计量单位，工程量按设计图示尺寸以面积计算。

① 平面防腐：扣除凸出地面的构筑物、设备基础等所占面积。

② 立面防腐：砖垛等突出部分按展开面积并入墙面积内。其中工程内容包括：基层清理；基层刷稀胶泥；砂浆制作、运输、摊铺、养护；混凝土制作、运输、摊铺、养护。

(2) 防腐胶泥面层

应根据项目特征（防腐部位；面层厚度；砂浆、混凝土、胶泥种类），以“m^2”为计量单位，工程量按设计图示尺寸以面积计算（同防腐混凝土面层）。

其中工程内容包括：基层清理；胶泥调制、摊铺。

(3) 玻璃钢防腐面层

应根据项目特征（防腐部位、玻璃钢种类、贴布层数、面层材料品种），以“m^2”为计量单位，工程量按设计图示尺寸以面积计算（同防腐混凝土面层）。

其中工程内容包括：基层清理；刷底漆、刮腻子；胶浆配制、涂刷；贴布、涂刷面层。

(4) 聚氯乙烯板面层

应根据项目特征（防腐部位、面层材料品种、粘接材料种类），以“m^2”为计量单位，工程量按设计图示尺寸以面积计算。

① 平面防腐：扣除凸出地面的构筑物、设备基础等所占面积。

② 立面防腐，砖垛等突出部分按展开面积并入墙面积内。

③ 踢脚板防腐：扣除门洞所占面积并相应增加门洞侧壁面积。

其中工程内容包括：基层清理；配料、涂胶；聚氯乙烯板铺设；铺贴踢脚板。

（5）块料防腐面层

应根据项目特征（防腐部位；块料品种、规格；粘接材料种类；勾缝材料种类），以“m^2”为计量单位，工程量按设计图示尺寸以面积计算（同聚氯乙烯板面层）。

其中工程内容包括：基层清理；砌块料；胶泥调制、勾缝。

3.8.2　其他防腐（编码：010802）

（1）隔离层

应根据项目特征（隔离层部位；隔离层材料品种；隔离层做法；粘贴材料种类），以“m^2”为计量单位，工程量按设计图示尺寸以面积计算。

① 平面防腐扣除凸出地面的构筑物、设备基础等所占面积。

② 立面防腐砖垛等突出部分按展开面积并入墙面积内。

其中工程内容包括：基层清理、刷油；煮沥青；胶泥调制；隔离层铺设。

（2）砌筑沥青浸渍砖

应根据项目特征［砌筑部位；浸渍砖规格；浸渍砖砌法（平砌、立砌）］，以“m^3”为计量单位，工程量按设计图示尺寸以体积计算。

其中工程内容包括：基层清理、胶泥调制、浸渍砖铺砌。

【例 3-43】　如图 3-43 所示，地面采用的是沥青浸渍砖（240mm×115mm×53mm），计算其工程量。

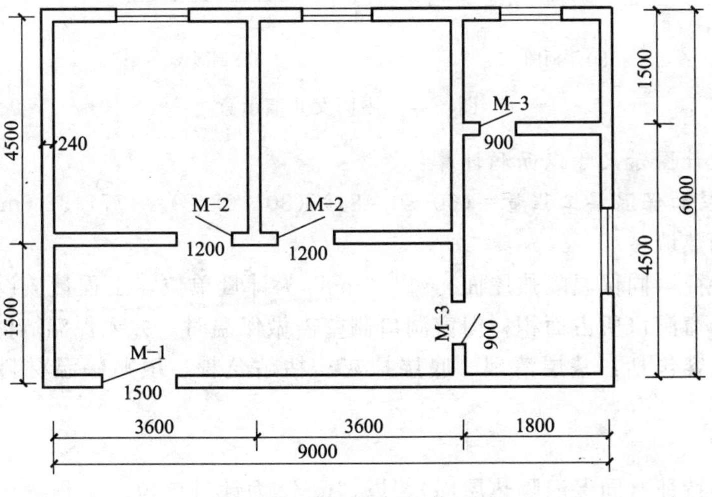

图 3-43　建筑物底层平面图

【解】　按设计图示尺寸以体积计算：

地面沥青浸渍砖的工程量＝［(7.2－0.24)×(1.5－0.24)＋(3.6－0.24)×(4.5－0.24)×2＋(1.8－0.24)×(4.5－0.24)＋(1.8－0.24)×(1.5－0.24)］×0.053＋［0.24×1.2×2＋0.9×0.24×2＋1.5×0.12］×0.053＝2.501（m^3）

（3）防腐涂料

应根据项目特征（涂刷部位；基层材料类型；涂料品种、刷涂遍数），以“m^2”为计量单位，工程量按设计图示尺寸以面积计算（同隔离层）。

其中工程内容包括：基层清理、刷涂料。

3.8.3 隔热、保温（编码：010803）

（1）保温隔热屋面、保温隔热顶棚

应根据项目特征［保温隔热部位；保温隔热方式（内保温、外保温、夹心保温）；踢脚线、勒脚线保温做法；保温隔热面层材料品种、规格、性能；保温隔热材料品种、规格；隔气层厚度；粘接材料种类；防护材料种类］，以“m^2”为计量单位，工程量按设计图示尺寸以面积计算。不扣除柱、垛所占面积。

其中工程内容包括：基层清理、铺粘保温层、刷防护材料。

【例 3-44】 如图 3-44 所示，屋面女儿墙的高度为 1500mm，屋面最薄处为 100mm，根据图示计算屋面保温层工程量。

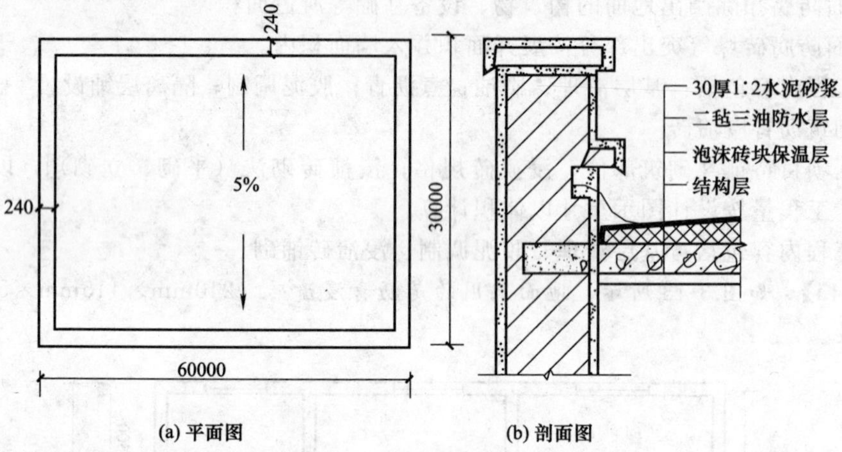

图 3-44 屋面女儿墙示意

【解】 按设计图示尺寸以面积计算：

$$屋面保温层工程量=(60-0.48)\times(30-0.48)=1771.32\ (m^2)$$

（2）保温隔热墙

根据项目特征（同保温隔热屋面），以“m^2”为计量单位，工程量按设计图示尺寸以面积计算。扣除门窗洞口所占面积；门窗洞口侧壁需做保温时，并入保温墙体工程量内。

其中工程内容包括：基层清理、底层抹灰、粘贴龙骨、填贴保温材料、粘贴面层、嵌缝、刷防护材料。

（3）保温柱

应根据项目特征（同保温隔热屋面），以“m^2”为计量单位，工程量按设计图示以保温层中心线展开长度乘以保温层高度计算。

其中工程内容包括：基层清理、底层抹灰、粘贴龙骨、填贴保温材料、粘贴面层、嵌缝、刷防护材料。

（4）隔热楼地面

应根据项目特征（同保温隔热屋面），以“m^2”为计量单位，工程量按设计图示尺寸以面积计算。不扣除柱、垛所占面积。

其中工程内容包括：基层清理、铺设粘贴材料、铺贴保温层、刷防护材料。

3.9　装饰装修工程工程量计算

装饰装修工程工程量清单项目包括楼地面工程、墙柱面工程、天棚工程、门窗工程、油漆涂料裱糊工程、其他工程共6章47节214个项目。

3.9.1　楼地面工程

(1) 整体面层（编码：020101）

整体面层包括水泥砂浆楼地面、现浇水磨石楼地面、细石混凝土楼地面、菱苦土楼地面四个项目。整体面层工程量以"m^2"为计量单位，应根据项目特征（垫层材料种类、厚度；找平层厚度、砂浆配合比或水泥石子浆配合比；防水层厚度、材料种类；面层厚度、砂浆配合比等）按设计图示尺寸以面积计算。应扣除凸出地面构筑物、设备基础、室内铁道、地沟等所占面积，不扣除间壁墙和0.3m^2以内的柱、垛、附墙烟囱及孔洞所占面积。门洞、空圈、暖气包槽、壁龛的开口部分不增加面积。

其中工程内容包括：基层清理、垫层铺设、抹找平层、防水层铺设、抹面层、材料运输。

(2) 块料面层（编码：020102）

块料面层包括石材楼地面、块料楼地面，应根据项目特征（垫层材料种类、厚度；找平层厚度、砂浆配合比；防水层、材料种类；填充材料种类、厚度；结合层厚度、砂浆配合比、面层材料品种、规格、品牌、颜色；嵌缝材料种类；防护层材料种类；酸洗、打蜡要求），以"m^2"为计量单位，工程量按设计图示尺寸以面积计算。应扣除与不增加面积计算同整体面层。

其中工程内容包括：基层清理、铺设垫层、抹找平层；防水层铺设、填充层；面层铺设；嵌缝；刷防护材料；酸洗、打蜡；材料运输。

(3) 橡塑面层（编码：020103）

橡胶板楼地面、橡胶卷材楼地面、塑料板楼地面、塑料卷材楼地面，应根据项目特征（找平层厚度、砂浆配合比；填充材料种类、厚度；粘接层厚度、材料种类），以"m^2"为计量单位，工程量按设计图示尺寸以面积计算。门洞、空圈、暖气包槽、壁龛的开口部分并入相应的工程量内。

其中工程内容包括：基层清理、抹找平层；铺设填充层；面层铺贴；压缝条装钉；材料运输等。

(4) 其他材料面层（编码：020104）

① 楼地面地毯，应根据项目特征（找平层厚度、砂浆配合比；填充材料种类、厚度；面层材料品种、规格、品牌、颜色；防护材料种类；粘接材料种类；压线条种类），以"m^2"为计量单位，工程量按设计图示尺寸以面积计算。门洞、空圈、暖气包槽、壁龛的开口部分并入相应的工程量内。

其中工程内容包括：基层清理、抹找平层；铺设填充层；铺贴面层；刷防护材料；装钉压条；材料运输。

② 竹木地板，应根据项目特征（找平层厚度、砂浆配合比；龙骨材料种类、规格、铺设间距；基层材料种类、规格；面层材料品种、规格、品牌、颜色；粘接材料种类；防护材

料种类；油漆品种、刷漆遍数)，以“m^2”为计量单位，工程量按设计图示尺寸以面积计算(同楼地面地毯)。

其中工程内容包括：基层清理、抹找平层；铺设填充层；龙骨铺设；铺设基层；面层铺贴；刷防护材料；材料运输。

③ 防静电活动地板，应根据项目特征（找中层厚度、砂浆配合比；支架高度、材料种类；面层材料品种、规格、品牌、颜色；防护材料种类)，以“m^2”为计量单位，工程量按设计图示尺寸以面积计算（同楼地面地毯)。

其中工程内容包括：清理基层、抹找平层：铺设填充层；固定支架安装；活动面层安装；刷防护材料；材料运输。

④ 金属复合地板，应根据项目特征（找平层厚度、砂浆配合比；龙骨材料种类、规格、铺设间距；基层材料种类、规格；面层材料品种、规格、品牌；防护材料种类)，以“m^2”为计量单位，工程量按设计图示尺寸以面积计算（同楼地面地毯)。

其中工程内容包括：清理基层、抹找平层；铺设填充层；龙骨铺设；基层铺设；面层铺贴；刷防护材料；材料运输。

(5) 踢脚线（编码：020105)

① 水泥砂浆踢脚线，应根据项目特征（踢脚线高度；底层厚度、砂浆配合比；面层厚度、砂浆配合比)，以“m^2”为计量单位。

工程内容包括：基层清理；底层抹灰；面层铺贴；勾缝；磨光、酸洗、打蜡；刷防护材料；材料运输。

② 石材踢脚线、块料踢脚线，应根据项目特征（踢脚线高度；底层厚度、砂浆配合比；粘贴层厚度、材料种类；面层材料品种、规格、品牌、颜色；勾缝材料种类；防护材料种类)，以“m^2”为计量单位。

工程内容包括：基层清理；底层抹灰；面层铺贴；勾缝；磨光、酸洗、打蜡；刷防护材料；材料运输。

③ 现浇水磨石踢脚线，应根据项目特征（踢脚线高度；底层厚度、砂浆配合比；面层厚度、水泥石子浆配合比；石子种类、规格、颜色；颜料种类、颜色；磨光、酸洗、打蜡要求)，以“m^2”为计量单位。

工程内容包括：基层清理；底层抹灰；面层铺贴；勾缝；磨光、酸洗、打蜡；刷防护材料；材料运输。

④ 塑料板踢脚线，应根据项目特征（踢脚线高度；底层厚度、砂浆配合比；粘接层厚度、材料种类；面层材料种类、规格、品牌、颜色)，以“m^2”为计量单位。

工程内容包括：基层清理；底层抹灰；面层铺贴；勾缝；磨光、酸洗、打蜡；刷防护材料；材料运输。

⑤ 木质踢脚线、金属踢脚线、防静电踢脚线，应根据项目特征（踢脚线高度；底层厚度、砂浆配合比；基层材料种类、规格；面层材料品种、规格、品牌、颜色；防护材料种类；油漆品种、刷漆遍数)，以“m^2”为计量单位。

工程内容包括：基层清理；底层抹灰；基层铺贴；面层铺贴；刷防护材料；刷油漆；材料运输。

各种踢脚线的工程量均按设计图示长度乘以高度以面积计算。

(6) 楼梯装饰（编码：020106)

包括石材楼梯面层、块料楼梯面层、水泥砂浆楼梯面、现浇水磨石楼梯面、地毯楼梯面、木板楼梯面。应根据项目特征（找平层厚度、砂浆配合比；粘接层厚度、材料种类；面层材料品种、规格、品牌、颜色；防滑条材料种类、规格；勾缝材料种类；防护层材料种类；酸洗、打蜡要求等），以“m^2”为计量单位，工程量按设计图示尺寸以楼梯（包括踏步、休息平台及500mm以内的楼梯井）水平投影面积计算。楼梯与楼地面相连时，算至梯口梁内侧边沿；无梯口梁者，算至最上一层踏步边沿加300mm。

其中工程内容包括：基层清理；抹找平层；基层铺贴；面层铺贴；贴嵌防滑条；勾缝；刷防护材料；酸洗、打蜡；材料运输等。

（7）扶手、栏杆、栏板装饰（编码：020107）

包括金属扶手带栏杆、栏板；金属靠墙扶手、硬木靠墙扶手、塑料靠墙扶手；硬木扶手带栏杆、栏板；塑料扶手带栏杆、栏板。应根据项目特征（扶手材料种类、规格、品牌、颜色；栏杆材料种类、规格、品牌、颜色；栏板材料种类、规格、品牌，颜色；固定配件种类；防护材料种类；油漆品种、刷漆遍数），以“m”为计量单位，工程量按设计图示尺寸以扶手中心线长度（包括弯头长度）计算。

其中工程内容包括：制作、运输、安装、刷防护材料、刷油漆。

（8）台阶装饰（编码：020108）

包括石材台阶面、块料台阶面、水泥砂浆台阶面、现浇水磨石台阶面、剁假石台阶面。应根据项目特征（垫层材料种类、厚度；找平层厚度、砂浆配合比；粘接层材料种类；面层材料品种、规格、品牌、颜色；勾缝材料种类；防滑条材料种类、规格），以“m^2”为计量单位，工程量按设计图示尺寸以台阶（包括最上层踏步边沿加300mm）水平投影面积计算。

其中工程内容包括：基层清理；铺设垫层；抹找平层；面层铺贴；贴嵌防滑条；勾缝；刷防护材料；材料运输。

（9）零星装饰项目（编码：020109）

① 石材零星项目、碎拼石材零星项目、块料零星项目，应根据项目特征（工程部位；找平层厚度、砂浆配合比；贴结合层厚度、材料种类；面层材料品种、规格、品牌、颜色；勾缝材料种类；防护材料种类；酸洗、打蜡要求），以“m^2”为计量单位，工程量按设计图示尺寸以面积计算。

其中工程内容包括：清理基层；抹找平层；面层铺贴；勾缝；刷防护材料；酸洗、打蜡；材料运输。

② 水泥砂浆零星项目，应根据项目特征（工程部位；找平层厚度、砂浆配合比；面层厚度、砂浆厚度），以“m^2”为计量单位，工程量按设计图示尺寸以面积计算。

其中工程内容包括：清理基层、抹找平层、抹面层、材料运输。

3.9.2　墙、柱面工程

墙、柱面工程清单项目共10节25个项目。

（1）墙面抹灰（编码：020201）

① 墙面一般抹灰、墙面装饰抹灰，应根据项目特征（墙体类型；底层厚度、砂浆配合比；面层厚度、砂浆配合比；装饰面材料种类；分格缝宽度、材料种类），以“m^2”为计量单位，工程量按设计图示尺寸以面积计算。扣除墙裙、门窗洞口及单个0.3m^2以外的孔洞面积。不扣除踢脚线、挂镜线和墙与构件交接处的面积，门窗洞口和孔洞的侧壁及顶面不增加面积。附墙柱、梁、垛、烟囱侧壁并入相应的墙面面积内。

a. 外墙抹灰面积按外墙垂直投影面积计算。

b. 外墙裙抹灰面积按其长度乘以高度计算。

c. 内墙抹灰面积按主墙间的净长乘以高度计算。ⅰ. 无墙裙的，高度按室内楼地面至顶棚底面计算。ⅱ. 有墙裙的，高度按墙裙顶至顶棚底面计算。ⅲ. 内墙裙抹灰面按内墙净长乘以高度计算。

其中工程内容包括：基层清理；砂浆制作、运输；底层抹灰；抹面层；抹装饰面；勾分格缝。

② 墙面勾缝，应根据项目特征（墙体类型、勾缝类型、勾缝材料种类），以"m^2"为计量单位，工程量按设计图示尺寸以面积计算（同墙面一般抹灰）。

其中工程内容包括：基层清理；砂浆制作、运输；勾缝。

（2）柱面抹灰（编码：020202）

① 柱面一般抹灰、柱面装饰抹灰，应根据项目特征（柱体类型；底层厚度、砂浆配合比；面层厚度、砂浆配合比；装饰面材料种类；分格缝宽度、材料种类），以"m^2"为计量单位，工程量按设计图示柱断面周长乘以高度以面积计算。

其中工程内容包括：基层清理；砂浆制作、运输；底层抹灰；抹面层；抹装饰面；勾分格缝。

② 柱面勾缝，应根据项目特征（墙体类型、勾缝类型、勾缝材料种类），以"m^2"为计量单位，工程量按设计图示柱断面周长乘以高度以面积计算。

其中工程内容包括：基层清理；砂浆制作、运输；勾缝。

（3）零星抹灰（编码：020203）

零星项目一般抹灰、零星项目装饰抹灰，应根据项目特征（墙体类型；底层厚度、砂浆配合比；面层厚度、砂浆配合比；装饰面材料种类；分格缝宽度、材料种类），以"m^2"为计量单位，工程量按设计图示尺寸以面积计算。

其中工程内容包括：基层清理；砂浆制作、运输；底层抹灰；抹面层；抹装饰面；勾分格缝。

（4）墙面镶贴块料（编码：020204）

① 石材墙面、碎拼石材墙面、块料墙面、干挂石材，应根据项目特征（墙体类型；底层厚度、砂浆配合比；粘接层厚度、材料种类；挂贴方式；干挂方式（膨胀螺栓、钢龙骨）；面层材料品种、规格、品牌、颜色；缝宽、嵌缝材料种类；防护材料种类：磨光、酸洗、打蜡要求），以"m^2"为计量单位，工程量按设计图示尺寸以面积计算。

其中工程内容包括：基层清理；砂浆制作、运输；底层抹灰；结合层铺贴；面层铺贴；面层挂贴；面层干挂；嵌缝；刷防护材料；磨光、酸洗、打蜡。

② 钢骨架，应根据项目特征（骨架种类、规格；油漆品种、刷油遍数），以"t"为计量单位，工程量按设计图示尺寸以质量计算。

其中工程内容包括：骨架制作、运输、安装；骨架油漆。

（5）柱面镶贴块料（编码：020205）

① 石材柱面、拼碎石材柱面、块料柱面，应根据项目特征（柱体材料；柱截面类型、尺寸；底层厚度、砂浆配合比；粘接层厚度、材料种类；挂贴方式；干贴方式；面层材料品种、规格、品牌、颜色；缝宽、嵌缝材料种类；防护材料种类；磨光、酸洗、打蜡要求），以"m^2"为计量单位，工程量按设计图示尺寸以面积计算。

其中工程内容包括：基层清理；砂浆制作、运输；底层抹灰；结合层铺贴；面层铺贴；面层挂贴；面层干挂；嵌缝；刷防护材料；磨光、酸洗、打蜡。

② 石材梁面、块料梁面，应根据项目特征（底层厚度、砂浆配合比；粘接层厚度、材料种类；面层材料品种、规格、品牌、颜色；缝宽、嵌缝材料种类；防护材料种类；磨光、酸洗、打蜡要求），以“m^2”为计量单位，工程量按设计图示尺寸以面积计算。

其中工程内容同石材柱面。

(6) 零星镶贴块料（编码：020206）

石材零星项目、拼碎石材零星项目、块料零星项目，应根据项目特征，以“m^2”为计量单位，工程量按设计图示尺寸以面积计算。

其中工程内容同石材柱面。

(7) 墙饰面（编码：020207）

装饰板墙面，应根据项目特征（墙体类型；底层厚度、砂浆配合比；龙骨材料种类、规格、中距；隔离层材料种类、规格；基层材料种类、规格；面层材料品种、规格、品牌、颜色；压条材料种类、规格；防护材料种类；油漆品种、刷漆遍数），以“m^2”为计量单位，工程量按设计图示墙净长乘以净高以面积计算。扣除门窗洞口及单个 0.3m^2 以外的孔洞所占面积。

其中工程内容包括：基层清理；砂浆制作、运输；底层抹灰；龙骨制作、运输、安装；钉隔离层；基层铺钉；面层铺贴；刷防护材料、油漆。

(8) 柱（梁）饰面（编码：020208）

柱（梁）面装饰，应根据项目特征，以“m^2”为计量单位，工程量按设计图示饰面外围尺寸以面积计算。柱帽、柱墩并入相应柱饰面工程量内。

其中工程内容同墙饰面。

(9) 隔断（编码：020209）

隔断，应根据项目特征（骨架、边框材料种类、规格；隔板材料品种、规格、品牌、颜色；嵌缝、塞口材料品种；压条材料种类；防护材料种类；油漆品种、刷漆遍数），以“m^2”为计量单位，工程量按设计图示框外围尺寸以面积计算。扣除单个 0.3m^2 以上的孔洞所占面积；浴厕门的材质与隔断相同时，门的面积并入隔断面积内。

其中工程内容包括：骨架及边框制作、运输、安装；隔板制作、运输、安装；嵌缝、塞口；装钉压条；刷防护材料、油漆。

(10) 幕墙（编码：0202010）

① 带骨架幕墙，应根据项目特征（骨架材料种类、规格、中距；面层材料品种、规格、品种、颜色；面层固定方式；嵌缝、塞口材料种类），以“m^2”为计量单位，工程量按设计图示框外围尺寸以面积计算。与幕墙同种材质的窗所占面积不扣除。

其中工程内容包括：骨架制作、运输、安装；面层安装；嵌缝、塞口；清洗。

② 全玻幕墙，应根据项目特征（玻璃品种、规格、品牌、颜色；粘接塞口材料种类；固定方式），以“m^2”为计量单位，工程量按设计图示尺寸以面积计算。带肋全玻幕墙按展开面积计算。

其中工程内容包括：幕墙安装；嵌缝、塞口；清洗。

3.9.3　顶棚工程

顶棚工程共 3 节 9 个项目，包括顶棚抹灰、顶棚吊顶、顶棚其他装饰。

(1) 顶棚抹灰（编码：020301）

顶棚抹灰，应根据项目特征（基层类型；抹灰厚度、材料种类；装饰线条道数；砂浆配合比)，以“m^2”为计量单位，工程量按设计图示尺寸以水平投影面积计算。不扣除间壁墙、垛、柱、附墙烟囱、检查口和管道所占的面积，带梁顶棚、梁两侧抹灰面积并入顶棚面积内，板式楼梯底面抹灰按斜面积计算，锯齿形楼梯底板抹灰按展开面积计算。

其中工程内容包括：基层清理、底层抹灰、抹面层、抹装饰线条。

(2) 顶棚吊顶（编码：020302)

① 顶棚吊顶，应根据项目特征（吊顶形式；龙骨类型、材料种类、规格、中距；基层材料种类、规格；面层材料品种、规格、品牌、颜色；压条材料种类、规格；嵌缝材料种类；防护材料种类；油漆品种、刷漆遍数)，以“m^2”为计量单位，工程量按设计图示尺寸以水平投影面积计算。顶棚面中的灯槽及跌级、锯齿形、吊挂式、藻井式顶棚面积不展开计算。不扣除间壁墙、检查口、附墙烟囱、柱垛和管道所占面积，扣除单个 $0.3m^2$ 以外的孔洞、独立柱及与顶棚相连的窗帘盒所占的面积。

其中工程内容包括：基层清理；龙骨安装；基层板铺贴；面层铺贴；嵌缝；刷防护材料、油漆。

② 格栅吊顶、吊筒吊顶、藤条造型悬挂吊顶、织物软雕吊顶、网架（装饰）吊顶等均应根据项目特征，以“m^2”为计量单位，工程量按设计图示尺寸以水平投影面积计算。

(3) 顶棚其他装饰（编码：020303)

① 灯带，应根据项目特征（灯带形式、尺寸；格栅片材料品种、规格、品牌、颜色；安装固定方式)，以“m^2”为计量单位，工程量按设计图示尺寸以框外围面积计算。

其中工程内容包括：安装、固定。

② 送风口、回风口，应根据项目特征（风口材料品种、规格、品牌、颜色、安装固定方式)，以个为计量单位，工程量按设计图示数量计算。

其中工程内容包括：安装、固定；刷防护材料。

3.9.4 门窗工程

门窗工程共分 9 节 57 个清单项目。

(1) 木门（编码：020401)

① 镶板木门、企口木板门、实木装饰门、胶合板门、夹板装饰门、木质防火门、木纱门，应根据项目特征（门类型；框截面尺寸、单扇面积；骨架材料种类；门纱材料品种、规格；面层材料品种、规格、品牌、颜色；玻璃品种、厚度、五金材料、品种、规格；防护层材料种类；油漆品种、刷漆遍数)，以“樘”为计量单位，工程量按设计图示数量计算。

其中工程内容包括：门制作、运输、安装；五金、玻璃安装；刷防护材料、油漆。

② 连窗门，应根据项目特征（门窗类型；框截面尺寸、单扇面积；骨架材料种类；面层材料品种、规格、品牌、颜色；玻璃品种、厚度、五金材料、品种、规格；防护材料种类；油漆品种、刷漆遍数)，以“樘”为计量单位，工程量按设计图示数量计算。

其中工程内容包括：门制作、运输、安装；五金、玻璃安装；刷防护材料、油漆。

(2) 金属门（编码：020402)

金属平开门、金属推拉门、金属地弹门、彩板门、塑钢门、防盗门、钢质防火门，应根据项目特征（门类型；框材质、外围尺寸；扇材质、外围尺寸；玻璃品种、厚度、五金材料、品种、规格；防护材料种类；油漆品种、刷漆遍数)，以“樘”为计量单位，工程量按设计图示数量计算。

其中工程内容包括：门制作、运输、安装；五金、玻璃安装；刷防护材料、油漆。

(3) 金属卷帘门（编码：020403）

金属卷闸门、金属格栅门、防火卷帘门，应根据项目特征（门材质、框外围尺寸；启动装置品种、规格、品牌；五金材料、品种、规格；刷防护材料种类；油漆品种、刷漆遍数），以“樘”为计量单位，工程量按设计图示数量计算。

其中工程内容包括：门制作、运输、安装；启动装置、五金安装；刷防护材料、油漆。

(4) 其他门（编码：020404）

① 电子感应门、转门、电子对讲门、电动伸缩门，应根据项目特征（门材质、品牌、外围尺寸；玻璃品种、厚度、五金材料、品种、规格；电子配件品种、规格、品牌；防护材料种类；油漆品种、刷漆遍数），以“樘”为计量单位，工程量按设计图示数量计算。

② 全玻门（带扇框）、全玻自由门（无扇框）、半玻门（带扇框），应根据项目特征（门类型；框材质、外围尺寸；扇材质、外围尺寸；玻璃品种、厚度、五金材料、品种、规格；防护材料种类；油漆品种、刷漆遍数），以“樘”为计量单位，工程量按设计图示数量计算。

其中工程内容包括：门制作、运输、安装；五金、电子配件安装；刷防护材料、油漆。

③ 镜面不锈钢饰面门，应根据项目特征（门类型；框材质、外围尺寸；扇材质、外围尺寸；玻璃品种、厚度、五金材料、品种、规格；防护材料种类；油漆品种、刷漆遍数），以“樘”为计量单位，工程量按设计图示数量计算。

其中工程内容包括：门扇骨架及基层制作、运输、安装；包面层；五金安装；刷防护材料。

(5) 木窗（编码：020405）

木质平开窗、木质推拉窗、矩形木百叶窗、异形木百叶窗、木组合窗、木天窗、矩形木固定窗、异形木固定窗、装饰空花木窗，应根据项目特征（窗类型；框材质、外围尺寸；扇材质、外围尺寸；玻璃品种、厚度、五金材料、品种、规格；防护材料种类；油漆品种、刷漆遍数），以“樘”为计量单位，工程量按设计图示数量计算。

其中工程内容包括：窗制作、运输、安装；五金、玻璃安装；刷防护材料、油漆。

(6) 金属窗（编码：020406）

① 金属推拉窗、金属平开窗、金属固定窗、金属百叶窗、金属组合窗、彩板窗、塑钢窗、金属防盗窗、金属格栅窗，应根据项目特征（窗类型；框材质、外围尺寸；扇材质、外围尺寸；玻璃品种、厚度、五金材料、品种、规格；防护材料种类；油漆品种、刷漆遍数），以“樘”为计量单位，工程量按设计图示数量计算。其中工程内容包括：窗制作、运输、安装；五金、玻璃安装；刷防护材料、油漆。

② 特殊五金，应根据项目特征（五金名称、用途；五金材料、品种、规格），以“个/套”为计量单位。工程量按设计图示数量计算。

其中工程内容包括：五金安装；刷防护材料、油漆。

(7) 门窗套（编码：020407）

木门窗套、金属门窗套、石材门窗套、门窗木贴脸、硬木筒子板、饰面夹板筒子板，应根据项目特征（底层厚度、砂浆配合比；立筋材料种类、规格；基层材料种类；面层材料品种、规格、品种、品牌、颜色；防护材料种类；油漆品种、刷油遍数），以“m^2”为计量单位，工程量按设计图示尺寸以展开面积计算。

其中工程内容包括：清理基层；底层抹灰；立筋制作、安装；基层板安装；面层铺贴；刷防护材料、油漆。

(8) 窗帘盒、窗帘轨（编码：020408）

木窗帘盒、饰面夹板、塑料窗帘盒、铝合金属窗帘盒、窗帘轨，应根据项目特征（窗帘盒材质、规格、颜色；窗帘轨材质、规格；防护材料种类；油漆种类、刷漆遍数），以“m”为计量单位，工程量按设计图示尺寸以长度计算。

其中工程内容包括：制作、运输、安装；刷防护材料、油漆。

（9）窗台板（编码：020409）

木窗台板、铝塑窗台板、石材窗台板、金属窗台板，应根据项目特征（找平层厚度、砂浆配合比、窗台板材质、规格、颜色；防护材料种类；油漆种类、刷漆遍数），以“m”为计量单位，工程量按设计图示尺寸以长度计算。

其中工程内容包括：基层清理；抹找平层；窗台板制作、安装；刷防护材料、油漆。

3.9.5 油漆、涂料、裱糊工程

油漆、涂料、裱糊工程共9节29个项目。

（1）门油漆（编码：020501）

门油漆，应根据项目特征（门类型；腻子种类；刮腻子要求；防护材料种类；油漆品种、刷漆遍数），以“樘”为计量单位，工程量按设计图示数量计算。

（2）窗油漆（编码：020502）

窗油漆，应根据项目特征（窗类型；腻子种类；刮腻子要求；防护材料种类；油漆品种、刷漆遍数），以“樘”为计量单位，工程量按设计图示数量计算。

（3）木扶手及其他板条线条油漆（编码：020503）

木扶手油漆、窗帘盒油漆、封槽板、顺水板油漆、挂衣板、黑板框油漆、挂镜线、窗帘棍、单独木线油漆，应根据项目特征，以“m”为计量单位，工程量按设计图示尺寸以长度计算。

（4）木材面油漆（编码：020504）

① 木板、纤维板、胶合板油漆；木护墙、木墙裙油漆；窗台板、筒子板、盖板、门窗套、踢脚线油漆；清水板条顶棚、檐口油漆、吸声板墙面顶棚面油漆、暖气罩油漆；木方格吊顶顶棚油漆。应根据项目特征（腻子种类；刮腻子要求；防护材料种类；油漆品种、刷漆遍数），以“m^2”为计量单位，工程量按设计图示尺寸以面积计算。

② 木间壁、木隔断油漆；玻璃间壁露明墙筋油漆；木栅栏、木栏杆（带扶手）油漆，应根据项目特征（腻子种类：刮腻子要求：防护材料种类；油漆品种、刷漆遍数）。以“m^2”为计量单位。工程量按设计图示尺寸以单面外围面积计算。

③ 衣柜、壁柜油漆；梁柱饰面油漆；零星木装修油漆，应根据项目特征，以“m^2”为计量单位，工程量按设计图示尺寸油漆部分展开面积计算。

④ 木地板油漆，应根据项目特征，以“m^2”为计量单位，工程量按设计图示尺寸以面积计算。空洞、空圈、暖气包槽、壁龛的开口部分并入相应的工程量内。

上述木材面油漆的工程内容包括：基层清理；刮腻子；刷防护材料、油漆。

⑤ 木地板烫硬蜡面，应根据项目特征（硬蜡品种；面层处理要求），以“m^2”为计量单位，工程量按设计图示尺寸以面积计算。空洞、空圈、暖气包槽、壁龛的开口部分并入相应的工程量内。

其中工程内容包括：基层清理、烫蜡。

（5）金属面油漆（编码：020505）

金属面油漆，应根据项目特征（腻子种类；刮腻子要求；防护材料种类；油漆品种、刷

漆遍数)，以“t”为计量单位，工程量按设计图示尺寸以质量计算。

其中工程内容包括：基层清理；刮腻子；刷防护材料、油漆。

(6) 抹灰面油漆（编码：020506）

① 抹灰面油漆，应根据项目特征（基层类型；线条宽度、道数；腻子种类；刮腻子要求；防护材料种类；油漆品种、刷漆遍数)，以“m^2”为计量单位，工程量按设计图示尺寸以面积计算。

② 抹灰线条油漆，应根据项目特征（基层类型；线条宽度、道数；腻子种类；刮腻子要求；防护材料种类；油漆品种、刷漆遍数)，以“m”为计量单位，工程量按设计图示尺寸以长度计算。

工程内容均包括：基层清理；刮腻子；刷防护材料、油漆。

(7) 喷塑、涂料（编码：020507）

刷喷涂料，应根据项目特征（基层类型；腻子种类；刮腻子要求；涂料品种、刷喷遍数)，以“m^2”为计量单位，工程量按设计图示尺寸以面积计算。

其中工程内容包括：基层清理；刮腻子；刷、喷涂料。

(8) 花饰、线条刷涂料（编码：020508）

① 空花格、栏杆刷涂料，应根据项目特征（腻子种类；线条宽度；刮腻子要求；涂料品种、刷喷遍数)，以“m^2”为计量单位，工程量按设计图示尺寸以单面外围面积计算。

其中工程内容包括：基层清理；刮腻子；刷、喷涂料。

② 线条刷涂料，应根据项目特征（腻子种类；线条宽度；刮腻子要求；涂料品种、刷喷遍数)，以“m”为计量单位，工程量按设计图示尺寸以长度计算。

其中工程内容包括：基层清理；刮腻子；刷、喷涂料。

(9) 裱糊（编码：020509）

墙纸裱糊、织锦缎裱糊，应根据项目特征（基层类型；裱糊构件部位；腻子种类；刮腻子要求；粘接材料种类；防护材料种类；面层材料品种、规格、品牌、颜色）以“m^2”为计量单位，工程量按设计图示尺寸以面积计算。

其中工程内容包括：基层清理刮腻子；面层铺贴；刷防护材料。

本章练习

一、名词解释

1. 工程量清单
2. 工程量清单计价

二、简答题

1. 工程量清单的内容包括哪些方面？
2. 如何编制分部分项工程量清单？
3. 措施项目清单包括哪些内容？
4. 其他项目清单包括哪些内容？
5. 什么是综合单价？如何确定？
6. 工程量清单格式的组成内容有哪些？

三、选择题

1. 某六层砖混结构住宅楼，每层结构外围水平面积 $800m^2$，每层封闭阳台的水平投影面积 $20m^2$，底层阳台为落地阳台，雨篷共计 3 个，雨篷长 2.84m，挑出宽度为 1.5m，屋面有维护结构水箱间面积 $25m^2$。该工程的建筑面积为（　　）m^2，该工程平整场地工程量清单项目工程量为（　　）m^2。

A. 4866.39，832.78　　B. 4885.00，820.00

C. 4932.78，812.78　　D. 4945.00，800.00

2. 某工程独立基础共 10 个，基础底面积 1500mm×1500mm，基础垫层每边宽出基础 100mm，室外地坪标高为－0.3m，基础垫层底标高为－2.1m，则工程量清单项目挖基础土方工程量是（　　）m^3。

A. 47.25　　B. 52.02　　C. 40.50　　D. 53.76

3. 某工程钻孔灌注桩共 100 根，设计桩长 11.5m，桩直径为 500mm，则工程量清单项目钻孔灌注桩和预算定额项目钻孔灌注桩工程量各是（　　）。

A. 100 根，$225.80m^3$　　B. 1175.00m，$230.71m^3$

C. 100 根，$230.71m^3$　　D. 1150.00m，$235.62m^3$

4. 在建筑工程清单工程量计算中，厂库房大门工程量的计量单位是（　　）。

A. m^2　　B. 樘　　C. 品　　D. 套

5. 挖基础土方（010101003）清单项目工程内容不包括（　　）。

A. 挖沟槽　　B. 人工挖孔桩挖土　　C. 挖淤泥、流砂　　D. 土方运输

6. 预制钢筋混凝土桩（010201001）清单项目工程内容不包括（　　）。

A. 桩制作　　B. 打桩　　C. 送桩　　D. 接桩

7. 框架柱的柱高应自柱基上表面算至（　　）之间的高度计算。

A. 板下表面　　B. 楼板上表面　　C. 梁底面　　D. 柱顶

8. 梁与柱相连时，梁长算至（　　）。

A. 柱的侧面　　B. 轴线　　C. 柱中心线　　D. 柱外缘线

9. 与墙相连的薄壁柱按（　　）项目编码列项。

A. 矩形柱　　B. 异形柱　　C. 墙　　D. 板

10. 不规则多边形钢板面积按其（　　）计算。

A. 实际面积　　B. 外接矩形　　C. 外接圆形　　D. 内接矩形

11. 楼梯与楼地面相连时，无梯口梁者算至最上一层踏步边沿加（　　）mm。

A. 100　　B. 200　　C. 300　　D. 500

12. 天棚吊顶清单工程量应扣除（　　）所占面积。

A. 独立柱　　B. 附墙柱　　C. 检查口　　D. 间壁墙

13. 门窗油漆清单项目的计量单位是（　　）。

A. m^2　　B. m　　C. 樘　　D. A 及 C

四、综合实训

某建筑物为一栋四层框混结构房屋。利用深基础架空层作设备层，层高 2.2m，外围水平面积 $456.20m^2$，第一层框架结构，层高 6.0m，外墙厚 240m，外墙轴线尺寸为 15m×15m；第 1 层到第 4 层外围面积均为 $448.00m^2$，除第 1 层外，其他各层层高 3.0m，2～4 层共有阳台 6 个，每个阳台的水平投影面积为 $5.4m^2$，第 1 层设有带柱的雨篷，其顶盖水平投影面积为 $40.5m^2$。

1. 试计算该建筑物的建筑面积。

2. 简述内外墙工程量计算规则，并列出计算公式。

4 工程量清单编制

知识目标

掌握工程工程量清单的概念、工程量清单组成、工程量清单的格式及清单工程量的计算规则。

能力目标

能正确确定工程量清单项目名称、准确描述项目特征，正确计算清单工程数量，编制完整的工程量清单。

4.1 工程量清单概述

4.1.1 工程量清单的编制内容

工程量清单是完成建设工程需要实施的各个分项及其工程数量的明细清单，它是将设计图纸和业主对项目的建设要求以及要求承建人完成的工作转换成许多条明细分项和数量的表单格式，每条分项描述叫一个清单项目或清单分项，它也反映了承包人完成建设项目需要实施的具体的分项目标。

工程量清单是投标人填报分项工程单价，对工程进行计价的依据。招标人提供的工程量清单为投标人提供了一个平等的竞争性报价的基础。

按照工程量清单的编制步骤和程序，当一个单位工程的分部分项工程量计算完毕并经审核和汇总后，下一步工作就是编写工程量清单。

工程量清单是表现拟建工程的分部分项工程项目、措施项目、其他项目名称和相应数量的明细清单。工程量清单最基本的功能是作为信息的载体，以便使投标人能对工程有全面而充分的了解，因此其内容应全面、准确、无误。

工程量清单由有编制招标文件能力的招标人或受其委托具有相应资质的工程造价咨询机构、招标代理机构依据《建设工程工程量清单计价规范》（GB 50500—2008）（以下可简称《计价规范》）；国家或省级、行业建设主管部门颁发的计价依据和办法；建设工程设计文件；与建设工程项目有关的标准、规范、技术资料；招标文件及其补充通知、答疑纪要；施工现场情况、工程特点及常规施工方案；以及其他相关资料进行编制。

《计价规范》中对工程量清单的格式进行了统一规定，其内容有：工程量清单封面、填表须知、工程量清单总说明、分部分项工程量清单、措施项目清单、其他项目清单和零星工作项目表。工程量清单的编写应由招标人完成，除以上规定的内容以外，招标人可根据具体情况进行补充。工程量清单主要有分部分项工程量清单、措施项目清单、其他项目清单三部分，其中分部分项工程量清单是核心。

4.1.2 工程量清单项目的确定方法

工程量清单项目的确定可参考以下6种方法。

4.1.2.1 “工程量清单计价规范”法

为了方便工程量清单的编制，原建设部联合质量监督检验检疫总局颁发了《建设工程工程量清单计价规范》。可参考规范逐一确定工程量清单项目。即项目名称按《计价规范》附录的项目名称结合拟建工程的项目实际确定。

4.1.2.2 施工图纸确定法

从图纸出发，确定每张工程图纸所反映的工作内容，根据实际情况对工程项目进行合并与分解，从而确定工程量清单项目。

4.1.2.3 参照相似工程法

分析相似工程的工程量清单，比较两工程的具体异同点，再结合工程实施后对清单项目的反馈意见，在优化的基础上编制工程量清单项目，这是一种省时又省力的编制方法。

4.1.2.4 施工方案编制法

先确定合理的施工方案，再根据施工方案确定工程量清单项目。

4.1.2.5 定额顺序编制法

对于无施工经验，工程量清单计价规范也不包含其内容，又无相似工程作参考的情况下，可采用按定额顺序编制工程量清单项目，立项后根据各项工作相关联的属性，进行适当的合并，并以此确定其相应的工作内容，最后确定工程量清单项目。

4.1.2.6 综合编制法

对于一个具体项目的工程量清单编制往往要同时采用上述几种方法。

4.2 工程量清单封面、填表须知及清单总说明

4.2.1 填写工程量清单封面

招标人需在工程量清单封面上填写：拟建的工程项目名称、招标人（招标单位）法定代表人、中介机构法定代表人、造价工程师及注册证号、编制时间。

具体填写方法见表4-1。

表4-1 工程量清单封面

某垃圾填埋场工程 工 程 量 清 单			
招标人：	××项目指挥部 （单位签字盖章）	工程造价 咨询人：	××工程造价事务所 （单位资质专用章）
法定代表人：	××× （签字或盖章）	法定代表人：	××× （签字或盖章）
编制人：	××× （造价人员签字盖专用章）	复核人：	××× （造价人员签字盖专用章）
编制时间：	2010年6月20日	复核时间：	2010年6月25日

4.2.2 工程量清单填表须知

主要说明工程量清单及其计价格式的填写规定及要求。招标人在编写工程量清单表格

时，必须按照所规定的要求完成。具体规定如下：

① 工程量清单及其计价格式中所有要求签字、盖章的地方，必须由规定的单位和人员签字、盖章。

② 工程量清单及其计价格式中的任何内容不得随意删除或涂改。

③ 工程量清单计价格式中列明的所有需要填报的单价和合价，投标人均应填报，未填报的单价和合价，视为此项费用已包含在工程量清单的其他单价及合价中。

④ 金额（价格）均应以人民币表示。

4.2.3 工程量清单总说明

4.2.3.1 工程量清单说明的基本内容

工程量清单总说明用于说明招标项目的工程概况、建设规模、施工工艺的特殊要求和质量标准要求，工程量清单的编制依据和包括与未包括的工程内容范围，以及招标人应说明的其他有关事项。一般来说，总说明中应填写的内容没有统一规定，应根据工程实际情况而定。总说明可参考下列内容填写。

(1) 工程概况

建设规模、建设地点、工程特征、计划工期、施工现场实际情况、交通运输情况、自然地理条件、环境保护要求等。

(2) 工程招标和分包范围

招标范围是指这次招标包括的范围，例如土建工程、装修工程、安装工程等施工图所涵盖的所有内容。

分包范围是指总包人中标承包后，哪些分项分部工程拟分包给具有资质的单位施工。一般要看招标人允许哪些分部分项工程可以分包。

(3) 工程量清单编制依据

略。

(4) 工程质量、材料、施工等的特殊要求

① 工程质量要求：合格。

② 材料质量要求：钢材、水泥、其余材料选用需满足招标文件要求以及设计和相关质量标准的要求。

③ 施工要求：满足当地政府和建设行政主管部门在招标基准日前发布的有关安全文明及施工相关要求的规定，并按经批准的施工组织设计实施，且要符合施工规范及验收标准的相关要求。

④ 工期：详见招标文件。

(5) 招标人自行采购材料的名称、规格型号、数量等

略。

(6) 自行采购材料的金额数量

略。

(7) 其他需说明的问题

其他需说明的问题主要包括以下几条：

① 工程量清单包括的分部工程量清单报价表应与投标人须知、拟签订合同主要条款、《建设工程工程量清单计价规范》(GB 50500—2008)、工程技术要求及图纸等文件结合起来查阅、理解和使用。

② 投标报价应由投标人根据工程量清单、施工图、地勘资料、施工现场实际情况（投标人已经充分了解施工现场所能提供的施工作业面、地下管线可能造成的工作难度以及周边建、构筑物的保护和需提供的必要通道等）、当地水文地质气候条件，结合投标人自身技术及管理水平、经营状况、机械设备以及编制的施工组织设计和招标文件的有关要求，并参照建设行政主管部门发布的计价定额或企业定额以及本说明自主编制确定。

③ 除非合同另有约定，工程量清单中分部分项的报价均应包含为实施和完成该项所有工作内容（除计价规范中规定的工作内容外，还应包括图纸和规范列明、暗示和要求的工作内容、检验试验等，除非该项内容已在清单内单独列项，或其为独立项目内容不与清单内分部分项任何具体项目组合成为产品）即除措施项目费用、规费和税金以外所需的人工、材料、机械、按设计规定和验收规范要求施工单位应进行的测试、试验费用，缺陷修复、管理、保险、利润、材料现场抽样等全部费用，以及招标文件、合同及图纸明示和暗示的所有责任、义务和风险。

④ 工程量清单的工程量是按《建设工程工程量清单计价规范》（GB 50500—2008）计算规则进行计算编制的，工程项目编码是按《建设工程工程量清单计价规范》（GB 50500—2008）相应章次编号的，因此工程量清单各项目编码的范围、计量方式应与《建设工程工程量清单计价规范》（GB 50500—2008）的各条款相对应结合起来理解和解释。但工程量清单中个别项目计量单位为了便于工程计量与结算改变了计量单位；投标人投标报价时请注意计量单位。

⑤ 工程量清单中所列的工程量仅作为投标报价的共同基础，不能作为最终结算与支付的依据。工程竣工结算时按经相关单位签字认可的全套竣工资料（包括竣工图）等，并根据《建设工程工程量清单计价规范》（GB 50500—2008）的规定和招标文件中的相关条款进行计量，经审计单位审定后确定。

⑥ 工程量清单中所列的每一个项目均应填入单价、合价，若投标人未报价，则其费用视为已包含在其他项目清单报价中，承包人必须按发包人和监理工程师指令完成工程量清单中未填入单价或合价的相应工程项目，但不能得到结算与支付。分部分项报价是包含该分部分项所有工作（无论清单是否列明在清单内）的全部报价。

⑦ 除分部分项工程工程量清单外，投标人应按有关规定计取以下费用：措施费用、其他项目费用、政府和有关部门规定必须缴纳的规费和税金费用。

⑧ 工程采用工程量清单综合单价法报价，综合单价报价保留到小数点后两位，投标报价中的单价和合价全部以人民币表示。

⑨ 投标报价应包含成品保护费用。

⑩ 其他未尽事宜详见招标文件。

4.2.3.2　工程量清单总说明格式

工程量清单总说明格式见表 4-2。

表 4-2　总说明

工程名称：×××化验楼建筑工程

(1)工程概况：该化验楼位于本建设项目界区内东北角，距行政办公楼 50m，建筑面积 2200 m^2，框架结构四层。
(2)招标范围：该化验楼全部建筑工程和附属安装工程。
(3)编制依据：GB 50500—2008《建设工程工程量清单计价规范》，该化验楼的全套施工图纸，该工程所在地的建筑安装工程消耗量定额及配套使用的建筑安装工程费用定额。

续表

(4)施工工期：总施工天数 180 天(自开工报告批准日算起)
(5)施工安全：加强安全防范意识，严格执行《安全生产法》等有关法律法规规定，消除一切不安全因素，预防一切不安全事故。
(6)工程质量：各项工程质量应严格执行 GB 50300—2001《建筑工程施工质量验收统一标准》、GB 50210—2001《建筑装饰装修工程质量验收》等，工程质量力争达到优良标准。
(7)现场环境保护：施工企业必须按照 JCJ 146—2004《建筑施工现场环境与卫生标准》的各项规定执行，必须做到： ①施工工地必须封闭，禁止敞开作业； ②运输车辆必须密闭、整洁、不得撒漏； ③风力达 4 级以上时，禁止施工； ④拆除建筑物时必须喷水、洒水湿法作业； ⑤垃圾、渣土必须及时清运干净等。

4.3　编制分部分项工程量清单

4.3.1　《计价规范》的相关规定

分部分项工程量清单是计算拟建工程项目工程数量的表格，它包括的内容既要满足规范管理、方便管理的要求，又要满足计价的要求。

《计价规范》规定：分部分项工程量清单包括项目编码、项目名称、计量单位和工程数量等四项内容。编制分部分项工程量清单，主要就是将设计图纸规定要实施完成的工程的全部对象、内容和任务等列成清单，列出分部分项工程的项目名称，计算出相应项目的实体工程数量，制作完成工程量清单表。

分部分项工程量清单的编制必须按照《计价规范》附录 A、附录 B、附录 C、附录 D、附录 E、附录 F 规定的统一项目编码、统一项目名称、统一计量单位、统一工程量计算规则“四个统一”进行编制。招标人必须按规定编写，不得随意变动，这是《计价规范》的强制规定，必须严格执行。

4.3.1.1　项目编码

分部分项工程量清单项目编码由 12 位阿拉伯数字组成，前 9 位为全国统一编码，编制分部分项工程量清单时应按《计价规范》附录 A、B 中的编码设置，不得变动，后 3 位是清单项目名称编码，由清单编制人根据设置的清单项目编制。同一招标工程的项目编码不得有重码。

以建筑工程为例，各位编码含义说明见图 4-1。

4.3.1.2　项目名称

项目名称是以《计价规范》附录 A、B 中的项目名称为主，结合建筑施工图的实际情况而设置分部分项工程的实体名称，土（石）方工程的“平整场地”、“挖土方”、“挖淤泥、流砂”等都是工程实体的具体名称。分部分项工程量清单项目名称的设置，应考虑三个因素：①附录中的项目名称；②附录中的项目特征；③拟建工程的实际情况。工程量清单项目名称应具体化、细化，更能够反映出影响工程造价的主要因素。

随着科学技术的发展，新材料、新技术、新的施工工艺不断涌现和应用，所以，凡附录中的缺项，在编制清单时，编制人可作补充。补充项目的编码由附录的顺序码与 B 和三位

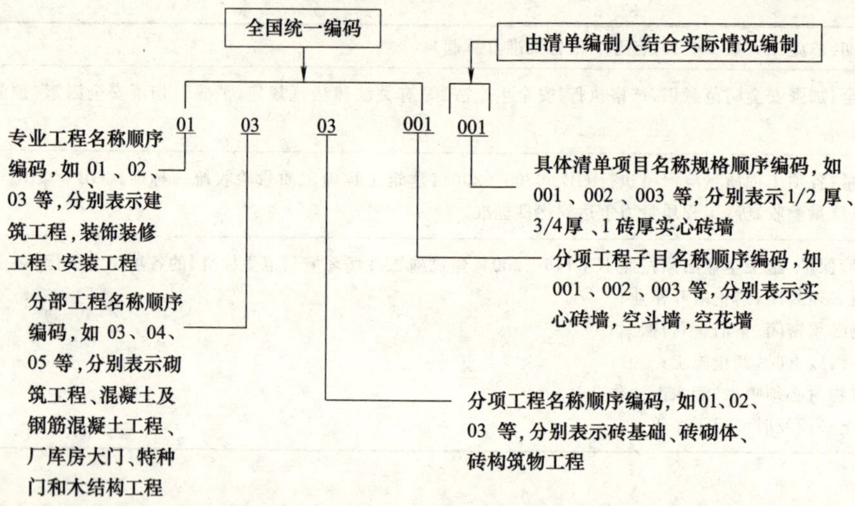

图 4-1 工程量清单编码含义

阿拉伯数字组成，如 AB001、BB001、CB001 等，同一招标工程的项目不得重码。

4.3.1.3 计量单位

应按《计价规范》第 3.2.6 条的规定执行。为了保证工程量计算的精确度，工程数量的有效位数应遵守以下规定：以“t”为单位，应保留小数点后三位数字，第四位四舍五入；以“m^3”、“m^2”、“m”为单位，应保留小数点后两位数字，第三位四舍五入；以“个”、“项”等为单位，应取整数。

4.3.1.4 工程量计算规则

工程量计算规则指建筑安装工程各个分部分项工程实物数量计算过程中应遵守的方法和原则，例如清单项目的平整场地工程量，按设计图示尺寸以建筑物首层面积计算，而定额计价的平整场地工程量，按建筑物外墙外边线每边各加 2m 计算。这些规定在实际工作中都是必须遵守的原则。清单项目计价的建筑工程分部分项工程量计算规则，均应按《计价规范》附录 A 中的规定执行，装饰装修工程的工程量计算按附录 B 中的规定执行。

工程量清单项目的工程量计算应依据工程量清单项目计量说明、施工图纸、施工组织设计、工程定额、规范等资料确定工程量计算参数，并计算其工程量。具体计算规则见本书的第 3 章。

4.3.1.5 工程量计算结果审核

工程量计算完成后，应复核工程量计算结果的合理性，并及时进行修正。为确保清单工程量准确合理，可采用以下几种工程量自查的方法。

(1) 公式法

如土方应考虑平衡，采用借方＋挖方＝外运＋回填土方；又如，外墙粉刷墙面＝墙体积/墙厚等。

(2) 指标法

一项工程用概算指标可以进行匡算，其钢筋用量与混凝土用量是会有一定的比例关系，定额上一般都会有这个指标，如各种构件的钢筋用量表等，另外类似工程的某些“指标”也可作为自查的一个依据。如普通住宅建筑混凝土用量和用钢量：多层砌体住宅钢筋用量 30kg/m^2，混凝土 0.3～0.33m^3/m^2；多层框架结构钢筋用量：38～42kg/m^2，混凝土 0.33～0.35m^3/m^2；小高层11～12 层钢筋用量：50～52kg/m^2，混凝土：0.35m^3/m^2 等。

(3) 两个人独立计算互查法

4.3.1.6 分部分项工程量清单编制

工程量清单编制，就是将已经计算完毕并经校审和汇总好的分部分项工程量填写到《计价规范》规定的“分部分项工程量清单”标准表格中的全过程。

4.3.2 分部分项工程量清单格式

根据工程量清单计价规范，分部分项工程量清单有规定格式。按照《计价规范》规定，分部分项工程量清单与计价表合并，标准表格见表 4-3。

表 4-3 分部分项工程量清单与计价表

工程名称： 第 页、共 页

序号	项目编码	项目名称	计量单位	工程数量	金额(元)		
					综合单价	合价	其中：暂估价
1	010101001001	平整场地 土壤类别：三类土，弃土运距：就地挖填	m^3	316.50			
2	010101003001	挖基础土方 土壤类别：三类土，带形基础，3∶7灰土垫层底宽700mm，底面积＝64.35×0.7，挖土深度0.9m，弃土运距50m	m^3	69.35			
3	010101003002	挖地坑土方 土壤类别：三类土，C10混凝土垫层100厚，C20钢筋混凝土独立柱基础	m^3	380.22			
4	010301001001	砖基础 3∶7灰土垫层0.45厚，MU10标准砖，带形基础，基础深度0.75m，M5水泥砂浆砌筑	m^3	13.63			
		……					
本页小计							
合 计							

4.4 编制措施项目清单

4.4.1 《计价规范》的相关规定

措施项目是指为完成拟建工程项目施工，发生于工程施工准备和施工过程中不构成工程实体的有关措施项目费用，如建筑工程施工过程中的垂直运输机械费、脚手架搭拆费、环境保护费、安全施工费、施工排水降水费等。在编制此项费用清单时，应结合工程的水文、气象、环境、安全等具体情况和施工企业实际情况，对通用措施项目可结合具体情况，按照《计价规范》中表 3.3.1 内容编列。对于专业工程的措施项目可按附录中规定的项目选择列项，如建筑工程的措施项目可按附录 A 中的第二部分“措施项目”规定内容选列。若出现 GB 50500—2008《计价规范》中未列的项目，清单编制人可根据工程实际情况补充。

措施项目中可以计算工程量的项目清单宜采用分部分项工程量清单的方式编制，列出项目编码、项目名称、项目特征、计量单位和工程量计算规则；不能计算工程量的项目清单，以“项”为计量单位。

编制措施项目清单应注意：①清单编制人依据图纸、经验和有关规范的规定拟订合理的施工方案，为投标人提供较全面的措施项目清单；②编制时力求全面而准确。

通常编制人提供的措施项目是依据项目的具体情况，考虑常用的、一般情况下可能发生的措施费用确定的。原则上投标人报价时可以根据招标文件的要求，以及自己企业和采用施工方案的具体情况调整措施项目及其内容。

某些省市的主管部分根据当地的措施项目费用特征制定了措施费用项目内容及其计算方法，以指导当地的工程计价活动。

对施工技术措施项目，企业可以根据其消耗定额或参照消耗定额对技术措施项目进行计价；主管部门提供的相关的费用标准和计取办法，企业也可以参照报价。企业也可建立自己的措施费用项目计价模型。

4.4.2 措施项目清单格式

措施项目清单格式见表 4-4（a）和表 4-4（b）。

表 4-4（a） 措施项目清单

工程名称：实验楼　　标段：　　第　页　共　页

序号	项目名称	计算基础	费率(%)	金额(元)
1	安全文明施工费			
2	夜间施工费			
3	二次搬运费			
4	冬雨季施工			
5	大型机械设备进出场及安拆费			
6	施工排水			
7	施工降水			
8	地上、地下设施，建筑物的临时保护设施			
9	已完工程及设备保护			
10	各专业工程的措施项目			
11				
12				
合　计				

注：1. 本表适用于以“项”计价的措施项目。

2. 根据建设部、财政部发布的《建筑安装工程费用组成》（建标［2003］206 号）的规定，“计算基础”可为“直接费”“人工费”或“人工费＋机械费”。

表 4-4（b） 措施项目清单与计价表

工程名称：　　标段：　　第　页　共　页

序　号	项目编码	项目名称	项目特征描述	计量单位	工程量	金额(元)	
						综合单价	合价
1							
2							
3							
本页小计							
合　计							

注：本表适用于以综合单价形式计价的措施项目。

4.5 编制其他项目清单

4.5.1 计价规范的相关规定

此项清单是指“分部分项工程量清单”和“措施项目清单”以外，该工程项目施工中可能发生的有关费用。由于具体工程项目结构繁简程度、内容组成、建筑标准等的不同，将直接影响到“其他项目清单”中具体内容的多与少。

《计价规范》第3.4.1条仅列出了“暂列金额”；“暂估价”（包括材料暂估价、专业工程暂估价）；“计日工”；“总承包服务费”四项内容。实际工作中出现第3.4.1条未列的项目，可根据实际情况补充。

4.5.2 其他项目清单格式

其他项目清单格式见表4-5及表4-6～表4-10所示。

表4-5 其他项目清单与计价汇总表

工程名称： 标段： 第 页 共 页

序号	项目名称	计量单位	金额(元)	备注
1	暂列金额			明细详见表4-6
2	暂估价			
2.1	材料暂估价			明细详见表4-7
2.2	专业工程暂估价			明细详见表4-8
3	计日工			明细详见表4-9
4	总承包服务费			明细详见表4-10
合计				

注：材料暂估单价进入清单项目综合单价，此处不汇总。

表4-6 暂列金额明细表

工程名称： 标段： 第 页 共 页

序号	项目名称	计量单位	暂定金额(元)	备注
1				
2				
⋮				
合计				

注：此表由招标人填写，如不能详列，也可只列暂定金额总额，投标人应将上述暂列金额列入投标总计中。

表4-7 材料暂估价表

工程名称： 标段： 第 页 共 页

序号	材料名称、规格、型号	计量单位	单价(元)	备注
1				
2				
3				
⋮				

注：1. 此表由招标人填写，并在备注栏说明暂估价的材料拟用在哪些清单项目上，投标人应将上述材料暂估单价计入工程量清单综合单价报价中。

2. 材料包括原材料、燃料、构配件以及按规定应计入建筑安装工程造价的设备。

表 4-8 专业工程暂估价表

工程名称： 标段： 第 页 共 页

序 号	工程名称	工程内容	金额(元)	备 注
1				
2				
3				
⋮				
合 计				

注：此表由招标人填写，投标人应将上述专业工程暂估价计入投标总价中。

表 4-9 计日工

工程名称： 标段： 第 页 共 页

编 号	项目名称	单 位	暂定数量	综合单价	合 价
	人 工				
1					
2					
3					
人工小计					
	材 料				
1					
2					
3					
材料小计					
	施工机械				
1					
2					
3					
4					
施工机械小计					
总 计					

注：此表项目名称、数量由招标人填写，编制招标控制价时，单价由招标人按有关计价规定确定；投标时，单价由投标人自主报价，计入投标总价中。

表 4-10 总承包服务费计价表

工程名称： 标段： 第 页 共 页

序 号	项 目 名 称	项目价值(元)	服务内容	费率(%)	金额(元)
1	发包人发包专业工程				
2	发包人供应材料				
⋮					
合 计					

4.6　编制规费、税金清单

4.6.1　计价规范的相关规定

规费与税金两项费用均属不可竞争性费用。

4.6.1.1　规费项目清单

规费项目清单应按下列内容列项：

① 工程排污费；

② 工程定额测定费；

③ 社会保障费，包括养老保险费、失业保险费、医疗保险费；

④ 住房公积金；

⑤ 危险作业意外伤害保险。

实际工作中出现上述未列的项目，应根据省级政府或省级有关权力部门的规定列项。

4.6.1.2　税金项目清单

税金项目清单应包括下列内容：

① 营业税；

② 城市维护建设税；

③ 教育费附加。

出现上述未列的项目，应根据税务部门的规定列项。

湘建价计［2008］31号文：根据《湖南省教育费附加和地方教育附加征收管理办法》(湖南省人民政府第218号）的规定，“应按照实际缴纳税额的3%和1.5%同时缴纳教育费附加和地方教育附加”，其增加的地方教育附加费应进入建设工程造价。其综合税率按以下规定调整：

纳税地点在市区的企业税率由3.413%调整为3.461%；

纳税地点在县城镇的企业税率由3.348%调整为3.397%；

纳税地点不在市区、县城、镇的企业税率由3.220%调整为3.268%。

4.6.2　规费、税金项目清单格式

规费、税金项目清单与计价表的格式，见表4-11。

表4-11　规费、税金项目清单与计价表

工程名称：　　标段：　　第　页　共　页

序　号	项目名称	计算基础	费率(%)	金额(元)
1	规费			
1.1	工程排污费			
1.2	社会保障费			
(1)	养老保险费			
(2)	失业保险费			
(3)	医疗保险费			
1.3	住房公积金			

续表

序　号	项 目 名 称	计 算 基 础	费率(%)	金额(元)
1.4	危险作业意外伤害保险			
1.5	工程定额测定费			
2	税金	分部分项工程费＋措施项目费＋其他项目费＋规费		
合　计				

注：根据建设部、财政部发布的《建筑安装工程费用组成》（建标［2003］206号）的规定，“计算基础”可为“直接费”、“人工费”或“人工费＋机械费”。

4.7 清单编制实例

某砖基础墙为370mm，砖基础垫层为C10素混凝土，厚100mm；基础用M5水泥砂浆砌筑，砖的规格为240mm×115mm×53mm，MU10，基础高度2.1m，采用5层等高大放脚，防潮层为1∶3防水砂浆。垫层宽为1.2m，基础全长为20m。试对此工程进行工程量清单编制。

【解】

应根据项目特征（垫层材料种类、厚度；砖品种、规格、强度等级；基础类型；基础深度；砂浆强度等级），以“m^3”为计量单位，工程量按设计图示尺寸以体积计算。基础长度：外墙按中心线，内墙按净长线计算。

其中工程内容包括：砂浆制作、运输；铺设垫层；砌砖；防潮层铺设；材料运输。

业主根据基础施工图计算（0.647为折加高度，查相关计算表得）：

砖基础体积：$V=[0.365\times(2.1+0.647)+1.2\times0.1]\times20m^3=22.45$（$m^3$）

分部分项工程量清单

序　号	项目编码	项 目 名 称	计量单位	工 程 数 量
1	010301001001	砖基础 垫层材料：C10素混凝土 厚度：100mm 砖材料：红机砖 规格：240×115×53 强度等级：MU10 基础类型：条形5层大放脚砖基础 基础深度：2.2m	m^3	22.45

本章练习

一、填空题

1.《建设工程工程量清单计价规范》统一了分部分项工程项目名称、统一了______、统一了______、统一了项目编码。

2. 建设工程费用由______、______、______、______和______组成。

3. 工程量清单格式内容包括封面、总说明、______、______、其他项目清单和零星工作项目表。

二、选择题

1.《建设工程工程量清单计价规范》规定，其他项目清单组成的内容有（　　）。

A. 规费　B. 预留金　C. 材料购置费　D. 设备购置费　E. 总承包服务费

2. 根据《建设工程工程量清单计价规范》的规定，预留金属于暂定金额，是业主为工程施工准备的一种备用金，主要考虑的因素有（　　）。

A. 物价上涨　B. 工程量清单漏项

C. 施工中发生的索赔　D. 设计变更引起标准提高

E. 清单计算有误增加的工程量

3. 编制工程量清单的依据有（　　）。

A. 相关价格信息　B.《建设工程工程量清单计价规范》

C. 常规施工方法　D. 施工图纸　E. 工程现场实际

4. 工程量单位中属于物理计量单位的是（　　）。

A. 樘　B. 面积　C. 体积　D. 重量　E. 榀

5. 在分部分项工程量清单项目的特征描述中，若墙体类型是清水砖墙，则该种描述涉及（　　）。

A. 材质要求　B. 结构要求　C. 施工难易程度　D. 正确计量计价

6. 某一建筑工程为矩形平面，其外墙外边线分别为51.24m和12.24m，则按该建筑工程平整场地的工程量应为（　　）m^2。

A. 627.18　B. 888.53　C. 1035.01　D. 952.33

7. 下列项目中，属于《计价规范》中通用措施项目的是（　　）。

A. 垂直运输机械　B. 现场施工围栏

C. 焊接保护设施　D. 已完工程及设备保护

8. 措施项目清单由编制人根据拟建工程的特征，施工现场条件和环境，工程所在地该类工程（　　）等因素编制。

A. 独特的施工方法　B. 先进的施工方法

C. 常规的施工方法　D. 专业的施工技术

9. 其他项目是指除分部分项工程量清单项目和措施项目清单的项目以外，为完成工程施工（　　）费用的项目。

A. 不可能发生　B. 可能发生　C. 必须发生　D. 已经发生

10. 按国家税法规定，应计入建设工程造价内的税金包括（　　）。

A. 营业税、增值税和教育费附加

B. 营业税、城市维护建设税和教育费附加

C. 营业税、固定资产投资方向调节税和教育费附加

D. 营业税、城市维护建设税和固定资产投资方向调节税

11. 工程量清单是指表现拟建工程的（　　）名称和相应数量的明细清单。

A. 其他项目　B. 零星项目　C. 分部分项工程项目

D. 措施项目　E. 规费项目

12. 下列关于工程量清单描述正确的是（　　）。

A. 在工程招标时，工程量清单是招标文件的组成部分

B. 工程量清单应由具有编制投标文件能力的投标人编制

C. 在签订建筑工程施工合同时，工程量清单是建筑工程施工合同组成必要内容之一

D. 工程量清单应由受招标人委托且具有相应资质的中介机构进行编制

E. 零星工作项目表应根据拟建工程的具体情况列出项目，工程数量可按暂估数量给出

13. 编制分部分项工程量清单，应根据《计价规范》附录规定的要求确定（　　）。

A. 项目序号　B. 项目名称　C. 计量单位

D. 工程量计算规则　　　　　　E. 项目取费标准

14.《计价规范》中的通用措施项目有（　　）。

A. 二次搬运　　B. 夜间施工　C. 组装平台　　D. 临时设施　　E. 防洪措施

15. 下列项目中哪些属于工程量清单中的“措施项目”的内容（　　）。

A. 混凝土模板及支架　　　　　B. 工程排污费

C. 大型机械安拆及进出场　　　D. 临时设施　　　E. 降水排水费用

16. 对工程量清单概念表述不正确的是（　　）。

A. 工程量清单是包括工程数量的明细清单

B. 工程量清单也包括工程数量相应的单价

C. 工程量清单由招标人提供

D. 工程量清单是招标文件的组成部分

17. 工程量清单是招标文件的组成部分，其组成不包括（　　）。

A. 分部分项工程量清单　　　　B. 措施项目清单

C. 其他项目清单　　　　　　　D. 直接工程费用清单

三、计算题

根据表 4-3 中的分项工程内容及项目特征，列式计算平整场地、挖基槽、挖基坑、砌砖基础的工程量。

四、简答题

1. 工程量清单填表须知的内容是什么？
2. 工程量清单总说明一般应包括哪几方面的主要内容？
3. 工程量清单的主要内容是什么？

五、综合练习——工程量清单的编制

【实训 1】

某砖基础墙为一砖墙，砖基础垫层为 C10 素混凝土 100mm 厚；基础用 M5 水泥砂浆砌筑，MU10 标准砖，基础高度 1.6m，采用 3 层不等高大放脚，防潮层为 1∶3 防水砂浆。垫层宽 1.0m，基础全长 32m，试编制此工程的分部分项工程量清单。

【实训 2】

某装饰工程两间房：一间 25m^2，用 1∶3 中砂水泥砂浆在混凝土地面上做找平层厚度 20mm，然后铺 600mm×600mm 的彩釉砖；另一间 35 m^2，用 1∶3 中砂水泥砂浆在混凝土地面上做找平层厚度 20mm，然后铺实木地板。作为招标方，编制分部分项工程量清单、措施项目清单及其他项目清单（本工程无分包及材料购置）。

5 建筑工程工程量清单计价

知识目标

掌握工程量清单计价的概念、熟悉清单计价的格式；掌握综合单价的确定；熟悉工程量清单计价的费用组成及计算过程。

能力目标

能确定工程量清单计价中的综合单价，能按照有关规定进行工程造价的计算。

5.1 建筑工程计价概述

5.1.1 建筑工程计价概念及工程量清单计价模式

5.1.1.1 建筑工程计价的概念

建筑工程计价是指计算建筑工程生产价格的全过程。由于建筑工程建设地点的固定性、类型的多样性、形体的庞大性、结构的复杂性、施工的流动性、产品的单独性、施工周期的长期性以及涉及部门的广泛性等特点，导致了每一项建筑工程必须通过单独设计和单独施工建造才能形成，即使使用同一套图纸，也会因建造地点和时间的不同，工程地质、水文地质、地理、地貌等自然条件和民族风俗习惯社会条件的不同，各地物价水平的不同等因素影响，最终导致建筑产品价格的不同。所以，建筑工程价格的制定，必须按照国家规定的定价程序进行单个定价，然后通过竞争，由市场竞争形成它的市场价格。

5.1.1.2 工程量清单计价模式

工程量清单计价模式是指在建设工程招投标中，由招标人编制反映工程实体消耗和措施性消耗的工程量清单，作为招标文件的组成部分提供给投标人，由投标人按照现行的工程量清单计价规范的规定以及招标人提供的工程量清单的工程内容和数据，自行编制有关的综合单价，自主报价，确定建设工程价格的计价方式。

工程量清单计价模式的基本过程：在统一的工程量计算规则的基础上，制定工程量清单项目设置规则，根据具体工程的施工图纸计算出各个清单项目的工程量，再根据各种渠道所获得的工程造价信息和经验数据计算得到工程造价。

如果建设单位提供的工程量清单中的数量有误，由招标方承担责任，做到风险分担。所有投标单位都以所提供的工程量清单进行报价，大家都在同一平台上进行竞争，避免了由预算员算量错误引起的风险。

5.1.2 工程量清单计价的特点

工程量清单计价的特点如下所述。

5.1.2.1 统一计价规则

通过制定统一的建设工程工程量清单计价办法、统一的工程量计量规则、统一的工程量清单项目设置规则，达到规范计价行为的目的。这些规则和办法是强制性的，建设各方面都应该遵守。

实行工程量清单计价，工程量清单造价文件必须做到工程量清单的项目划分、计量规则、计量单位以及清单项目编码四统一，达到清单项目工程量统一的目的。

5.1.2.2 有效控制消耗量

通过由政府发布统一的社会平均消耗量指导标准，为企业提供一个社会平均尺度，避免企业盲目或随意大幅度减少或扩大消耗量，有效控制消耗量，确保工程质量。

5.1.2.3 彻底放开价格

将工程消耗量定额中的工、料、机价格和利润、管理费全面放开，由市场的供求关系自行确定价格。

5.1.2.4 企业自主报价

投标企业根据自身的技术专长、材料采购渠道和管理水平等，制定企业自己的报价定额，自主报价。企业尚无报价定额的，可参考使用造价管理部门颁布的《建设工程消耗量定额》。

5.1.2.5 市场有序竞争形成价格

通过建立与国际惯例接轨的工程量清单计价模式，引入充分竞争形成价格的机制，制定衡量投标报价合理性的基础标准，在投标过程中，有效引入竞争机制，淡化标底的作用，在保证质量、工期的前提下，按国家“招标投标法”及有关条例规定，最终以“不低于成本”的合理低价者中标。

5.2 工程量清单计价的一般规定

5.2.1 工程量清单计价的一般规定

① 采用工程量清单计价，建筑工程造价由分部分项工程费、措施项目费、其他项目费、规费和税金组成。

② 分部分项工程量清单应采用综合单价计价。

③ 招标文件中的工程量清单标明的工程量是投标人投标报价的共同基础，竣工结算的工程量按发、承包双方在合同中约定应予计量且实际完成的工程量确定。

④ 措施项目清单计价应根据拟建工程的施工组织设计，可以计算工程量的措施项目，应按分部分项工程量清单的方式采用综合单价计价；其余的措施项目可以“项”为单位的方式计价，应包括除规费、税金外的全部费用。

⑤ 措施项目清单中的安全文明施工费应按照国家或省级、行业建设主管部门的规定计价，不得作为竞争性费用。

⑥ 其他项目清单应根据工程特点和《建筑工程工程量清单计价》（GB 50500—2008）（以下简称《计价规范》）第4.2.6、4.3.6、4.8.6条的规定计价。

⑦ 招标人在工程量清单中提供了暂估价的材料和专业工程属于依法必须招标的，由承包人和招标人共同通过招标确定材料单价与专业工程分包价。

若材料不属于依法必须招标的，经发、承包双方协商确定单价后计价。

若专业工程不属于依法必须招标的，由发包人、总承包人与分包人按有关计价依据进行计价。

⑧ 规费和税金按国家或省级、行业建设主管部门的规定计算，不得作为竞争性费用。

⑨ 采用工程量清单计价的工程，应在招标文件或合同中明确风险内容及其范围。

5.2.2 工程量清单计价的特征

实行工程量清单计价的建设项目，其计价方法分为“招标控制价”和“投标价”计价两种。国有资金投资的工程建设项目应实行工程量清单招标，并应编制招标控制价。除《计价规范》强制性规定外，投标报价由投标人自主确定，但不得低于成本。

工程量清单报价作为一种全新的较为客观合理的计价方式，它有如下特征，能够消除以往计价模式的一些弊端。

① 工程量清单计价均采用综合单价形式，综合单价中包括了工程直接费、间接费、管理费、风险费、利润、国家规定的各种规费等，一目了然，更适合工程的招投标。风险费用是指投标企业在确定工程费用时，客观上可能产生的不可避免的误差，以及在施工过程中遇到施工现场条件复杂、恶劣的自然条件，施工意外事故，物价暴涨以及其他风险因素所发生的费用。

② 工程量清单报价要求投标单位根据市场行情，自身实力报价，这就要求投标人注重工程单价的分析，在报价中反映出本投标单位的实际能力，从而能在招投标工作中体现公平竞争的原则，选择最优秀的承包商。

③ 工程量清单具有合同化的法定性，本质上是单价合同的计价模式，中标后的单价一经合同确认，在竣工结算时是不能调整的，即量变价不变。

④ 工程量清单报价详细地反映了工程的实物消耗和有关费用，因此易于结合建设项目的具体情况，变以预算定额为基础的静态计价模式为将各种因素考虑在单价内的动态计价模式。

⑤ 工程量清单报价有利于招投标工作，避免招投标过程中有盲目压价、弄虚作假、暗箱操作等不规范行为。

⑥ 工程量清单报价有利于项目的实施和控制，报价的项目构成、单价组成必须符合项目实施要求，工程量清单报价增加了报价的可靠性，有利于工程款的拨付和工程造价的最终确定。

⑦ 工程量清单报价有利于加强工程合同的管理，明确承发包双方的责任，实现风险的合理分担，即量由发包方或招标方确定，工程量的误差由发包方承担，工程报价的风险由投标方承担。

⑧ 工程量清单报价将推动计价依据的改革发展，推动企业编制自己的企业定额，提高自己的工程技术水平和经营管理能力。

5.3 工程量清单计价原理及计价文件编制

5.3.1 工程量清单计价的原理

符合实行招标投标承建的建筑工程，在招标投标过程中，通常以招标人提供的工程量清单为基础，投标人结合施工现场的实际情况以及自身的技术、财务、管理能力进行投标报价，招标人根据具体评标细则进行优选合理低价中标。这种计价方式是市场定价体系的具体表现形式。

工程量清单计价的基本原理可以描述为：在统一的工程量清单项目设置的基础上，制定工程量清单项目计量规则，根据拟建项目的施工图纸计算出各个清单项目的工程量，再按照企业定额或参照工程所在地建设行政主管部门发布执行的消耗量定额、参考价目表、参考费率、市场价格或相关价格信息和经验数据计算得到工程造价的过程。这一基本的计算过程可用图 5-1 表示。

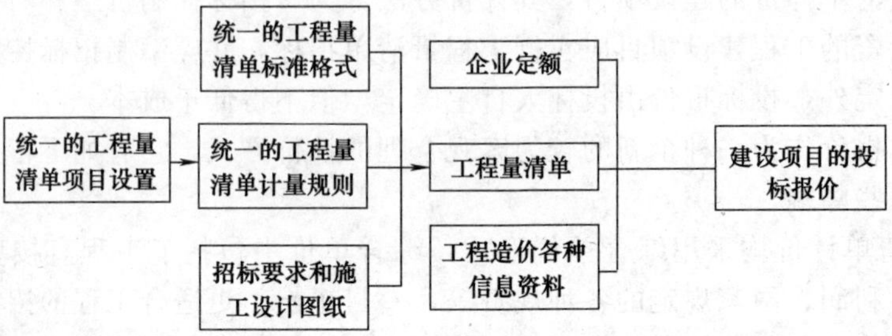

图 5-1 工程量清单计价原理

5.3.2 工程量清单计价文件的编制

5.3.2.1 工程量清单计价的步骤

工程量清单计费的全过程包括以下几部分。

(1) 熟悉施工图纸及相关资料，了解施工现场情况

根据招标文件、施工图设计文件和计价定额，详细阅读、审核工程量清单，并由技术人员编制拟建工程的施工组织设计或施工方案。根据《计价规范》各附录中所提示的“工程内容”，对照清单项目的施工过程，结合该工程的施工图设计文件和计价定额，确定分部分项工程量清单项目组价内容和措施项目所包含的具体内容。

(2) 编制工程量清单

根据计价定额的工程量计算规则和计量单位，计算清单中未提供的分项工程工程量。包括：分部分项工程量清单项目组价内容所对应的分项工程量和措施项目包括的工程内容工程量。

(3) 组合综合单价（简称组价）

组合分部分项工程量清单项目综合单价应根据招标文件中分部分项工程量清单项目的特征描述及有关要求按计价规范的规定确定。综合单价中应包括完成该分部分项工程所需的人工费、材料费、机械使用费、管理费、利润，还应包括招标文件要求投标人承担的风险费用。招标文件提供了暂估单价的材料，按暂估的单价计入综合单价。综合单价的构成内容见图 5-2。

综合单价的组价过程一般为：确定分部分项工程清单项目的工作内容→计算人工消耗与费用→计算材料消耗与费用→计算机械消耗与费用→计算工程分项管理费→计算工程分项利润→自审分项数据和汇总→整理单价格式、送审、反馈。

组价过程中，企业必须根据自身条件和生产水平、市场行情、工程实际以及应考虑的风险因素，对综合单价的各项费用进行必要的调整，确保合理报价。

(4) 计算分部分项工程费

将分部分项工程量清单综合单价分析表中的综合单价填入分部分项工程量清单计价表，并计算出相应的金额和合计金额。

(5) 计算措施项目费

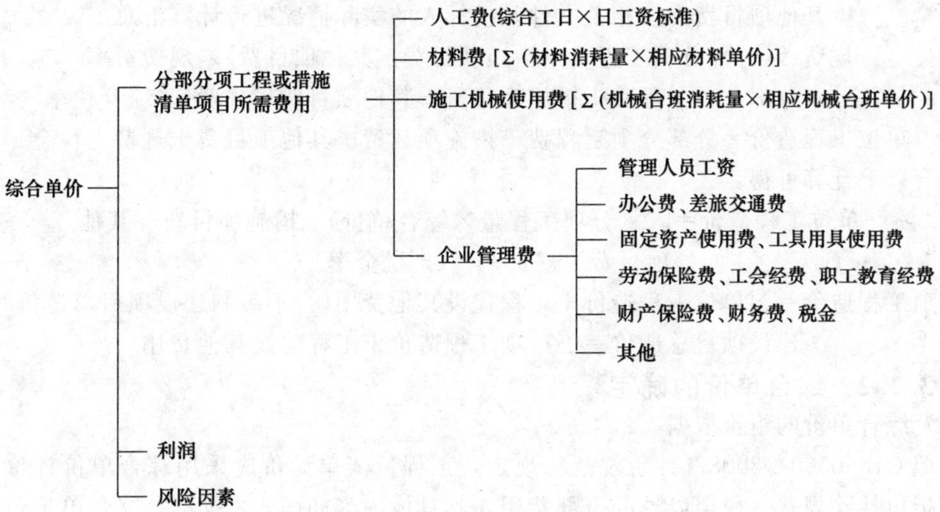

图 5-2 工程量清单计价综合单价构成内容

投标人可根据工程实际情况结合施工组织设计，对招标人所列的措施项目清单进行增补。措施项目清单费应根据招标文件中的措施项目清单及投标时拟定的施工组织设计或施工方案确定。

将措施项目费分析表中的综合单价填入措施项目清单计价表，并计算出相应的金额和合计金额。

(6) 计算其他项目费

其他项目清单费应按下列规定计价：

① 暂列金额应根据工程特点，按有关计价规定估算；

② 暂估价中的材料单价应根据工程造价信息或参考市场价格估算；暂估价中专业工程金额应分不同专业，按有关计价规定估算；

③ 计日工应根据工程特点和有关计价依据计算；

④ 总承包服务费应根据招标人列出的内容和要求估算。

(7) 计算规费、税金，汇总形成单位工程费

把分部分项工程量清单计价合计、措施项目清单计价合计、其他项目清单计价合计，填入单位工程费汇总表，并按规定计算规费和税金。

(8) 计算单项工程费

以单项工程为基本单元，填写单项工程费汇总表。在该表中，一个单项工程包括几个单位工程就填写几个单位工程的费用。

(9) 计算工程项目总价

填写工程项目总价表。在该表的“单项工程名称”栏内，应分别填写报价项目所含全部单项工程的名称及金额。

工程量清单实行综合单价计价的优点主要是：有利于简化计价程序；有利于与国际惯例接轨的实现；有利于促进竞争。因为上述各项费用均为竞争性费用。据此，工程量清单计（报）价的方法，可用计算式表达为：

分部分项工程费＝Σ工程量清单中分部分项工程量×分部分项工程综合单价

措施项目费＝Σ工程量清单中措施项目工程量×措施项目综合单价

其他项目费＝按相关文件及投标人的实际情况进行计算汇总

规费＝(分部分项工程费＋措施项目费＋其他项目费)×规费费率

税金＝(分部分项工程费＋措施项目费＋其他项目费＋规费)×综合税率

单位工程造价＝分部分项工程费＋措施项目费＋其他项目费＋规费＋税金

综合以上计算可得：

单位工程造价＝[∑(分项工程量×综合单价)＋措施项目费＋其他项目费＋规费]×(1＋税金率)

单项工程造价＝∑单位工程造价＋工程建设其他费用(当不编制建设项目总造价时)

建设项目总造价＝∑单项工程造价＋工程建设其他费用

5.3.2.2 综合单价的确定

(1) 综合单价的组价依据

按照 GB 50500—2008《计价规范》规定，工程量清单计价应采用综合单价计价。综合单价是指包括除规费、税金以外的全部费用，其具体内容如图 5-2 所示。综合单价包括人工费、材料费、机械使用费、企业管理费、利润和风险因素。综合单价的确定是工程量清单计价的核心内容；是投标人能否中标的航向标；是投标人中标后的盈亏的分水岭；也是投标企业整体实力的真实反映。

综合单价组价的依据：①工程量清单，即清单中提供相应清单项目所包含的施工过程，它是组价的内容；②投标文件，是否有业主供应材料，如有应在综合单价中扣减；③企业定额；④施工组织设计及施工方案；⑤已往的报价资料；⑥现行材料，机械台班价格信息。

(2) 综合单价的计算方法

清单项目综合单价的计算方法如下：

清单项目综合单价＝[∑(清单项目组价内容工程量×相应综合单价)]÷清单项目工程数量
＝[∑(清单项目组价内容工程量÷清单项目工程数量)] ×相应综合单价

综合单价计算完毕，填写分部分项工程量清单综合单价分析表、措施项目费分析表，并计算出分部分项工程量清单项目综合单价、措施项目综合单价。

(3) 综合单价编制时应注意的问题

① 必须非常熟悉企业定额的编制原理，为准确计算人工、材料、机械消耗量奠定基础；

② 必须熟悉施工工艺，准确确定工程量清单表中的工程内容，以便准确报价；

③ 经常进行市场询价和商情调查，以便合理确定人工、材料、机械的市场单价；

④ 广泛积累各类基础性资料及其以往的报价经验，为准确而迅速地做好报价提供依据；

⑤ 经常与企业及项目决策领导者进行沟通，明确投标策略，以便合理报出管理费率及利润率；

⑥ 增强风险意识，熟悉风险管理有关内容，将风险因素合理地考虑在报价中；

⑦ 必须结合施工组织设计和施工方案将工程量增减的因素及施工过程中的各类合理损耗都考虑在综合单价中。

5.4 工程量清单计价文件的编制

5.4.1 计价文件组成

工程量清单计价文件，是指投标人按照招标人提供的各项工程量清单文件，逐项计价的各种表格，其具体内容包括：

① 封面（见表5-1）。

② 总说明（见表4-2）。

③ 工程项目投标报价汇总表（见表5-2）。

④ 单项工程投标报价汇总表（见表5-3）。

⑤ 单位工程投标报价汇总表（见表5-4）。

⑥ 分部分项工程量清单与计价表（见表4-3）。

⑦ 工程量清单综合单价分析表（见表5-6）。

⑧ 措施项目清单计价表（见表4-4）。

⑨ 其他项目清单与计价汇总表（见表4-5）。

⑩ 暂列金额明细表（见表4-6）。

⑪ 材料暂估单价表（见表4-7）。

⑫ 专业工程暂估价表（见表4-8）。

⑬ 计日工表（见表4-9）。

⑭ 总承包服务费计价表（见表4-10）。

⑮ 规费、税金项目清单与计价表（见表4-11）。

5.4.2 计价表格填写方法

工程量清单计价的各种表格由投标人填写，各种表格填写完毕后，将其按先后次序装订成册，这个“册”就称为计价文件或投标报价书。其各种表格的填写方法分述于下。

（1）封面

由投标人单位注册的造价人员按表中规定内容填写、签字、盖章。

（2）总说明

投标报价总说明的内容一般应包括：①采用的计价依据；②采用的施工组织设计；③综合单价中包含的风险因素，风险范围；④措施项目的依据；⑤其他有关内容的说明等。

（3）工程项目投标报价汇总表

它是各单项工程投标报价汇总表中数值的“集合”表，表中的“单项工程名称”应按《单项工程投标报价汇总表》的工程名称填写，表中的金额应按《单项工程投标报价汇总表》的合计数填写。

（4）单项工程投标报价汇总表

它是各单位工程投标报价汇总表中数值的“集合”表，表中的“单位工程名称”应按《单位工程投标报价汇总表》的工程名称填写，如建筑工程、装饰装修工程、安装工程等，表中的金额按《单位工程投标报价汇总表》的合计金额填写。

（5）单位工程投标报价汇总表

内容应包括该单位工程的“分部分项工程清单计价表”合计数，“措施项目清单计价表”合计数，“其他项目清单计价表”合计数、“规费”、“税金”等。

（6）分部分项工程量清单与计价表

“08规范”将“03规范”的分部分项工程量清单表与分部分项工程量清单计价表两表合一。此表是建设工程工程量清单计价文件组成中最基本的计价表格之一，投标人按综合单价计价，并将各相应分项或子项工程的合价（工程量×综合单价）填入合价栏内。“分部分项工程量清单与计价表”中的项目编码、项目名称、项目特征、计量单位、工程数量均不作改动。对其中的“暂估价”栏，投标人应将招标文件中提供了暂估材料单价的暂估价进入综合单价，并应计算出暂估单价的材料在“综合单价”及其“合价”中的具体数额。

(7) 措施项目清单与计价表

此表是投标人根据拟建工程施工场地勘踏而掌握的第一手资料以及施工组织设计或施工方案等为依据，对拟建工程施工应采取有关措施项目的费用计算表。措施项目费包括：环境保护费、文明施工费、安全施工费、临时设施费、夜间施工费、二次搬运费、大型机械设备进出场及安拆费、已完工程及设备保护费、施工排水、降水费等。“08 规范”措施项目清单与计价表有“(一)”、“(二)”之分 [见表 4-4 (a) 及表 4-4 (b)]。措施项目清单与计价表(一) 适用于以“项”计价的措施项目。投标报价时，除“安全文明施工费”必须按《计价规范》第 4.1.5 条强制规定计取外，其他措施项目均可根据施工组织设计自主报价。措施项目清单与计价表 (二) 适用于以分部分项工程量清单项目综合单价方式计价的措施项目。其编制方法与分部分项工程量清单与计价表基本相同。

(8) 其他项目清单与计价汇总表

此表中的数值来源于“暂列金额明细表”、“材料暂估单价表”、“专业工程暂估价表”、“计日工表”、“总承包服务费表”五个表格。编制投标报价文件时，应按招标文件工程量清单提供的“暂列金额”和“专业工程暂估价”填写金额，不得变动。“计日工”、“总承包服务费”自主确定报价。

“暂估金额”在实际履约过程中可能发生，也可能不发生，所以它尽管包含在投标总价中（所以也将包含在中标人的合同总价中），但并不属于承包人所有和支配，是否属于承包人所有受合同约定的开支程序的制约。

(9) 工程量清单综合单价分析表

工程量清单单价分析表是评标委员会评审和判别综合单价组成和价格完整性、合理性的主要基础，对于因工程变更调整综合单价也是必不可少的基础价格数据来源。

该分析表集中反映了构成每一个清单项目综合单价的各个价格要素的价格及主要的“工、料、机”消耗量。投标人在投标报价时，需要对每一个清单项目进行组价，为了使组价工作具有可追溯性（回复评标质疑时尤其需要），需要表明每一个数据的来源。

该分析表一般随投标文件一同提交，作为竞标价的工程量清单的组成部分，中标后，作为合同文件的附属文件。

(10) 规费、税金项目清单与计价表

本表按原建设部、财政部 2003 年 10 月 15 日以“建标 (2003) 206 号”通知印发的《建筑安装工程费用项目组成》列举的规费项目列项，在施工实践中，有的规费项目，如工程排污费，并非每个工程所在地都要征收，实践中可作为按实计算的费用处理。此外，按照国务院《工伤保险条例》，工伤保险建议列入，与“危险作业意外伤害保险”一并考虑。

5.4.3 工程量清单计价表的标准格式

① 封面（见表 5-1)。
② 工程项目投标报价汇总表（见表 5-2)。
③ 单项工程投标报价汇总表（见表 5-3)。
④ 单位工程投标报价汇总表（见表 5-4)。
⑤ 工程量清单综合单价分析表（见表 5-5)。

表 5-1 投标报价文件（封面）

投 标 总 价

招 标 人：

工程名称：

投标总价(小写)：

(大写)：

投标人：

(单位盖章)

法定代表人

或其授权人

(签字或盖章)

编制人：

(造价人员签字盖专用章)

编制时间： 年 月 日

表 5-2 工程项目投标报价汇总表

工程名称 第 页共 页

序 号	单项工程名称	金额(元)	其 中		
			暂估价(元)	安全文明施工费(元)	规费(元)
1					
2					
合 计					

表 5-3 单项工程投标报价汇总表

工程名称 第 页共 页

序 号	单位工程名称	金额(元)	其 中		
			暂估价(元)	安全文明施工费(元)	规 费(元)
1					
2					
合 计					

表 5-4 单位工程投标报价汇总表

工程名称 标段： 第 页共 页

序 号	汇 总 内 容	金额(元)	其中:暂估价(元)
1	分部分项工程		
1.1			
1.2			
	……		
2	措施项目		
2.1	安全文明施工费		

续表

序　号	汇 总 内 容	金额(元)	其中:暂估价(元)
3	其他项目		
3.1	暂列金额		
3.2	专业工程暂估价		
3.3	计日工		
3.4	总承包服务费		
4	规费		
5	税金		
招标控制价合计=1+2+3+4+5			

注：本表适用于单位工程招标控制或投标报价的汇总，如无单位工程划分，单项工程也使用本表汇总。

表 5-5　工程量清单综合单价分析表

工程名称：　　　　　　　　标段：　　　　　　　　　　　　　　　　　　　　　第　页　共　页

<table>
<tr><td colspan="2">项目编码</td><td colspan="2"></td><td colspan="2">项目名称</td><td colspan="2"></td><td colspan="2">计量单位</td><td colspan="2"></td></tr>
<tr><td colspan="12">清单综合单价组成明细</td></tr>
<tr><td rowspan="2">定额编号</td><td rowspan="2">定额名称</td><td rowspan="2">定额单位</td><td rowspan="2">数量</td><td colspan="4">单　价</td><td colspan="4">合　价</td></tr>
<tr><td>人工费</td><td>材料费</td><td>机械费</td><td>管理费和利润</td><td>人工费</td><td>材料费</td><td>机械费</td><td>管理费和利润</td></tr>
<tr><td></td><td></td><td></td><td></td><td></td><td></td><td></td><td></td><td></td><td></td><td></td><td></td></tr>
<tr><td></td><td></td><td></td><td></td><td></td><td></td><td></td><td></td><td></td><td></td><td></td><td></td></tr>
<tr><td></td><td></td><td></td><td></td><td></td><td></td><td></td><td></td><td></td><td></td><td></td><td></td></tr>
<tr><td></td><td></td><td></td><td></td><td></td><td></td><td></td><td></td><td></td><td></td><td></td><td></td></tr>
<tr><td colspan="2">人工单价</td><td colspan="6">小　计</td><td></td><td></td><td></td><td></td></tr>
<tr><td colspan="2">元/工日</td><td colspan="6">未计价材料费</td><td></td><td></td><td></td><td></td></tr>
<tr><td colspan="8">清单项目综合单价</td><td colspan="4"></td></tr>
<tr><td rowspan="8">材料费明细</td><td colspan="5">主要材料名称、规格、型号</td><td>单位</td><td>数量</td><td>单价（元）</td><td>合价（元）</td><td>暂估单价（元）</td><td>暂估合价（元）</td></tr>
<tr><td colspan="5"></td><td></td><td></td><td></td><td></td><td></td><td></td></tr>
<tr><td colspan="5"></td><td></td><td></td><td></td><td></td><td></td><td></td></tr>
<tr><td colspan="5"></td><td></td><td></td><td></td><td></td><td></td><td></td></tr>
<tr><td colspan="5"></td><td></td><td></td><td></td><td></td><td></td><td></td></tr>
<tr><td colspan="5"></td><td></td><td></td><td></td><td></td><td></td><td></td></tr>
<tr><td colspan="7">其他材料费</td><td>—</td><td></td><td>—</td><td></td></tr>
<tr><td colspan="7">材料费小计</td><td>—</td><td></td><td>—</td><td></td></tr>
</table>

注：1 如不使用省级或行业建设主管部门发布的计价依据，可不填定额项目、编写等。

2. 招标文件提供了暂估单价的材料，按暂估的单价填入表内“暂估单价”栏及“暂估合价”栏。

前面说过，工程量清单计价文件由 16 个表格组成，但由于投标报价文件的编制总说明、分部分项工程清单与计价表、措施项目清单与计价表、其他项目清单与计价汇总表、暂列金额明细表、材料暂估单价表、专业工程暂估价表、计日工表、总承包服务费计价表、规费、税金项目清单与计价表，均与工程量清单文件表格的组成相同，故在此处不再重复编列。

5.5 清单计价编制实例

某砖基础墙为370mm，砖基础垫层为C10素混凝土，厚100mm；基础用M5水泥砂浆砌筑，砖的规格为240mm×115mm×53mm，MU10，基础高度2.1m，采用5层等高大放脚，防潮层为1∶2.5防水砂浆。垫层宽为1.2m，基础全长为20m。该分项工程量清单见下表，试报出该分项工程的综合单价，并对此分项工程进行工程量清单计价。

假设某投标企业的企业定额如下：

C10素混凝土垫层定额人工费：24.02元/m^3；材料费：157.96元/m^3；机械费：13.47元/m^3。

砖基础定额人工费：34.51元/m^3；材料费：126.57元/m^3；机械费：4.05元/m^3。

1∶2.5水泥砂浆防潮层：人工费：2.52元/m^2；材料费：6.34元/m^3；机械费：0.27元/m^2。

企业管理费费率：34%。

企业利润率：8%。

暂不考虑风险。

分部分项工程量清单

序号	项目编码	项目名称	计量单位	工程数量
1	010301001001	砖基础 垫层材料:C10素混凝土 厚度:100mm 砖材料:红机砖 规格:240×115×53 强度等级:MU10 基础类型:条形5层大放脚砖基础 基础深度:2.2m	m^3	22.45

【解】 计价规范规定砖基础工程内容包括：砂浆制作、运输；铺设垫层；砌砖；防潮层铺设；材料运输。

投标人计算：(参考第7章，工程量计算按定额计价中工程量计算规则计算)

(1) 基础垫层，C10素混凝土，厚100mm，$V_1=1.2\times0.1\times20m^3=2.4$ (m^3)

人工费：24.02元/$m^3\times2.4m^3=57.648$ (元)

材料费：157.96元/$m^3\times2.4m^3=379.104$ (元)

机械费：13.47元/$m^3\times2.4m^3=32.328$ (元)

(2) 砖基础：$V_2=0.365\times(2.1+0.647)\times20m^3=20.05$ (m^3)

人工费：34.51元/$m^3\times20.05m^3=691.926$ (元)

材料费：126.57元/$m^3\times20.05m^3=2537.729$ (元)

机械费：4.05元/$m^3\times20.05m^3=81.203$ (元)

(3) 1∶2.5水泥砂浆防潮层：$S=0.365\times20m^2=7.3$ (m^2)

人工费：2.52元/$m^2\times7.3m^2=18.396$ (元)

材料费：6.34元/$m^3\times7.3m^2=46.282$ (元)

机械费：0.27元/$m^2\times7.3m^2=1.971$ (元)

(4) 综合：

直接费合计：3846.587元

管理费：3846.587 元×34%＝1307.840（元）

利润：3846.587 元×8%＝307.727（元）

总计：3846.587 元＋1307.840 元＋307.727 元＝5462.154（元）

综合单价：5462.154 元÷22.45m^3＝243.303（元/m^3）

分部分项工程量清单计价表及综合单价计算表如下：

分部分项工程量清单计价表

序　号	项目编码	项 目 名 称	计量单位	工程数量	金额/元	
					综合单价	合价
1	010301001001	砖基础 垫层材料：C10 素混凝土 厚度：100mm 砖材料：红机砖 规格：240×115×53 强度等级：MU10 基础类型：条形砖基础 基础深度：2.2m	m^2	22.45	243.303	5462.154

分部分项工程量清单综合单价计算表

序号	定额编号	工程内容	单位	数量	单位：元					
					人工费	材料费	机械费	管理费	利　润	小　计
1	5-1	基础垫层，C10 素混凝土	m^3	2.4	57.648	379.104	32.328			
	4-1	砖基础	m^3	20.05	691.926	2537.729	81.203			
	13-5	1∶2.5 水泥砂浆防潮层	m^3	7.2	18.396	46.282	1.971			
		总计			767.97	2963.115	115.502	1307.840	307.727	5462.154

本章练习

一、填空题

1. 工程量清单计价采用______计价。

2. 采用工程量清单计价，建筑工程造价由______费、______费、其他项目费、规费和税金组成。

3. 措施项目清单计价应根据______，可以计算工程量的措施项目，应按分部分项工程量清单的方式采用______计价；其余的措施项目可以“项”为单位的方式计价，应包括除规费、税金外的全部费用。

4. 措施项目清单中的______应按照国家或省级、行业建设主管部门的规定计价，不得作为竞争性费用。

5. 规费和______按国家或省级、行业建设主管部门的规定计算，不得作为竞争性费用。

二、选择题

1. 工程量清单计价制度要求采用的合同计价方式为（　　）。

A. 总价合同　　B. 单价合同　　C. 可调价格合同　　D. 固定价格合同

2. 根据《建设工程工程量清单计价规范》的规定，已完工程及设备保护属于措施项目中的（　　）。

A. 通用项目　　B. 建筑工程项目　C. 装饰装修工程项目　D. 安装工程项目

3. 在我国目前工程量清单计价过程中，分部分项工程单价由（　　）。

A. 人工费、材料费、机械费

B. 人工费、材料费、机械费、管理费

C. 人工费、材料费、机械费、管理费、利润

D. 人工费、材料费、机械费、管理费、利润、规费和税金

4. 甲方供料是否计价，如何计价？（　　）

A. 甲方供应的材料应计入投标报价中，并在综合单价中体现

B. 甲方供应的材料不计入综合单价中

C. 甲方供应的材料应计入投标报价中，但不在综合单价中体现

D. 甲方供应的材料不计入投标报价中

5. 招标投标实行（　　）计价，是指招标人公开提供工程量清单，投标自主报价或招标人编制标底及双方签合同价款、工程施工结算等活动。

A. 工程清单　　B. 定额　　C. 指标　　D. 协商

6. 工程量清单计价格式中列明的所有需要填报的（　　）和合价，投标人均应填报。

A. 总价　　B. 单价　　C. 合同价　　D. 投标价

7. 实现工程量清单计价的关键及核心在于（　　）。

A. 企业定额的编制与使用　　B. 工程量清单项目设置规则的确定

C. 工程量清单计量规则的确定　　D. 工程量清单标准格式的制定

三、简答题

1. 工程量清单计价方法的特点是什么？

2. 何谓“综合单价”？它由哪几项费用构成？

3. 工程量清单计价适用于哪些建设项目？

4. 单位工程工程量清单造价怎样计算（列出计算式即可）？

5. 工程量清单计价文件由哪几种表格组成？

四、综合练习

【实训 1】 某多层砖混结构住宅土方工程，土壤类别为二类土，基础为砖砌大放脚带形基础。垫层宽度为 0.92m，挖土深度为 1.8m，弃土运距 4km，基础总长度：1590.6m，招标人的施工方案：采用反铲挖土机开挖、放坡开挖系数为 0.2，工作面宽度为 0.25m，现场土方全部外运，采用自卸汽车运输。又知投标人的管理费费率为 10%，利润率为 8%，试确定该分部分项工程的报价及综合单价。

工程数量计算 0.92×1.8×1590.6=2634（m^3）

分部分项工程量清单

工程名称：××多层砖混结构住宅楼建筑工程　　　　第　页　共　页

序号	项目编码	项 目 名 称	计量单位	工程数量
1	010101003001	机械挖条形砖基础土方，二类土，挖土深度 1.8m，全部挖土外运，运距 4km，C10 细石混凝土垫层宽度 0.92m（底面积 2258m^2）基底打夯，地基钎探	m^3	2634

【实训 2】 某砖基础墙为一砖半墙，砖基础垫层为 C10 素混凝土 100mm 厚；基础用 M5 水泥砂浆砌筑，MU10 标准砖，基础高度 2.1m，采用 5 层等高，防潮层为 1∶2.5 防水砂浆。垫层宽 1.2m，基础全长 20m，此工程的分部分项工程量清单如下，投标人企业定额相关数据附后，管理费费率按 34%计算，利润率按 8%计算，计算砖基础的综合单价及合价。

分部分项工程量清单与计价表

工程名称： 第 页 共 页

序号	项目编码	项目名称	计量单位	工程数量	金额(元)		
					综合单价	合价	其中：暂估价
1	010301001001	砖基础 C10 素混凝土垫层 100mm 厚 MU10 标准砖，条形基础 基础深度 2.2m	m^3	22.45			
		……					
本页小计							
合 计							

附：企业定额

素混凝土垫层人工费 24.02 元/m^3，材料费 157.96 元/m^3，机械费 13.47 元/m^3。

砖基础人工费 34.51 元/m^3，材料费 126.57 元/m^3，机械费 4.05 元/m^3。

1：2.5 水泥砂浆防潮层人工费 2.52 元/m^2，材料费 6.34 元/m^2，机械费 0.27 元/m^2。

6 建筑工程定额

知识目标

通过本章学习，掌握定额的概念、定额的性质和定额分类，了解定额的作用；熟悉预算定额（单位估价表）、建筑工程消耗量定额及企业定额的内容及使用方法。

能力目标

能正确套用建筑工程预算定额、单位估价表或企业定额。

6.1 建筑工程定额概述

6.1.1 定额的概念

从广义上理解，定额就是规定的额度或限额，即标准或尺度。由于不同的产品有不同的质量要求和安全规范要求，因此定额不单纯是一种数量标准，而是数量、质量和安全要求的统一体。

建筑工程定额是指在正常的施工条件下，完成一定计量单位的合格建筑产品所必须消耗的人工、材料和施工机械台班的数量标准。例如，砌筑每 $10m^3$ 砖基础，需用综合人工 12.18 工日，M5 水泥砂浆 $2.36m^3$，普通黏土砖 5.236 千块，200L 灰浆搅拌机 0.39 台班等。正常的施工条件，是指在产品施工生产过程中按照施工工艺和施工验收规范操作，施工环境正常，施工条件完善，劳动组织合理，劳动强度合法，材料供应质量符合国家相应标准和设计要求，施工机械运转正常等。

建筑工程定额反映一定社会生产力水平条件下的建筑工程生产和生产耗费之间的数量关系，同时也反映着建筑工程生产和生产耗费之间的质量关系。因此，一定时期的定额，反映一定时期的建筑工程生产机械化程度和施工工艺、材料、质量等建筑技术的发展水平和质量验收标准水平。随着我国建筑生产事业的不断发展和科学发展观的深入贯彻，各种资源的消耗量，必然会有所降低，产品质量及劳动生产率会有所提高。因此，定额并不是一成不变的；但在一定时期内，又必须是相对稳定的。我国自从开始制定定额以来，已经进行了多次的修订或新编。为适应中国特色社会主义市场经济发展的需要，以及向国际惯例靠拢，我国已经开始实施《全国统一建筑工程基础定额》和《全国统一安装工程基础定额》以及《全国统一建筑装饰装修工程消耗量定额》等，这些举措标志着我国建筑生产事业在不断地向前发展，标志着我国工程建设管理制度的进步和科学化。

6.1.2 定额的分类及定额的特性

6.1.2.1 定额的分类

建筑工程定额是工程建设各类定额中的一种，按照不同的原则和方法可以进行分类。

（1）按生产要素分类

可分为劳动定额、机械台班使用定额和材料消耗定额。这三种定额也称为基础定额。但它们互相依存形成一个整体，作为预算定额的组成部分，各自不具有独立性。

① 劳动定额 是指在一定的生产技术和组织条件下，为生产一定数量的产品或完成一定量的工作所规定的劳动消耗量的标准。劳动定额是组织现代化大工业生产的客观要求。在现代工业企业里，工人一般只从事某一工序的工作，企业内部的这种分工是以协作为条件的，怎样使这种分工在空间和时间上紧密地协调起来，这就必须以工序为对象，规定在一定的时间内应该提供一定数量的产品，或者规定生产一定产品所消耗的时间。否则，生产的节奏性就会遭到破坏，造成生产过程的混乱。

因此，劳动定额的基本表现形式有两种：一是生产单位产品消耗的时间，即时间定额；二是单位时间内应当完成的合格产品的数量，即产量定额。两者互为倒数关系。

$$\text{时间定额}=\frac{1}{\text{产量定额}}$$

时间定额是在拟定基本工作时间、辅助工作时间、不可避免中断时间、准备与结束的工作时间以及休息时间的基础上制定的。

计算公式为：

$$\text{时间定额}=\text{基本工作时间}+\text{辅助工作时间}+\text{不可避免中断时间}+\text{准备与结束的工作时间}+\text{休息时间}$$

② 材料消耗定额 简称材料定额，它是指在节约和合理使用材料的条件下，生产单位生产合格产品所需要消耗一定品种规格的材料，半成品，配件和水，电，燃料等的数量标准，包括材料的使用量和必要的工艺性损耗及废料数量。制定材料消耗定额，主要就是为了利用定额这个经济杠杆，对物资消耗进行控制和监督，达到降低物耗和工程成本的目的。

③ 机械台班使用定额 是在一定的生产技术和生产组织条件及合理使用机械的条件下，完成单位合格产品所必需消耗的机械台班数量的标准，它由机械的有效工作时间、不可避免的无效工作时间和工艺中断时间三部分组成，又称机械时间定额。机械台班的产量定额是指某种机械在合理的施工组织和正常施工的条件下，单位时间内完成的合格产品的数量。

机械时间定额与机械台班产量定额是机械台班使用定额的两种表现形式，两者互为倒数关系。即：

$$\text{机械时间定额}=\frac{1}{\text{机械台班产量定额}}$$

(2) 按编制程序和用途分类

可分为工序定额、施工定额、预算定额、概算定额、概算指标、投资估算指标等。

① 工序定额 是以个别工序为测定对象的定额。

它是组成一切工程定额的基本元素，在施工中除了为计算个别工序的用工量外很少采用，但却是劳动定额形成的基础。

② 施工定额 是施工企业（建筑安装企业）为组织生产和加强管理在企业内部使用的一种定额，属于企业生产定额的性质。它是建筑安装工人在合理的劳动组织或工人小组在正常施工条件下，为完成单位合格产品，所需劳动、机械、材料消耗的数量标准。它由劳动定额、机械定额和材料定额三个相对独立的部分组成。施工定额是施工企业内部经济核算的依据，也是编制预算定额的基础。

③ 预算定额 是用来确定建设工程产品中每一分部分项工程的每一计量单位所消耗的物化劳动数量的标准。换言之，它是确定每一计量单位的分部分项工程内容所消耗的人工和

材料数量以及所需要的机械台班数量的标准。有些预算定额中不但规定了人、材、机消耗的数量标准，而且还规定了人、材、机消耗的货币标准和每个定额项目的预算定额单价，使其成为一种计价性定额。

④ 概算定额　也叫扩大结构定额，它是确定一定计量单位扩大分项工程或结构构件所需的人工、材料及台班消耗量的标准。概算定额是在预算定额的基础上，按常用主体结构工程列项，以主要工程内容为主，适当合并相关预算定额的分项内容进行综合扩大而编制的。

⑤ 概算指标　是在概算定额的基础上进一步综合扩大，以 $100m^2$ 建筑面积为单位，构筑物以座为单位，规定所需人工、材料及机械台班消耗数量及资金的定额指标。

⑥ 投资估算指标　是在编制项目建议书可行性研究报告和编制设计任务书阶段进行投资估算、计算投资需要量时使用的一种定额。它具有较强的综合性、概括性，往往以独立的单项工程或完整的工程项目为计算对象。它的概略程度与可行性研究阶段相适应。它的主要作用是为项目决策和投资控制提供依据，是一种扩大的技术经济指标。投资估算指标虽然往往根据历史的预、决算资料和价格变动等资料编制，但其编制基础仍离不开预算定额、概算定额。

(3) 按制定单位和执行范围分类

可分为全国统一定额、行业统一定额、地区统一定额、企业定额和补充定额等。

全国统一定额由国务院建设行政主管部门组织指定发布，行业统一定额由国务院行业主管部门指定发布；地区统一定额由省、自治区、直辖市建设行政主管部门制定发布。

(4) 按适用专业分类

可分为建筑工程定额（也称土建定额）、设备安装工程定额、市政工程定额、仿古建筑及园林定额、公路工程定额、铁路工程定额和井巷工程定额等。

6.1.2.2　建筑工程定额的特性

(1) 科学性

建筑工程定额的科学性，首先表现在用科学的态度制定定额，尊重客观实际，力求定额水平合理；其次表现在制定定额的技术方法上，利用现代科学管理的成就，形成一套系统的、完整的、在实践中行之有效的方法；第三表现在定额制定和贯彻一体化。制定是为了提供贯彻的依据，贯彻是为了实现管理的目标，也是对定额的信息反馈。只有科学的定额才能使宏观经济调控得以顺利实现，才能适应市场运行机制的需要。

(2) 统一性

定额的统一性，主要是由国家对经济发展的有计划的宏观调控职能决定的。为了使国民经济按照既定的目标发展，就需要借助于某些标准、定额、参数等，对工程建设进行规划、组织、调节、控制。而这些标准、定额、参数必须在一定的范围内是一种统一的尺度，才能实现上述职能，才能利用它对项目的决策、设计方案、投标报价、成本控制进行比选和评价。

定额的统一性按照其影响力和执行范围来看，有全国统一定额，地区统一定额和行业统一定额等；按照定额的制定、颁布和贯彻使用来看，有统一的程序、统一的原则、统一的要求和统一的用途。

(3) 系统性

建筑工程定额是相对独立的系统。它是由多种定额结合而成的有机的整体。它的结构复杂，有鲜明的层次，有明确的目标。

定额的系统性是由工程建设的特点决定的。工程建设本身的多种类、多层次就决定了以它为服务对象的工程建设定额的多种类、多层次。工程建设包括农林水利、轻纺、机械、煤炭、电力、石油、冶金、化工、建材工业、交通运输、邮电工程，以及商业物资、科学教育文化、卫生体育、社会福利和住宅工程等。这些工程的建设都有严格的项目划分，如建设项目、单项工程、单位工程、分部分项工程；在计划和实施过程中有严密的逻辑阶段，如规划、可行性研究、设计、施工、竣工交付使用，以及投入使用后的维修。与此相适应必然形成定额的多种类、多层次。

(4) 权威性

我国的建筑工程定额是由国家或其授权机关组织编制和颁布的一种法令性指标，在执行范围之内，任何单位都必须严格遵守和执行。未经原制定单位批准，不得任意改变其内容和水平，如需进行调整、修改和补充，必须经授权部门批准，在内容和形式上同原定额保持一致。因此定额具有很大的权威性，这种权威性在一些情况下具有经济法规性质。权威性反映统一的意志和统一的要求，也反映信誉和信赖程度以及反映定额的严肃性。

定额的权威性的客观基础是定额的科学性。只有科学的定额才具有权威。赋予定额以一定的权威性，就意味着在规定的范围内，对于定额的使用者和执行者来说，不论主观上愿意不愿意，都必须按定额的规定执行。在当前市场不规范的情况下，赋予定额以权威性是十分重要的。但是在竞争机制引入工程建设的情况下，定额的水平必然会受市场供求状况的影响，从而在执行中可能产生定额水平的浮动。

(5) 稳定性与时效性

定额中的任何一种都是一定时期技术发展和管理水平的反映，因而在一段时间内都表现出稳定的状态。稳定的时间有长有短，一般在 5 年至 10 年之间。保持定额的稳定性是维护定额的权威性所必需的，更是有效地贯彻定额所必要的。如果某种定额处于经常修改变动之中，那么必然造成执行中的困难和混乱，使人们感到没有必要去认真对待它，很容易导致定额权威性的丧失。定额的不稳定也会给定额的编制工作带来极大的困难。

但是定额的稳定性是相对的。当生产力向前发展了，定额就会与已经发展了的生产力不相适应。这样，它原有的作用就会逐步减弱以至消失，需要重新编制或修订。所以定额既不是固定不变的，也不是朝定夕改，但企业定额的局部修订或补充是会常常出现的。

6.2 预算定额

6.2.1 预算定额的性质

建筑工程预算定额是工程建设进入施工图设计阶段时，用于编制工程预算的定额依据，因此称为施工预算定额，或简称预算定额。是指在合理的施工组织设计、正常的施工条件下，生产一定计量单位合格分项工程或构件所需耗费人工、材料和施工机械台班消耗量的标准。预算定额是工程建设管理工作中的一项重要技术经济法规，是进行设计方案比较、编制建筑工程施工图预算、确定工程造价的重要依据。

预算定额属于计价定额。预算定额是工程建设中一项重要的技术经济指标，反映了在完成单位分项工程消耗的活劳动和物化劳动的数量限制。这种限度最终决定着单项工程和单位工程的成本和造价。

预算定额反映社会一定时期内的生产力水平。为了使全国或地区的建设工程有一个统一的造价核算尺度，用以比较、考核各地区、各部门基本建设经济效果与施工管理水平，国家工程建设主管部门或其授权机关，对完成各分项或子项工程的单位产品所消耗的人工、材料和施工机械台班，按社会平均必要耗用量的原则，确定了生产各个分项工程或构件的人工、材料和施工机械台班消耗量的标准，用以确定人工费、材料费和施工机械费，并以法令形式颁发执行，所以预算定额具有法令性。由于预算定额是由国家或其授权机关统一组织制定和颁发的一种法令性指标，各地区与各基本建设部门都必须严格按照预算定额的规定编制施工图预算，用以确定工程造价，进行竣工工程结算。

为了使预算定额符合和接近施工实际情况，定额对一些设计和施工中变化多、影响工程造价大的因素，作了变通的规定。如砖石工程的砌筑砂浆、木作工程的木门、窗框、扇料断面积，以及某些分项工程或构件的人工、材料差异等，在预算定额说明中规定可以根据设计和施工实际情况，进行换算或调整，这样，预算定额就具有一定的灵活性，使之更加切合实际，便于统一执行。

6.2.2　预算定额的内容

6.2.2.1　预算定额的内容

预算定额一般由下列内容组成：①总说明，主要阐述预算定额的编制原则、编制依据、适用范围和定额的作用，说明编制定额时已经考虑和未考虑的因素，以及有关规定和定额的使用方法等。②建筑面积计算规则，严格、系统地规定了计算建筑面积的内容范围和计算规则，从而使全国各地区的同类建筑产品的计划价格有一个科学的可比性。如对同类型结构的工程可通过计算单位建筑面积的工程量、造价、用工、用料等，进行技术经济分析和比较。③分部工程说明，每一分部工程即为定额的每一章，在说明中介绍了该分部中所包括的主要分项工程、工作内容及主要施工过程，阐述了各分项工程量的计算规则、计算单位、界限的划分，以及使用定额的一些基本规定和计算附表等。④分项工程定额项目表，这是预算定额的主要组成部分，是以分部工程归类并以分项工程排列的。在项目表的表头中说明了该分项工程的工作内容；在项目表中标明了定额的编号、项目名称、计量单位，列有人工、材料、机械消耗量指标和工资标准、材料预算价格、机械台班单价，以及据此计算出的人工费、材料费、机械费和汇总的定额基价（即综合单价）。有的项目表下部还列有附注，说明了设计要求与定额规定不符时怎样进行调整，以及其他应说明的问题。⑤附录或附表，这部分列在预算定额的最后面。例如，某市的预算定额的附录包括砂浆配合比表、混凝土配合比表、材料预算价格、地模制作价格表、金属制品制作价格表等。

6.2.2.2　《全国统一建筑工程基础定额》的内容

目前，我国尚无全国统一建筑工程预算定额，仅有建设部于 1995 年 12 月以建标［1995］736 号通知发布的《全国统一建筑工程基础定额》，该定额从其功能作用方面来说，它实质上就是预算定额，因此，这里以该定额为例对建筑工程预算定额的内容予以说明。

中华人民共和国原建设部 1995 年 12 月 15 日以“建标［1995］736 号”通知颁发《全国统一建筑工程基础定额》（土建工程）GJD-101—95 的内容，主要由以下几部分组成：

（1）颁发文件

建设部“建标［1995］736 号”文件向各省、自治区、直辖市建委（建设厅）、有关计委、国务院各有关部门通知称：自 1995 年 12 月 15 日起《全国统一建筑工程基础定额》（土建工程）GJD-101—95 和《全国统一建筑工程预算工程量计算规则》GJD-101—95 开始施行，原建设部 1992 年印发的《全国统一建筑装饰工程预算定额》停止执行。《全国统一建筑工程基础定额》（土建工程）和《全国统一建筑工程预算工程量计算规则》由建设部负责解释和管理。

（2）目录

《全国统一建筑工程基础定额》目录共分为十五章，即：

第一章　土石方工程

第二章　桩基础工程

第三章　脚手架工程

第四章　砌筑工程

第五章　混凝土及钢筋混凝土工程

第六章　构件运输及安装工程

第七章　门窗及木结构工程

第八章　楼地面工程

第九章　屋面及防水工程

第十章　防腐、保温、隔热工程

第十一章　装饰工程

第十二章　金属结构制作工程

第十三章　建筑工程垂直运输定额

第十四章　建筑物超高增加人工、机械定额

第十五章　附录

(3) 总说明

“总说明”主要阐述了《全国统一建筑工程基础定额》(土建工程)的含义、功能作用、适用范围、编制依据、定额消耗量(人工、材料、机械)的确定方法等。

(4) 分部工程

分部工程是指定额中的各章工程。各分部工程主要包括有该分部工程“说明”和“定额表”两大部分，有的分部工程还包括有“附录”等内容。各分部工程中的每一分项工程，均由分项工程名称、工作内容和定额表组成。分项工程工作内容扼要说明了该分项工程主要工序的施工操作过程和先后次序；定额表内有各子目名称、计量单位、人工、材料、机械台班的消耗数量和各个子目的定额编号等，有的定额表下还有附注。

(5) 附录

附录的用途主要是为编制建筑工程地区单位估价表提供方便，《全国统一建筑工程基础定额》(土建工程) GJD-101-95 中的附录主要有以下几个：

① 混凝土配合比表；

② 耐酸、防腐及特种砂浆、混凝土配合比表；

③ 抹灰砂浆配合比表；

④ 砌筑砂浆配合比表。

(6) 工程量计算规则

这一部分内容主要是统一了各分部分项工程实物数量的计算方法和计量单位等。

各省、市、自治区都在全国统一建筑工程基础定额的基础上，结合各省、市、自治区的具体情况编制自己的预算定额或单位估价表。

6.2.3 预算定额的作用

预算定额在我国基本建设管理工作中，具有很重要的地位。它的作用有以下几点：

① 预算定额是编制建筑工程施工图预算的重要依据。

建筑工程施工图预算中每一计量单位的分项或子项工程与结构构件的费用，都是按施工图纸的工程量乘以相应的预算单价计算的。而预算单价则是根据预算定额规定的人工、材料和施工机械台班的消耗数量乘以当地人工工资标准、材料预算价格、施工机械台班预算价格编制的。因此，预算定额是编制建筑工程施工图预算的依据。

② 是编制标底、投标报价的基础。

在深化改革中，在市场经济体制下预算定额作为编制标底的依据和施工企业报价的基础的作用仍将存在，这是由于它本身的科学性和权威性决定的。

③ 是国家对基本建设进行计划管理和贯彻厉行节约方针的重要手段。

由于预算定额是编制施工图预算、确定工程造价的依据，国家可以通过预算定额，将全国的基本建设投资和资源的消耗量，控制在一个合理的水平上，以期对基本建设实行计划管理。同时，预算定额也是设计部门对设计方案进行技术经济分析的工具，特别是选择新结构、新材料时，应对照预算定额规定的人工、材料、机械消耗指标和综合基价（即单价）进行比较，选择技术先进、经济合理的设计方案。这一切都有利于国家对基本建设进行计划管理和贯彻厉行节约的方针，防止人、财、物的浪费。

④ 是建设单位拨付工程价款、筹集建设资金和编制竣工结算的依据。

预算定额规定了完成各种分项、子项工程和结构构件的全部工序，任何已完工程都必须符合预算定额规定的工程内容。竣工工程的价款也应按已完成的工程量和预算定额单价进行计算，以保证国家建设资金的合理使用。

⑤ 预算定额是编制概算定额与概算指标的基础。

概算定额或概算指标，是设计单位在初步设计阶段确定建（构）筑物粗略价值的依据。概算定额是在预算定额的基础上，以主体结构分项工程为主，进一步综合、扩大、合并与其相关的分项或子项工程编制的，每一扩大分项工程都包括了数项相应预算定额的内容。例如概算定额的砖基础分项工程，综合了人工挖地槽、砌砖基础、素土回填夯实、运土、基础防潮层敷设五个预算定额项目。因此，使用概算定额编制初步设计概算，既节省时间，又能较为准确地确定工程造价。概算指标比概算定额更加综合，它简明、齐全，使用方便，是及时、准确编制初步设计概算的重要价格依据。

⑥ 是施工企业编制施工计划、确定劳动力、材料、机械台班需用量计划和统计完成工程量的依据。

为了更好地组织和管理工程建设施工生产，必须编制施工进度计划。在编制计划和组织管理施工生产中，要以定额作为计算人工、材料、机械需用量的依据，也是统计完成工程量的依据。

⑦ 是施工企业实施经济核算制、考核工程成本的参考依据。

实行经济核算的根本目的，是用经济的方法促使企业在保证质量和工期的条件下，用较少的劳动消耗取得预定的经济效果。在目前，我国的预算定额仍决定着企业的收入，企业必须以预算定额作为评价企业工作的重要标准。企业可根据预算定额，对施工中的劳动、材料、机械的消耗情况进行具体的分析，以便找出低工效、高消耗的薄弱环节及其原因。为实现经济效益的增长由粗放型经济增长方式向集约型经济增长方式转变，提供对比数据，促进企业提高在市场上的竞争能力。

6.2.4 预算定额的编制原则与编制步骤

6.2.4.1 预算定额的编制原则

（1）社会平均水平的原则

预算定额理应遵循价值规律的要求，按生产该产品的社会平均必要劳动时间来确定其价值。这就是说，在正常施工条件下，以平均的劳动强度、平均的技术熟练程度，在平均的技术装备条件下，完成单位合格产品所需的劳动消耗量就是预算定额的消耗量水平。这种以社会平均劳动时间来确定的定额水平，就是通常所说的社会平均水平。

（2）简明适用的原则

定额的简明与适用是统一体中的两个方面，如果只强调简明，适用性就差；如果只强调适用，简明性就差。因此预算定额要在适用的基础上力求简明。

6.2.4.2 预算定额的编制依据

① 国家及有关部门的政策和规定。

② 现行的设计规范、国家工程建设标准强制性条文、施工技术规范和规程、质量评定标准和安全操作规程等建筑技术法规。

③ 通用的标准设计图纸、图集，有代表性的典型设计图纸、图集。

④ 有关的科学试验、技术测定、统计分析和经验数据等资料，成熟推广的新技术、新结构、新材料和先进管理经验的资料。

⑤ 现行的施工定额，国家和各省、市、自治区过去颁发或现行的预算定额及编制的基础资料。

⑥ 现行的工资标准、材料市场价格与预算价格、施工机械台班预算价格。

6.2.4.3 预算定额的编制步骤

（1）准备阶段

成立编制机构，拟定编制方案，确定定额项目，全面收集各项依据资料。

（2）编制初稿阶段

在定额编制的各种资料收集齐全之后，就可进行定额的测算和分析工作，并编制初稿。

（3）审查定稿阶段

定额初稿完成后，应与原定额进行比较，测算定额水平，分析定额水平提高或降低的原因，然后对定额初稿进行修正。

通过测算并修正定稿之后，即可拟写编制说明和审批报告，并一起呈报主管部门审批。

6.2.4.4 分项工程定额指标的确定

分项工程定额指标的确定，包括确定定额项目和内容，确定定额计量单位，计算工程量，确定人工、材料和机械台班消耗量指标等内容。

（1）确定定额项目及其内容

（2）定额计量单位与计算精度的确定

① 确定预算定额计量单位的原则　当物体的三个度量，即长、宽、高都变化不定时，采用体积为计量单位；当物体厚度一定，而长、宽两个度量变化不定时，采用面积为计量单位；长度变化不定时，采用延长米为计量单位。

② 预算定额计量单位的表示方法　常规计量单位：

面积：mm^2，cm^2，m^2

长度：mm，cm，m，km

体积（容积）：m^3，L

重量（质量）：kg，t

扩大计量单位：10m，100m，$100m^2$，$10m^3$

③ 预算定额项目表中各消耗量计量单位及小数位数的确定

人工：以“工日”为单位

机械：以“台班”为单位

木材：以 m^3 为单位

钢材：及钢筋以 t 为单位

标准砖：以“千块”为单位

水泥、石灰：以 kg 为单位

砂浆和混凝土：以 m^3 为单位

其他材料：以“元”为单位

其他材料费和中小型机械费：以“元”为单位

(3) 工程量计算

(4) 计算和确定预算定额中各消耗量指标

① 人工消耗量指标的确定　预算定额中人工消耗量指标包括完成该分项工程的各种用工数量。它的确定有两种方法，一种是以施工定额为基础确定，另一种是以现场观察测定资料为基础计算。预算定额的人工消耗由下列四部分组成。

a. 基本用工：是指完成该分项工程的主要用工量。

基本用工数量，按综合取定的工程量和劳动定额中相应的时间定额进行计算。

b. 材料及半成品超运距用工：是指预算定额中材料及半成品的运输距离，超过了劳动定额基本用工中规定的距离所需增加的用工量。即：

$$\text{超运距}=\text{预算定额规定的运距}-\text{劳动定额规定的运距}$$

c. 辅助用工：是指在劳动定额内不包括而在预算定额内，但又必须考虑的施工现场所发生的材料加工等用工。

d. 人工幅度差：是指预算定额和劳动定额由于定额水平不同而引起的水平差。人工幅度差内容包括：在正常施工条件下，土建工程中各工种施工之间的搭接，以及土建工程与水、暖、风、电等工程之间交叉配合需要的停歇时间；施工机械的临时维修和在单位工程之间转移时及水、电线路在施工过程中移动所发生的不可避免的工作停歇时间；由于工程质量检查和隐蔽工程验收，导致工人操作时间的延长；由于场内单位工程之间的地点转移，影响了工人的操作时间；由于工种交叉作业，造成工程质量问题，对此所花费的用工。

人工幅度差按前三项用工量之和的一定百分比计算确定。即用人工幅度差系数表示，一般土建工程为10%，设备安装工程为12%。

定额中材料及半成品超运距用工、辅助用工和人工幅度差合在一起又称其他用工。因此，预算定额中各分项工程的人工消耗量指标，就等于该分项工程的各种用工数量之和。

$$\begin{aligned}\text{人工消耗量}&=\text{基本用工}+\text{其他用工}\\&=(\text{基本用工}+\text{超运距用工}+\text{辅助用工})\times(1+\text{人工幅度差系数})\end{aligned}$$

② 材料消耗量指标的确定　预算定额的材料消耗量指标是由材料的净用量和损耗量构成的。

a. 主材消耗用量的确定。

主材净用量的确定：应结合分项工程的构造做法，综合取定的工程量及有关资料进行计算。如：

$$(\text{未增减前})\text{标准砖}=\frac{1}{\text{墙厚}\times(\text{砖长}+\text{灰缝})\times(\text{砖厚}+\text{灰缝})}\times 2\times\text{墙厚的砖数}$$

主材损耗量的计算：材料损耗量由施工操作损耗、场内运输损耗、加工制作损耗和场内管理损耗所组成的。损耗量用损耗率表示为：

$$损耗率=\frac{材料损耗量}{材料总消耗量}\times 100\%$$

$$则材料总消耗量=材料净用量+材料损耗量=\frac{材料净用量}{1-损耗率}$$

b. 次要材料消耗量的确定。

次要材料包括两类材料：一类是直接构成工程实体，但用量很小、不便计算的零星材料；另一类是不构成工程实体，但在施工中消耗的辅助材料，这些材料用量不多，价值不大，不便在定额中逐一列出，因而将它们合并统称为次要材料。

③ 机械台班消耗量指标的确定　预算定额中的机械台班消耗量指标，一般是在施工定额的基础上，再考虑一定的机械幅度差进行计算的。

机械幅度差内容包括：施工中机械转移工作面及配套机械相互影响所损失的时间；在正常施工情况下，机械施工中不可避免的工序间歇；检查工程质量影响机械操作的时间；因临时水电线路在施工过程中移动而发生的不可避免的机械操作间歇时间；冬季施工期内发动机械的时间；不同厂牌机械的工效差、临时维修、小修、停水停电等引起的机械间歇时间。

a. 大型机械台班消耗量。

大型机械，如土石方机械、打桩机械、吊装机械、运输机械等，在预算定额中按机械种类、容量或性能及工作物对象，并按单机或主机与配合辅助机械，分别以台班消耗量表示。其台班消耗量指标是按施工定额中规定的机械台班产量计算，再加上机械幅度差确定的。

$$机械台班消耗量=\frac{工序工程量}{机械台班产量}\times(1+机械幅度差系数)$$

b. 按工人班组配备使用的机械台班消耗量。

对于按工人班组配备使用的机械，如垂直运输的塔吊、卷扬机、混凝土搅拌机、砂浆搅拌机等，应按小组产量计算台班产量，不增加机械幅度差。

$$分项定额机械台班消耗量=$$
$$\frac{分项定额计量单位值}{小组总人数\times\sum(分项计算取定比重\times劳动定额综合产量)}=\frac{分项定额计量单位值}{小组产量}$$

c. 专用机械台班消耗量。

分部工程的各种专用中小型机械，如打夯、钢筋加工、木作、水磨石等专用机械，一般按机械幅度差系数为10%来计算其台班消耗量，列入预算定额的相应项目内。

d. 其他中小型机械使用量。

对于在施工中使用量较少的各种中小型机械，不便在预算定额中逐一列出，而将它们的台班消耗量和机械费计算后并入“其他机械费”，单位为“元”，列入预算定额的相应子目内。

(5) 编制预算定额基价

$$\begin{aligned}定额基价&=定额人工费+材料费+机械台班使用费\\&=定额人工消耗量\times人工工资标准+\sum材料消耗量\times材料预算单价+\\&\quad\sum机械台班消耗量\times台班单价\end{aligned}$$

(6) 编制预算定额项目表格，编写预算定额说明

将定额中的人工、材料、机械台班消耗量及相应人工费、材料费、机械费及基价等数据填入定额项目表中，并附工程内容、计量单位、附注等。

在完成全部表格编制后，编写预算定额说明。

6.2.5 建筑工程预算定额的使用方法

6.2.5.1 定额的直接套用

当施工图设计要求与定额项目内容完全一致时，可以直接套用定额。套用时注意以下几点：①根据施工图、设计说明、标准图做法说明，选择预算定额项目。②应从工程内容、技术特征和施工方法上仔细核对，才能准确地确定与施工图相对应的预算定额项目。③施工图中分项工程的名称、内容和计量单位要与预算定额项目相对应一致。④直接套用还包括定额规定不允许调整的分项工程，虽然设计的与定额内容不同，但定额不允许调整仍直接套用。如：屋面工程中的卷材屋面的接缝、收头、找平层嵌缝、冷底子油等人工材料已计入子目内，不另计算。

【例 6-1】 试确定 M10 水泥砂浆砖基础的定额费用（即定额基价），并求出 $50m^3$ 砖基础的定额分项费用。

【解】 查湖南省定额 04001，看定额项目内容，刚好是 M10 水泥砂浆与题目相符合，直接套用。因此定额基价就是 1752.05 元/$10m^3$。

计算 $50m^3$ 的定额分项费用：50×1752.05÷10＝8760.25（元）

6.2.5.2 定额换算

(1) 预算定额乘系数换算

根据定额的分部说明或附注规定，对定额基价或部分内容乘以规定系数。

换算后基价＝定额基价×(调整系数)（当全部定额调整时）

换算后基价＝定额基价＋调整部分金额×(调整系数－1)

（当只是定额中部分内容调整时）

【例 6-2】 M10 水泥砂浆砌 2 砖以上挡土墙，高度 4.2m，试确定砖砌挡土墙的定额基价，并求工程量为 $125m^3$ 时的定额分项工程费用。

【解】 首先查定额分部说明：砖砌挡土墙 2 砖以上执行砖基础项目，高度超过 3.6m 者，人工乘以系数 1.15。

M10 水泥砂浆砌砖基础 04001，定额基价就是 1752.05 元/$10m^3$，其中人工费 243.89 元/$10m^3$。

砖砌挡土墙 2 砖以上定额基价为：

04001换算后基价＝1752.05＋243.89×(1.15－1)＝1788.63(元/$10m^3$)

$125m^3$ 工程量时的定额分项工程费用＝1788.63×125÷10＝22357.88（元）

(2) 砂浆、混凝土强度等级、配合比换算

当工程项目中设计的砂浆、混凝土强度等级、抹灰砂浆及保温材料配合比与定额项目规定不相符时，可根据定额说明进行相应换算。在进行换算时，应遵循两种材料交换，定额含量不变的原则。

换算后基价＝原基价＋(换入单价－换出单价)×定额材料用量

【例 6-3】 试确定 M7.5 混合砂浆砖台阶的定额基价。

【解】 查定额中：砖砌台阶 04022，M5 水泥砂浆 $0.55m^3/10m^3$，定额基价 417.74 元/$10m^3$

查定额附录：M5 水泥砂浆 P08003 单价 104.29 元/m^3

M7.5 混合砂浆 P08005 单价 123.42 元/m^3

M7.5 混合砂浆砖台阶的定额基价

04022换算后基价＝417.74＋(123.42－104.29)×0.55＝428.26（元/$10m^3$）

(3) 其他换算

以多重定额套用为例说明。

【例6-4】 试求人工运土方、运距180 m时定额基价。

【解】 查定额01005人工运土方、运距30m以内，基价为377.06元/$100m^3$

定额01006人工运土方、运距每增加20m，基价为89.83元/$100m^3$

运距增加（180－30）÷20＝7.5，取整数8

人工运土方、运距180m时定额基价＝377.06＋89.83×8＝1095.7（元/$100m^3$）

6.2.5.3 补充预算定额

当分项工程的设计要求与定额条件完全不相符或由于设计采用新结构、新材料、新工艺，预算定额没有这类项目，属于定额缺项，这就需要补充定额。做法如下所述。

(1) 定额代用法

利用性质相似，材料大致相同，施工方法很接近的定额项目，估算出适当的系数进行使用。这种办法一定要在施工实践中进行观察和测定，以便调整系数，保证定额的精确性，为以后补充定额项目做基础。

(2) 定额组合法

尽量利用现行预算定额进行组合，因为一个新定额项目所包含的工艺与消耗往往是现有定额项目的变形与演变，新老定额之间有很多联系，要从中发现这些联系，在补充制定新定额项目时，直接利用现行定额内容部分或全部，可以达到事半功倍效果。

(3) 计算补充法

按定额编制方法进行计算补充，是最精确补充定额方法。按图纸构造做法计算相应材料，加入损耗量，人工和机械按劳动定额和机械台班定额计算。

6.2.6 建筑工程单位估价表

6.2.6.1 单位估价表和单位估价汇总表的概念

将预算定额中的三种“量”（人工、材料、机械台班）与三种“价”（工资单价、材料预算单价、机械台班单价）相结合，计算出一个以货币形式表达完成一定计量单位合格分项工程或构件的价值指标（单价）的许多表格，并将其按一定的分类（如土石方工程、桩基工程、砖石工程……）汇总在一起，则称为单位估价表。

单位估价表，在一个地区来说，可以说它是国家统一预算定额在该地区的翻版，它仅是将国家统一预算定额中的三种价全部更换为本地区的三种价，所以地区单位估价表在一个地区来说，除基价与原定额不相同外，其余内容与国家统一预算定额完全相同（但不排除补充部分）。因此，一个地区的单位估价表与原定额篇幅一样很大，为了使用方便和缩小篇幅，而将单位估价表中的相应内容略去而仅将其中的基价按照一定的方法汇集起来就称作“单位估价汇总表”或“价目表”。

从目前来看，我国大多数地区的建筑工程预算定额，都已按照编制单位估价表的方法，编制成带有货币数量即“基价”的预算定额。因此，它与单位估价表一样，可以直接作为编制工程预算的计算依据。

6.2.6.2 单位估价表的使用

单位估价表的使用方法同预算定额的使用方法基本一样。但由于单位估价表是地区性的，所以它具有地区的特点；又由于单位估价表仅为了编制工程预算划价而制定，它的应用范围与包括内容不如预算定额广泛。因此，使用时首先要查阅所使用的单位估价表是通用的还是专业的；其次要查阅总说明，了解它的适用范围和适用对象，查阅分部（章）工程说明，了解它包括和未包括的内容；其次，要核对分项工程的工作内容是否与施工图设计要求相符，若有不同，是否允许换算等。

6.2.7　综合案例分析

背景：

某项毛石护坡砌筑工程，定额测定资料如下：

① 完成每立方米毛石砌体的基本工作时间为7.9h；

② 辅助工作时间、准备与结束时间、不可避免中断时间和休息时间等，分别占毛石砌体的工作延续时间3%、2%、2%、16%；

③ 每$10m^3$毛石砌体需要M5水泥砂浆$3.93m^3$，毛石$11.22m^3$，水$0.79m^3$；

④ 每$10m^3$毛石砌体需要200L砂浆搅拌机0.66台班；

⑤ 该地区人工工资单价：25元/工日；M5水泥砂浆单价95.51元/m^3，毛石单价：58元/m^3，水单价：1.85元/m^3，200L砂浆搅拌机台班单价：51.41元/台班。

问题：

① 确定砌筑每立方米毛石护坡的人工时间定额和产量定额。

② 若预算定额的其他用工占基本用工的12%，试编制该分项工程的预算单价。

③ 若改用M10水泥砂浆，且该砂浆现行单价为111.20元/m^3，定额消耗量不变，换算后的新单价是多少？

分析要点：

本案例主要考核劳动定额的编制、工料单价的组成和确定方法、时间定额与产量定额的关系以及定额的换算。

【解】（1）人工时间定额的确定：

假定砌筑每立方米毛石护坡的工作延续时间为X，则

$$X=7.9+(3\%+2\%+2\%+16\%)X=7.9+23\%X$$

$$X=7.9\div(1-23\%)=10.26\ (h)$$

每工时按8工时计算，则

砌筑毛石护坡的人工时间定额$=10.26\div8=1.283$（工日/m^3）

砌筑毛石护坡的人工产量定额$=1\div1.283=0.779$（m^3/工日）

（2）预算定额的人工消耗量=(基本用工+其他用工)×定额计量单位

$=(1.283+1.283\times12\%)\times10$

$=14.37$（工日/10 m^3）

预算人工费=预算定额人工消耗量×人工工资单价

$=14.37\times25=359.25$（元/10 m^3）

预算材料费$=3.93\times95.51+11.22\times58+0.79\times1.85=1027.57$（元/10 m^3）

预算机械费$=0.66\times51.41=33.93$（元/$10m^3$）

该分项工程的预算单价=人工费+材料费+机械费

$=359.25+1027.57+33.93=1420.75$（元/10 m^3）

（3）换算后的新单价=换算前单价+砂浆用量×（M10单价−M5单价）

$=1420.75+3.93\times(111.20-95.51)=1482.41$（元/$10m^3$）

6.3 消耗量定额和企业定额

6.3.1 概述

我国工程造价的确定，长期以来一直实行的是“量”、“价”合一的定额模式。这种计价模式是一种相当固定的静态模式，适用于工、料、机价格比较稳定的计划经济时期，随着我国对内搞活、对外开放政策的实施，以及社会主义市场经济体制的建立和发展，工程建设招标投标承建制的实施，建筑市场竞争的存在，国家建设主管部门提出了“控制量、指导价、竞争费”的改革措施，使工程造价的管理由原来的静态模式转变为动态管理模式。这一改革模式的核心，主要是将工程预算定额中的人工、材料、机械的消耗量和相应的单价分离。但由于控制的量实质仍是社会平均水平，不能准确地反映各施工企业的实际消耗量，不利于施工企业管理水平和劳动生产率的提高，也不能充分体现市场公平竞争。据此，2003 年国家工程造价主管部门提出实行工程量清单计价。

本节重点介绍建筑工程消耗量定额和企业定额的概念、作用、编制原则及编制方法。

6.3.2 消耗量定额

6.3.2.1 消耗量定额的概念和种类

(1) 消耗量定额的概念

消耗量定额由建设行政主管部门根据合理的施工组织设计，按照正常施工条件制定的，生产一定计量单位工程合格产品所需人工、材料、机械台班的社会平均消耗量标准。

消耗量定额与传统概念的预算定额的主要区别：消耗量定额反映的是人工、材料和机械台班的消耗量标准，适用于市场经济条件下建筑安装工程计价，体现了工程计价“量价分离”的原则，是仅有“量”而无“价”的一种定额；而传统的预算定额是计划经济的产物，“量价合一”，不利于新形势下工程造价的形成。

(2) 消耗量定额的分类

消耗量定额可分为：劳动消耗量定额、材料消耗量定额和机械台班消耗量定额。

6.3.2.2 消耗量定额的制定原则和依据

(1) 消耗量定额的制定原则

消耗量定额的制定必须符合实际规律，适应市场经济的需要，有利于进行竞争。工程消耗量定额制定应遵循以下原则：

① 正常的施工作业条件下的平均水平的原则；

② 简明、适用、准确的原则；

③ 在“政府宏观调控下，由市场竞争形成价格”的原则。

(2) 消耗量定额的制定依据

① 劳动定额、材料消耗量定额和施工机械台班使用定额。

② 国家现行的设计、施工验收规范、安全操作规程、质量评定标准等。其中有国家标准的，以国家标准为依据，无国家标准的参照部门或地区相应标准规范。

③ 现行的标准图集和具有代表性的工程设计图纸等资料。

④ 经工程实践检验确已成熟，已推广应用的新工艺、新材料、新技术。

⑤ 有关科学实验、技术测定、统计资料。

⑥ 近几年有关的建筑安装工程有历史资料及定额测定资料。

⑦ 原有全国统一建筑工程预算定额及地方或部门定额。

6.3.2.3 消耗量定额指标制定的方法

(1) 人工消耗量指标的确定

人工消耗量指标的确定方法常用计时观察法，通过测时法、写实记录法、工作日记录法等测定工时消耗数值，再加上一定的人工幅度差来计算定额人工消耗量。

人工消耗量=(基本用工+超运距用工+辅助用工)×(1+人工幅度差系数)

(2) 材料消耗量指标的确定

① 对于非周转性材料通常采用现场观察法、实验室试验法、统计分析法和理论计算法等方法来确定材料的净用量和损耗量。

② 周转性材料如模板、挡土板等按照多次使用、分期摊销的方式进行计算，消耗量定额中规定的消耗量是使用一次的实物摊销量。

周转性材料摊销量=材料一次使用量×(1+施工损耗率)×摊销系数

摊销系数=1÷周转次数

周转次数通常采用现场观察法或统计分析法来测定。

③ 对于用量很少、占材料费比重很小的零星材料合并为其他材料费，不再列消耗数量，以“其他材料费占材料费的百分比”表示。

(3) 施工机械台班消耗量的确定

施工机械台班消耗量的确定一般有两种基本方法：一种是以施工定额的施工机械台班消耗定额为基础来确定，考虑一定的机械幅度差；另一种是以现场实测数据为基础来确定。

施工机械台班消耗量=施工定额中的施工机械台班用量×(1+机械幅度差系数)

施工机械台班消耗量=有效工作时间+不可避免的无负荷工作时间+不可避免的中断时间

6.3.3 企业定额

6.3.3.1 企业定额的概念及分类

(1) 企业定额的概念

企业定额在不同的历史时期有着不同的概念。在计划经济时期，“企业定额”被称作“临时定额”，是国家统一定额或地方定额中缺项定额的补充，它仅限于企业内部临时使用。在社会主义市场经济条件下，“企业定额”有着新的概念，它是参与市场竞争，自主报价的依据。《建筑工程施工发包与承包计价管理办法》(中华人民共和国建设部令第107号)第七条第二款规定：“投标报价应当依据企业定额和市场价格信息，并按照国务院和省、自治区、直辖市人民政府建设行政主管部门发布的工程造价计价办法进行编制”。

企业定额，是指建筑安装企业根据本企业的技术水平和管理水平，并结合有关工程造价资料编制完成单位合格产品所必需的人工、材料和施工机械台班的消耗量，以及其他生产经营要素消耗的数量标准。企业定额反映企业的施工生产和生产消费之间的数量关系，是施工企业生产力水平的体现，每个企业均应拥有反映自己企业能力的企业定额。企业的技术和管理水平不同，企业定额的定额水平也就不同。因此，企业定额是施工企业进行施工管理和投标报价的基础和依据。从一定意义上讲，企业定额是企业的商业秘密，是企业参与市场竞争的核心竞争能力的具体表现。

目前大部分施工企业是以国家或行业制定的预算定额作为进行施工管理、工料分析和计算施工成本的依据。随着市场化改革的不断深入和发展，施工企业可以预算定额和基础定额为参照，逐步建立起反映企业自身施工管理水平和技术装备程度的企业定额。

（2）企业定额的分类

企业定额按其功能作用的不同，一般来说主要有劳动消耗量定额、材料消耗量定额和施工机械台班使用定额和这几种定额的单位估价表等。

6.3.3.2 企业定额的作用

劳动定额、材料消耗定额和施工机械台班消耗定额，统称施工定额。施工定额是建筑安装企业内部管理的定额，属于企业定额的性质，是建筑安装企业管理工作的基础，也是工程建设定额体系中的基础。

施工定额在企业管理工作中的基础作用主要表现在以下几个方面。

（1）施工定额是企业计划管理的依据

施工定额在企业计划管理方面的作用，表现在它既是企业编制施工组织设计的依据，也是企业编制施工作业计划的依据。

施工组织设计是指导拟建工程进行施工准备和施工生产的技术经济文件，其基本任务是根据招标文件及合同协议的规定，确定出经济合理的施工方案，在人力和物力、时间和空间、技术和组织上对拟建工程做出最佳的安排。施工作业计划：则是根据企业的施工计划、拟建工程的施工组织设计和现场实际情况编制的。因为施工组织设计包括三部分内容，即资源需用量、使用这些资源的最佳时间安排和平面规划。施工中实物工作量和资源需要量的计算均要以施工定额的分项和计量单位为依据。施工作业计划是施工单位计划管理的中心环节，编制时也要用施工定额进行劳动力、施工机械和运输力量的平衡；计算材料、构件等分期需用量和供应时间；计算实物工程量和安排施工进度。

（2）施工定额是组织和指挥施工生产的有效工具

企业组织和指挥施工班组进行施工，是按照作业计划通过下达施工任务单和限额领料单来实现的。

施工任务单，既是下达施工任务的技术文件，也是班、组经济核算的原始凭证。它列出了应完成的施工任务，也记录着班组实际完成任务的情况，并且进行班组工人的工资结算。施工任务单上的工程计量单位、产量定额和计件单位，均需取自施工的劳动定额，工资结算也要根据劳动定额的完成情况计算。

限额领料单是施工队随任务单同时签发的领取材料的凭证。这一凭证是根据施工任务和施工的材料定额填写的。其中领料的数量，是班组为完成规定的工程任务消耗材料的最高限额。这一限额也是评价班组完成任务情况的一项重要指标。

（3）施工定额是计算工人劳动报酬的依据

施工定额是衡量工人劳动数量和质量，提供出成果和效益较好的标准。所以，施工定额应是计算工人工资的基础依据。真正实现多劳多得，少劳少得的社会主义分配原则。

（4）施工定额是企业激励工人的条件

激励在实现企业管理目标中占有重要位置。所谓激励，就是采取某些措施激发和鼓励员工在工作中的积极性和创造性。行为科学者研究表明，如果职工受到充分的激励，其能力可发挥80%～90%，如果缺少激励，仅仅能够发挥出20%～30%的能力。但激励只有在满足人们各种需要的情形下才能起到作用。完成和超额完成定额，不仅能获取更多的工资报酬以满足生活需要，而且也能满足自尊和获取他人（社会）认同的需要，并且进一步满足尽可能发挥个人潜力以实现自我价值的需要。如果没有施工定额的这种标准尺度，实现以上几个方面的激励就缺少必要的手段。

(5) 施工定额有利于推广先进技术

施工定额水平中包含着某些已成熟的先进的施工技术和经验，工人要达到和超过定额，就必须掌握和运用这些先进技术，如果工人要想大幅度超过定额，他就必须进行创造性的劳动。第一，在自己的工作中，注意改进工具和改进技术操作方法，注意原材料的节约，避免原材料和能源的浪费。第二，施工定额中往往明确要求采用某些较先进的施工工具和施工方法，所以贯彻施工定额也就意味着推广先进技术。第三，企业为了推行施工定额，往往要组织技术培训，以帮助工人能达到和超过定额。技术培训和技术表演等方式也都可以大大普及先进技术和先进操作方法。

(6) 施工定额是编制施工预算，加强企业成本管理的基础

施工预算是施工单位用以确定单位工程上人工、机械、材料和资金需要量的计划文件。施工预算以施工定额为编制基础，既要反映设计图纸的要求，也要考虑在现有条件下可能采取的节约人工、材料和降低成本的各项具体措施。这就能够有效地控制施工中人力、物力消耗，节约成本开支。

(7) 施工定额是施工企业进行工程投标、编制工程投标报价的基础和主要依据

工程造价应在政府宏观调控下，由市场竞争形成。在这一原则指导下，投标人的报价应在满足招标文件要求的前提下实行人工、材料、机械消耗量自定，价格费用自选、全面竞争、自主报价的方式。因此，施工定额作为企业定额，它反映本企业施工生产的技术水平和管理水平，在确定工程投标报价时，首先是依据企业定额计算出施工企业拟完成投标工程需要发生的计划成本。在掌握工程成本的基础上，再根据所处的环境和条件，确定在该工程上拟获得的利润、预计的工程风险费用和其他应考虑的因素，从而确定投标报价。因此，企业定额是施工企业编制计算投标报价的根基。

6.3.3.3 企业定额的性质和特点

(1) 企业定额的性质

企业定额是仅供一个建筑安装企业内部经营管理使用的定额。企业定额是根据本企业的现有条件和可能挖掘的潜力、建筑市场的需求和竞争环境，根据国家有关法律、法规和规范、政策，自行编制的适用于本企业实际情况的定额。因此，可以说企业定额是适应社会主义市场经济竞争和市场竞争形成建筑产品价格，并具有突出个性特点的定额。

(2) 企业定额的特点

企业定额个性特点主要表现在以下几个方面。

① 其各项平均消耗水平比社会平均水平低，与同类企业和同一地区的企业之间存在着突出的先进性。

② 在某些方面突出表现了企业的装备优势、技术优势和经营管理优势。

③ 所有匹配的单价都是动态的，具有突出的市场性。

④ 与施工方案能全面接轨。

6.3.3.4 企业定额编制的原则

(1) 平均先进性原则

平均先进是就定额的水平而言。所谓平均先进水平，就是在正常的施工条件下，大多数施工队组和大多数生产者经过努力能够达到和超过的水平。

企业定额应以企业平均先进水平为基准，制定企业定额。使多数单位和员工经过努力，能够达到或超过企业平均先进水平，以保持定额的先进性和可行性。

（2）简明适用性原则

简明适用就企业定额的内容和形式而言，要方便于定额的贯彻和执行。要适用于企业内部管理，具有可操作性。

贯彻定额的简明适用性原则，关键是做到定额项目设置完全，项目划分粗细适当。还应正确选择产品和材料计量单位，适当利用系数，并辅以必要的说明和附注。总之，贯彻简明适用性原则，要努力使施工定额达到项目齐全、粗细恰当、步距合理的效果。

（3）独立自主的原则

企业独立自主地制定定额，主要是自主地确定定额水平，自主地划分定额项目，自主地根据需要增加新的定额项目。但是，企业定额毕竟是一定时期企业生产力水平的反映，它不可也不应该割断历史。因此，企业定额应是对原有国家、部门和地区性施工定额的继承和发展。

（4）保密原则

企业定额的指标体系及标准要严格保密。建筑市场强手林立，竞争激烈。就企业现行的定额水平，在工程项目投标中如被竞争对手获取，会使本企业陷入十分被动的境地，给企业带来不可估量的损失。所以，企业要有自我保护意识和相应的加密措施。

6.3.3.5 企业定额编制的方法

由于企业定额的服务对象是企业，只要能满足企业的工作需要就可以，因而不必耗费大量的人力、物力、财力去编制企业不可能使用的定额项目。定额项目可划分为常用项目、非常用项目、预备项目等，并可采取不同的方法进行编制。对于常用项目应编制的细一些，对于非常用项目和预备项目可以编制的粗一些。

无论怎样编制或其范围有多大，都应在国家“四统一”的前提下进行。

编制企业定额最关键的工作是确定人工、材料和机械台班的消耗量，计算分项工程单价或综合单价。

人工消耗量的确定，首先是根据企业环境，拟定正常的施工作业条件，分别计算测定基本用工和其他用工的工日数，进而拟定施工作业的定额时间。

材料消耗量的确定是通过企业历史数据的统计分析、理论计算、试验、实地考察等方法计算确定材料包括周转材料的净用量和损耗量，从而拟定材料消耗的定额指标。

机械台班消耗量的确定，同样需要按照企业的环境，拟定机械工作的正常施工条件，确定机械工作效率和利用系数，据此拟定施工机械作业的定额台班与机械作业相关的工人小组的定额时间。

本章练习

一、选择题

1. 所谓定额消耗量，是指在施工企业科学组织施工生产和资源要素合理配置的条件下，规定消耗在单位假定建筑产品上的（　　）标准。

A. 材料和机械台班的数量　　B. 人工、材料和机械台班的数量

C. 劳动、材料和机械的数量　　D. 人工、材料的数量

2. 劳动定额的主要表现形式是时间定额，但同时也表现为产量定额，时间定额与产量定额的关系是（　　）。

A. 互为倒数　　B. 独立关系　　C. 正比关系　　D. 相关关系

3. 多余工作时间属于（　　）。

A. 损失时间　　B. 定额时间　　C. 必需损耗的时间　　D. 有效工作时间

4. 在预算定额人工工日消耗量计算时，已知完成单位合格产品的基本用工为22工日，超运距用工为4工日，辅助用工为2工日，人工幅度差系数是12%，则预算定额中的人工工日消耗量为（　　）工日。

A. 3.36　　B. 25.36　　C. 28　　D. 31.36

5. 概算指标的作用主要有（　　）。

A. 建设单位选址的主要依据　　B. 作为编制投资估算的主要依据

C. 确定投资额的主要依据　　D. 估算主要材料用量的主要依据

6. 根据某砖混结构工程中的典型设计图纸的结果，已知其毛石带型基础的工程量为100m^3，该砖混结构建筑物的体积为980m^3，已知每10m^3 毛石需要用砌石工6.54工日，并且在该工程中没有其工程需要砌石工。则1000m^3 建筑物需要的砌石工（　　）工日。

A. 6.54　　B. 65.4　　C. 66.37　　D. 654

7. 概算定额与预算定额的不同之处，在于（　　）的差异，同时，概算定额主要用于设计概算的编制。

A. 项目划分和计算规则上　　B. 项目划分和综合扩大程度上

C. 项目划分和总说明上　　D. 项目划分和工作内容上

8. 投资估算指标一般可分为（　　）三个层次。

A. 设备购置费用指标、设备安装费用指标、建筑工程费用指标

B. 建筑安装工程费用指标、设备工器具费用指标、工程建设其他费用指标

C. 人工消耗指标、材料消耗指标、机械消耗指标

D. 建设项目综合指标、单项工程指标、单位工程指标

9. 下列定额分类中属于按照生产要素消耗内容分类的是（　　）。

A. 材料消耗定额、机械消耗定额、工器具消耗定额

B. 劳动消耗定额、机械消耗定额、材料消耗定额

C. 机械消耗定额、材料消耗定额、建筑工程定额

D. 资金消耗定额、劳动消耗定额、机械消耗定额

10. 预算定额是按照（　　）编制的。

A. 按社会平均先进水平　　B. 行业平均先进水平

C. 按社会平均水平　　D. 行业平均水平

11. 工程建设定额具有下列（　　）特点。

A. 国际性　　B. 长久性　　C. 权威性　　D. 地域性

二、定额应用实训

1. 根据当地建筑工程消耗量定额，查找下列各项工程的定额编号并计算其人工、材料、机械台班消耗量。

(1) 人工运土方，运距120m，工程量87.2m^3。

(2) C20砾40现浇混凝土条形基础浇捣，工程量57.2m^3。

(3) 三毡四油屋面防水，工程量298 m^2。

(4) M2.5混合砂浆砌一砖墙，工程量214.2m^3。

(5) 水泥砂浆铺贴陶瓷地砖（600×600），工程量120m^2。

2. 根据当地建筑工程单位估价表计算下列各项工程的定额直接费用。

(1) C30砾40混凝土现浇圈梁，工程量为50m^3。

(2) 1∶1水泥砂浆整体楼面20mm厚，工程量为1200m^2。

7　建筑工程分部分项工程量计算

知识目标

理解建筑工程分部分项工程量计算的原则及工程量计算顺序，掌握各分部分项工程量计算规则。

能力目标

能读懂建筑工程施工图，能根据工程图纸给定的尺寸及工程量计算规则准确计算工程量。

7.1　工程量计算的总说明

7.1.1　工程量的概念及正确计算工程量的意义

7.1.1.1　工程量的概念

工程量是指以物理计量单位或自然计量单位所表示的建筑工程各个分项工程或结构构件的实物数量。物理计量单位是指以度量表示的长度、面积、体积和重量等计量单位；例如，楼梯扶手以“m”为单位；水泥砂浆抹地面以“m^2”为单位；预应力空心板以“m^3”为单位，钢筋制作安装以“t”为单位等。

自然计量单位指建筑成品表现在自然状态下的简单点数所表示的个、条、樘、块等计量单位。例如，砖砌拖布池以“个”为单位，雨水斗以“个”为单位，洗脸盆以“组”为单位，日光灯安装以“套”为单位等。

工程量是确定建筑安装工程费用、编制施工规划、安排工程施工进度、编制材料供应计划、进行工程统计和经济核算的重要依据。

7.1.1.2　正确计算工程量的意义

正确计算工程量是编制工程预算的一个重要环节，其意义主要表现在以下几个方面：

① 工程量的准确与否，直接影响着工程的预算造价，从而影响整个建设工程的造价确定与控制。

② 工程量是施工企业编制施工作业计划、合理安排施工进度、组织劳动力、材料和机械的重要依据。

③ 工程量是基本建设财务管理和会计核算的重要指标。

7.1.2　工程量计算的一般顺序

为了便于工程量的计算和审核，防止重算和漏算的现象，计算工程量时必须按照一定的顺序进行，一般有以下顺序。

(1) 单位工程计算顺序

单位工程计算顺序一般按定额或计价规范清单列项顺序计算。即按照定额或计价规范上的分章或分部分项工程顺序来计算工程量。

(2) 单个分部分项工程计算顺序

① 按照顺时针方向计算法。即先从平面图的左上角开始，自左至右，然后再由上而下，最后转回到左上角为止，这样按顺时针方向转圈依次进行计算。例如计算外墙、地面、天棚等分部分项工程，都可以按照此顺序进行计算。

② 按“先横后竖、先上后下、先左后右”计算法。即在平面图上从左上角开始，按先横后竖、从上而下、自左到右“的顺序计算工程量。例如房屋的条形基础土方、砖石基础、砖墙砌筑、门窗过梁、墙面抹灰等分部分项工程，均可按这种顺序计算工程量。

③ 按图纸分项编号顺序计算法。即按照图纸上所标注结构构件、配件的编号顺序进行计算。例如计算混凝土构件、门窗、屋架等分部分项工程，均可按照此顺序计算。

7.1.3 工程量计算的一般规则

工程量计算的一般规则如下所述。

(1) 计算口径一致

工程量计算时，根据工程施工图列出的分项工程应与定额中相应定额子目的口径相一致。因此在列项时，一定要结合定额中该定额子目所包括的工作内容进行考虑。如《湖南省建筑工程消耗量定额》中的定额子目块料楼地面，其工作内容中包括抹结合层、找平层，又包含贴面层，所以在列项时，就不能再列一项“楼地面水泥砂浆找平层”了，否则就会重项。

(2) 计量单位一致

按施工图计算工程量时，各分项工程的计量单位，必须与定额中相应定额子目的计量单位一致，不能随意改变。如砖砌地沟不分墙基、墙身合并以立方米计算。而石砌地沟按其中心线长度以延长米计算。砖砌台阶（不包括梯带）按水平投影面积以平方米计算。

(3) 计算规则一致

在计算工程量时，必须严格执行现行定额中所规定的工程量计算规则，以免造成工程量计算的误差，从而影响工程造价的准确性。如建筑场地原土碾压以平方米计算，填土碾压按图示填土厚度以立方米计算。

(4) 计算精确度一致

在计算工程量时，计算式要整洁，数字要清楚，必要时应注明项目部位，计算精确度要一致。

① 以 m^3、m^2、m、kg 为单位的，保留小数点后两位数字，第三位四舍五入。

② 以 t 为单位，保留小数点后三位数字，第四位四舍五入。

③ 以个（件、套或组）为单位，取整数。

(5) 计算尺寸的取定要准确

如《湖南省建筑工程消耗量定额》中说明规定：

① 标准砖以 240mm × 115mm × 53mm 为准，其砌体厚度：1/2 标准砖墙厚度为 115mm，3/4 标准砖墙厚为 180mm。

② 砖墙每增加 1/2 砖厚，计算厚度增加 115mm。

③ 使用非标准砖时，其砌体厚度应按砖的实际规格和设计厚度计算。

(6) 按照一定的顺序进行计算

为了避免重算和漏算，应按照一定的顺序进行计算。

7.1.4 工程量计算中应注意的问题

为准确计算工程量，应注意以下问题。

(1) 合理安排

工程量计算的安排是否合理，关系着计量工作的效率高低、进度快慢。

(2) 利用基数

就是以“线”或“面”为基数，利用连乘或加减，算出与它有关的分部分项工程量。这里的“线”和“面”指的是长度和面积，常用的基数为“三线一面”，“三线”是指建筑物的外墙中心线，外墙外边线和内墙净长；“一面”是指建筑物的底层建筑面积。

(3) 重复使用

在计算工程量过程中，往往有一些不能用“线”、“面”基数进行连续计算的项目，例如门窗、屋架、钢筋混凝土预制标准构件等。可将常用数据一次算出，汇编成土建工程量计算手册（即“册”），其次也要把那些规律较明显的如槽、沟断面等一次算出，也编入册。当需计算有关的工程量时，只要查手册就可快速算出所需要的工程量。这样可以减少按图逐项地进行繁琐而重复的计算，也能保证计算的及时与准确性。

(4) 联系实际

用“线”、“面”、“册”计算工程量，是一般常用的工程量基本计算方法，在一般工程上可以利用。但在特殊工程上，由于基础断面、墙厚、砂浆标号和各楼层的面积不同，就不能完全用“线”或“面”的一个数作为基数，而必须结合实际灵活的计算。

7.1.5 运用统筹法计算工程量

7.1.5.1 统筹法的计算程序安排

(1) 共性合一，个性分开。

分部分项工程量计算程序的安排，是根据分部分项工程之间共性与个性之间的关系，采取共性合在一起，个性分别处理的办法。共性合一，就是把与墙的长度（包括外墙外边线、外墙中心线、内墙净长线）有关的计算项目，分别归纳在一个系统里，把与建筑面积有关的计算项目，分别纳入建筑物底层面积和分层面积系统里，把与墙长或建筑面积这些基数联系不起来的计算项目，如楼梯、阳台、门窗、台阶等，则按其个性分开进行，或利用“工程计算手册”，或另行单独计算。

(2) 主次分明，统筹安排。

用统筹法计算各分项工程量是从“线”、“面”基数的计算开始的。计算顺序必须本着先主后次原则统筹安排，才能达到连续计算的目的。先算的项目要为后算的项目创造条件，后算的项目就能在先算的基础上简化计算，有些项目只和基数有关系，与其他项目之间没有关系，先算后算均可，前后之间要参照定额程序安排，以方便计算。

(3) 独立项目单独进行。

预制混凝土构件，塑钢门窗或木门窗、金属或木构件、钢筋用量、台阶、楼梯、地沟等独立项目的工程量计算，与墙的长度、建筑面积没有关系，不能合在一起，也不能利用“线”、“面”基数时，需要单独进行计算。可采用预先编制“册”的办法解决，只要查阅“册”即可求得所需的各项工程量，或者按表格形式填写计算。与“线”、“面”基数没有关系又不能预先编入“册”的项目，按图示尺寸分别计算。

7.1.5.2　统筹法计算工程量的步骤

“统筹法”计算工程量的核心是“三线一面”，即外墙中心线长 $L_{中}$，外墙外边线长 $L_{外}$，内墙净长线长 $L_{内}$ 和底层建筑面积 $S_{底}$。其基本原理是：通过将“三线一面”中具有共性的四个基数，分别连续用于多个相关分部分项工程量的计算，从而使计算工作做到简便、快捷、准确。

灵活运用“三线一面”是“统筹法”计算原理的关键。针对不同建筑物的形体和构造特点，在工程量计算过程中，对“三线一面”或其中的某个基数，要根据具体情况作出相应调整，不能将一个基数用到底。例如某砖混楼房，底层为 370 墙，二层及以上设计为 240 墙，那么底层的 $L_{中}$ 和 $L_{内}$ 肯定不等于二层的 $L_{中}$ 和 $L_{内}$，此时，底层的 $L_{中}$ 和 $L_{内}$ 必须要在二层的 $L_{中}$ 和 $L_{内}$ 的基础上进行调整计算。

“三线一面”中的四个基数非常重要，一旦出现差错就会引起一连串相关分部分项工程量的计算错误，最后导致不得不重新调整“基数”，重新计算工程量。在这四个基数中，如果 $L_{中}$ 和 $L_{内}$ 计算错误的话，就会影响到圈梁钢筋、混凝土，墙体和内墙装饰工程量的计算；如果 $L_{外}$ 计算错误的话，就会影响到外墙裙和外墙装饰工程量的计算；如果 $S_{底}$ 计算错误的话就会影响到楼地面、屋面和天棚工程量的计算。因此，在计算工程量之前，务必准确计算“三线一面”，而在工程量计算过程中则要灵活运用“三线一面”，只有这样才能确保工程量的快速、准确计算。

用统筹法计算工程量大概可分为五个步骤：

① 熟悉会审图纸；

② 计算基数、门窗洞口及埋件工程量；

③ 计算分项工程量；

④ 计算其他项目；

⑤ 整理、汇总、审核。

7.2　建筑面积计算

7.2.1　建筑面积的概念

7.2.1.1　建筑面积的概念

建筑面积亦称建筑展开面积，是建筑物各层面积的总和。

7.2.1.2　建筑面积的组成

建筑面积包括使用面积、辅助面积和结构面积三部分。

(1) 使用面积

使用面积是指建筑物各层平面中直接为生产或生活使用的净面积之和。例如住宅中的居室、客厅、书房、卫生间、厨房等。

(2) 辅助面积

辅助面积是指建筑物各层平面中为辅助生产或辅助生活所占的面积之和。例如住宅中的楼梯、走道等。使用面积与辅助面积之和称有效面积。

(3) 结构面积

结构面积是指建筑物各层面中的墙、柱等结构所占的面积之和。

7.2.2 应计算建筑面积的范围

根据建筑工程消耗量定额规定，应计算建筑面积的范围。

① 单层建筑物无论其高度如何，均按一层计算建筑面积。其建筑面积按建筑物外墙勒脚以上结构的外围水平面积计算。单层建筑物内如带有部分楼层者，首层建筑面积已包括在单层建筑物内，二层及二层以上应计算建筑面积。

【例 7-1】 根据图 7-1 计算该建筑的建筑面积（墙厚均为 240mm）。

【解】 底层建筑面积＝(6.0＋4.0＋0.24)×(3.30＋2.70＋0.24)

＝10.24×6.24 ＝63.90 (m^2)

楼隔层建筑面积＝(4.0＋0.24)×(3.30＋0.24)

＝4.24×3.54＝15.01 (m^2)

全部建筑面积＝63.90＋15.01＝78.91 (m^2)

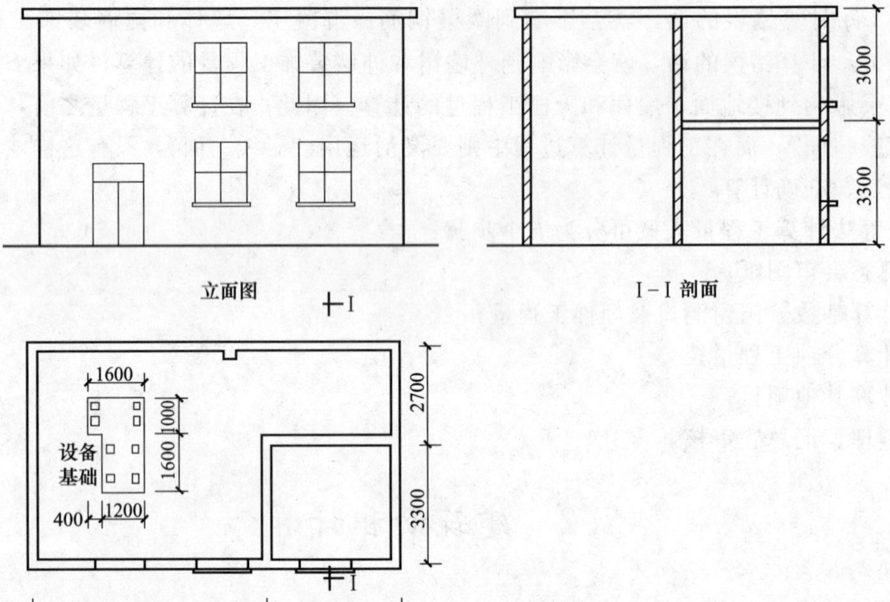

图 7-1 建筑面积示意

② 高低联跨的单层建筑物，如需分别计算建筑面积，当高跨为边跨时，其建筑面积按勒脚以上结构外表面间的水平长度乘以勒脚以上结构表面至高跨中柱外边线的水平宽度计算；当高跨为中跨时，其建筑面积按勒脚以上两端山墙外表面间水平长度乘以中柱外边线的水平宽度计算。

【例 7-2】 计算图 7-2 中建筑面积，已知建筑物长为 L。

【解】

$$S_{高1}=b_1\times L$$

$$S_{高2}=b_4\times L$$

$$S_{低1}=b_2\times L$$

$$S_{低2}=(b_3+b_5)\times L$$

③ 多层建筑物建筑面积，按各层建筑面积之和计算，其底层建筑面积按外墙勒脚以上

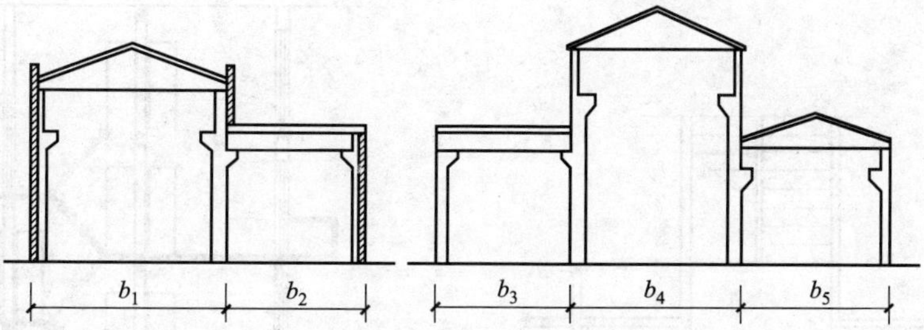

图 7-2 高低跨单层建筑物建筑面积计算示意

结构的外围水平面积计算，二层及二层以上按外墙结构的外围水平面积计算。

④ 见图 7-3，地下室、半地下室、地下车库、仓库、商店、车站、地下指挥部等相应出入口的建筑面积，按其上口外墙（不包括采光井、防潮层及其保护墙）外围水平面积计算。

⑤ 见图 7-4，建于坡地的建筑物，利用吊脚空间设置架空层，深基础地下架空层及坡屋顶的空间部分，设计加以利用时，其层高超过 2.2m 的部分可以计算建筑面积。

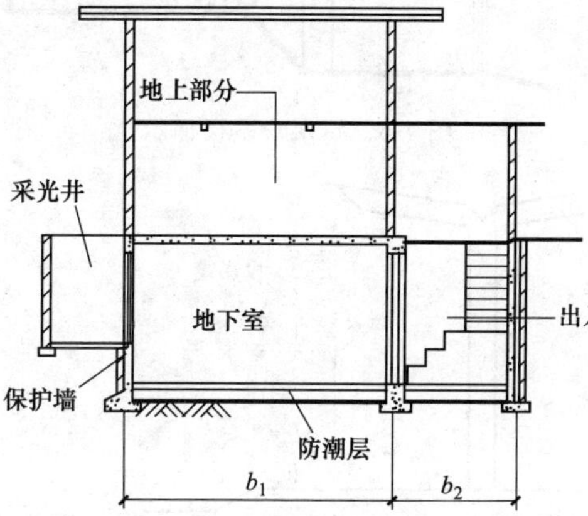

图 7-3 地下室建筑面积示意

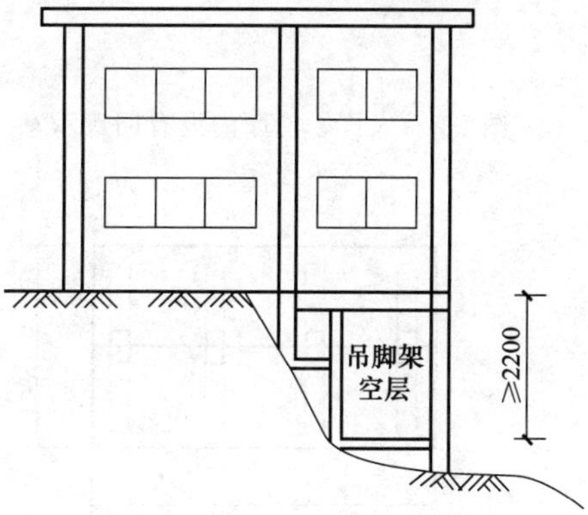

图 7-4 坡地建筑物吊脚架空层示意

⑥ 图 7-5 穿过建筑物的通道，建筑物内的门厅、大厅，不论其高度如何均按一层建筑物面积计算。门厅、大厅内设有回廊时，按其自然层的水平投影面积计算建筑面积。

⑦ 见图 7-6，室内楼梯间、电梯井、提物井、垃圾道、管道井等均按建筑物的自然层计算建筑面积。

⑧ 书库、立体仓库设有结构层的，按结构层计算建筑面积，没有结构层的，按承重书架层或货架层计算建筑面积。

⑨ 有围护结构的舞台灯光控制室，按其围护结构外围水平面积乘以层数计算建筑面积。

⑩ 建筑物内设备管道层、贮藏室，其层高超过 2.2m 时，应计算建筑面积。

⑪ 有柱的雨篷、车棚、货棚、站台等，按柱外围水平面积计算建筑面积；独立柱的雨篷、单排柱的车棚、货棚、站台等，按其顶盖水平投影面积的一半计算建筑面积，其建筑面积：$S = L \times B \times 0.5$（$m^2$），见图 7-7。

⑫ 突出屋面的有围护结构的楼梯间、水箱间、电梯机房等，按其围护结构的外围水平面积计算建筑面积。

⑬ 突出建筑物外墙有围护结构的门斗、眺望间、观望电梯间、阳台、橱窗、挑廊等，按其围护结构外围水平面积计算建筑面积，见图 7-8、图 7-9。

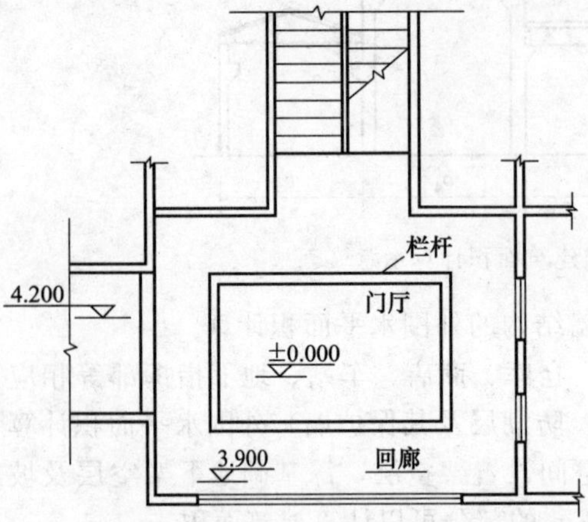

图 7-5 大厅、门厅内设有回廊示意

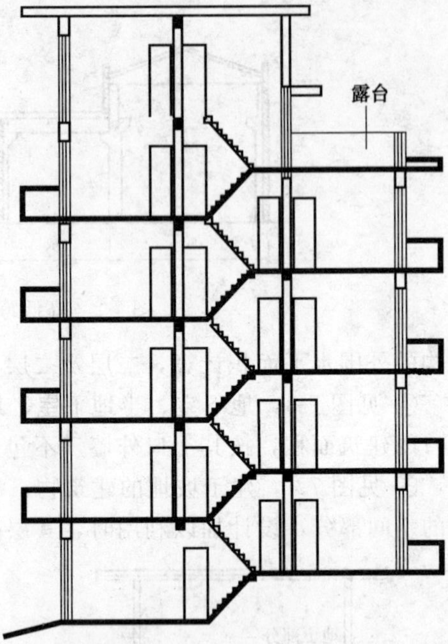

图 7-6 错层户室楼梯示意

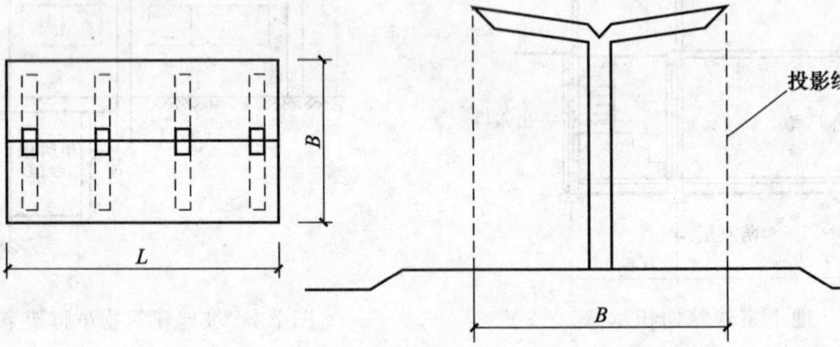

图 7-7 站台面积计算示意

图 7-8 门斗、眺望间

⑭ 建筑物墙外有柱和顶盖的走廊、檐廊，按柱外围水平面积计算建筑面积；有盖无柱的走廊、檐廊挑出墙外 1.5m 以上时，按其顶盖投影面积一半计算建筑面积。

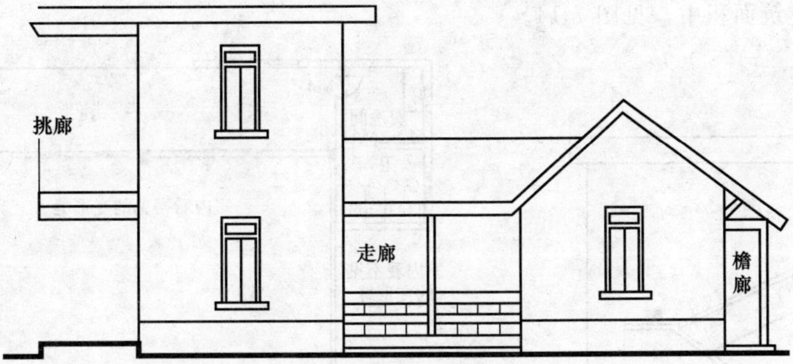

图 7-9　有顶盖的挑廊、走廊、檐廊

⑮ 两个建筑物间有顶盖的架空通廊，按其顶盖的水平投影面积的 1/2 计算建筑面积，见图7-10。

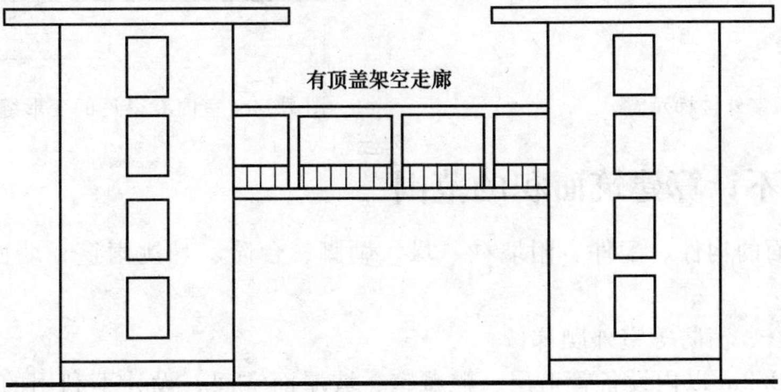

图 7-10　架空走廊立面示意

⑯ 无围护结构的凹阳台、挑阳台，按其水平投影面积的一半计算建筑面积，见图 7-11、图 7-12。

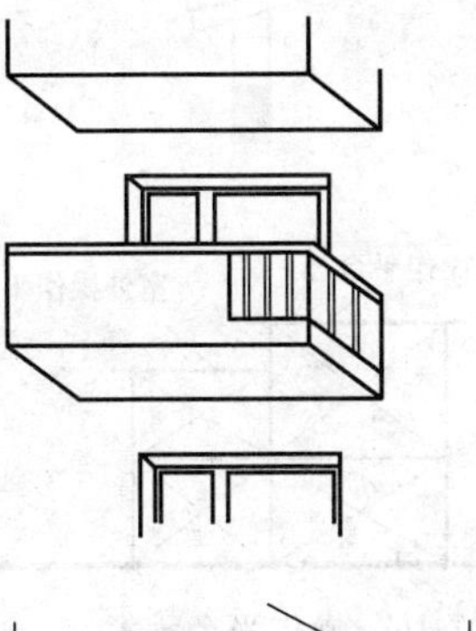

图 7-11　挑阳台示意

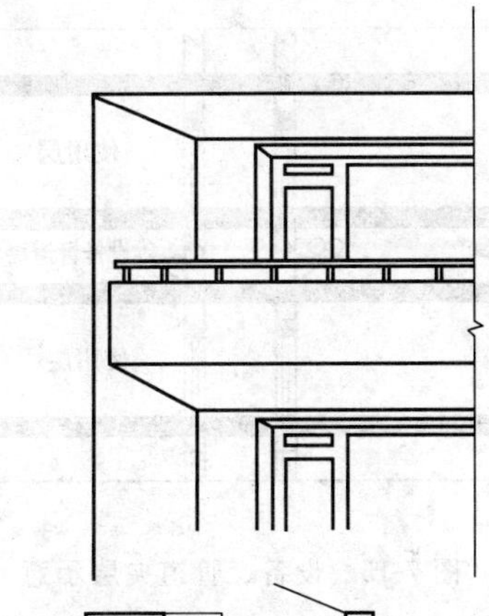

图 7-12　凹阳台示意

⑰ 室外楼梯，按自然层投影面之和计算建筑面积，见图 7-13。

⑱ 建筑内变形缝、沉降缝等，凡缝宽在 300mm 以内者，均依其宽按自然层计算面积，

并入建筑物建筑面积中，见图 7-14。

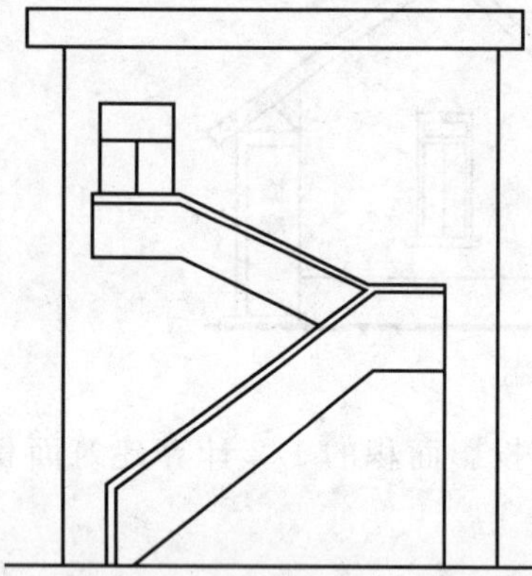

图 7-13 室外楼梯示意

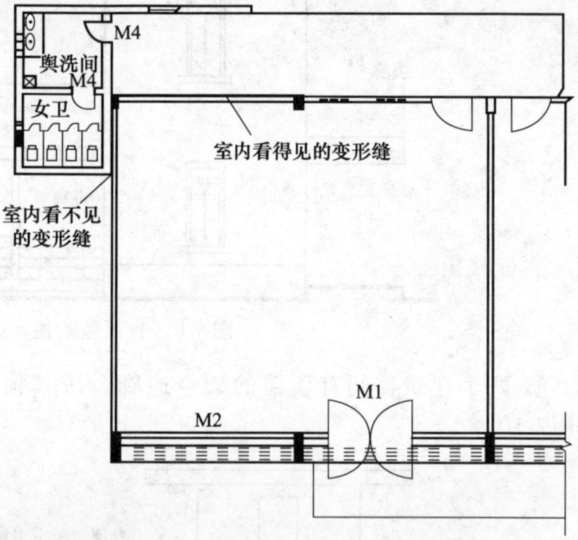

图 7-14 室内看得见的变形缝示意

7.2.3 不计算建筑面积的范围

① 突出墙面的构件、配件、附墙柱、垛、勒脚、台阶、悬挑雨篷、墙面抹灰、镶贴块材、装饰面等。

② 用于检修、消防等室外爬梯。

③ 层高在 2.2m 以内设备管道层、贮藏室、坡屋面空间、设计不利用的深基础架空层、吊脚架空层。

④ 建筑物内操作平台、上料平台、安装箱或罐体平台；没有维护结构的屋顶水箱、花架、凉棚等，见图 7-15、图 7-16。

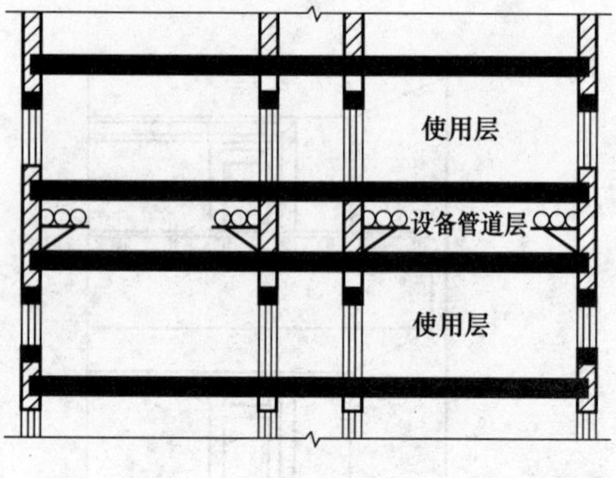

图 7-15 设备、管道夹层示意

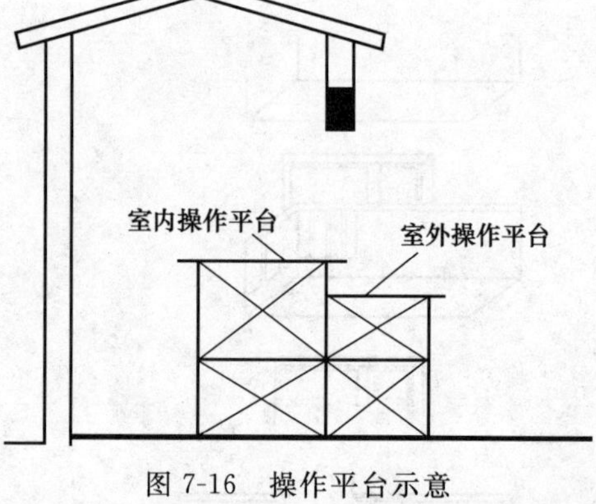

图 7-16 操作平台示意

⑤ 构筑物，如独立烟囱、烟道、地沟、油（水）罐、气柜、水塔、贮油（水）池、贮仓、栈桥、地下人防通道等。

⑥ 单层建筑物内分隔单层房间，舞台及后台悬挂的幕布，布景，天桥，挑台。

⑦ 底层无围栏的走廊，檐廊。

⑧ 建筑物内宽度大于 300mm 的变形缝、沉降缝。

7.2.4 其他说明

① 建筑物与构筑物连成一体的，属建筑物部分按本章规定 7.2.2、7.2.3 计算。

② 本规定适用于地上、地下建筑物的建筑面积计算，如遇有上述未尽事宜，可参照上述规定办理。

7.3 建筑工程工程量计算

7.3.1 土（石）方工程

7.3.1.1 概述

土石方工程主要包括平整场地、挖掘沟槽、基坑、挖土、回填、运土和井点降水等内容。

环境工程预算中首先进行的是土（石）方工程即土（石）方开挖、填筑和运输，主要包括平整场地和基坑（沟槽）开挖土（石）方工程量的计算。

计算土石方工程量前，应确定下列各项资料：

① 土壤及岩石类别的确定。土壤及岩石类别的划分，依工程勘测资料与《土壤及岩石分类表》对照后确定。见表 7-1。

表 7-1 土壤及岩石（普式）分类表

定额分类	普式分类	土壤及岩石名称	天然湿度下平均容重/(kg/m³)	极限压碎强度/(kg/cm²)	用轻钻孔机钻进 1m 耗时/min	开挖方法及工具	紧固系数(f)
一、二类土壤	Ⅰ	砂 砂壤土 腐殖土 泥炭	1500 1600 1200 600			用尖锹开挖	0.5～0.6
	Ⅱ	轻壤土和黄土类土 潮湿而松散的黄土，软的盐渍土和碱土 平均 15mm 以内的松散而软的砾石 含有草根的密实腐殖土 含有直径在 30mm 以内根类的泥炭和腐殖土 掺有卵石和石屑的砂和腐殖土 含有卵石或碎石杂质的胶结成块的填土 含有卵石、碎石和建筑料杂质的砂壤土	1600 1600 1700 1400 1100 1650 1750 1900			用锹开挖并少数用镐开挖	0.6～0.8
三类土壤	Ⅲ	肥黏土其中包括石炭纪、侏罗纪的黏土和冰黏土 重壤土、粗砾土，粒径为 15～40mm 的碎石和卵石 干黄土和掺有碎石或卵石的自然含水量黄土 含有直径大于 30mm 根类的腐殖土或泥炭 掺有碎石或卵石和建筑碎料的土壤	1800 1750 1790 1400 1900			用锹并同时用镐开挖(30%)	0.81～1.0

续表

定额分类	普式分类	土壤及岩石名称	天然湿度下平均容重/(kg/m³)	极限压碎强度/(kg/cm²)	用轻钻孔机钻进1m耗时/min	开挖方法及工具	紧固系数(f)
四类土壤	Ⅳ	土含碎石重黏土其中包括侏罗纪和石炭纪的硬黏土	1950			用锹并同时用镐和撬棍开挖(30%)	1.0～1.5
		含有碎石、卵石、建筑碎料和重达25kg的顽石(总体积10%以内)等杂质的肥黏土和重壤土	1950				
		冰碛黏土，含有重量在50kg以内的巨砾，其含量为总体积10%以内	2000				
		泥板岩	2000				
		不含或含有重量达10kg的顽石	1950				
松石	Ⅴ	含有重量在50kg以内的巨砾(占体积10%以上)的冰碛石	2100	小于200	小于3.5	部分用手凿工具部分用爆破来开挖	1.5～2.0
		硅藻岩和软白垩岩	1800				
		胶结力弱的砾岩	1900				
		各种不坚实的片岩	2600				
		石膏	2200				
	Ⅵ	凝灰岩和浮石	1100	200～400	3.5	用镐和爆破法来开挖	2～4
		松软多孔和裂隙严重的石灰岩和介质石灰岩等	1200				
		中等硬变的片岩	2700				
		中等硬变的泥灰岩	2300				
次坚石	Ⅱ	石灰石胶结的带有卵石和沉积岩的砾石	2200	400～600	6.0	用爆破法开挖	4～6
		风化的和有大裂缝的黏土质砂岩	2000				
		坚实的泥板岩	2800				
		坚实的泥灰岩	2500				
	Ⅷ	砾质花岗岩	2300	600～800	8.5	用爆破法开挖	6～8
		泥灰质石灰岩	2300				
		黏土质砂岩	2200				
		砂质云母岩	2300				
		硬石膏	2900				
普坚石	Ⅸ	严重风化的软弱的花岗石、片麻岩和正长岩	2500	800～1000	11.5	用爆破法开挖	8～10
		滑石化的蛇纹岩	2400				
		致密的石灰岩	2500				
		含有卵石、沉积岩的碴质胶结的砾岩	2500				
		砂岩、砂质石灰质片岩	2500				
		菱镁矿	3000				
	Ⅹ	白云石	2700	1000～1200	15.0	用爆破法开挖	10～12
		坚固的石灰岩	2700				
		大理石	2700				
		石灰质胶结的致密砾石	2600				
		坚固砂质片岩	2600				
特坚石	Ⅺ	粗花岗岩	2800	1200～1400	18.5	用爆破法开挖	12～14
		非常坚硬的白云岩	2900				
		蛇纹岩	2600				
		石灰胶结的含有火成岩之卵石的砾石	2800				
		石英胶结的坚固砂岩	2700				
		粗粒正长岩	2700				

续表

定额分类	普式分类	土壤及岩石名称	天然湿度下平均容重/(kg/m³)	极限压碎强度/(kg/cm²)	用轻钻孔机钻进1m耗时/min	开挖方法及工具	紧固系数(f)
特坚石	Ⅻ	具有风化痕迹的安山岩和玄武岩片麻岩	2700	1400～1600	22.0	用爆破法开挖	14～16
		片麻岩	2600				
		非常坚固的石灰岩	2900				
		硅质胶结的含有火成岩之卵石的砾石	2900				
		粗石岩	2600				
	ⅩⅢ	中粒花岗岩	3100	1600～1800	27.5	用爆破法开挖	16～18
		坚固的片麻岩	2800				
		辉绿岩	2700				
		玢岩	2500				
		坚固的粗面岩	2800				
		中粒正方岩	2800				
	ⅩⅣ	非常坚固的细粒花岗岩	3300	1800～2000	32.5	用爆破法开挖	18～20
		花岗岩麻岩	2900				
		闪长石	2900				
		高硬度的石灰岩	3100				
		坚固的玢岩	2700				
	ⅩⅤ	安山岩、玄武岩、坚固的角页岩	3100	2000～2500	46.0	用爆破法开挖	20～25
		高强度的辉绿岩和闪长岩	2900				
		坚固的辉长岩和石英岩	2800				
	ⅩⅥ	拉长玄武岩和橄榄玄武岩	3300	大于2500	大于60	用爆破法开挖	大于25
		特别坚固的辉长辉绿岩、石英石和玢岩	3000				

② 地下水位标高及排（降）水方法。

③ 土方、沟槽、基坑挖（填）的起止标高、施工方法及运距。

④ 岩石开凿、爆破方法、石渣清运方法及运距。

⑤ 其他有关资料。

7.3.1.2　分项工程量计算规则

土石方工程量的计算规则如下所述。

（1）人工土、石方

① 计算一般规则

a. 人工土、石方除另有规定外均按天然密实体积计算。土方体积如遇有必须以天然密实体积折算时，可按下表7-2折算。

表7-2　土方体积折算表

虚方体积	天然密实体积	夯实后体积	松填体积
1.00	0.77	0.67	0.83
1.30	1.00	0.87	1.08
1.50	1.15	1.00	1.25
1.20	0.92	0.80	1.00

b. 挖土一律以设计室外地坪标高为准计算。

c. 凡图示基坑底面积在 $20m^2$ 内的为基坑；图示沟槽底宽在 3m 以内，且槽长大于槽宽 3 倍以上的为沟槽；图示沟槽底宽在 3m 以上，基坑底面积在 $20m^2$ 以上的为挖土方；设计室外地坪以上的挖土为山坡切土。

d. 人工平整场地是指在建筑物场地内，挖、填土方厚度在 ±30cm 以内的就地找平。挖填土方厚度超过 ±30cm 时，另按有关规定计算。当进行场地竖向挖填土方时，不再计算平整场地的工程量。

e. 在同一槽、坑或沟内有干、湿土时，应分别计算工程量，但套用定额时，按槽、坑的全深计算。

② 平整场地　平整场地工程量按建筑物（或构筑物）外形，每边各加 2m，以平方米计算，见图 7-17。

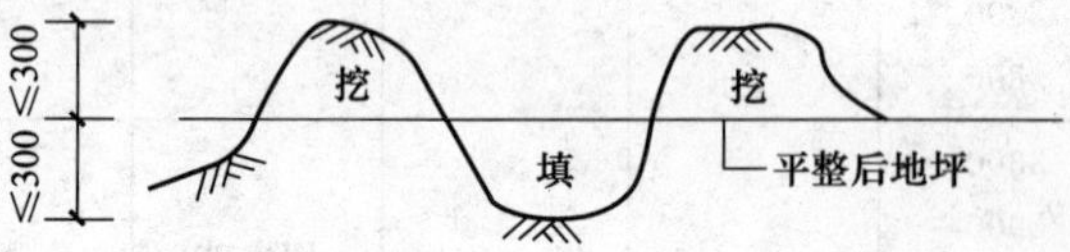

图 7-17　平整场地示意

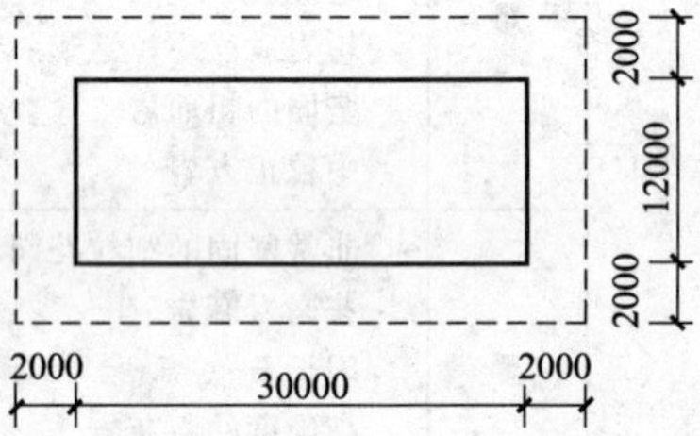

图 7-18　人工平整场地

【例 7-3】 根据图 7-18 计算人工平整场地工程量。

【解】 $S_{平}=(12+2.0\times2)\times(30.0+2.0\times2)=544\ (m^2)$

根据例 7-3 可以整理出平整场地工程量计算公式：

$$\begin{aligned}S_{平}&=(12.0+2.0\times2)\times(30.0+2.0\times2)\\&=12.0\times30.0+12.0\times2.0\times2+2.0\times2\times30.0+2.0\times2\times2.0\times2\\&=12.0\times30.0+(12.0\times2+30.0\times2)\times2.0+2.0\times2.0\times4\text{个角}\\&=360+84\times2.0+16\\&=544\ (m^2)\end{aligned}$$

上式中，12.0×30.0 为底面积，用 $S_{底}$ 表示；84 为外边周长，用 $L_{外}$ 表示；故可以归纳为：$S_{平}=S_{底}+L_{外}\times2+16$

上述公式示意图见图 7-19。

【例 7-4】 根据图 7-20 计算人工平整场地工程量。

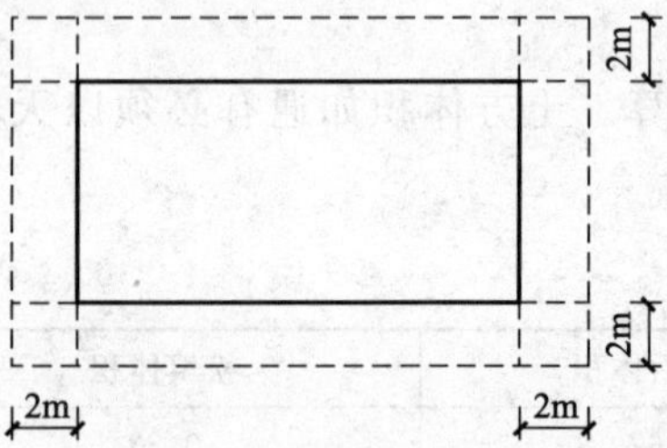

图 7-19　平整场地计算示意

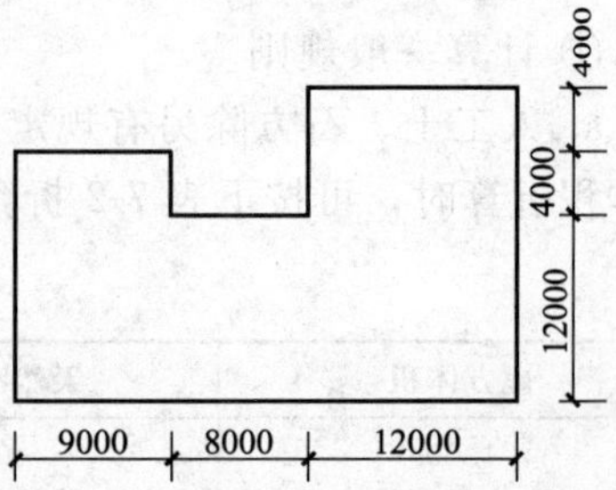

图 7-20　人工平整场地实例图示意

【解】 $S_{底}=(12+4)\times9+12\times8+20\times12=480\ (m^2)$

$$L_{外}=(20+29+4)\times2=106\ (m)$$

$$S_{平}=480+106\times2+16=708\ (m^2)$$

注：上述平整场地工程量计算公式只适用于由矩形组成的建筑物平面布置的场地平整工程计算，其他形式，按有关规定计算。

③ 挖掘沟槽、基坑土方

挖掘沟槽、基坑土方以 m^3 计算。

a. 沟槽、基坑划分。

凡图示沟槽底宽在 3m 以内，且沟槽长大于槽宽三倍以上的为沟槽，见图 7-21。

凡图示基坑底面积在 $20m^2$ 以内为基坑，见图 7-22。

凡图示沟槽底宽 3m 以外，坑底面积 $20m^2$ 以外，平整场地挖土方厚度在 30cm 以外，均按挖土方计算。

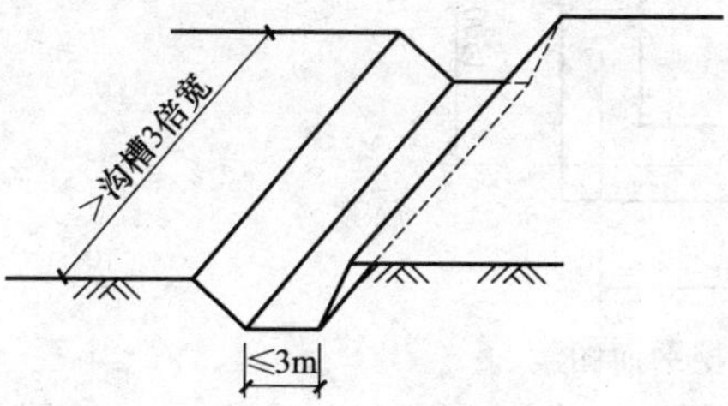

图 7-21 沟槽示意

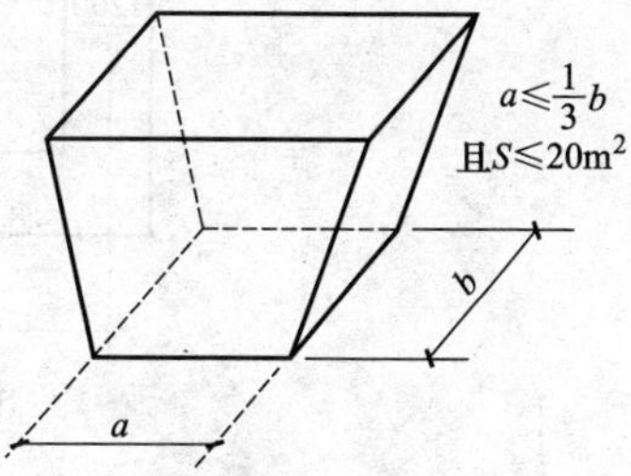

图 7-22 基坑示意

b. 沟槽长度

外墙按图示中心线长度计算，内墙按图示基础垫层底面之间净长线长度计算，突出墙面的附墙烟囱、垛等挖土体积并入沟槽土方工程量内计算。

c. 有关说明

挖沟槽、基坑、土方放坡系数按表 7-3 规定计算。

表 7-3 放坡系数表

土壤类别	放坡起点/m	人工挖土	机械挖土	
			在坑内作业	在坑上作业
一、二类土	1.2	1∶0.5	1∶0.33	1∶0.75
三类土	1.5	1∶0.33	1∶0.25	1∶0.67
四类土	2.00	1∶0.25	1∶0.10	1∶0.33

沟槽、基坑需支挡土板时，其宽度按图示底宽单面加 100mm，双面加 200mm 计算。挡土板面积按槽、坑垂直支撑面积计算。支挡土板后，不得再计放坡。

基础施工增加工作面，按表 7-4 规定计算。

表 7-4 基础施工所需要工作面宽度计算表

基础材料	每边各增加工作面宽度/mm	基础材料	每边各增加工作面宽度/mm
砖基础	200	混凝土基础支模板	300
浆砌毛石、条石基础	150	基础垂直面做防水层	800
混凝土基础垫层支模板	300		

外墙挖沟槽工程量 $=(a+2c+KH)\times H\times L_{中}$

内墙挖基槽工程量 $=(a+2c+KH)\times H\times$ 基底净长线

式中 a——垫层宽；

c——工作面宽；

K——放坡系数；

H——挖土深度。

【例 7-5】 根据图 7-23 计算地槽长度。

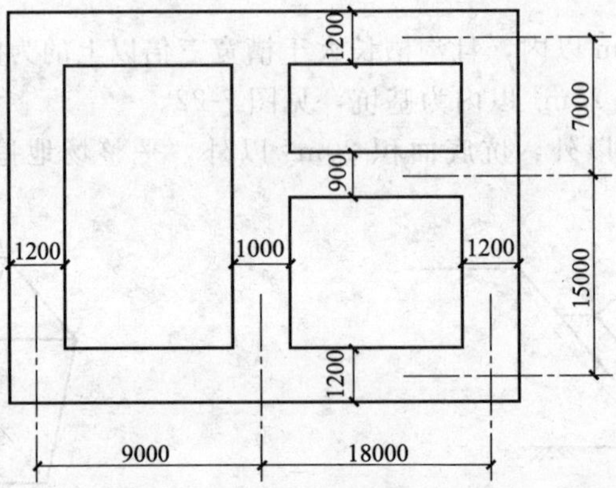

图 7-23 某工程基槽开挖平面图

【解】 外墙地槽长（宽 1.2m）=(9+18+15+7)×2=98（m）

内墙地槽长（宽 1.0m）=7+15−1.2÷2×2=20.8（m）

内墙地槽长（宽 0.9m）=18−1.0÷2−1.2÷2=16.9（m）

④ 挖管道沟槽 挖管道沟槽的计算方法与挖沟槽相似，以 m^3 计算。沟底宽度设计有规定的按设计规定，设计未规定的按表 7-5 宽度计算。

沟槽（管道地沟）、基坑深度，按图示沟、槽、坑底面至室外地坪深度计算。

室内回填土体积=主墙间净面积×回填土厚度

表 7-5 管道地沟沟底宽度设计表

管径 /mm	铸铁管、钢管、石棉水泥管 /mm	混凝土、钢筋混凝土、预应力混凝土管 /mm	陶土管 /mm
50～70	600	800	700
100～200	700	900	800
250～350	800	1000	900
400～450	1000	1300	1100
500～600	1300	1500	1400
700～800	1600	1800	
900～1000	1800	2000	
1100～1200	2000	2300	
1300～1400	2200	2600	

⑤ 土方回填工程 计算基础回填土体积应减去埋在室外地坪以下的基础和垫层，以及直径超过 500mm 的管道等所占的体积。管径在 500mm 以下的，不扣除管道所占体积；管径超过 500mm 以上时按表 7-6 规定扣除管道所占的体积。

⑥ 土方运输 余土外运或取土内运工程量=挖土体积−回填土体积

运土体积计算结果为正值时为余土外运，负值时为须取土内运。

沟槽、坑底夯实按实夯面积计算，套原土打夯子目。

表 7-6 管道扣除土方体积表 单位：m^3/m

管道名称	管道直径/mm					
	501～600	601～800	801～1000	1001～1200	1201～1400	1401～1600
钢管	0.21	0.44	0.71			
铸铁管	0.24	0.49	0.77			
混凝土管	0.33	0.60	0.92	1.15	1.35	1.35

(2) 机械土、石方工程

石方工程按图示尺寸以 m^3 计算。爆破岩石沟槽、基坑，深、宽允许超挖，超挖量：松石、次坚石为 200mm，普坚石、特坚石为 150mm。超挖部分岩石并入相应工程量内。

机械挖土工程量，按机械挖土方 90%，人工挖土方 10%计算，人工挖土方部分按相应定额项目人工乘以系数 2.0。

机械土、石方工程量计算规则，除执行人工土、石方有关规定外，还应按下列规定计算。

① 土、石方运距

推土机推土运距：按挖方区重心至回填区重心之间的直线距离计算。

铲运机运土运距：按挖方区重心至卸土区重心加转向距离 45m 计算。

自卸汽车运土运距：按挖方区重心至填土区（或堆放地点）的最短距离计算。

② 建筑场地原土碾压

以 m^2 计算，填土碾压按图示填土厚度以 m^3 计算。

③ 地基强夯

按设计图示强夯面积，区分夯击能量、夯击遍数以 m^2 计算。

7.3.1.3 综合实例

建筑物的基础平面及剖面如图 7-24 所示。已知设计室外地坪以下砖基础体积量为 16.54m^3，混凝土垫层体积为 3.44m^3，室内地面厚度为 170mm，工作面 c=300mm，为Ⅱ类土。挖出土方堆放现场，回填后余土外运。要求对相关项目列项，并计算各分项工程量。计算均以墙厚 240mm 计算。

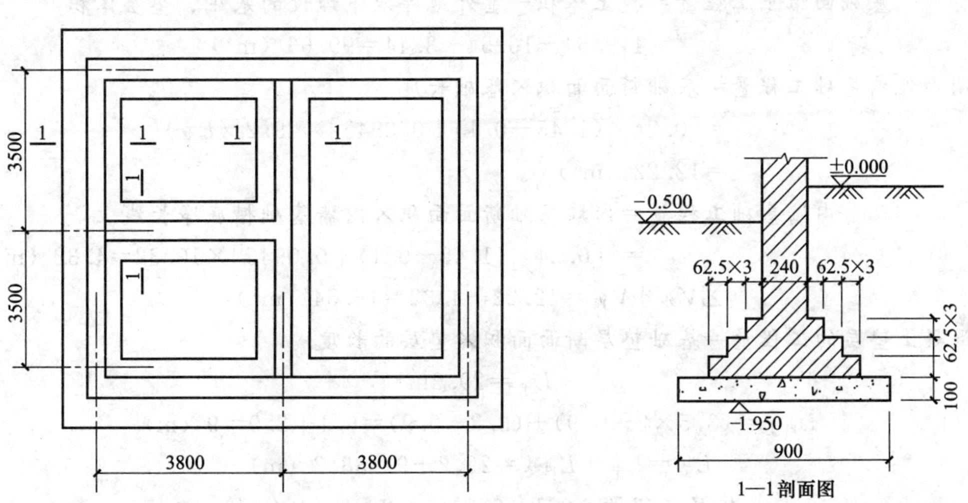

图 7-24 建筑物基础平面图

【解】 (1) 列项

该工程应完成的土石方的施工内容有：平整场地、挖土方、素土夯实、回填土、运土。见图可知，挖土的基槽底宽是 $(0.9+2\times0.3)=1.5m<3m$，基槽长大于3倍槽宽，由此挖土应执行挖基槽项目，故素土夯实项目不再单独列项。

本分部工程应列的土石方工程定额项目有：平整场地，挖沟槽，基槽回填、房心回填土，运土。

(2) 计算工程量

① 基数计算

$$L_{外}=(3.8\times2+0.24+3.5\times2+0.24)\times2=30.16\ (m)$$

$$L_{中}=(3.8\times2+3.5\times2)\times2=29.2\ (m)$$

$$L_{内}=3.5\times2-0.24+3.8-0.24=10.32\ (m)$$

$$S_{底}=(3.8\times2+0.24)\times(3.5\times2+0.24)=56.76\ (m^2)$$

② 平整场地

$$平整场地工程量=S_{底}+L_{外}\times2m+16m^2=56.76+30.16\times2+16=133.08\ (m^2)$$

③ 挖沟槽见1—1剖面图

$$挖沟槽深度=1.95-0.5=1.45m>1.2m$$

故需放坡开挖沟槽，查表，放坡系数 $K=0.5$，由垫层下表面放坡。

$$\begin{aligned}外墙挖沟槽工程量&=(a+2c+KH)\times H\times L_{中}\\&=(0.9+2\times0.3+0.5\times1.45)\times1.45\times29.2\\&=2.23\times1.45\times29.2=94.42\ (m^3)\end{aligned}$$

$$\begin{aligned}内墙挖基槽工程量&=(a+2c+KH)\times H\times 基底净长线\\&=[(0.9+2\times0.3+0.5\times1.45)\times1.45]\times[3.5\times2-(0.45+0.3)\\&\quad\times2+3.8-(0.45+0.3)\times2]\\&=2.23\times1.45\times7.8=25.22\ (m^3)\end{aligned}$$

$$挖基槽工程量=外墙基槽工程量+内墙基槽工程量=94.42+25.22=119.64\ (m^3)$$

④ 回填土

$$\begin{aligned}基础回填土工程量&=挖土体积-室外地坪以下埋设的基础、垫层体积\\&=119.64-16.54-3.44=99.66\ (m^3)\end{aligned}$$

$$\begin{aligned}附：外墙基础工程量&=基础断面面积\times基础长度\\&=[0.24\times(1.45-0.1)+0.0945]\times29.2\ (L_{中})\\&=12.22\ (m^3)\end{aligned}$$

$$\begin{aligned}内墙基础工程量&=内墙基础断面面积\times内墙基础槽底净长线\\&=[0.24\times(1.45-0.1)+0.0945]\times10.32=4.32\ (m^3)\end{aligned}$$

$$\sum V_{外}+V_{内}=12.22+4.32=16.54\ (m^3)$$

混凝土垫层的工程量=基础垫层断面面积×垫层的长度

$$L_{中}=29.2m$$

$$L_{内垫}=(3.5\times2-0.9)+(3.8-0.9)=6.1+2.9=9\ (m)$$

$$L_{垫}=L_{中}+L_{内垫}=29.2+9=38.2\ (m)$$

$$垫层工程量=0.1\times0.9\times38.2=3.44\ (m^3)$$

房心土回填工程量=主墙之间的净面积×回填土厚度

$=[(3.8-0.24)\times(3.5-0.24)\times2+(3.8-0.24)\times(3.5\times2-0.24)]\times(0.5-0.17)$

$=(23.21+24.07)\times0.33=47.28\times0.33=15.6(m^3)$

房心土回填工程量$=(S_{底}-L_{中}\times$外墙厚$-L_{内}\times$内墙厚$)\times$回填土厚度

$=(56.76-29.2\times0.24-10.32\times0.24)\times(0.5-0.17)$

$=47.28\times0.33=15.6\ (m^3)$

回填土总体积＝基础回填土工程量＋房心土回填工程量＝99.66＋15.6＝115.26 (m^3)

⑤ 运土。由图和已知条件可知，

运土工程量＝挖土总体积－回填土总体积＝119.64－115.26×1.15＝－12.91 (m^3)

计算结果为负，表示应由场外向场内运输 12.91m^3 回填。

7.3.2 桩基础工程

7.3.2.1 定额说明

① 本定额适用于一般工业与民用建筑工程的桩基础，不适用水工建筑、公路桥梁工程。

② 本定额已综合了土壤的级别，执行中不予换算。

③ 人工挖孔桩、钻（冲）孔桩不分土壤类别。岩石风化程度划分为强风化岩、中风化岩、微风化岩三类。强风化岩不作入岩计算。中风化岩和微风化岩作入岩计算。岩石风化程度见表 7-7。

表 7-7 岩石风化程度划分表

风化程度	特　征
微风化	岩石新鲜，表面稍有风化迹象
中风化	1. 结构和构造层理清晰 2. 岩体被节理，裂隙分割成块状(20～25cm)，裂隙中填充少量风化物，锤击声脆、且不易击碎 3. 用镐难挖掘，用岩心钻方可钻进
强风化	1. 结构和构造层理不甚清晰，矿物成分已显著变化 2. 岩质被节理、裂隙分割成碎石状(2～20cm)，碎石用手可折断 3. 用镐可以挖掘，手摇钻不易钻进

④ 每个单位工程的打（灌）桩工程量小于表 7-8 规定数量时，其人工、机械量按相应定额项目乘以系数 1.25 计算。

表 7-8 单位工程打、压（灌）桩工程量

项　目	单位工程的工程量/m^3	项　目	单位工程的工程量/m^3
预制钢筋混凝土方桩	150	灰土挤密桩	60
沉管灌注混凝土桩	60	深层搅拌加固地基	100
钻孔灌注混凝土桩	100	人工挖孔桩	100
灌注砂(碎石或砂石)桩	60		

⑤ 本定额除静力压桩外，均未包括接桩。如需接桩，除按相应打桩项目计算外，按设计要求另计算接桩项目。其焊接桩接头钢材用量，设计与定额用量不同时，应按设计用量进行调整。

⑥ 打试验桩按相应定额项目的人工、机械乘以系数 2 计算。

⑦ 打桩、沉管，桩间净距小于 4 倍桩径（桩边长）的，均按相应定额项目中的人工、机械乘以系数 1.13 计算。

⑧ 定额以打直桩为准，如打斜桩，斜度在 1∶6 以内者，按相应定额项目人工、机械乘以系数 1.25，如斜度大于 1∶6 者，按相应定额项目人工、机械乘以系数 1.43。

⑨ 定额以平地（坡度小于 15°）打桩为准，如在坡提上（坡度大于 15°）打桩时，按相应定额项目人工、机械乘以系数 1.15。如在基坑内（基坑深度大于 1.5m）打桩或在地坪上打坑槽内（坑槽深度大于 1m）桩时，按相应定额项目人工、机械乘以系数 1.11。

⑩ 定额各种灌注桩的材料用量中，均已包括表 7-9 规定的充盈系数和材料损耗。充盈系数与定额规定不同时可以调整。

表 7-9　充盈系数和材料损耗

项目名称	充盈系数	损耗率/%
沉管灌注混凝土桩	1.18	1.50
钻孔灌注混凝土桩	1.25	1.50
沉管灌注砂桩	1.30	3.00
沉管灌注砂石桩	1.30	3.00

其中灌注砂石桩除上述充盈系数和损耗率外，还包括级配密实系数 1.334。

⑪ 因设计修改在桩间补桩或强夯后的地基上打桩时，按相应定额项目人工、机械乘以系数 1.15 计算。

⑫ 打送桩时，可按相应打桩定额项目综合工日及机械台班乘规定系数计算（见表 7-10）。

⑬ 金属周转材料中包括桩帽、送桩器、桩帽盖、活瓣桩尖、钢管、料斗等属于周转性适用的材料。

⑭ 钢板桩尖按加工铁件计价。

⑮ 定额中各种桩的混凝土强度如与设计要求不同，可以进行换算。

⑯ 深层搅拌法加固地基的水泥用量，定额中按水泥掺入量为 12%计算，如设计水泥掺入比例不同时，可按水泥掺入量每增减 1%进行换算。

⑰ 人工挖孔桩遇到淤泥、流砂时，可另行按实际发生计算。

表 7-10　送桩工程量计算

送桩深度	系数
2m 以内	1.25
4m 以内	1.43
4m 以上	1.67

7.3.2.2　工程量计算规则

计算打桩（灌注桩）工程量前应确定施工方法、工艺流程、采用机型等。

（1）打（压）预制钢筋混凝土桩

① 打（压）预制钢筋混凝土桩按体积以 m^3 计算。其体积按设计桩长（包括桩尖，不扣除桩尖虚体积）乘以桩截面面积。

桩体积＝桩断面积×桩长(包括桩尖)×根数＝桩断面积×总桩长(包括桩尖)

② 送桩：按桩的截面面积乘以送桩长度（即打桩架底至桩顶面高度或自桩顶面至自然地坪面另加 0.5m）以 m^3 计算。送桩长度示意图见图 7-25。

送桩体积＝桩断面积×送桩长度×根数

③ 接桩：按设计接头数，以个计算。电焊接桩、硫黄胶泥接桩示意图分别见图 7-26 和图 7-27 所示。

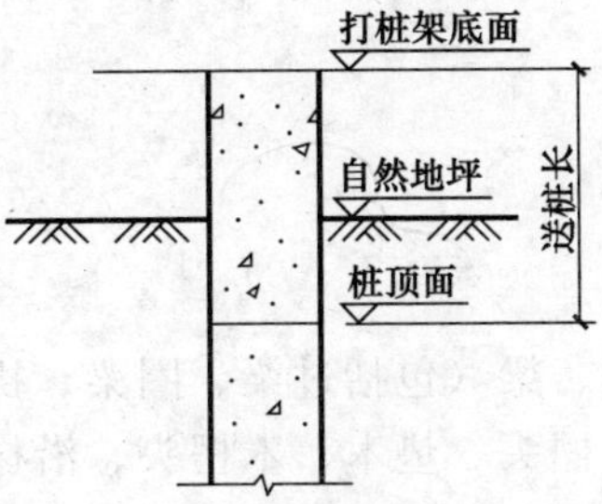

图 7-25 送桩长度示意

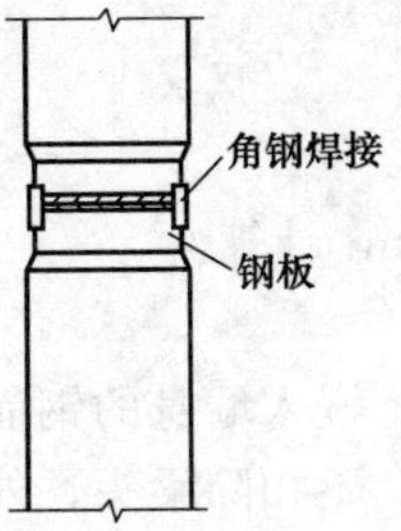

图 7-26 电焊接桩示意

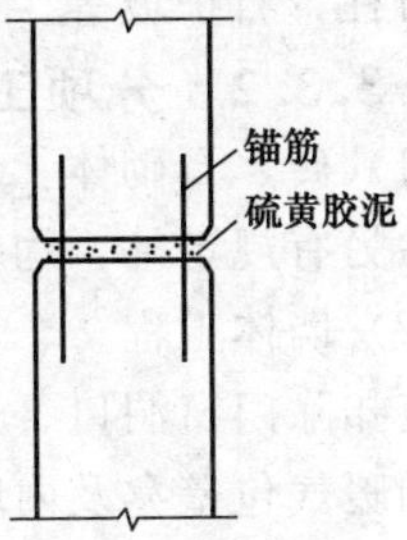

图 7-27 硫黄胶泥接桩示意

④ 封桩按实体积计算。

（2）沉管灌注桩

① 混凝土桩、砂桩、碎石桩的体积，按设计桩长（包括桩尖，不扣除桩尖虚体积）增加 0.25m，乘以设计截面面积计算。

$$V=\text{桩的断面积}\times(\text{设计桩长}+0.25\text{m})$$

如采用预制钢筋混凝土桩尖或钢板桩尖者，其桩长按沉管底算至设计桩顶面（即自桩尖顶面至桩顶面）再加 0.25m 计算。活瓣桩尖的材料不扣，桩尖以立方米计算，钢板桩尖按实计算（另加 2%的损耗）。

② 复打桩按复打部分混凝土的灌入量体积，套相应的复打定额子目。

③ 沉管灌注桩空桩部分的工程量，从自然地面至设计桩顶的高度减 1m 后乘以桩截面面积以 m^3 计算。

（3）钻孔灌注桩

① 回旋钻孔灌注桩

回旋钻孔灌注桩按设计桩长增加 0.25m（设计有规定的，按设计规定）乘以设计桩截面面积以立方米计算。回旋钻孔灌注桩的空孔桩部分的工程量，从自然地面至设计桩顶的高度减 1m 后乘以桩的截面面积以 m^3 计算。

② 长螺旋钻孔灌注桩，按设计桩长另加 0.25m 乘以螺旋钻头外径另加 2cm 的截面积计算。

（4）人工挖孔桩

① 挖桩土方体积，按设计图示尺寸（含护壁），从自然地面至桩底以 m^3 计算。

② 护壁体积，按设计图示护壁尺寸从自然地面至扩大头（或桩底）以 m^3 计算。

③ 桩芯体积，按设计图示尺寸，从桩顶至桩底以 m^3 计算。

④ 入岩体积，按实际入岩深度以 m^3 计算。

⑤ 深层搅拌法加固地基，其体积按设计长度另加 0.25m，乘以设计截面面积以 m^3 计算。

⑥ 钢筋笼制安，适用于各类灌注桩，按重量以 t 计算。

⑦ 修凿混凝土桩头，按实际修凿体积以 m^3 计算。

7.3.3 砖石工程

7.3.3.1 概述

环境污染治理工程涉及的类型较多，与其配套的土建工程类型也多，但其施工图预算与其他普通土木建筑工程施工图预算有相似的共性。砖石工程主要包括：砖基础、砖砌体、砖砌构筑物、砖砌地沟、砖地坪、散水以及砖砌标准化粪池等项目。石砌体包括砌石基础、石墙、石柱、石护坡等。

7.3.3.2 分项工程计算规则

（1）砖、石砌体

除另有规定外，均按实砌体积以 m^3 计算。

（2）墙体工程

应扣除门窗洞口、过人洞、空圈、嵌入墙身的钢筋混凝土柱、梁（包括过梁、圈梁、挑梁）和暖气包壁龛及内墙板头的体积，不扣除梁头、外墙板头、檩头、垫木、木楞头、沿椽木、木砖、门窗走头、砖墙内的加固钢筋、木筋、铁件、钢管及每个面积在 $0.3m^2$ 以下的孔洞等所占的体积，突出墙面的窗台虎头砖、压顶线、山墙泛水、烟囱根、门窗套及三皮砖以内的腰线和挑檐等体积亦不增加（见图 7-28～图 7-40）。

图 7-28 砖平碹示意

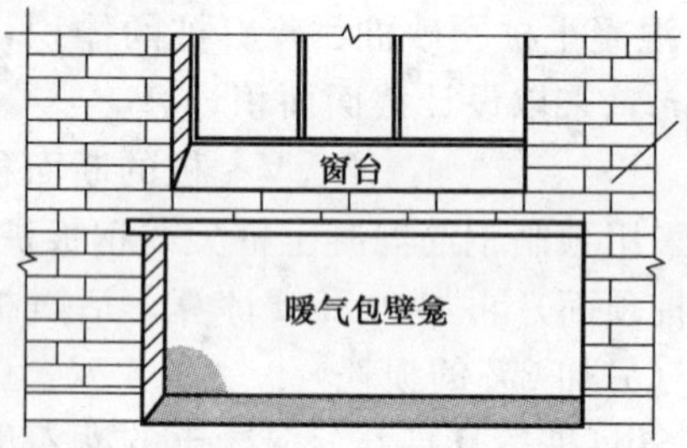

图 7-29 暖气包壁龛示意

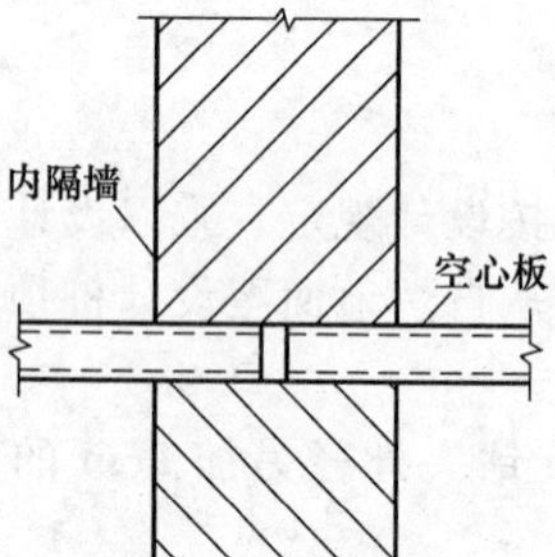

图 7-30 内墙板头示意

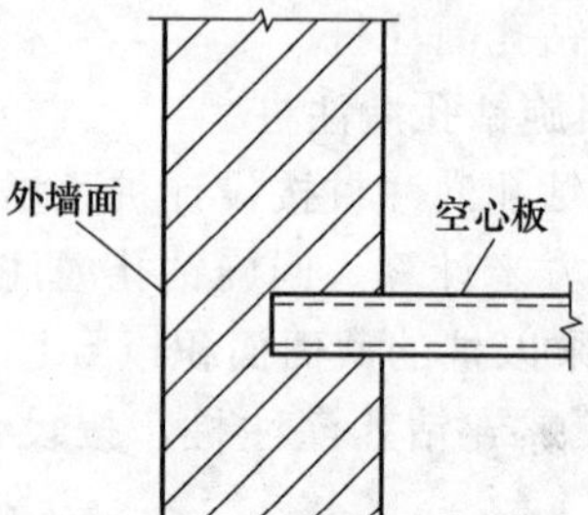

图 7-31 外墙板头示意

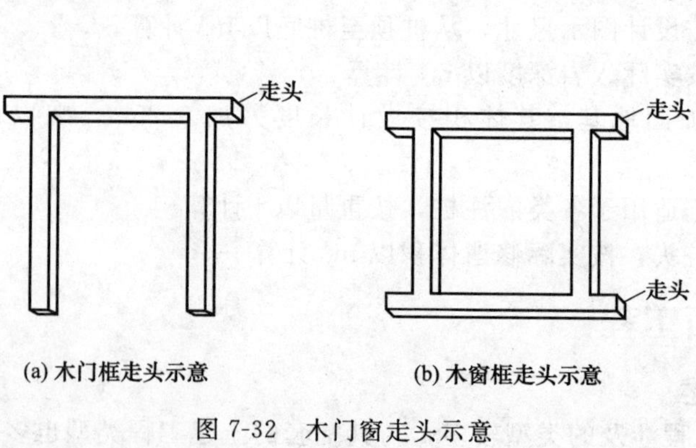

(a) 木门框走头示意

(b) 木窗框走头示意

图 7-32 木门窗走头示意

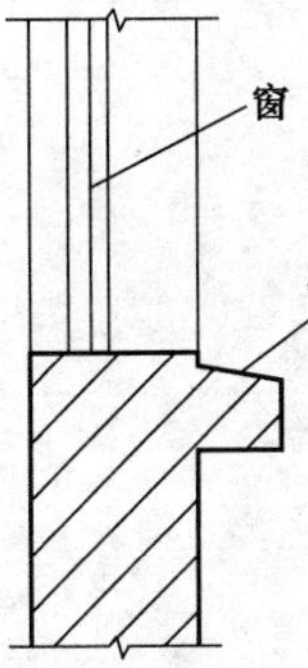

图 7-33 突出墙面的窗台虎头砖示意

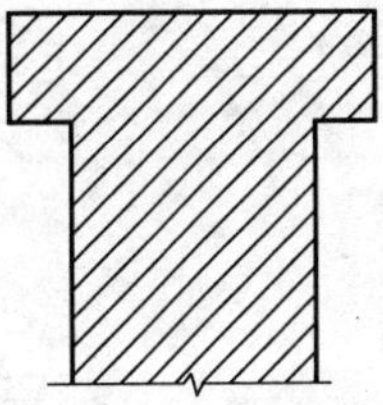

图 7-34 砖压顶线示意

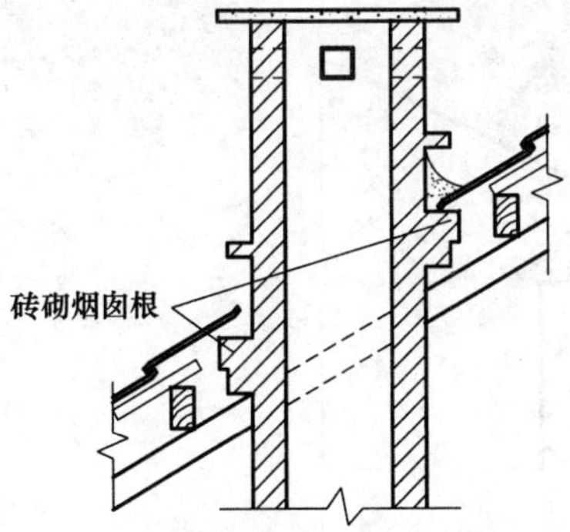

图 7-35 砖烟囱剖面图（平瓦坡屋面）

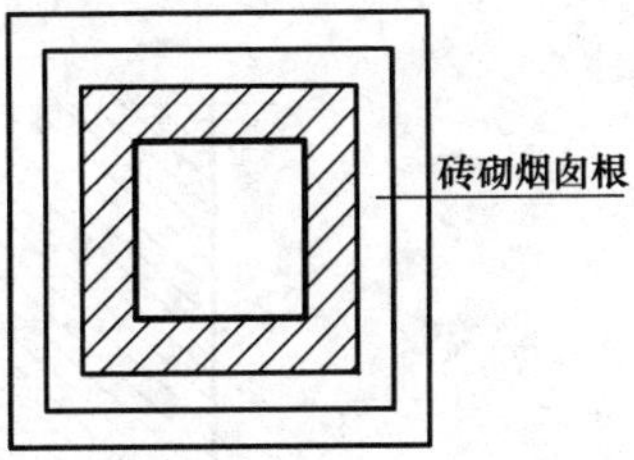

图 7-36 砖烟囱平面图

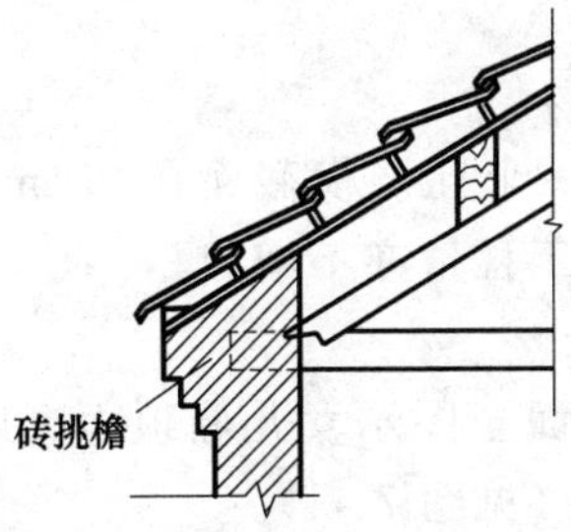

图 7-37 坡屋面砖挑檐示意

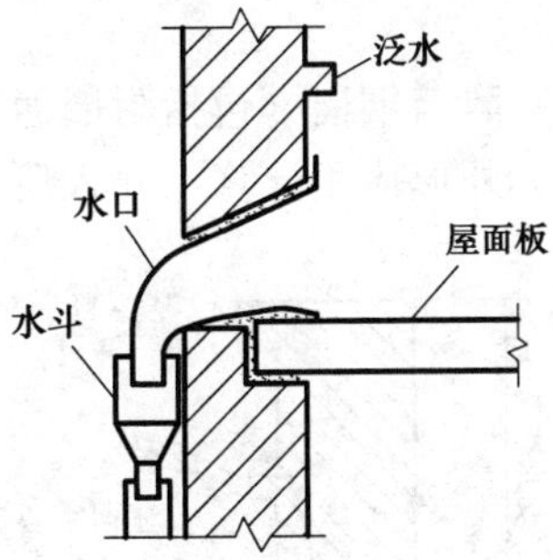

图 7-38 山墙泛水、排水示意

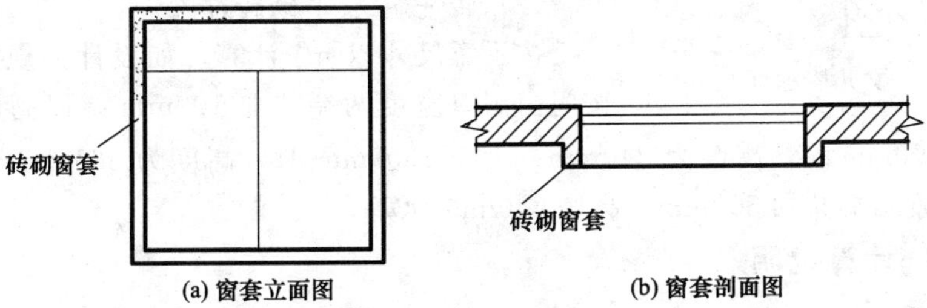

图 7-39 窗套示意

(3) 砖垛、三皮砖以上的腰线和挑檐

砖垛、三皮砖以上的腰线和挑檐等体积，并入墙身体积内计算。

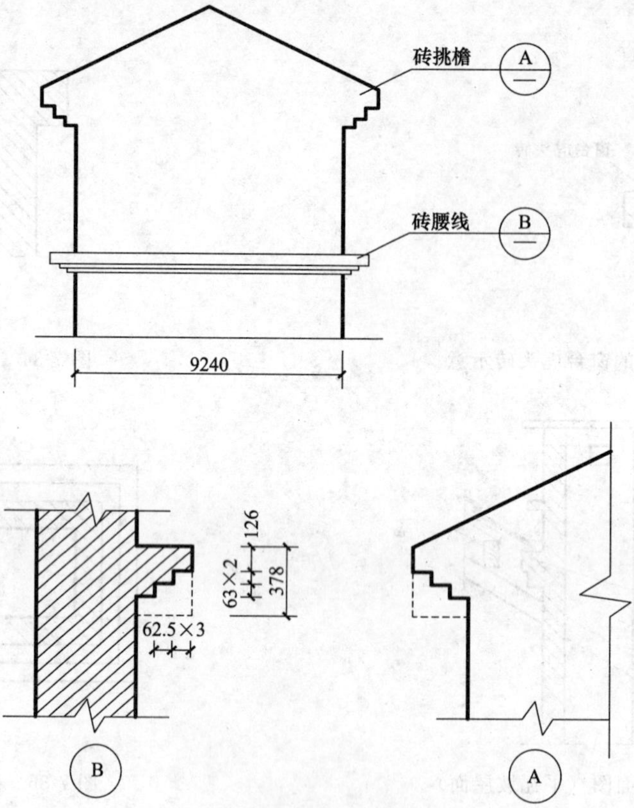

图 7-40 砖挑檐、腰线示意

(4) 附墙烟囱（包括附墙通风道、垃圾道）

按其外形体积计算，并入所依附的墙体积内，不扣除每一个孔洞横截面在 0.1m² 以下的体积，但孔洞内的抹灰工程量亦不增加。

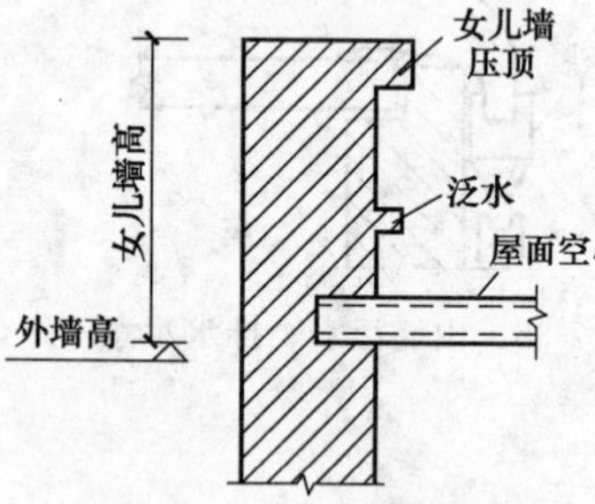

图 7-41 女儿墙示意

(5) 女儿墙

女儿墙高度自外墙顶面至图示女儿墙顶面高度，分别不同墙厚并入外墙计算（见图 7-41)。

(6) 砖砌体内的加固钢筋

按设计规定以 t 计算。

(7) 砖平碹、平砌砖过梁

按示意尺寸以 m³ 计算。如设计无规定时，砖平碹按门窗洞口宽度两端共加 100mm 乘以高度计算（门窗洞口宽小于 1500mm 时，高度为 240mm；大于 1500mm 时，高度为 365mm)；平砌砖过梁按门窗洞口宽度两端共加 500mm，高按 440mm 计算。

7.3.3.3 计算说明

(1) 砌体厚度

① 标准砖以 240×115×53 为准，其砌体厚度按表 7-11 计算。

② 砖墙每增加 1/2 砖厚，计算厚度增加 115mm。

③ 使用非标准砖时，其砌体厚度应按砖的实际规格和设计厚度计算。图 7-42 为墙厚与标准砖规格的关系。

表 7-11　标准砖砌体计算厚度表

砖数(厚度)	1/4	1/2	3/4	1	1.5	2	2.5	3
计算厚度/mm	53	115	180	240	365	490	615	740

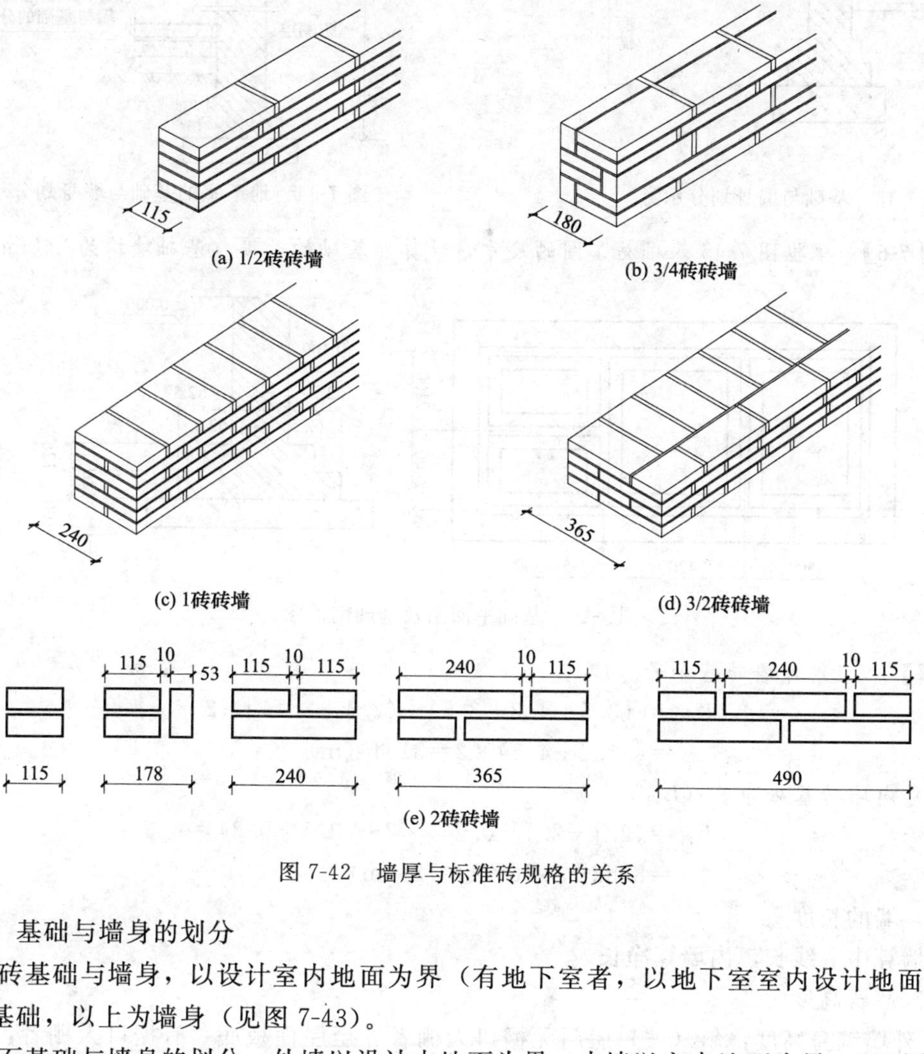

(a) 1/2砖砖墙　(b) 3/4砖砖墙　(c) 1砖砖墙　(d) 3/2砖砖墙　(e) 2砖砖墙

图 7-42　墙厚与标准砖规格的关系

（2）基础与墙身的划分

① 砖基础与墙身，以设计室内地面为界（有地下室者，以地下室室内设计地面为界），以下为基础，以上为墙身（见图 7-43）。

② 石基础与墙身的划分：外墙以设计内地面为界，内墙以室内地面为界，以下为基础，以上为墙身。

③ 基础与墙身使用不同材料时，位于设计室内地面±300mm 以内时，以不同材料为分界线，超过±300mm 时，以设计室内地面为分界线。

④ 砖、石围墙，以设计室外地坪为分界线，以下为基础，以上为墙身（见图 7-44）。

（3）基础长度

外墙墙基按外墙中心线长度计算，内墙墙基按内墙基净长度计算。基础大放脚 T 形接头处的重叠部分以及嵌入基础的钢筋、铁件、管道、基础防潮层及单个面积在 0.3m^2 以内孔洞所占体积不予扣除，但靠墙暖气沟的挑檐亦不增加。附墙垛基础宽出部分应并入基础工程量内。

砖砌挖桩护壁工程量=护壁厚度中心线×护壁深度×护壁厚度的实砌体积计算。

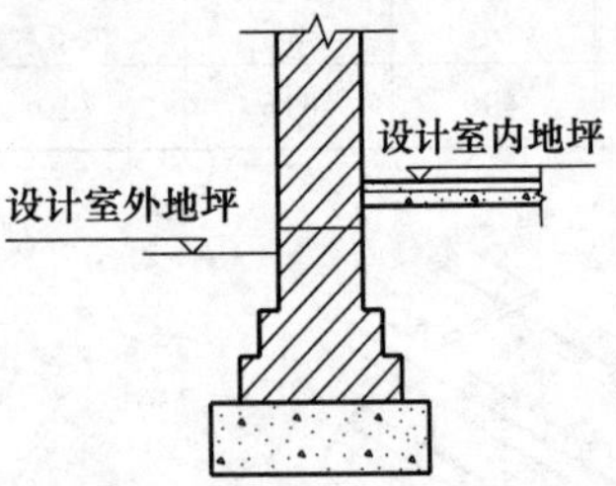

图 7-43　基础与墙身划分示意

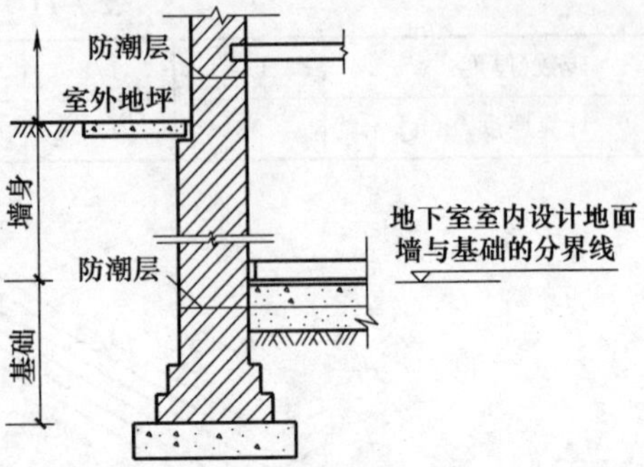

图 7-44　地下室的基础与墙身划分示意

【例 7-6】 根据图 7-45 基础施工图的尺寸，计算砖基础的长度（基础墙均为 240mm 厚）。

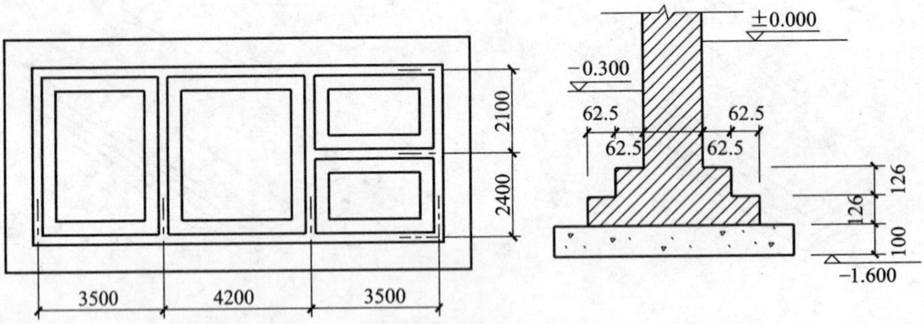

图 7-45　基础平面图及基础剖面图

【解】　(1) 外墙砖基础长（$L_中$）

$$L_中=[(3.5+4.2+3.5)+(2.4+2.1)]\times 2$$
$$=(11.2+4.5)\times 2=31.4\ (\text{m})$$

(2) 内墙砖基础净长（$L_内$）

$$L_内=(2.4+2.1-0.24)\times 2+(3.5-0.24)$$
$$=8.52+3.26=11.78\ (\text{m})$$

(4) 墙的长度

外墙算中心线长，内墙算净长。

(5) 墙身高度

① 外墙墙身高度：斜（坡）屋门无檐口天棚者算至屋面板底，有檐口天棚者，算至屋架下弦底加 200mm；平屋面算至钢筋混凝土板底。

② 内墙墙身高度：内墙位于屋架下弦者，其高度算至屋架底；无屋架者，算至天棚底另加 100mm；有钢筋混凝土楼板隔层者，算至板底。有框架梁时算至梁底面。

③ 墙高不同时，按平均高度计算：内外山墙按平均高度计算。

(6) 其他说明

① 框架结构间砌体，分别不同墙厚，以框架间的净空面积乘以墙厚套相应砖墙定额计算。框架外表镶贴砖部分亦并入框架间砌体工程量计算。

② 空花墙按空花部分外形体积以 m^3 计算，空花部分不予扣除，其中实体部分以 m^3 另列项目计算。

③ 空斗墙按外形尺寸以 m^3 计算，墙角、内外墙交界处、门窗洞口立边、平碹、窗台砖及屋檐处的实砌部分已包括在定额内，不另计算，但窗间墙、窗台下、楼板下、钢筋砖圈

梁、附墙垛、楼板面踢脚线等实砌部分，应另行计算，套零星砌体定额项目。

④ 多孔砖、空心砖墙按图示厚度以 m^3 计算，不扣除其孔、空心部分体积。

⑤ 填充墙按外形尺寸以 m^3 计算，其中实砌部分已包括在定额内，不另计算。

⑥ 砌块墙（加气混凝土墙、硅酸盐砌块墙、小型空心砌块墙）按图示尺寸以 m^3 计算，砌块本身空心体积不予扣除，按设计规定需要镶嵌砖砌体部分已包括在定额内，不另计算。

⑦ 砖柱不分柱身、柱基、其工程量合并计算，套砖柱定额项目。

⑧ 毛石、方整石墙、红条石墙按图示尺寸以 m^3 计算。墙面突出的垛并入墙身工程量内计算。如有砖砌门窗口立边、窗套虎头砖、砖平碹、钢筋砖过梁等实砌砖体积，以零星砌体计算。

⑨ 其他砌体：砖砌锅台、炉灶，不分大小，均按图示外形尺寸以 m^3 计算，不扣除各种空洞的体积。砖砌台阶（不包括牵边）按水平投影面积以 m^2 计算。零星砌体按实体积计算。毛石台阶按图示尺寸以 m^3 计算，套相应石基础定额。方整台阶按图示尺寸以 m^3 计算。砖、石地沟不分墙基、墙身合并以 m^3 计算。

7.3.3.4 综合实例

某工程平面图和基础剖面见7-46所示，有关尺寸见表7-12。内外墙厚均为240mm，室内净高3.2m；内外墙上设圈梁，门窗洞口上设过梁（≤1000mm洞口设钢筋砖过梁，＞1000mm洞口设钢筋混凝土过梁），外墙转角处设构造柱及砌体拉结筋。由已知条件对砌筑工程列项，并计算分项工程量。

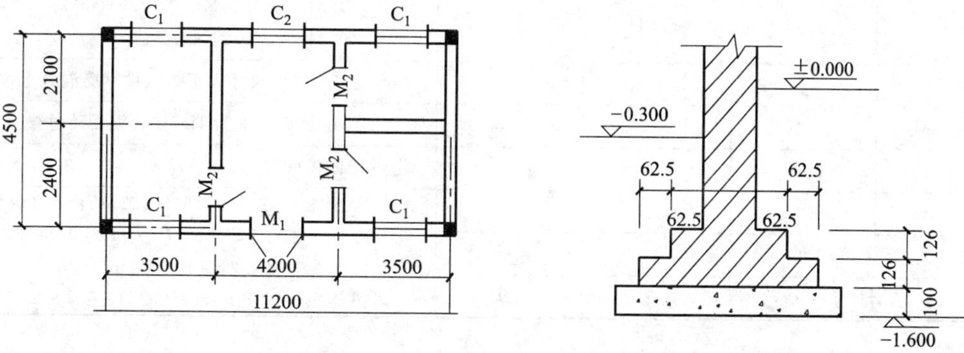

图 7-46 某工程平面和基础剖面图

表 7-12 门窗尺寸和墙体中埋件尺寸

门窗名称	门窗尺寸(宽×高)/mm	构件名称		构件尺寸、体积
M_1	1800×2700	构造柱		240×240 r=0.43m^3/根
M_2	900×2000	圈梁	外墙	$L_{中}$×0.24m×0.2m
C_1	1500×1800		内墙	$L_{内}$×0.24m×0.2m
C_2	2000×1800	钢筋混凝土过梁		(洞口宽度+0.5m)×0.24m×0.2m

附：构造柱体积 $=\left[\dfrac{0.24\times0.24}{\text{构造柱尺寸}}+\dfrac{(0.06\times2\times0.24)}{\text{槎入墙尺寸}}\right]\times\dfrac{(3.2+1.6+0.14)}{\text{柱高}+\text{柱基}+\text{屋面板厚}}=0.43\ (m^3)$

【解】 (1) 列项

由上已知条件，读懂图，该工程完成的砌筑施工内容有：砖基础、砖墙、钢筋砖过梁和砌体拉结筋。砌体拉结筋应套用混凝土及钢筋混凝土工程中相应项目，所以本例应列的砌筑工程定额项目为：砖基础、砖墙、钢筋砖过梁。

(2) 计算工程量

① 基数

$$L_{中}=(3.5+4.2+3.5+2.4+2.1)\times 2=31.4\ (\mathrm{m})$$

$$L_{内}=(2.4+2.1-0.24)\times 2+(3.5-0.24)=11.78\ (\mathrm{m})$$

门窗洞口面积和墙体埋件体积的计算见表 7-13 和表 7-14。

表 7-13 门窗洞口面积计算表

门窗名称	洞口尺寸/mm	洞口面积/m²	洞口所在位置(数量/面积)	
			外墙	内墙
M_1	1800×2700	4.86	4.86/1	
M_2	900×2000	1.80		5.4/3
C_1	1500×1800	2.70	10.8/4	
C_2	20000×1800	3.60	3.60/1	
合计			19.26	5.4

表 7-14 墙体埋件体积计算表

构件名称		构件体积/m³	构件所在部位/m³		备注
			外墙	内墙	
构造柱		1.72	1.72		0.43×4=1.72(m³)
圈梁		2.08	1.51	0.57	31.4×0.24×0.2=1.51(m³); 11.78×0.24×0.2=0.57(m³)
过梁	M_1	0.11	0.11		M_1、C_1、C_2 洞口尺寸大于 1m,设钢筋混凝土过梁;
	M_2	0.44		0.44	M_2 洞口尺寸为 1m,设置钢筋砖过梁
	C_1	0.38	0.38		M_1 过梁体积=(1.8+0.5)×0.24×0.2=0.11(m³)
	C_2	0.12	0.12		M_2 过梁体积=(0.9+0.5)×0.24×3=1.008(m³)
过梁小计		1.05			C_1 过梁体积=(1.5+0.5)×0.24 ×0.2×4=0.38(m³)
合计			3.84	1.01	C_2 过梁体积=(2.0+0.5)×0.24×0.2=0.12(m³)

② 砖基础

砖基础工程量=基础断面面积×基础长

由图 7-46 和表 7-15 可知

外墙基础工程量=[0.24×(1.6−0.1)+0.04725]×31.4=12.79 (m³)

内墙基础工程量=[0.24×(1.6−0.1)+0.04725]×11.78=4.80 (m³)

砖基础工程量=12.79+4.80=17.59 (m³)

③ 砖墙

砖墙工程量=(墙体长度×墙体高度−门窗洞口所占面积)×墙体厚度−嵌入墙身的柱、梁所占的体积

外墙工程量=(31.4×3.2−19.26)×0.24−3.84=15.65 (m³)

内墙工程量=(11.78×3.2−5.4)×0.24−1.01=6.74 (m³)

④ 钢筋砖过梁由表 7-14 知

钢筋砖过梁工程量=(门窗洞口宽度+0.5m)×0.44m×墙厚度

=(0.9+0.5)×0.44×0.24×3 个=0.44 (m³)

附：等高不等高砖墙基础大放脚折加高度和大放脚增加断面面积表。

表 7-15 (a) 等高不等高砖墙基础大放脚折加高度和大放脚增加断面面积表

放脚层高	折加高度/m							
	0.5(0.115)		1(0.24)		1.5(0.365)		2(0.49)	
	等高	不等高	等高	不等高	等高	不等高	等高	不等高
1	0.137	0.137	0.066	0.066	0.043	0.043	0.032	0.032
2	0.411	0.342	0.197	0.164	0.129	0.108	0.096	0.08
3			0.394	0.328	0.259	0.216	0.193	0.161
4			0.656	0.525	0.432	0.345	0.321	0.253
5			0.984	0.788	0.647	0.518	0.482	0.38
6			1.378	1.083	0.906	0.712	0.672	0.53
7			1.838	1.444	1.208	0.949	0.90	0.707
8			2.363	1.838	1.553	1.208	1.157	0.90
9			2.959	2.297	1.942	1.51	1.447	1.125
10			3.61	2.789	2.372	1.834	1.768	0.366

表 7-15 (b) 等高不等高砖墙基础大放脚折加高度和大放脚增加断面面积表

放脚层高	折加高度/m				增加面积/m^2	
	2.5(0.615)		3(0.74)			
	等高	不等高	等高	不等高	等高	不等高
1	0.026	0.026	0.021	0.021	0.016	0.016
2	0.077	0.064	0.064	0.053	0.047	0.039
3	0.154	0.128	0.128	0.106	0.095	0.079
4	0.256	0.205	0.213	0.17	0.158	0.126
5	0.384	0.307	0.319	0.255	0.236	0.189
6	0.538	0.419	0.447	0.351	0.331	0.26
7	0.717	0.563	0.596	0.468	0.441	0.347
8	0.922	0.717	0.766	0.596	0.567	0.441
9	1.153	0.896	0.958	0.745	0.709	0.551
10	1.409	1.088	1.171	0.905	0.866	0.669

7.3.4 混凝土及钢筋混凝土工程

7.3.4.1 概述

混凝土及钢筋混凝土工程在环境工程施工中无论是人力，物力的消耗还是对造价的影响都占有非常重要的地位。钢筋混凝土工程包括现浇整体式和预制装配式两类。钢筋混凝土工程包括模板工程、钢筋工程及混凝土工程三大项工程内容，钢筋工程及混凝土工程工程量计算方法分别介绍如下。

7.3.4.2 模板工程量计算规则

(1) 有关说明

① 现浇混凝土模板按不同构件，分别以组合钢模板、钢支撑或木支撑，九夹板模板、钢支撑或木支撑，木模板、木支撑配制。使用其他模板时，可以编制补充单位估价表。

② 预制钢筋混凝土模板，按不同构件分别以组合钢模板、九夹板模板、木模板、定型模板、长线台钢拉模，并配置相应的砖地模、砖胎模、混凝土地模、长线台混凝土地模编制的。使用其他模板时，可以编制补充单位估价表。

③ 模板工作内容包括：清理、场内运输、安装、刷隔离剂、浇灌混凝土时模板围护、

拆模、集中堆放、场外运输。木模板包括制作（预制包括刨光，现浇不刨光），组合钢模板、九夹板包括装箱。

④ 现浇混凝土梁、板、柱、墙是按支模高度（地面至板底或板面至板底）3.6m 编制的，超过 3.6m 时，按超过部分工程量另计支撑超高增加费。支模高度示意见图 7-47。

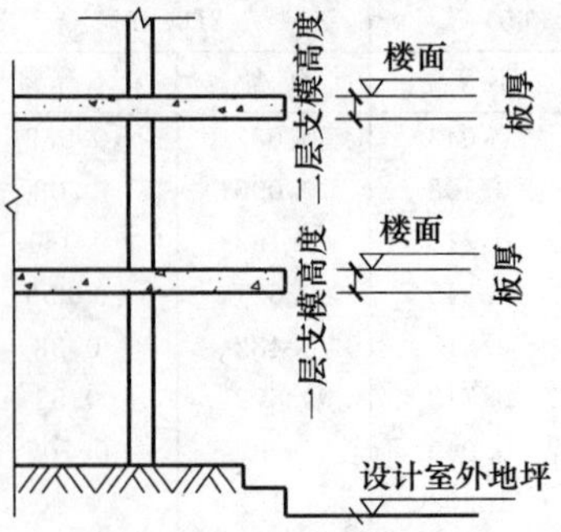

图 7-47 支模高度示意

⑤ 用钢滑升模板施工的烟囱、水塔及贮仓是按无井架施工计算的，并综合了操作平台，不再计算脚手架及竖井架。

⑥ 用钢滑升模板施工的烟囱、水塔、提升模板使用的钢爬杆用量是按 100％推销计算的，贮仓是按 50％摊销计算的，设计要求不同时，另行换算。

⑦ 倒锥壳水塔塔身钢滑升模板项目，也适用于一般水塔塔身滑升模板工程。

⑧ 烟囱钢滑升模板项目均包括烟囱筒身、牛腿、烟道口；水塔钢滑升模板均已包括直筒、门窗洞口等模板用量。

⑨ 整板基础、带形基础的反梁、基础梁或地下室墙侧面的模板用砖侧模时，可按砖基础计算，同时不计算相应面积的模板费用。

⑩ 钢筋混凝土墙及高度大于 700mm 的深梁模板的固定，若审定的施工组织设计采用对拉螺栓时，可按实计算。

(2) 模板工程量计算规则

① 现浇混凝土及钢筋混凝土模板工程量，按以下规定计算：

a. 现浇混凝土及钢筋混凝土模板工程量，除另有规定者外，均应区别模板的不同材质，按混凝土与模板接触面的面积，以 m^2 计算。

b. 设备基础螺栓套留孔，分别不同深度以个计算。

c. 现浇钢筋混凝土柱、梁、板、墙的支模高度即：室外地坪至板底（梁底）或板面（梁面）至板底（梁底）之间的高度以 3.6m 以内为准，超过 3.6m 以上部分，另按超出部分每增高 1m 增加支撑工程量。不足 0.5m 时不许，超过 0.5m 按 1m 计算。

d. 现浇钢筋混凝土墙、板上单孔面积在 0.3m^2 以内的孔洞，不予扣除，洞侧壁模板亦不增加，但突出墙、板面的混凝土模板应相应增加；单孔面积在 0.3m^2 以外时，应予扣除，洞侧壁模板并入墙、板模板工程量内计算。

e. 杯形基础杯口高度大于杯口大边长度的，套高杯基础定额项目。

f. 柱与梁、柱与墙、梁与梁等连接的重叠部分以及伸入墙内的梁头、板头部分，均不计算模板面积。

g. 构造柱均按图 7-48 所示外露部分计算模板面积。留马牙槎的按最宽面计算模板宽度。构造柱与墙接触面不计算模板面积。

h. 现浇钢筋混凝土阳台、雨篷，按图示外挑部分尺寸的水平投影面积计算。挑出墙外的牛腿梁及板边模板不另计算。雨篷的翻边按展开面积并入雨篷内计算。

i. 现浇钢筋混凝土楼梯，以图示露明面尺寸的水平投影面积计算，不扣除宽度小于 500mm 楼梯井所占面积。楼梯的踏步、踏步板、平台梁等侧面模板，不另计算。楼梯和露面相连时，以楼梯梁外边为界。

g. 其他。混凝土台阶不包括梯带，按图示台阶尺寸的水平投影面积计算，台阶端头两

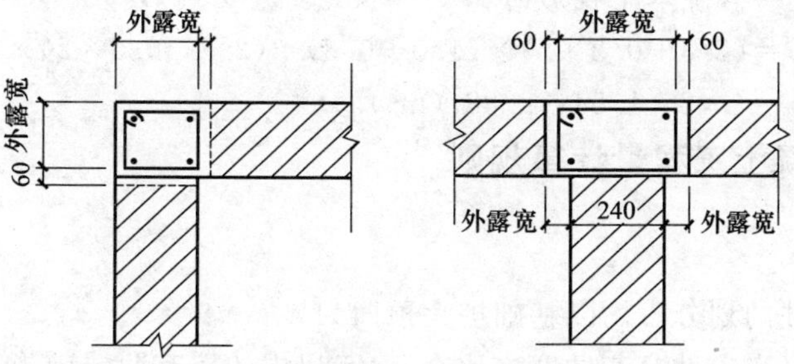

图 7-48 构造柱外露宽需支模板示意

侧不另计算模板面积。

现浇混凝土小型池槽按构件外围体积计算，池槽内、外侧及底部模板不另计算。

混凝土扶手按延长米计算。

② 预制钢筋混凝土构件模板工程量

a. 预制钢筋混凝土构件模板工程量，除另有规定者外，均按混凝土实体积以立方米计算。地模、胎模已包括在定额中，不另计算。空腹构件应扣除空腹体积。

b. 预制桩的体积，按设计全长乘以桩的截面积计算（不扣除桩尖虚体积）。但预制桩尖应按虚体积计算。

c. 小型池槽按外形体积以 m^3 计算。

③ 构筑物模板工程量

a. 构筑物的模板工程量，除另有规定者外，区别现浇、预制和构件类别，分别按现浇及预制钢筋混凝土构件模板工程量有关规定计算。

b. 液压滑升模板施工的烟囱、水塔塔身、贮仓及预制倒圆锥形水塔罐壳模板等均按混凝土体积，以 m^3 计算。

c. 大型池槽等分别按基础、墙、板、梁、柱等有关规定计算并套相应定额项目。

【例 7-7】 工程在图 7-48 所示位置设置有构造柱。已知构造柱尺寸是 240mm×240mm，柱支模高度为 2.8m，墙厚度 240mm，计算构造柱模板工程量。

【解】 （1）转角处

构造柱模板工程量＝[(0.24＋0.06)×2＋0.06×2]×2.8＝2.02（m^2）

（2）T 形接头处

构造柱模板工程量＝(0.24＋0.06×2＋0.06×2×2)×2.8＝1.68（m^2）

构造柱模板工程量＝各处构造柱模板工程量之和＝2.02＋1.68＝3.7（m^2）

【例 7-8】 台阶平面见 7-49 图所示，求模板工程量。

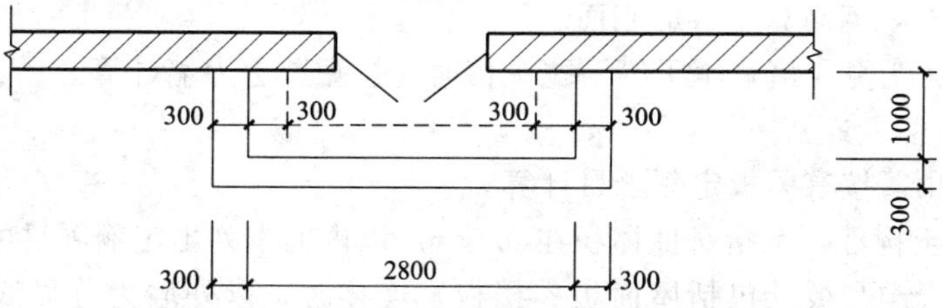

图 7-49 台阶平面图

【解】 由图 7-49 可知，台阶与平面相连，则台阶应算至平台处边沿再加 300mm，见虚线所示。

台阶模板工程量＝台阶水平投影面积

$$=(2.8+0.3\times2)\times(1.0+0.3)-(2.8-0.3\times2)\times(1.0-0.3)$$
$$=4.42-1.54=2.88\ (m^2)$$

7.3.4.3 混凝土工程量计算规则

(1) 有关说明

① 基础

a. 基础与墙、柱的划分，均以基础扩大顶面为界。

b. 有肋式带形基础，肋高与肋宽之比在4∶1以内的按有肋式带形基础计算；肋高与肋宽之比超过4∶1的，其底板按板式带形基础计算，以上部分按墙计算。

c. 箱式满堂基础应分别按满堂基础、柱、墙、梁、板有关规定计算。

d. 设备基础除块体外、其他类型设备基础分别按基础、梁、柱、板、墙等有关规定计算。

② 柱

a. 有梁板的柱高按基础上表面至楼板上表面，或楼板上表面至上一层楼板上表面计算。

b. 无梁板的柱高按基础上表面或楼板上表面至柱帽下表面计算。

c. 构造柱的柱高有梁时按梁间的高度（不含梁高），无梁时按全高计算。

d. 依附柱上的牛腿，并入柱内计算。

e. 单面附墙柱并入墙内计算；双面附墙柱按柱计算。

③ 梁

a. 梁与柱连接时，梁长算至柱的侧面。

b. 主梁与次梁连接时，次梁长算至主梁的侧面。

c. 圈梁与过梁连接时，过梁长度按门窗洞口宽度共加500mm计算。

d. 现浇挑梁的悬挑部分按单梁计算，嵌入墙身部分分别按圈、过梁计算。

④ 板

a. 有梁板包括主梁、次梁与板，梁板合并计算。

b. 无梁板的柱帽并入板内计算。

c. 平板与圈梁、过梁连接时，板算至梁的侧面。

d. 预制板缝宽度在60mm以上时，按现浇平板计算；60mm宽以下的板缝已在接头灌缝的子目内考虑，不再列项计算。

⑤ 墙

a. 墙与梁重叠，当墙厚等于梁宽时，墙与梁合并按墙计算；当墙厚小于梁宽时，墙梁分别计算。

b. 墙与板相交，墙高算至板的底面。

c. 墙的净长大于宽4倍，小于等于宽7倍时，按短肢剪力墙计算。

⑥ 其他

a. 带反梁的雨篷按有梁板定额子目计算。

b. 小型混凝土构件，系指每件体积在0.05m^3以内的未列出定额项目的构件。

c. 现浇挑檐天沟与板（包括屋面板、楼板）连接时，以外墙为分界线，与圈梁（包括其他梁）连接时，以梁外边线为分界线。外墙外边线或梁外边线以外为挑檐天沟。

⑦ 构筑物

烟囱：钢筋混凝土烟囱基础包括基础底板和筒座，筒座以上为筒身。

水塔：

a. 钢筋混凝土筒式塔身以筒座上表面或基础底板上表面为分界线；柱式塔身以柱脚与基础底板或梁交界处为分界线，与基础底板相连接的梁并入基础内计算。

b. 筒身与槽底的分解以与槽底相连接的圈梁底为界。圈梁底以上为槽底，以下为筒身。

c. 依附于筒身的过梁、雨篷、挑檐等工程量并入筒身工程量内。柱式塔身不分柱、梁，并不分直柱、斜柱，均合并计算。

d. 钢筋混凝土塔顶及槽底的工程量合并计算，塔顶包括顶板和圈梁，槽底包括底板、挑出斜壁和圈梁。

e. 槽底不分平底、拱底；塔顶不分锥形、球形，均执行本定额。

f. 与塔顶、槽底（或斜壁）相连的圈梁之间的直壁为水箱内、外壁。保温水槽外保护壁为外壁，直接承受水侧压力之水槽壁为内壁，非保温水塔之水槽壁按内壁计算。依附外壁的柱、梁等并入外壁计算。

g. 预制倒圆锥形水塔罐壳组装、提升、就位，按不同容积以座计算。

贮水（油）池：

a. 池底不分平底及锥底，池壁下部的扩大部分包括在池底内。

b. 锥形底应算至壁基梁底面，无壁基梁时算至锥形底坡的上口。

c. 无梁池盖柱自池底上表面算至池盖的下表面，包括柱座、柱帽。

d. 无梁盖应包括与池壁相连的扩大部分；肋形盖应包括主、次梁及盖部分；球形盖应自池壁顶面以上，包括侧梁在内。

e. 沉淀池水槽，系指池壁上的环形溢水槽及纵 U 形槽，但不包括与水槽相连接的矩形梁。矩形梁另按现浇钢筋混凝土部分矩形梁定额执行。

贮仓：

a. 圆形仓顶板梁与顶板合并计算，按顶板定额执行。

b. 圆形仓的基础若为板式基础，按满堂基础定额执行。

（2）工程量计算规则

① 现浇混凝土

a. 混凝土工程量除另有规定外，均按图示尺寸实体体积以立方米计算。不扣除构件内钢筋、预埋铁件及墙、板中 0.3m^2 内的孔洞所占体积。

b. 柱：按图示断面尺寸乘以柱高以 m^3 计算。

c. 梁：按图示断面尺寸乘以梁长以 m^3 计算。深入墙内的梁头，梁垫体积并入梁体积内计算。

d. 板：按图示面积乘以板厚以 m^3 计算。各类板伸入墙内的板头并入板体积内计算。

e. 墙：外墙按中心线长度，内墙按净长线乘以墙高及厚度以 m^3 计算，应扣除门窗洞口及 0.3m^2 以外孔洞的体积。

f. 整体楼梯包括休息平台、平台梁、斜梁及楼梯的连接梁，按水平投影面积计算，不扣除宽度小于 500mm 的楼梯井，伸入墙内部分不另增加。楼梯与楼板连接时，楼梯算至楼梯梁外侧面。

圆形楼梯按悬挑楼梯间水平投影面积计算（不包括中心柱）。

g. 阳台、雨篷（悬挑板），按伸出外墙的水平投影面积计算，伸出外墙的牛腿、封口梁不另计算。带反边的雨篷按展开面积并入雨篷内计算。

h. 扶手按延长米计算。栏板以长度（包括伸入墙内的长度）乘截面积以 m^3 计算。

i. 台阶按图示尺寸投影面积计算。

g. 预制钢筋混凝土框架梁柱现浇接头（包括梁接头）按设计规定断面积和长度以 m^3 计算。

② 预制混凝土

a. 混凝土工程量均按图示尺寸实体体积以 m^3 计算，不扣除构件内钢筋、铁件、后张法预应力钢筋灌缝孔及小于 0.3m^2 以内孔洞所占体积。

b. 预制桩按桩全长（包括桩尖）乘以柱断面以 m^3 计算。预制桩尖按实体积计算。

c. 混凝土与钢杆件组合的构件，混凝土部分按实体积以 m^3 计算，钢构件按金属结构定额以 t 计算。

③ 构筑物

a. 构筑物混凝土除另有规定者外，均按图示尺寸扣除门窗洞口及 0.3m^2 以上孔洞所占体积以实体体积计算。

b. 贮水池不分平底、锥底、坡底均按池底计算，壁基梁、池壁不分圆形壁和矩形壁，均按池壁计算，其他项目均按现浇混凝土部分相应项目计算。

c. 贮仓如由柱支撑，其柱与基础按现浇混凝土相应项目计算。

d. 水塔：筒身与槽底分界与模板同，即以与槽底连接的圈梁底为界，以上为槽底，以下为筒身。筒式塔身和柱式塔身计算规定与模板同。即依附于筒身的过梁、雨篷挑檐等并入筒身体积内计算；柱式塔身的柱、梁合并计算。塔顶及槽底，塔顶包括顶板和圈梁，槽底包括底板及挑出的斜壁板和圈梁等合并计算。

e. 水塔或倒锥壳水塔，烟囱基础等构筑物，定额中没有的项目，均按现浇混凝土部分相应或相近项目计算。

④ 钢筋混凝土构件接头灌缝

钢筋混凝土构件接头灌缝，包括构件座浆、灌缝、堵板孔、塞板梁缝等。均按预制钢筋混凝土构件实体积以 m^3 计算。柱与柱基的灌缝，按首层柱体积计算；首层以上柱灌缝按各层柱体积计算；空心板堵塞端头孔的人工材料，已包括在定额内。

表 7-16　构件尺寸表

构件名称	构件尺寸/mm×mm	构件名称	构件尺寸/mm×mm
KZZ1	800×700	KZL2	600×1500
KZZ2	800×1300	KZLL1	600×1500
KZZ3	800×1100	KZLL2	900×1500
KZZ4	1000×1700	KZLL3	600×1300
KZZ5	900×825	BO1	δ=100
KZL1	1500×1500	BO4	δ=120

【例 7-9】 某工程 A4、A5 楼框支结构见图 7-50。一层层高 4.54m，二层层高 3.7m，板厚 100mm，构件尺寸见表 7-16，求钢筋混凝土构件的混凝土工程量。

【解】 混凝土工程量＝构件实体体积

(1) 矩形框支柱

矩形柱混凝土工程量＝柱断面面积×柱高×柱根数

KZZ1＝0.8×0.7×(4.54＋3.7)×2＝9.23 (m^3)

KZZ2＝0.8×1.3×(4.54＋3.7)＝8.57 (m^3)

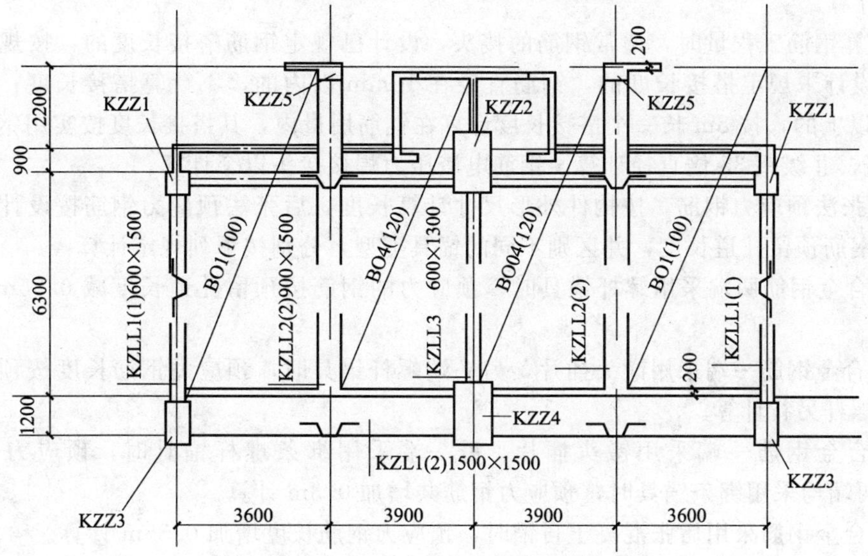

图 7-50　A4、A5 商铺裙楼结构平面图

KZZ3＝0.8×1.1×(4.54＋3.7)×2＝14.5 (m^3)

KZZ4 ＝1.0×1.7×(4.54＋3.7)＝14.01 (m^3)

KZZ5＝0.9×0.825×(4.54＋3.7)×2＝12.24 (m^3)

(2) 矩形框支梁

矩形混凝土框支梁混凝土工程量＝梁宽×梁高×梁长 ×根数

KZL1＝1.5×1.5×6.6×2＝29.7 (m^3)

KZL2＝0.6×1.5×6.7×2＝12.06 (m^3)

(3) 矩形框支连梁

矩形框支连梁混凝土工程量＝梁宽×梁高度×梁长度×根数

KZLL1＝0.6×1.5×(1.2＋6.3－0.7－1.1)×2＝10.26 (m^3)

KZLL2＝0.9×1.5×(1.2＋6.3＋0.9＋2.2－1.5－0.6－0.825)×2＝20.73 (m^3)

KZLL3＝0.6×1.3×(1.2＋6.3＋0.9－1.7－1.3)＝4.21 (m^3)

(4) 板

板混凝土工程量＝板长度×板宽度×板厚度－柱所占体积

BO1(100)＝[(1.2＋6.3＋0.9＋2.2＋0.1)×(3.6＋0.4)×0.1－(0.8×0.7
＋0.8×1.1＋0.9×0.825×0.5)×0.1]×2
＝(4.28－0.65)×2＝7.26 (m^3)

BO4(120)＝(1.2＋6.3＋0.9＋2.2＋0.1)×(3.9＋3.9)×0.12
－(0.8×1.3＋1.0×1.7)×0.12
＝10.7×7.8×0.12－2.74×0.12 ＝10.02－0.33＝9.69 (m^3)

A4、A5 混凝土工程量＝9.23＋8.57＋14.5＋14.01＋12.24＋29.7＋12.06
＋10.26＋20.73＋4.21＋7.26＋9.69＝152.46 (m^3)

7.3.4.4　钢筋工程

(1) 钢筋分项工程量计算规则

① 钢筋工程，应区别现浇、预制构件、不同钢种和规格，分别按设计长度乘以单位重

量，以 t 计算。

② 计算钢筋工程量时，通常钢筋的接头，设计已规定钢筋搭接长度的，按规定搭接长度计算；设计未规定搭接长度的，钢筋直径在 10mm 以内的，不计算搭接长度；钢筋直径在 10mm 以上的，按 8m 长一个搭接长度计算在钢筋用量内，其搭接长度按实用钢筋预留Ⅰ级钢 30 倍、Ⅱ级钢 35 倍直径计算。钢筋电渣压力焊接接头以个计算。

③ 先张法预应力钢筋，按构件外形尺寸计算长度，后张法预应力钢筋按设计图纸规定的预应力钢筋预留孔道长度，并区别不同的锚具类型，分别按下列规定计算：

a. 低合金钢筋两端采用螺杆锚具时，预应力的钢筋按预留孔道长度减 0.35m，螺杆另行计算。

b. 低合金钢筋一端采用镦头插片，另一端螺杆锚具时，预应力钢筋长度按预留孔道长度计算，螺杆另行计算。

c. 低合金钢筋一端采用镦头插片，另一端采用绑条螺杆锚具时，预应力钢筋增加 0.15m，两端均采用绑条锚具时，预应力钢筋共增加 0.3m 计算。

d. 低合金钢筋采用后张混凝土自锚时，预应力钢筋长度增加 0.35m 计算。

e. 低合金钢筋或钢绞线采用 JK、XM、QM 型锚具，孔道长度在 20m 以内时，预应力钢筋长度增加 1m；孔道长度在 20m 以上时，预应力钢筋长度增加 1.8m 计算。

f. 碳素钢丝采用锥形锚具，孔道长在 20m 以内时，预应力钢筋长度增加 1m，孔道长在 20m 以上时，预应力钢筋长度增加 1.8m。

g. 碳素钢丝两端采用镦粗头时，预应力钢筋长度增加 0.35m。

④ 钢筋混凝土构件中的预埋铁件工程量，按设计图示尺寸以 t 计算。预制钢筋混凝土柱上的钢牛腿亦按铁件计算。

⑤ 固定预埋螺栓、铁件的支架，固定双层钢筋的铁马凳，垫铁件，按审定的施工组织设计规定计算，套用铁件项目。混凝土中的钢筋支架及撑筋，并入钢筋中计算。

(2) 钢筋长度的计算

钢筋长＝构件长－保护层厚度×2＋弯钩长×2＋弯起钢筋增加值(ΔL)×2

① 钢筋的混凝土保护层

受力钢筋的混凝土保护层，应符合设计要求；当设计无具体要求时，不应小于受力钢筋直径，并应符合表 7-17 的要求。

表 7-17 纵向受力钢筋的混凝土保护层的最小厚度 单位：mm

环境类别		板、墙、壳			梁			柱		
		≤C20	C25～C45	≥C50	≤C20	C25～C45	≥C50	≤C20	C25～C45	≥C50
一		20	15	15	30	25	25	30	30	30
二	a	—	20	20	—	30	30	—	30	30
	b	—	25	20	—	35	30	—	35	30
三		—	30	25	—	40	35	—	40	35

② 钢筋的弯钩长度。Ⅰ级钢筋末端需要做 180°、135°、90°弯钩时，其圆弧曲直径 D 不应小于钢筋直径 d 的 2.5 倍，平直部分长度不宜小于钢筋直径 d 的 3 倍（见图 7-51）；HRB335 级、HRB400 级钢筋的弯弧内直径不应小于钢筋直径的 4 倍，弯钩的弯后平直部分应符合设计要求。

由图 7-51 可见：180°弯钩每个长＝$6.25d$；135°弯钩每个长＝$4.9d$；90°弯钩每个

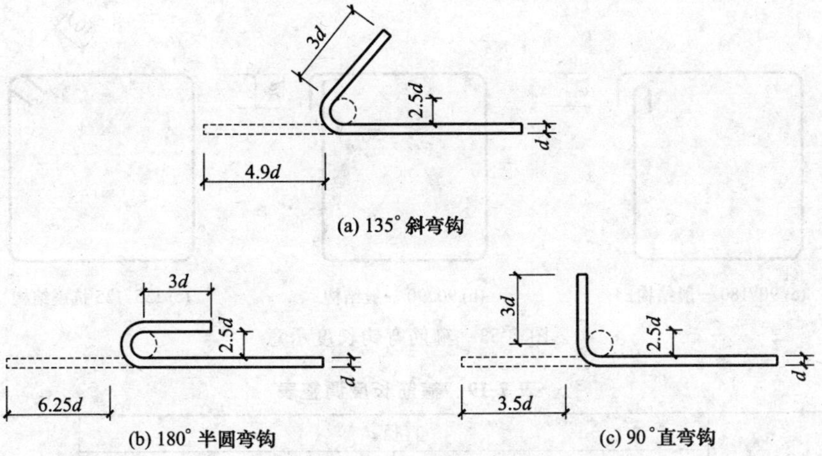

图 7-51 钢筋弯钩示意

长＝3.5d。

注：d 以 mm 为单位的钢筋直径。

③ 弯起钢筋的增加长度。弯起钢筋的弯起角度，一般有 30°、45°、60°三种，其弯起增加值是指斜长与水平投影长度之间的差值，见图 7-52。

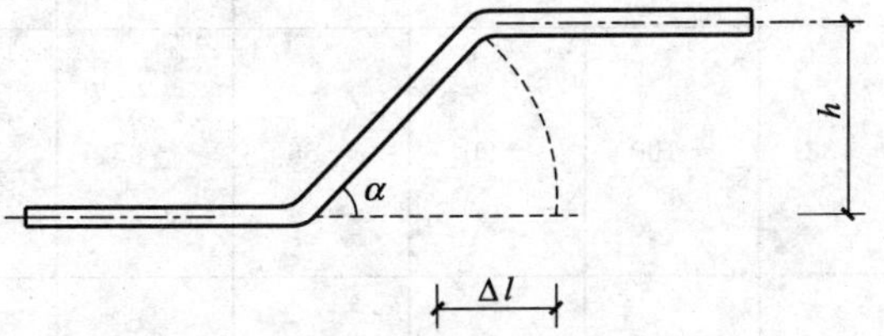

图 7-52 弯起钢筋增加长度示意

弯起钢筋斜长及增加长度计算方式见表 7-18。

表 7-18 弯起钢筋斜长及增加长度计算表

形　状		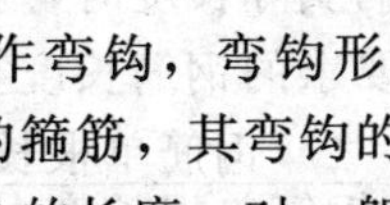	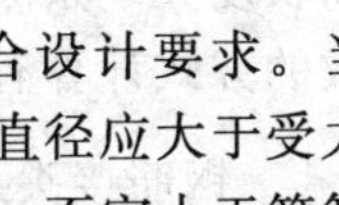	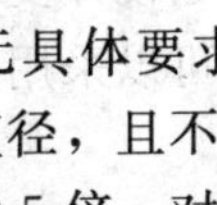
计算方法	斜边长 S	$2h$	$1.414h$	$1.155h$
	增加长度 $S-L=\Delta l$	$0.268h$	$0.414h$	$0.577h$

④ 箍筋长度。箍筋的末端应作弯钩，弯钩形式符合设计要求。当设计无具体要求时，用Ⅰ级钢筋或冷拔低碳钢丝制作的箍筋，其弯钩的弯曲直径应大于受力钢筋直径，且不小于箍筋直径的 2.5 倍；弯钩平直部分的长度，对一般结构，不宜小于箍筋直径的 5 倍；对有抗震要求的结构，不应小于箍筋直径的 10 倍（见图 7-53）。

箍筋长度，可按构件断面外边周长减 8 个混凝土保护层再加弯钩长计算，也可按构件断面外边周长加上增减值计算，公式为：

箍筋长度＝构件断面外边周长＋箍筋增减值

箍筋增减值见表 7-19。

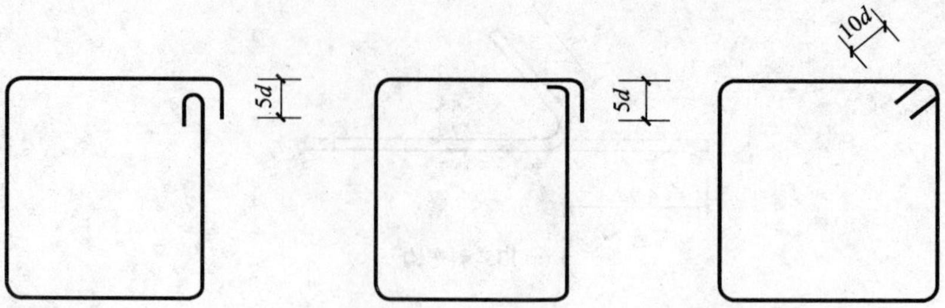

(a) 90°/180°一般结构　　(b) 90°/90°一般结构　　(c) 135°/135°抗震结构

图 7-53　箍筋弯钩长度示意

表 7-19　箍筋长度调整表　　单位：mm

形状		直径 d						备注
		4	6	6.5	8	10	12	
		ΔL						
抗震结构	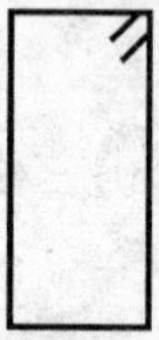	−88	−33	−20	22	78	133	$\Delta L=200-27.8d$
一般结构	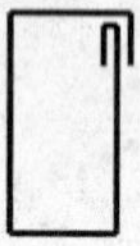	−133	−100	−90	−66	−33	0	$\Delta L=200-16.75d$
		−140	−110	−103	−80	−50	−20	$\Delta L=200-15d$

注：本表根据《混凝土结构工程施工质量验收规范》（GB 50204—2002）第 5.3.2 条编制。保护层按 25mm 考虑。

⑤ 钢筋的绑扎接头　按《混凝土结构工程施工质量验收规范》（GB 50204—2002）规定：当纵向受拉钢筋的绑扎搭接接头面积百分率不大于 25%时，其最小搭接长度应符合表 7-20 规定（纵向受拉钢筋的绑扎搭接接头面积百分率，梁、板、墙类构件，不宜大于 25%；柱类构件不宜大于 50%），在任何情况下，受压钢筋的搭接长度不应小于 300mm。

纵向受压钢筋搭接时，其最小搭接长度按表 7-20 及“注释”规定确定后，乘以系数 0.7 取用，在任何情况下，受压钢筋的搭接长度不应小于 200mm。

当设计要求的钢筋长度大于条圆钢筋的实际长度时，就要按要求搭接。为了简化计算过程，可以采用接头系数的方式计算有搭接要求的钢筋长度，计算公式如下：

$$\text{钢筋接头系数}=\frac{\text{钢筋单根长度}}{\text{钢筋单根长度}-\text{接头数}}$$

例如，某地区规定直接 $\phi25$ 以内的条圆每 8m 长算一个接头，直径 25 以上的条圆每 6m 长算一个接头，有关条件符合图 7-54 所示要求，其钢筋接头系数见表 7-21。

⑥ 钢筋焊接接头　当采用电渣压力焊，其接头按个计算，采用其他焊接形式，不计算搭接长度。

⑦ 钢筋机械连接接头　机械连接的接头常有套筒挤压和锥螺纹接头，其接头按个计算。

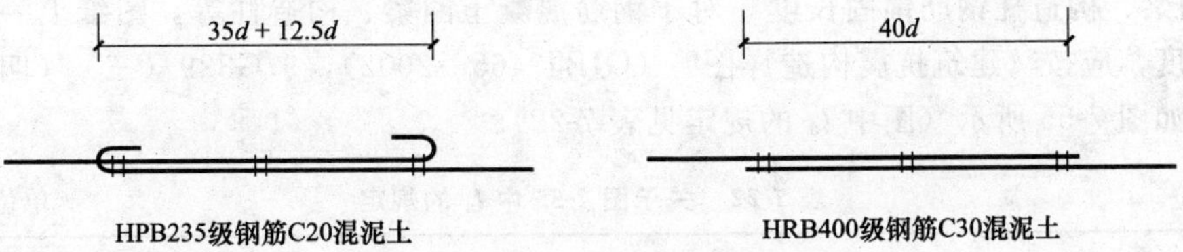

图 7-54　绑扎钢筋搭接长度示意

表 7-20　纵向受拉钢筋最小搭接长度表

钢筋类型		混凝土强度等级			
		C15	C20～C25	C30～C35	≥C40
光圆钢筋	HPB235 级	45d	35d	30d	25d
带肋钢筋	HRB335 级	55d	45d	35d	30
	HRB400 级 RRB400 级	—	55d	40d	35d

表 7-21　钢筋接头系数表

钢筋直径/mm	绑扎接头		钢筋直径/mm	绑扎接头		钢筋直径/mm	绑扎接头	
	有弯钩	无弯钩		有弯钩	无弯钩		有弯钩	无弯钩
10	1.063	1.053	18	1.120	1.099	25	1.174	1.143
12	1.077	1.064	20	1.135	1.111	26	1.259	1.242
14	1.091	1.075	22	1.150	1.124	28	1.285	1.266
16	1.105	1.087	24	1.166	1.136	30	1.311	1.290

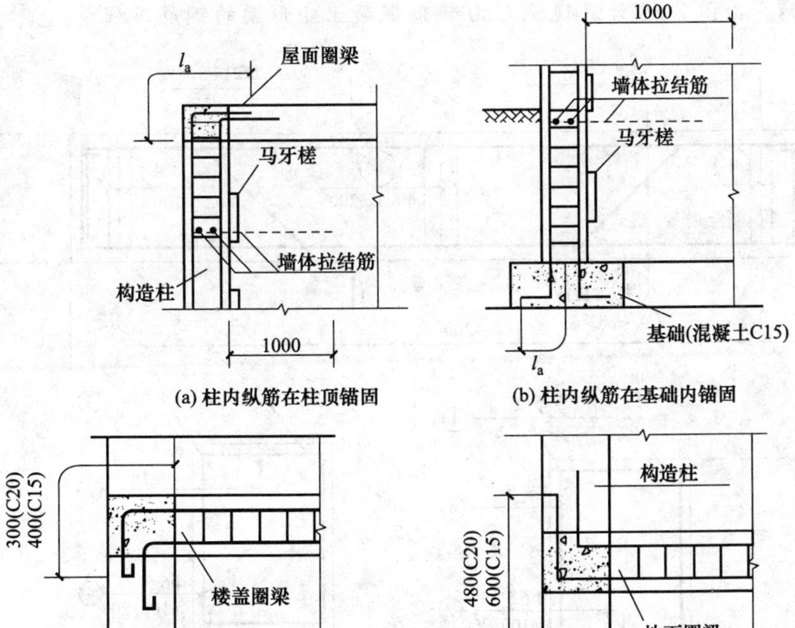

图 7-55　构造柱竖筋和圈梁纵筋的锚固

⑧ 圈梁、构造柱钢筋锚固长度　对于钢筋混凝土圈梁、构造柱等，图纸上一般不表示其锚固长度，应按《建筑抗震构造详图》（GJBT-465—2002），97G329（三）（四）有关规定执行，如图 7-55 所示（图中 l_a 的规定见表 7-22）。

表 7-22　关于图 7-55 中 l_a 的规定　　单位：mm

竖向钢筋	ϕ12		ϕ14	
混凝土强度等级	C15	C20	C15	C20
l_a	600	480	700	560

（3）钢筋其他计算问题

在计算钢筋用量时，除了要准确计算出图纸所表示的钢筋外，还要注意设计图纸未画出以及未明确表示的钢筋，如楼板上负弯矩筋的分布筋、满堂基础底板的双层钢筋在施工时支撑所用的马凳及混凝土墙施工时所有的拉筋等。这些钢筋在设计图纸上，有时只有文字说明，或有时没有文字说明，但这些钢筋在构造上及施工上是必要的，则应按施工验收规范、抗震构造规范等要求补齐，并入钢筋用量中。

（4）钢筋重量计算

① 钢筋理论重量

$$钢筋理论重量=钢筋长度\times每米重量$$

式中　每米重量$=0.006165d^2$

d——以 mm 为单位的钢筋直径。

② 钢筋工程量

$$钢筋工程量=钢筋分规格长\times分规格每米重量$$

【例 7-10】 由图 7-56 计算现浇 C20 钢筋混凝土矩形梁的钢筋工程量。

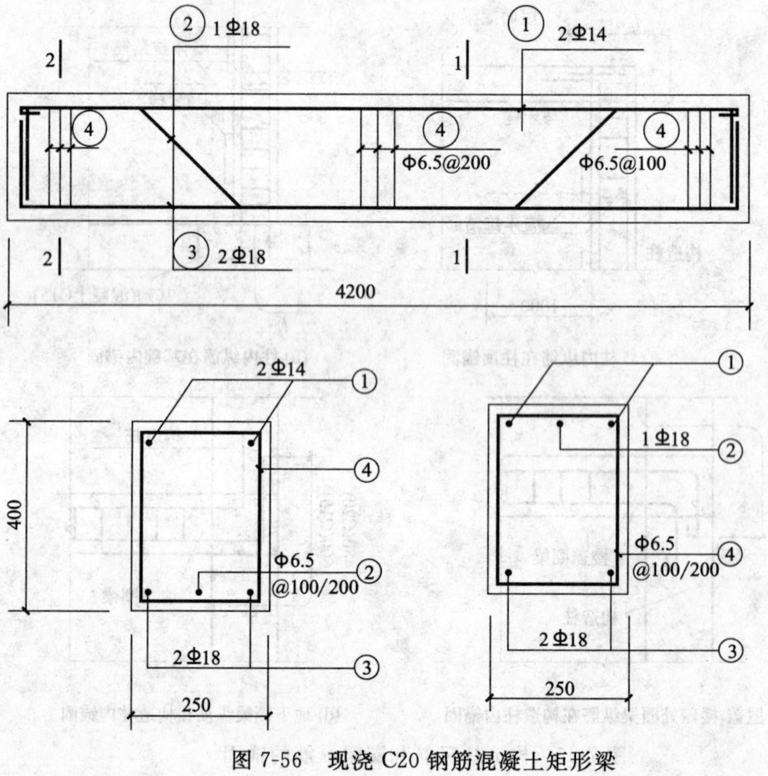

图 7-56　现浇 C20 钢筋混凝土矩形梁

【解】 (1) 计算一根矩形梁钢筋长度

① 号筋 (2Φ14) l=(4.2－0.025×2＋6.25×0.014×2)×2根＝4.075×2＝8.65 (m)

② 号筋 (1Φ18) l＝4.2－0.025×2＋0.25×2＋(0.4－0.025×2－0.018)×0.414×2＝4.65＋0.332×0.414×2＝4.65＋0.275＝4.93 (m)

③ 号筋 (2Φ18) l＝(4.2－0.025×2＋0.25×2)×2 根＝4.65×2＝9.3 (m)

④ 号筋 (Φ6.5@100/200) l＝(4.2－0.025×2)/0.20＋1＋4 根 (两端加密筋) ＝26 (根)

箍筋长＝(0.4＋0.25)×2－0.02＝1.28 (m)

l＝箍筋长×根数＝1.28×26＝33.28 (m)

(2) 计算 3 根矩形梁的钢筋重量

Φ14：8.65×3×1.208＝31.35 (kg)

Φ18：(4.93＋9.3)×3×1.998＝85.30 (kg)

Φ6.5：33.28×3×0.2605＝26.01 (kg)

合计 31.35＋85.30＋26.01＝142.66 (kg)

附：Φ18 钢筋每米重量＝0.006165×18^2＝1.998 (kg/m)

Φ14 钢筋每米重量＝0.006165×14^2＝1.208 (kg/m)

Φ6.5 钢筋每米重量＝0.006165×6.5^2＝0.2605 (kg/m)

附 1：现浇钢筋混凝土构件模板、钢筋含量参考表

定额项目		含模量 /(m^2/m^3)	钢筋含量/(t/m^3)			
			Ⅰ级钢		Ⅱ级钢	
			Φ10 以内	Φ10 以外	Φ20 以内	Φ20 以外
带形基础	毛石混凝土	2.91				
	无筋混凝土	3.49				
	钢筋混凝土(有肋式)	2.38	0.009	0.041	0.052	
	钢筋混凝土(无肋式)	0.79	0.008	0.063		
独立基础	毛石混凝土	2.04				
	钢筋混凝土	2.11	0.007	0.047	0.015	
杯形基础		1.97	0.002	0.023		
高杯基础		4.51	0.006	0.062		
满堂基础	无梁式	0.60	0.054		0.098	
	有梁式	1.34	0.036		0.056	0.077
独立式桩承台		1.84	0.015	0.055	0.01	
混凝土基础垫层		1.38				
设备基础	$5m^3$ 以内	3.06	0.013	0.019		
	$20m^3$ 以内	1.94	0.012	0.018		
	$100m^3$ 以内	1.41	0.011	0.017		
	$100m^3$ 以外	0.62	0.011			
柱	矩形柱	10.53	0.054	0.020	0.042	0.097
	异形柱	9.32	0.022	0.030	0.024	0.057
	圆形柱	7.84	0.022	0.030	0.025	0.057
	构造柱	7.92	0.023	0.080	0.039	

续表

<table>
<tr><th colspan="3" rowspan="3">定额项目</th><th rowspan="3">含模量/(m²/m³)</th><th colspan="4">钢筋含量/(t/m³)</th></tr>
<tr><th colspan="2">Ⅰ级钢</th><th colspan="2">Ⅱ级钢</th></tr>
<tr><th>Φ10 以内</th><th>Φ10 以外</th><th>Φ20 以内</th><th>Φ20 以外</th></tr>
<tr><td colspan="3">基础梁</td><td>8.33</td><td>0.039</td><td>0.029</td><td>0.030</td><td>0.070</td></tr>
<tr><td colspan="3">单梁、连接梁</td><td>8.89</td><td>0.030</td><td>0.070</td><td>0.031</td><td>0.071</td></tr>
<tr><td colspan="3">异形梁</td><td>11.05</td><td>0.027</td><td>0.020</td><td>0.027</td><td>0.064</td></tr>
<tr><td colspan="3">过梁</td><td>11.86</td><td>0.041</td><td>0.054</td><td>0.031</td><td></td></tr>
<tr><td colspan="3">拱形梁</td><td>7.62</td><td>0.027</td><td>0.028</td><td>0.024</td><td>0.057</td></tr>
<tr><td colspan="3">弧形梁</td><td>8.73</td><td>0.027</td><td>0.028</td><td>0.024</td><td>0.057</td></tr>
<tr><td colspan="3" rowspan="2">圈梁、压顶直形墙</td><td>7.05</td><td>0.023</td><td>0.059</td><td></td><td></td></tr>
<tr><td>14.40</td><td>0.062</td><td></td><td>0.041</td><td></td></tr>
<tr><td colspan="3">电梯井壁</td><td>11.49</td><td>0.023</td><td>0.020</td><td>0.058</td><td></td></tr>
<tr><td colspan="3">圆弧墙</td><td>7.04</td><td>0.046</td><td>0.020</td><td>0.029</td><td></td></tr>
<tr><td colspan="3">短肢剪力墙</td><td>8.39</td><td>0.013</td><td></td><td>0.123</td><td></td></tr>
<tr><td colspan="3">有梁板</td><td>6.98</td><td>0.064</td><td>0.015</td><td>0.024</td><td>0.036</td></tr>
<tr><td colspan="3">无梁板</td><td>4.53</td><td>0.030</td><td>0.016</td><td>0.040</td><td></td></tr>
<tr><td colspan="3">平板</td><td>8.90</td><td>0.068</td><td>0.014</td><td></td><td></td></tr>
<tr><td colspan="3">拱形板</td><td>8.04</td><td>0.042</td><td>0.054</td><td></td><td></td></tr>
<tr><td colspan="3">双层拱形屋面板</td><td>30.00</td><td>0.097</td><td>0.020</td><td>0.030</td><td></td></tr>
<tr><td colspan="3">楼梯/m²</td><td>1.00</td><td>0.008</td><td>0.008</td><td>0.002</td><td></td></tr>
<tr><td colspan="3">阳台/m²</td><td>1.00</td><td>0.012</td><td>0.007</td><td></td><td></td></tr>
<tr><td colspan="3">雨篷/m²</td><td>1.00</td><td>0.010</td><td>0.006</td><td></td><td></td></tr>
<tr><td colspan="3">台阶/m²</td><td>1.00</td><td></td><td></td><td></td><td></td></tr>
<tr><td colspan="3">栏板</td><td>33.89</td><td>0.021</td><td>0.070</td><td></td><td></td></tr>
<tr><td colspan="3">门框</td><td>12.17</td><td>0.021</td><td>0.070</td><td>0.030</td><td></td></tr>
<tr><td colspan="3">框架柱接头</td><td>10.46</td><td>0.034</td><td></td><td></td><td></td></tr>
<tr><td colspan="3">暖气沟电缆沟</td><td>11.30</td><td>0.009</td><td>0.079</td><td></td><td></td></tr>
<tr><td colspan="3">挑檐天沟</td><td>15.18</td><td>0.085</td><td>0.020</td><td></td><td></td></tr>
<tr><td colspan="3">小型构件</td><td>21.83</td><td>0.050</td><td>0.012</td><td></td><td></td></tr>
<tr><td colspan="3">扶手</td><td>1.00</td><td>0.034</td><td></td><td></td><td></td></tr>
<tr><td colspan="3">小型池壁</td><td>1.00</td><td>0.052</td><td>0.025</td><td></td><td></td></tr>
<tr><td rowspan="5">贮水油池</td><td colspan="2">无梁盖</td><td>3.25</td><td>0.045</td><td></td><td></td><td></td></tr>
<tr><td colspan="2">肋形盖</td><td>1.11</td><td>0.056</td><td>0.010</td><td>0.004</td><td></td></tr>
<tr><td colspan="2">无梁盖柱</td><td>8.79</td><td>0.020</td><td>0.024</td><td>0.050</td><td></td></tr>
<tr><td colspan="2">沉淀池水槽</td><td>21.10</td><td>0.046</td><td></td><td></td><td></td></tr>
<tr><td colspan="2">沉淀池壁基梁</td><td>4.30</td><td>0.009</td><td>0.035</td><td>0.020</td><td></td></tr>
<tr><td rowspan="4">贮仓</td><td rowspan="3">圆形</td><td>顶板</td><td>7.35</td><td>0.053</td><td>0.072</td><td></td><td></td></tr>
<tr><td>底板</td><td>2.59</td><td></td><td>0.043</td><td>0.064</td><td></td></tr>
<tr><td>主壁</td><td>9.17</td><td>0.022</td><td>0.022</td><td>0.030</td><td></td></tr>
<tr><td colspan="2">矩形壁</td><td>9.72</td><td>0.028</td><td>0.042</td><td>0.098</td><td></td></tr>
</table>

续表

定额项目			含模量/(m²/m³)	钢筋含量/(t/m³)			
				Ⅰ级钢		Ⅱ级钢	
				Φ10 以内	Φ10 以外	Φ20 以内	Φ20 以外
水塔	塔身水箱	简式	15.97	0.013	0.008	0.020	
		柱式	11.53	0.015	0.042	0.097	
		内壁	14.21	0.056	0.026		
		外壁	11.98	0.048	0.029		
	塔顶		7.41	0.040	0.052		
	塔底		5.69	0.040	0.052		
	回廊及平台		9.26	0.063	0.011		
贮水油池	池底	平底	0.20	0.061			
		坡底	0.93	0.084			
	池壁	矩形	10.05	0.057	0.054		
		圆形	11.64	0.018	0.131		

附 2：预制钢筋混凝土构件钢筋含量参考表（一）

定 额 项 目		钢筋含量/(t/m³)				
		低碳冷拔钢丝	Ⅰ级钢		Ⅱ级钢	
		Φ5 以内	Φ10 以内	Φ10 以外	Φ20 以内	Φ20 以外
矩形桩			0.028	0.047	0.029	0.013
桩尖		0.017	0.02	0.177		
柱	矩形柱		0.012		0.027	0.062
	工形柱		0.018	0.083	0.013	0.031
	双肢形柱		0.020	0.098	0.029	0.067
	空格形柱		0.020	0.098	0.029	0.067
	墙柱		0.079			
梁	矩形梁		0.032	0.075		
	异形梁		0.066	0.025	0.013	0.031
	过梁	0.21	0.036	0.011		
	托架梁		0.035	0.095	0.045	0.105
	鱼腹式吊车梁		0.087		0.028	0.065
	风道梁		0.056	0.027	0.015	0.034
	拱形梁		0.046	0.046	0.016	0.036
屋架	折线形		0.034	0.141	0.042	0.098
	三角形		0.056	0.046	0.027	0.062
	组合形	0.014	0.056	0.040	0.021	0.048
	满腹形		0.050	0.149	0.033	0.077
门式钢架			0.050	0.149	0.035	0.083
天窗架		0.028	0.008		0.148	
天窗端板			0.013		0.073	
空心板	120 以内	01.008	0.037	0.001		
	180 以内	0.006	0.032	0.013		
	240 以内	0.004	0.028	0.013		

续表

定额项目	钢筋含量/(t/m³)				
	低碳冷拔钢丝	Ⅰ级钢		Ⅱ级钢	
	Φ5 以内	Φ10 以内	Φ10 以外	Φ20 以内	Φ20 以外
平板	0.008	0.029	0.003		
槽形板	0.034	0.030			0.031
F 形板	0.032	0.033			0.057
大型屋面板	0.019	0.034			0.074
双 T 板	0.020	0.034			0.074
单肋板	0.034	0.030			0.031
天沟板		0.030	0.012		
折板	0.035				
挑檐板	0.002	0.059	0.022		
地沟盖板	0.002	0.022			
窗台板	0.001	0.123			
隔板	0.038	0.056			
架空隔热板	0.051				
栏板	0.034	0.024			
遮阳板	0.041	0.021			
网架板	0.046	0.025			
檩条	0.011	0.126	0.046		
天窗上下档	0.011	0.125	0.046		
阳台	0.002	0.059	0.022		
雨篷	0.004	0.046	0.027		
门窗框		0.021	0.029		
小型构件	0.023	0.023	0.006		
空心楼梯段	0.019	0.014	0.021		
空心楼梯梁	0.005	0.043	0.029		
楼梯斜梁		0.063	0.039		
楼梯踏步	0.019	0.036			
框架式支架		0.018	0.281		
支架		0.010	0.281		
栏杆	0.021	0.030	0.030		
一般支撑		0.025	0.025		

附 3：预制钢筋混凝土构件钢筋含量参考表（二）

定额项目		钢筋含量/(t/m³)					
		Ⅰ级钢			预应力钢筋		
					Ⅰ级钢	Ⅱ级钢	
		Φ5 以内	Φ10 以内	Φ10 以外	Φ5 以内	Φ20 以内	Φ20 以外
预应力梁	T 形吊车梁		0.002	0.076		0.054	0.081
	鱼腹式吊车梁	0.024	0.097			0.046	0.070
	托架梁	0.008	0.034	0.069		0.046	0.069
	矩形梁		0.036	0.032		0.025	0.038

续表

定额项目		钢筋含量/(t/m³)					
		Ⅰ级钢			预应力钢筋		
					Ⅰ级钢	Ⅱ级钢	
		Φ5 以内	Φ10 以内	Φ10 以外	Φ5 以内	Φ20 以内	Φ20 以外
预应力屋架	拱形梁	0.015	0.047	0.083		0.026	0.060
	满腹梁	0.004	0.047	0.067		0.032	0.074
预应力板	大型屋面、双T板	0.026	0.011			0.046	
	槽形、肋形板	0.022	0.025			0.049	
	平板	0.011			0.029		
	空心板	0.002			0.045		
	天沟、挑檐板	0.020	0.018	0.002		0.097	
预应力檩条、支撑、上下档		0.014			0.096		
基础梁			0.025	0.049			
T形吊车梁			0.061	0.140			
烟道、垃圾道、通风道		0.017	0.061	0.006			

7.3.4.5 综合实例

计算图7-57某污水池及池壁上的环形溢水槽工程量。

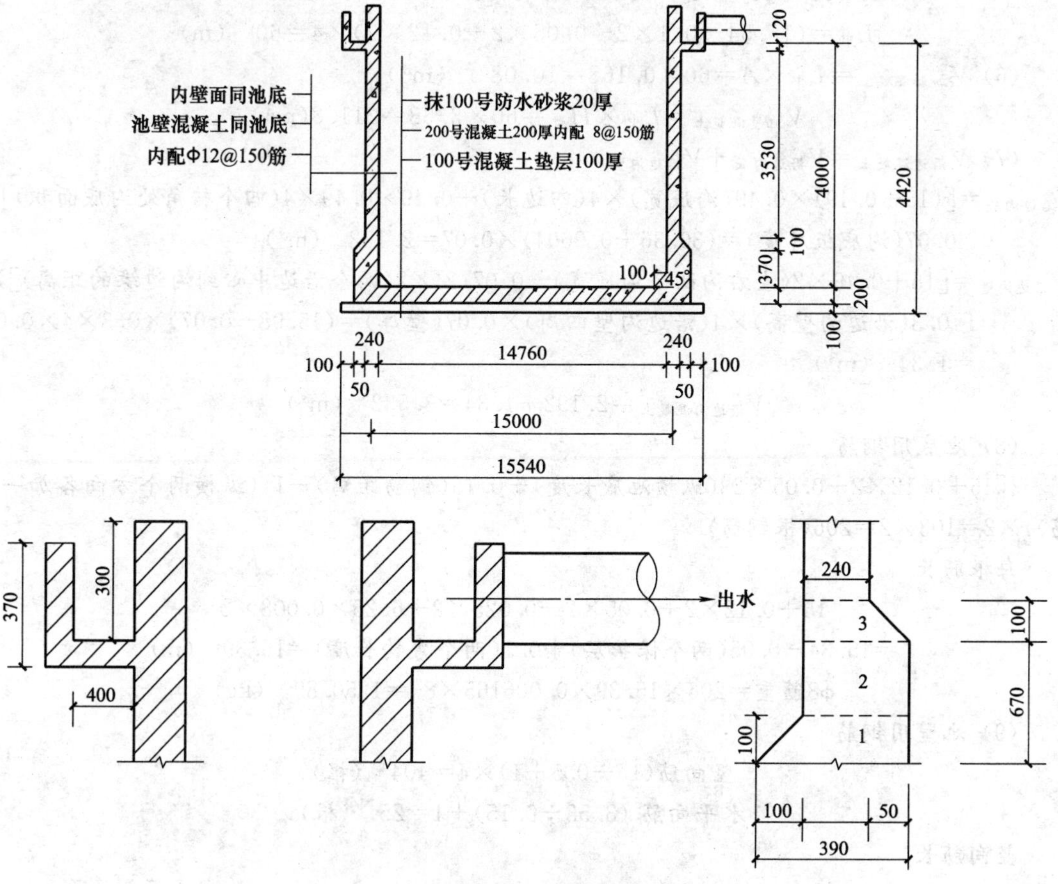

图7-57 污水池平面、剖面及细部详图

【解】 污水池工程量计算

(1) 平整场地

$$S_{平}=S_{底}+L_{外}\times 2+16$$

$$S_{底}=15.54\times 15.54=241.50 \quad (m^2)$$

$$L_{外}=15.54\times 4=62.16 \quad (m)$$

$$S_{平}=241.50+62.16\times 2+16=381.82 \quad (m^2)$$

(2) 挖土坑

$$V_{土}=15.54\times 15.54\times 4.42=1067.393 \quad (m^3)$$

(3) 100号混凝土垫层

$$V_{垫}=15.54\times 15.54\times 0.1=24.15 \quad (m^3)$$

(4) 200号底板混凝土厚度200mm

$$V_{底}=(15.54-0.2)\times(15.54-0.2)\times 0.2=15.34\times 15.34\times 0.2=47.10 \quad (m^3)$$

注：括号内的0.2为垫层出边，外面的0.2为底板厚度

(5) $V_{加劲肋}=A\times L_{中}$

$$A=A_1+A_2+A_3$$

$$A_1=[(0.29+0.39)\times 0.1]\div 2=0.034 \quad (m^2)$$

$$A_2=0.29\times 0.37=0.1073 \quad (m^2)$$

$$A_3=[(0.24+0.29)\times 0.1]\div 2=0.0265 \quad (m^2)$$

$$A=A_1+A_2+A_3=0.034+0.1073+0.0265=0.168 \quad (m^2)$$

$$L_{中}=(15.54-0.1\times 2-0.05\times 2-0.12\times 2)\times 4=60 \quad (m)$$

(6) $V_{加劲混凝土}=L_{中}\times A=60\times 0.168=10.08 \quad (m^3)$

$$V_{池壁混凝土}=L_{中}\times H_{壁}=60\times 3.53=211.8(m^3)$$

(7) $V_{沿边混凝土}=V_{沿边沟底}+V_{沿边沟壁}$

$V_{沿边沟底}$=[(15+0.49)×0.49(沟底宽)×4(四边长)+0.49×0.49×4(四个转角处沟底面积)]×0.07(沟底板厚度)=(30.36+0.9604)×0.07=2.192 (m^3)

$V_{沿边沟壁}$=[15+0.49×2(左右沟两个沟底宽)−0.07/2 ×2(两个沿边中心到沟边缘的距离)]×0.3(沿边沟壁高)×4(沿边沟壁四周)×0.07(壁厚)=(15.98−0.07)×0.3×4×0.07=1.34 (m^3)

$$V_{沿边沟混凝土}=2.192+1.34=3.532 \quad (m^3)$$

(8) 池底用钢筋

{[15+0.12×2+0.05×2](纵横池底长度)÷0.15(钢筋距离)+1}(纵横两个方向各加一根筋)}×2=103×2=206(根钢筋)

每根筋长

15+0.12×2+0.05×2−0.025×2+6.25×0.008×2

=15.34−0.05(两个保护层)+0.1(两个弯钩长度)=15.39 (m)

ϕ8筋重=206×15.39×0.006165×8^2=1250.89 (kg)

(9) 池壁用钢筋

竖向筋(15÷0.5+1)×4=404 (根)

水平向筋 (3.53÷0.15)+1=25 (根)

竖向筋长

3.53−0.025+6.25×0.012+4.9×0.012=3.639 (m)

水平方向筋长

$$15\times4+6.25\times0.012\times2=60.15\quad(m)$$

池壁用钢筋Φ12@150 竖向垂直和水平方向钢筋

$$404\times3.639\times0.006165\times12^2+25\times60.15\times0.006165\times12^2$$

$$=1305.15(\text{竖向钢筋重量})+1334.97(\text{水平向钢筋重量})=2640.12\quad(kg)$$

注：0.006165×12^2 为钢筋每米重量

沿边壁上边缘外侧沟壁用Φ6@200 纵向钢筋

$$0.37\times[(15+0.59\times2-0.07/2\times2)\div0.2+1]\times4\times0.006165\times6^2=26.93\quad(kg)$$

沟壁用 ϕ6@200 水平钢筋

$$[0.37\div0.2+1=3(\text{取整数})]\times[(15+0.59\times2-0.07/2\times2]\times4+(6.25\times0.006\times2)]\times0.006165\times6^2=42.96\quad(kg)$$

沟底板钢筋重量（ϕ6@200）

$$0.47\times[(15+0.59\times2-0.07/2\times2]\div0.2+1]\times4\times0.006165\times6^2=34.21\quad(kg)$$

$$[(15+2\times0.59-2\times0.025+6.25\times0.006\times2)\times4]\times[0.47\div0.2+1(\text{取整数})]\times0.006165\times6^2=43.17\quad(kg)$$

溢水槽底及槽壁钢筋：$26.93+42.96+34.21+43.17=147.27\quad(kg)$

7.3.5 金属结构制作工程

7.3.5.1 概述

金属结构工程是用钢板、热轧型钢或冷加工成型的薄壁型钢制造的结构，钢结构构件较小，质量较轻，便于运输和安装，具有强度高、耐高温、易锈蚀等特点，但它的施工速度快，产生效益及时，主要用于大跨度结构，大型的污水治理厂和垃圾分类处理车间等。钢柱、钢屋架、钢托架、钢吊车梁、钢支撑、钢平台、钢梯子、钢栏杆等均包括在内。

7.3.5.2 工程量计算规则

① 金属结构制作按图示尺寸以吨计算，不扣除孔眼、切边的重量，焊条、铆钉、螺栓等重量，已包括在定额内不另计算。在计算不规则或多边形钢板重量时，均按外界矩形面积计算。

② 制动梁的制作工程量，包括制动梁、制动桁架、制动板重量；墙架的制作工程量，包括墙架柱、墙架及连接柱杆重量；钢柱制作工程量，包括依附柱上的牛腿及悬臂梁。

③ 不规则或多边形钢板的种类按矩形计算，其边长以设计尺寸相互垂直的最大尺寸为准，见图 7-58。

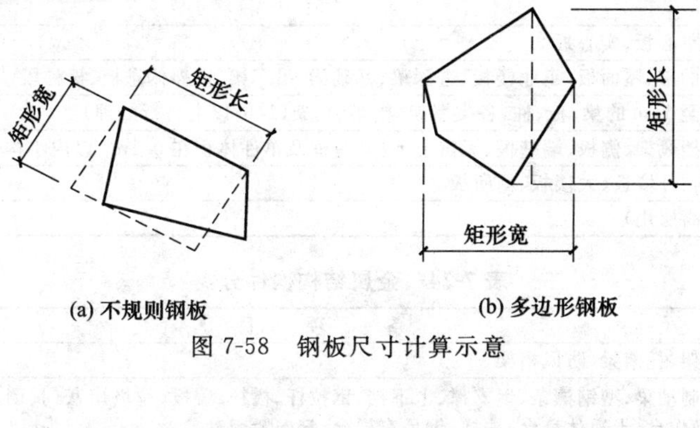

图 7-58 钢板尺寸计算示意

④ 计算方法

金属结构构件制作工程量＝构件中各钢材重量之和

式中，钢板每平方米重量及型钢每米重量可由国家荷载规范中查出，也可按下式计算：

钢板每平方米重量＝7.85×钢板厚度

角钢每米重量＝0.00795×角钢厚度×(角钢长边＋短边－角钢厚度)

【例 7-11】　图 7-59 所示的钢屋架之间的水平支撑制作工程量。

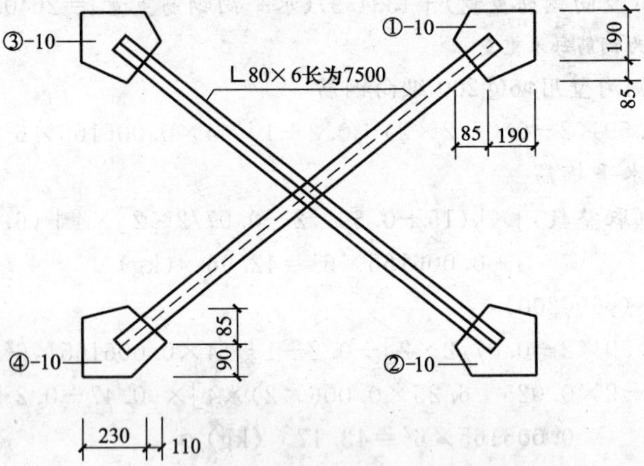

图 7-59　钢结构水平支撑

【解】　如图 7-59 所示，

δ10钢板重量＝①号钢板面积×每平方米钢板重量×块数＋②号钢板面积×每平方米钢板重量×块数

＝(0.085＋0.19)×(0.085＋0.19)×78.5×2＋(0.23＋0.11)×(0.09＋0.085) ×78.5×2

＝5.97×2＋4.67×2＝21.28(kg)

└80×6角钢重量＝角钢长度×每米重量×根数＝7.5×7.35×2＝110.25(kg)

柱间垂直支撑工程质量＝钢板重量＋角钢重量＝21.28＋110.25＝131.53(kg)

7.3.6　钢筋混凝土及钢构件运输、安装工程

7.3.6.1　概述

(1) 构件运输

混凝土及钢构件运输是指构件堆放场地或构件加工厂至施工现场的运输。按照构件的类型和外形尺寸划分类别。混凝土构件分为六类（见表 7-23）；金属结构构件分为三类（见表 7-24）。

表 7-23　预制混凝土构件分类

类别	项　目
1	4m 以内空心板、实心板
2	6m 以内的桩、屋面板、工业楼板、进深梁、基础梁、吊车梁、楼梯休息板、楼梯段、阳台板
3	6m 以上至 14m 的梁、板、柱，各类屋架、桁梁、托架(14m 以上另行处理)
4	天窗架、挡风架、侧板、端壁板、天窗上下挡、门框及单件体积在 $0.1m^3$ 以内小构件
5	装配式内、外墙板、大楼板、厕所板
6	隔墙板(高层用)

表 7-24　金属结构构件分类

类别	项　目
1	钢柱、屋架、托架梁、防风桁架
2	吊车梁、制动梁、型钢檩条、钢支撑、上下挡、钢拉杆、栏杆、盖板、垃圾出灰门、倒灰门、篦子、爬梯、零星构件、平台、操作台、走道休息台、扶梯、钢吊车梯台、烟囱紧固箍
3	墙架、挡风架、天窗架、组合檩条、轻型屋架、滚动支架、悬挂支架、管道支架

(2) 构件安装

① 构件安装是按单机作业编制的，如采用双机抬吊安装构件，人工、机械乘以系数1.2。

② 构件安装按机械回转半径15m以内距离计算的，如因施工场地狭小，当构件无法运进吊装机械回转半径范围内而造成构件二次搬运时，所发生的费用应另按构件1 km运输项目执行。

③ 构件安装是按履带式起重机、汽车式起重机分别编制的。

④ 采用塔吊吊装的构件，按履带式起重机的消耗量标准子目换算，扣除履带式起重机的消耗量；采用卷扬机吊装的构件，按汽车式起重机的消耗量标准子目换算，扣汽车式起重机的消耗量。

⑤ 构件安装标准中均不包括为安装工程所需搭设的临时性脚手架，若发生时应另行计算。

⑥ 吊装现场就位预制构件是按采用木模、砖模综合考虑。

⑦ 安装混凝土异形柱（如：十、〒、┌型）及一边伸出0.7m以上的牛腿柱时，按混凝土柱安装相应项目乘以系数1.20。单根混凝土柱子长度大于杯口深度（找平后实际杯口深度）20倍以上时，按相应项目乘以系数1.30。

⑧ 双肢构件（如栈桥、皮带走廊排架、A形支架等）需焊接安装时，可按柱接柱相应项目的人工、机械乘以1.30，材料乘以系数1.80计算。上述构件柱脚如为灌浆安装，不需焊接安装时，按柱安装相应项目乘以系数1.35。

⑨ 筋混凝土楼梯段安装以整块为准，如拼装楼梯段者，按乘楼梯段安装项目以系数1.25。

⑩ 钢屋架以安装在钢筋混凝土柱上为准，如安装在钢柱上者，按相应安装项目乘以系数1.10。

⑪ 单层厂房屋盖系统必须在跨外安装时，按相应的构件安装项目的人工、机械台班乘以系数1.18。

⑫ 混凝土小型构件安装系指单件体积小于$0.1m^3$的构件安装。

⑬ 钢屋架单榀重量在1t以下者，按轻型屋架相应项目计算。

⑭ 构件吊装高度是按吊装室外地面至檐口高度20m以内考虑，若构件吊装其檐口高度超过20m以上者，按其相应项目的人工和机械台班分别乘以系数1.10。

7.3.6.2 工程量计算规则

(1) 构件运输

① 预制混凝土构件运输按构件图示尺寸，以实体积计算；钢构件按构件设计图示尺寸以t计算，所需螺栓、电焊条等重量不另计算。木门窗运输按洞口面积以m^2计算。

② 预制混凝土构件运输的最大运输距离取50km以内；钢构件和木门窗的最大运输距离20km以内，超过时另行补充。

③ 加气混凝土板（块）、硅酸盐块运输每m^3折合钢筋混凝土构件体积$0.4m^3$，并按一类构件运输计算。

(2) 预制钢筋混凝土构件安装

① 预制钢筋混凝土工字形柱、矩形柱、空腹柱、双肢柱、空心柱、管道支架安装，均按柱安装计算。

② 组合屋架安装，以混凝土部分实体体积计算，钢杆件部分不另行计算。

③ 预制钢筋混凝土多层柱安装，首层柱按柱安装计算，二层及二层以上按柱接柱计算。

(3) 金属构件安装

① 金属构件安装按图示构件重量以吨计算。

② 依附于钢柱上的牛腿及悬挑梁等，并入柱身主材重量计算。

③ 金属结构中所用钢板，设计为多边形者，按矩形计算，矩形的边长以设计尺寸中互相垂直的最大尺寸为准。

(4) 构件制作、运输、安装损耗率

预制混凝土构件制作、运输、安装损耗率，按表 7-25 规定计算后并入构件工程量内，其中预制混凝土屋架、桁架、托架及长度在 9m 以上的梁、板、柱不计算损耗率。

表 7-25 预制钢筋混凝土构件制作、运输、安装损耗率

名称	制作废品率	运输堆放损耗率	安装(打桩)损耗率
各类预制构件	0.2%	0.8%	0.5%
预制钢筋混凝土柱	0.1%	0.4%	1.5%

预制构件含各种损耗的工程量计算方法如下：

预制构件制作工程量＝图示尺寸实体积×(1＋1.5%)

预制构件运输工程量＝图示尺寸实体积×(1＋1.3%)

预制构件安装工程量＝图示尺寸实体积×(1＋0.5%)

7.3.6.3 综合实例

工程设计用 YKB30-9-IV 预应力空心板共 80 块。已知预应力空心板由构件加工厂生产，运至施工现场的距离为 7km，对预应力空心板从生产到现场施工完毕整个过程所发生的施工内容进行列项，并计算相应工程量。

【解】 (1) 列项

本例应列项目有：预应力空心板的模板、混凝土、预应力构件、非预应力钢筋及预应力空心板的运输、安装、接头灌缝。

(2) 计算

查预应力空心板的标准图集可知：YKB30-9-IV 的预应力空心板实体体积为 0.186m^3/块，预应力钢筋用量为 5.285kg/块；非预应力钢筋用量为 0.45kg/块。

① 模板

预应力空心板的模板工程量＝构件实体体积×(1＋1.5%)

＝0.186×80×(1＋1.5%)＝15.10 (m^3)

② 混凝土

预应力空心板的混凝土工程量＝预应力空心板的模板工程量＝15.10 (m^3)

③ 钢筋

预应力构件钢筋工程量＝每块板钢筋用量×块数×(1＋1.5%)

预应力钢筋工程量＝5.285×80×(1＋1.5%)＝429.14 (kg)

非预应力钢筋工程量＝0.454×80×(1＋1.5%)＝36.87 (kg)

④ 运输

预制混凝土构件运输的最大运输距离在 50km 以内；

预应力空心板的运输工程量＝构件实体体积×(1＋1.3%)

＝0.186×(1＋1.3%)＝0.188 (m^3)

⑤ 安装

$$预应力空心板的安装工程量=构件实体体积\times(1+0.5\%)=0.186\times80(1+0.5\%)=14.95\ (m^3)$$

⑥ 接头灌缝

预应力空心板的接头灌缝工程量=构件实体体积=0.186×80=14.88 (m^3)

7.3.7　木结构工程

7.3.7.1　概述

以木材为主要材料制作的建筑物构件与配件，称为木结构或木作工程。木结构工程是砖木结构工程中的重要组成部分，包括木门窗和木结构两个部分。常用的有木门窗、木屋架、木檩条、屋面木基层、木封檐板、木楼梯等。

其中，门窗工程包括了各种木门窗的制作和安装（见图 7-60）。

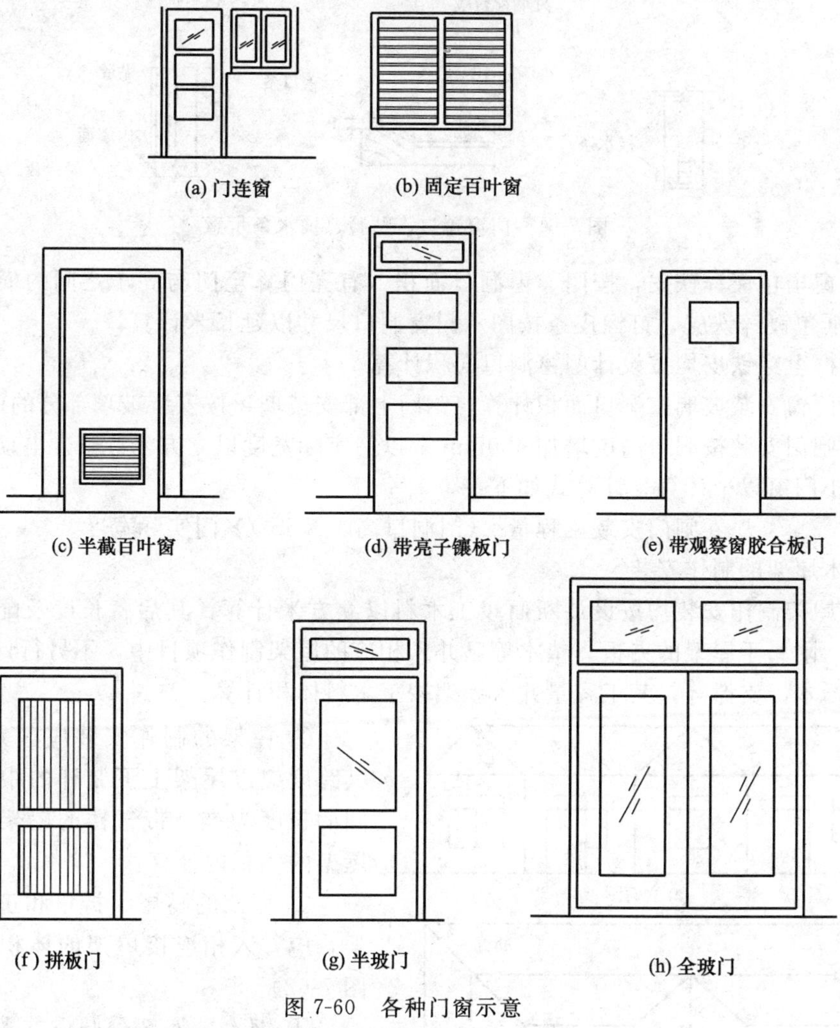

图 7-60　各种门窗示意

7.3.7.2　木结构工程工程量计算规则

（1）门、窗制作、安装工程量

① 各类门、窗制作、安装工程量均按门窗洞口面积计算。

② 普通窗上部带有半圆窗的工程量应分别按半圆窗和普通窗计算。其分界线以普通窗和半圆窗之间的框上裁口线为分界线。

③ 门、窗盖口条、贴脸、披水条、按图示尺寸延长米计算（见图 7-61）。

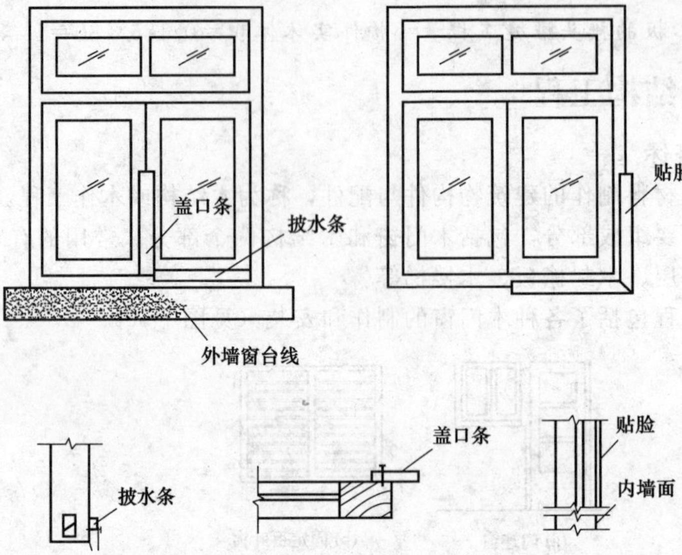

图 7-61 门窗盖口、贴脸、披水条示意

④ 门窗扇包镀锌铁皮，按门、窗洞口面积（有亮门算至门与亮子之间的横框上面）计算。门窗框包镀锌铁皮、钉橡皮条按图示门窗洞口尺寸以延长米计算。

⑤ 窗框上穿铁皮均按设计门窗洞口面积计算。

⑥ 钢门窗安装玻璃按洞口面积计算。钢门上部安玻璃，按安装玻璃部分的面积计算。

⑦ 卷闸门安装按洞口高度增加 600mm 乘以门实际宽度以立方米计算。电动装置安装以套计算，小门窗以个计算。计算式如下：

卷闸门安装工程量＝(门洞口高＋0.6m)×门实际宽度

（2）木屋架的制作安装

① 木屋架制作安装均按设计断面竣工木料以立方米计算，其后备长度及配制损耗均不另行计算。附属于屋架的夹板、垫木等已并入相应的屋架制作项目中，不另行计算；与屋架连接的挑檐木、支撑等，其工程量并入屋架竣工木料体积计算。

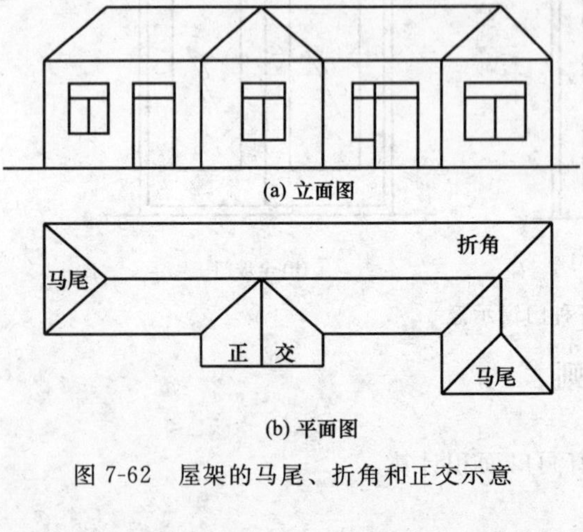

图 7-62 屋架的马尾、折角和正交示意

② 屋架的制作安装应区别不同跨度，其跨度应以屋架上下弦杆的中心线交点之间的长度为准。带气楼的屋架并入所依附屋架的体积内计算。

③ 屋架的马尾、折角和正交部分半屋架，应并入相连接屋架的体积内计算（见图 7-62）。

④ 钢木屋架区分圆、方木，按竣工木料以 m^3 计算。

（3）檩木分项工程量计算

① 圆木屋架连接的挑檐木、支撑等如

为方木时，其方木部分应乘以系数 1.7 折合成圆木并入屋架竣工木料内，单独的方木挑檐，按矩形檩木计算。

② 檩木按竣工木料以 m^3 计算。简支檩长度按设计规定计算，如设计无规定者，按屋架或山墙中距增加 200mm 计算，如两端出山，檩条长度算至博风板；连续檩条的长度按设计长度计算，其接头长度按全部连续檩木总体积的 5%计算。檩条托木已计入相应檩木制作安装项目中，不另计算。

(4) 屋面木基屋、封檐板工程量计算

① 屋面木基层按屋面的斜面积计算。天窗挑檐重叠部分按设计规定计算，屋面烟囱及斜沟部分所占面积不扣除（见图 7-63）。

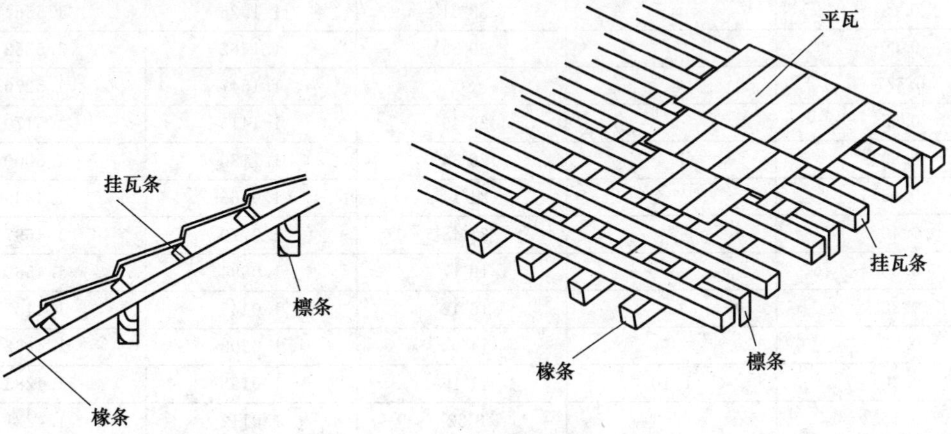

图 7-63 屋面木基层示意

② 封檐板按图示檐口外围长度计算，博风板按斜长度计算，每个大刀头增加长度 500mm。

(5) 木楼梯及其他工程量计算

① 木楼梯按水平投影面积计算，不扣除宽度小于 300mm 的楼梯井，定额中包括踏步板、踢脚线、休息平台和伸入墙内部分的工料。但未包括楼梯及平台底面的钉天棚，其天棚工程量以楼梯投影面积乘以系数 1.1，按相应天棚面层计算。

② 木搁板木格踏板，按图示尺寸以 m^2 计算。

③ 木楼木楞，按楞木的体积计算，剪刀撑、平撑、游沿木已包括在定额内，不另计算。

④ 木楼地板按主墙间的净面积计算。

7.3.8 屋面及防水工程

7.3.8.1 概述

防水技术是保证工程结构不受水侵蚀的一项专门技术，在建筑工程中占有重要地位。防水工程质量好坏，直接影响到建、构筑物的使用寿命，影响到生产活动和人民生活能否正常进行。因此，防水工程的建设、施工预算必须严格遵守有关规则，切实保证工程质量。

屋面工程包括瓦屋面、金属压型板屋面、卷材屋面、涂膜屋面及屋面排水等分项，防水工程主要包括建筑物地面防水、防潮、墙基防水防潮、地下室及构筑物的防水等分项。

7.3.8.2 工程量计算规则

(1) 瓦屋面、金属压型板（包括挑檐部分）

均按图示尺寸的水平投影面积乘以屋面坡度系数以 m^2 计算。不扣除房上烟囱、风帽底座、屋面小气窗和斜沟等所占面积。屋面小气窗的出檐与屋面重叠部分亦不增加，但天窗出檐部分重叠的面积并入相应屋面工程量内。

屋面坡度系数见表7-26。

表 7-26 屋面坡度系数表

坡度 $B(A=1)$	坡度 $B/2A$	坡度角度(α)	延尺系数 $C(A=1)$	偶延尺系数 $D(A=1)$
1	1/2	45°	1.4142	1.7321
0.75		36°52′	1.2500	1.6008
0.70		35°	1.2207	1.5779
0.666	1/3	33°40′	1.2015	1.5620
0.65		33°01′	1.1926	1.5564
0.60		30°58′	1.1662	1.5362
0.577		30°	1.1547	1.5270
0.55		28°49′	1.1413	1.5170
0.50	1/4	26°34′	1.1180	1.5000
0.45		24°14′	1.0966	1.4839
0.40	1/5	21°48′	1.0770	1.4697
0.35		19°17′	1.0594	1.4569
0.30		16°42′	1.0440	1.4457
0.25		14°02′	1.0308	1.4362
0.20	1/10	11°19′	1.0198	1.4283
0.15		8°32′	1.0112	1.4221
0.125		7°8′	1.0078	1.4191
0.10	1/20	5°42′	1.0078	1.4177
0.083		4°45′	1.0050	1.4166
0.066	1/30	3°49′	1.0022	1.4157

注：1. 两坡排水屋屋面面积为屋面水平投影面积乘以延尺系数 C；
2. 四坡排水屋面斜脊长度＝$A\times C$（当 $S=A$ 时）；
3. 沿山墙泛水长度＝$A\times C$。

（2）卷材屋面

工程量按以下规定计算：

① 卷材屋面按图示尺寸的水平投影面积乘以规定的坡度系数以 m^2 计算，不扣除房上烟囱、风帽底座、风道、斜沟等所占面积，屋面的女儿墙、伸缩缝、天窗等处的弯起部分及天窗出檐与屋面重叠部分，按图示尺寸并入屋面工程量计算。如图纸无规定时，女儿墙、伸缩缝等弯起部分可以按250mm计算，天窗弯起部分可按500mm计算。

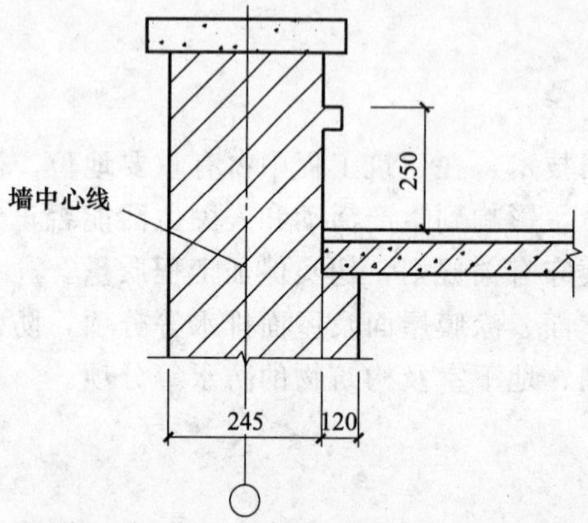

图 7-64 卷材屋面女儿墙弯起部分示意

卷材屋面有坡屋面和平屋面之分。其计算公式可表示为：

卷材坡屋面工程量＝屋面水平投影面积×屋面坡度系数＋应增加面积

卷材平屋面工程量＝屋面面积＋应增加面积

有女儿墙无挑檐时，如图7-64所示，其计算公式为：

卷材平屋面工程量＝顶层建筑面积－女儿墙所占面积＋女儿墙弯起部分面积

② 卷材屋面的附加层，接缝、收头、找平层的嵌缝，冷底子油已计入定额内，不另计算。

【例 7-12】 已知 $L_{外1}=94\text{m}$，$L_{外2}=12\text{m}$，屋面排水坡度为 2%，求卷材平屋面工程量。

【解】 由图 7-64 可知：

卷材平屋面工程量＝顶层建筑面积－女儿墙所占面积＋女儿墙弯起部分面积

$$=94\times12-0.24\times[(94+12)\times2-8\times0.12]+0.25\times[(94+12)\times2-8\times0.24]$$

$$=1128-50.6496+52.52=1024.83\quad(\text{m}^2)$$

（3）涂膜屋面

工程量计算同卷材屋面。涂膜屋面的油膏嵌缝、玻璃布盖缝、屋面分格缝，以延长米计算。

（4）屋面排水

工程量按以下规定计算：

① 铁皮排水按图示尺寸以展开面积计算，如图没有注明尺寸，可按表 7-27 计算。咬口和搭接等已计入定额项目中，不另计算。

表 7-27　铁皮排水单件零件折算表

	名称	单位	水落管/m	檐沟/m	水斗/个	漏斗/个	下水口/个		
铁皮排水	水落管、檐沟、水斗、漏斗、下水口	m^2	0.32	0.30	0.40	0.16	0.45		
	天沟、斜沟、天窗窗台泛水、烟囱泛水、通气管泛水、滴水管泛水、滴水	m^2	天沟/m	斜沟、天窗、窗台泛水/m	烟囱泛水/m	通气管泛水/m	天窗檐头泛水/m	天窗侧面泛水/m	滴水/m
			1.30	0.50	0.80	0.22	0.24	0.70	0.11

② 铸铁、PVC 水落管区别不同直径按图示尺寸以延长米计算，雨水口、水斗、弯头以个计算，PVC 阳台排水管以组计算。

（5）防水工程

工程量按以下规定计算：

① 建筑物地面防水、防潮层，按主墙间净空面积计算，扣除凸出地面的构筑物、设备基础等所占的面积，不扣除柱、垛、间壁墙、烟囱及 0.3m^2 以内孔洞所占面积。与墙面连接处高度在 500mm 以内者按展开面积计算，并入平面工程量内，超过 500mm 时，按立面防水层计算。

② 建筑物墙基防水、防潮层，外墙长度按中心线、内墙按净长乘以宽度以 m^2 计算。

③ 构筑物及建筑物地下室防水层，按实铺面积计算但不扣除 0.3m^2 以内的空洞面积。平面与立面交接处的防水层，其上卷高度超过 500mm 时，按立面防水层计算。

④ 防水卷材的附加层、接缝、收头、冷底子油等人工、材料均已计入定额内，不另计算。

⑤ 变形缝按延长米计算。

（6）屋面检查孔

以块计算。

7.3.8.3　综合实例

一地下室平面及其墙身防水构造如图7-65所示。求地下室防水层工程量。

【解】　(1) 列项

由图7-65的工程做法可知，应列项目见表7-28所示。

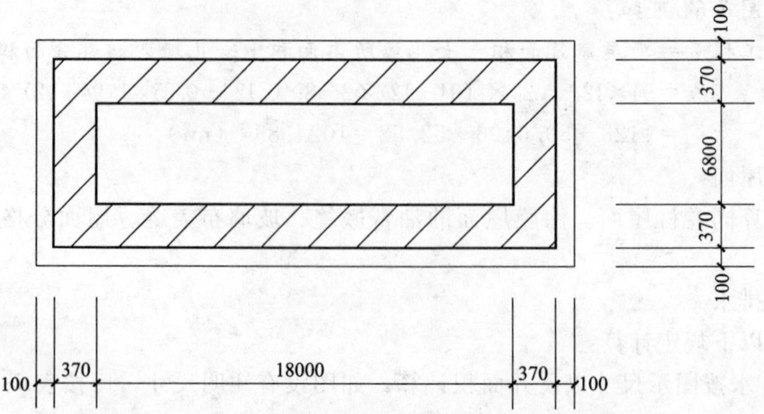

图7-65 (a)　地下室平面图

表7-28　应列项目表

工程做法		定额项目名称	计量单位
墙身	钢筋混凝土墙	基层	
	20mm厚1∶2.5水泥砂浆找平层	水泥砂浆找平层	m²
	冷黏结剂一道	改性沥青防水层(立面)	m²
	改性沥青卷材防水层		m²
	20mm厚1∶3水泥砂浆保护层	水泥砂浆找平层	
	20mm M5水泥砂浆砖砌保护墙	1/2贴砌砖墙	m²
底板	钢筋混凝土底板	钢筋混凝土满堂基础	m²
	40mm C20细石混凝土保护层	细石混凝土找平层	m²
	改性沥青卷材防水层	改性沥青卷材防水层(平面)	m²
	冷黏结剂一道		
	20mm厚1∶2.5水泥砂浆找平层	水泥砂浆找平层	m²
	C10混凝土垫层100mm厚	C10混凝土垫层	m²
	素土夯实	原土碾压(或填料碾压)	m²(m³)

(2) 计算

地下室地面防水工程量＝实铺面积＝$[(0.1+0.37)\times2+18]\times[(0.1+0.37)\times2+6.8]$

$=146.6\ (m^2)$

地下室墙身防水工程量＝实铺面积＝$L_{外}\times$实铺高度

$=[(18+0.37\times2)+(6.8+0.37\times2)]\times2\times(2.1-0.5)$

$=52.56\times1.6=84.1\ (m^2)$

7.3.9　耐酸防腐、保温、隔热工程

7.3.9.1　概述

耐酸防腐、保温、隔热工程分为耐酸、防腐和保温、隔热两个部分。

定额说明如下：

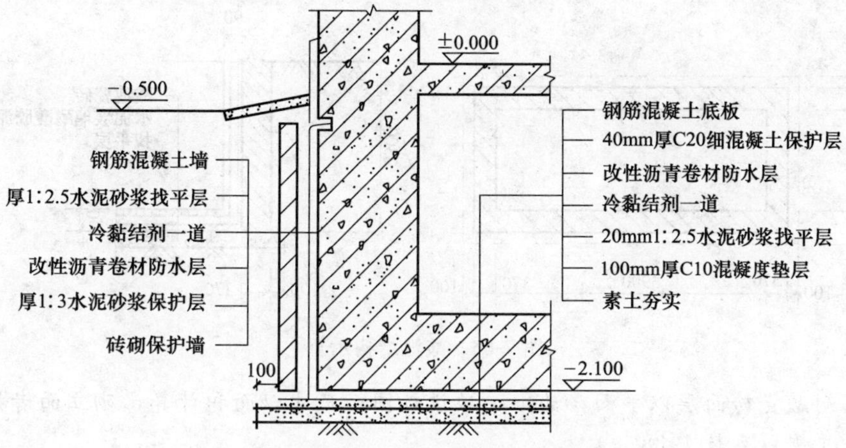

图 7-65（b）　地下室墙防水示意

（1）防腐

① 整体面层、隔离层适用与平面、立面的防腐耐酸工程，包括沟、坑、槽。

② 块料面层以平面砌为准，砌立面者按平面砌相应项目，人工乘以系数 1.38、踢脚板人工乘以系数 1.56，其他不变。

③ 各种砂浆、胶泥、混凝土材料的种类，配合比等各种整体面层的厚度，如设计与定额不同时，可以换算。但各种块料面层的结合层砂浆或胶泥厚度不变。

④ 各种面层，除软聚氯乙烯塑料地面外，均不包括踢脚板。

⑤ 花岗岩板以六面垛斧的板材为准。如底面为毛面者，水玻璃砂浆增加 0.38m^3；耐酸沥青砂浆增加 0.44m^3。

（2）隔热保温

① 适用与中温、低温及恒温的工业厂（库）房隔热工程，以及一般保温工程。

② 定额只包括保温隔热材料的铺贴，不包括隔气防潮、保护层或衬墙等。

③ 隔热层铺贴，除松散稻壳、玻璃棉、矿渣棉为散装外，其他保温材料均以石油沥青（30 号）作胶结材料。

④ 稻壳已包括装前的筛选、除尘工序，稻壳中如需增加药物防虫时，材料另行计算，人工不变。

⑤ 玻璃棉、矿渣棉包装材料和人工均已包括在定额内。

⑥ 墙体铺贴块体材料，包括基层涂沥青一遍。

7.3.9.2　工程量计算规则

（1）防腐

① 防腐工程应区分不同防腐材料种类及厚度，按设计实铺面积以 m^2 计算。应扣除凸出地面的构筑物、设备基础等所占的面积，砖垛等凸出墙面部分按展开面积计算并入墙面防腐工程量内。

② 踢脚线按实铺长度乘以高度以 m^2 计算，应扣除门洞所占面积并相应增加侧壁展开面积。

③ 平面砌筑双层耐酸块料时，按单层面积乘以系数 2 计算。

④ 防腐卷材接缝、附加层、收头等人工、材料，已计入定额中，不再另行计算。

【例 7-13】　一酸池如图 7-66 所示，池壁与池底贴耐酸瓷砖（200mm × 100mm × 60mm），瓷砖、结合层、找平层厚度合计是 90mm，求耐酸瓷砖块料的工程量。

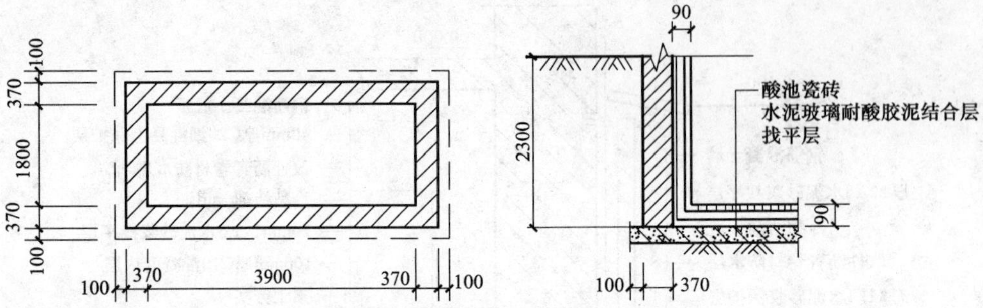

图 7-66 酸池结构示意

【解】 耐酸瓷砖面层以平面砌为准，按设计图示尺寸以面积计算，砌立面者按平面砌相应项目，人工乘以系数 1.38。

池底耐酸瓷砖工程量＝(3.9－0.09×2)×(1.8－0.09×2)＝6.03 (m^2)

池壁耐酸瓷砖工程量＝[(3.9－0.09×2)×2＋(1.8－0.09×2)×2]×(2.3－0.09)
＝23.6 (m^2)

(2) 保温隔热

① 保温隔热层应区分不同保温隔热材料，除另有规定者外，均按设计实铺厚度以 m^3 计算。

② 保温隔热层的厚度按隔热材料（不包括胶结材料）净厚度计算。

③ 地面隔热层按围护结构墙体间净面积乘以设计厚度以 m^3 计算，不扣除柱、垛所占的体积。

地面保温隔热层工程量＝(墙间净面积＋门洞等开口部分面积)×保温层厚度

地面架空隔热层工程量＝实铺面积

④ 墙体隔热层，外墙按隔热层中心线、内墙按隔热层净长乘以图示尺寸的高度及厚度以 m^3 计算。应扣除冷藏门洞和管道穿墙洞口所占的体积。

墙体保温隔热层工程量＝保温隔热层长度×高度×厚度－门窗洞口所占体积＋门窗洞口侧壁增加面积

⑤ 柱包隔热层，按图示的隔热层中心线的展开长度乘以图示尺寸的高度及厚度以 m^3 计算。

⑥ 其他保温隔热：

a. 池槽隔热层按图示池、槽保温隔热层的长、宽及其厚度以 m^3 计算，其中池壁按墙面计算，池底按地面计算。

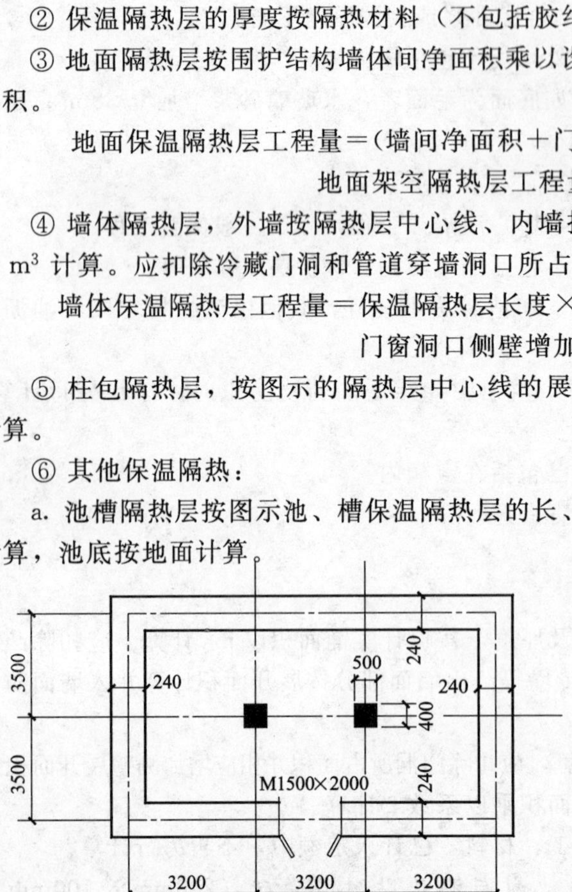

图 7-67 冷库平面图

b. 门洞口侧壁周围的隔热部分，按图示隔热层尺寸以 m^3 计算，并入墙面的隔热工程量内。

c. 柱帽保温隔热层按图示保温隔热层体积并入天棚保温热层工程量内。

【例 7-14】 一冷库室内设矿渣棉保护层，厚度 150mm，层高 3.4m，楼板厚度 120mm，见图 7-67 所示。求保温层列项及工程量。

【解】 (1) 列项

应列项目有：天棚（带龙骨）保温层、墙面保温层、地面保温层、柱面保温层。

(2) 计算

① 天棚（带龙骨）保温层

天棚(带龙骨)保温层工程量＝天棚面积×保温隔热层厚度

天棚保温层工程量＝(9.6－0.24)×(7.0－0.24)×0.15＝63.274×0.15

＝9.49 (m^3)

② 墙面及门保温

外墙及门保温中心长度＝(9.6－0.24－0.075×2＋7.0－0.24－0.075×2)×2＝31.64 (m)

墙面保温层工程量＝保温层长度×高度×厚度－门窗洞口所占面积体积＋门窗洞口侧壁增加体积＝31.64×(3.4－0.12－0.15)×0.15－1.5×2.0×0.15＋(2－0.15×2＋1.5－0.15×2)×2×0.12×0.15＝14.86－0.45＋0.1＝14.51 (m^3)

③ 地面保温层工程量＝（墙间净面积＋门洞等开口部分面积）×保温层厚度＝[9.6－0.24]×(7.0－0.24)＋1.5×0.24]×0.15＝9.55 (m^3)

④ 柱面保温层

柱面保温层工程量＝柱保温层中心线周长×高度×厚度

＝(0.5＋0.075×2＋0.4＋0.075×2)×2×(3.4－0.15×2)×0.15×2

＝2.232 (m^3)

7.3.10 构筑物工程

7.3.10.1 概述

构筑物工程是指烟囱、水塔、贮水（油）池、贮仓、化粪池、窨井等。污水治理工程中通用性的构筑物就是贮水池，它的作用不仅是提供污水处理工艺流程中所必需的贮水空间，而且还具有调节水质的作用。根据工艺要求这类构筑物大多要埋于地下或半地下，一般要求承受较大的水压和土压，因此除了在构造上满足强度要求外，同时还要求它具有良好的抗渗性和耐久性，以保证构筑物长期正常使用。通常贮水池或污水处理构筑物宜用钢筋混凝土结构，当容量较小时，也可采用砖石结构。

钢筋混凝土烟囱囱身、倒锥形水塔塔身、圆形贮仓筒壁是按井架滑升模板编制的，定额中已经综合了操作平台，不得再计算脚手架及竖井架项目。

构筑物的土方工程（指挖、运、回填、打底夯等）均应按 7.3.1 相应项目执行。

7.3.10.2 工程量计算规则

(1) 砖烟囱

① 基础与筒身划分，以基础大放脚的扩大顶面为界，以上为筒身，以下为基础。砖基础以下的钢筋混凝土底板，按钢筋混凝土相应定额套用。

② 烟囱筒身部分工程量按图示筒壁平均中心线周长乘以厚度以 m^3 计算，但应扣除各种孔洞及钢筋混凝土圈、过梁所占的体积，其筒壁周长不同时，但按下式分段计算。

$$V=\sum H\times C\times \pi D$$

式中 V——筒身体积；

H——每段筒身垂直高度；

C——每段筒壁厚度；

D——每段筒壁中心线的平均直径。

③ 烟囱筒身已包括了原浆勾缝和烟囱帽抹灰的工料，如设计要求加浆勾缝者，另行计算套砖墙勾缝定额。原浆勾缝的工料不予扣除。

④ 砖烟囱内及烟道中的钢筋混凝土构件另列项计算，套钢筋混凝土分部的相应定额子目。

⑤ 烟道砌砖：烟道与炉体的划分以第一道闸门为界，炉体内的烟道部分列入炉体工程量内。砖烟囱、烟道及其砖内衬，如设计要求采用楔形砖时，应根据施工组织设计规定的数量，另行项目计算。

⑥ 砖烟囱内采用构件加固者，钢筋按实际重量套“砖砌体内钢筋加固”定额子目。

⑦ 烟囱内衬及内表面涂抹隔绝层：内衬按不同材料，以图示实体积计算，并扣除各种孔洞所占的体积。内衬伸入筒身的连接横砖工料已包括在定额内，不另计算。填料按烟囱筒身与内衬之间的体积以 m^3 计算（填料中心平均周长乘图示厚度和高度），扣除各种孔洞所占的体积，但不扣除连接横砖（防沉带）的体积。填料所需的人工已包括在内衬定额中。烟囱内表面涂抹隔绝层，按筒身内壁的面积计算，并扣除孔洞面积。

⑧ 烟囱的铁梯、围护及紧箍圈的制作、安装，按金属结构分部相应定额计算。

(2) 砖砌水塔

① 基础与塔身的划分：以砖砌体的扩大部分顶面为界，以上为塔身，以下为基础，分部套用相应定额。

② 塔身以图示实砌体积计算，扣除门窗洞口和混凝土构件所占的体积。

③ 砖水箱内外壁不分壁厚，均以图示实砌体积计算，套相应砖墙定额。

④ 砖水塔中的钢筋混凝土构件另列项计算，套钢筋混凝土分部相应定额子目。

(3) 检查井及化粪池

不分壁厚均以 m^3 计算。

7.3.11 脚手架工程量

7.3.11.1 概述

脚手架是建筑工程施工中堆放材料和人工进行操作的临时设施。按其搭设位置分为外脚架和里脚手架两大类；按其所用材料分为木脚手架、竹脚手架、钢管脚手架；按其构造形式分为独立柱式门型、桥式、悬吊式、挂式、爬升式脚手架等。脚手架工程一般要求为：结构设计合理、搭拆方便，能多次周转使用；坚固、稳定，能满足施工期间在各种荷载和气候条件下使用；因地制宜，就地取材；其宽度应满足人工操作，材料堆置和运输的需要，脚手架的宽度一般为1.5～2.0m。目前，脚手架工程量有两种计算方式，即综合脚手架和单项脚手架。具体采用哪种方法计算，应按本地区预算定额的规定执行。

7.3.11.2 工程量计算规则

(1) 一般计算规则

① 建筑物外墙脚手架以檐高（设计室外地坪至檐口滴水高度）划分。毛竹架：檐高在7m以内时，按单排外架计算；外墙檐高超过7m时按双排外架计算。钢管架：檐高在15m以内时，按单排外架计算，檐高超过15m时，按双排外架计算。檐高虽未超过7m或15m，但外墙门窗及装饰面积超过外墙表面积60%以上时，均按双排脚手架计算。单独承建外墙面镶（挂）贴块料面层或幕墙的，其脚手架按装饰外架计算。

② 建筑物内墙脚手架，内墙砌筑高度（凡设计室内地方或楼板面至上层楼板或顶板下表面或山墙高度的1/2处）在3.6m以内的，按里脚手架计算，砌筑高度超过3.6m时，按

其高度的不同分别套用相应单排或双排外脚手架计算。

③ 计算内、外脚手架时，均不扣除门、窗圈洞口等所占的面积。

④ 同一建筑物高度不同时，应按不同高度分别计算（不同高度的划分系指建筑物的垂直方向划分）。

⑤ 围墙脚手架，凡室外自然地坪至围墙顶面的砌筑高度在 3.6m 以下的，按里脚手架计算；砌筑高度超过 3.6m 以上时，按相应单排脚手架计算。

⑥ 室内天棚装饰面距设计室内地坪（或楼面）在 3.6m 以上时，应计算满堂脚手架，计算满堂脚手架，墙面装饰工程则不再计算脚手架。

⑦ 滑升模板施工的钢筋混凝土烟囱、筒仓，不另计算脚手架。

⑧ 砌筑贮仓、贮水（油）池、设备基础，按双排外脚手架计算。

⑨ 满堂基础以及带行基础底宽超过 3m，桩基、设备基础底面积超过 $20m^2$ 按底板面积计算满堂脚手架。

（2）砌筑脚手架计算规则

① 外脚手架按外墙边线长度乘以外墙砌筑高度以 m^2 计算，突出墙外宽度在 24m 以内的墙垛、附墙烟囱等不计算脚手架；宽度超过 24m 以外时按图示尺寸展开计算，并入外脚手架工程量内。

外墙砌筑高度系指设计室外地面至砌体顶面的高度，山墙为 1/2 高。

砌筑用外脚手架计算式：

$$砌筑用外脚手架工程量=L_{外}\times外墙砌筑高度+应增加面积$$

② 里脚手架按墙面垂直投影面积计算。

现浇钢筋混凝土框架梁（墙）脚手架计算式：

$$现浇钢筋混凝土框架梁(墙)脚手架工程量=脚手架高度\times梁(墙)净长度$$

脚手架高度为设计室外地坪或楼板上表面至楼板底面之间的高度。

③ 独立柱按图示柱结构外围周长另加 3.6m，乘以砌筑高度以 m^2 计算，套用相应双排外脚手架定额。

柱砌筑高度系指设计室外地面或楼板面至上层楼板顶面的距离。

$$独立柱脚手架工程量=(柱周长+3.6)\times柱高$$

【例 7-15】 一建筑物外墙外边线长度 $L_{外}=110m$，设计室内外高差为 $-0.5m$，女儿墙压顶面标高为 18.7m，求砌筑外墙外所需的外脚手架工程量。

【解】 由已知条件可得

$$外墙砌筑高度=18.7+0.5=19.2\ (m)$$

$$外脚手架工程量=L_{外}\times外墙砌筑高度=110\times19.2=2112\ (m^2)$$

（3）现浇钢筋混凝土脚手架计算规则

① 现浇钢筋混凝土独立柱，按柱图示周长另加 3.6m，乘以柱高以 m^2 计算，套用相应双排脚手架定额。

② 现浇钢筋混凝土单梁、连续梁、墙，按设计室外地面或楼板上表面至楼板底之间的高度，乘以梁、墙净长以 m^2 计算，套用相应双排脚手架定额。

③ 室外楼梯按楼梯垂直投影长边的一边长度乘以楼梯总高度套相应双排脚手架定额。

④ 挑出外墙面在 1.2m 以上的阳台、雨篷，可按顺墙方向长度计算挑脚手架。

（4）装饰工程脚手架计算规则

① 装饰外架按外装饰的长度乘以外装饰的顶面高度以 m^2 计算。

② 满堂脚手架，按室内净面积计算，其高度在 3.6～5.2m 之间时，只计算基本层，超过 5.2m 时，每增加 1.2m 按增加一层计算，不足 0.6m 的不计。计算式如下：满堂脚手架增加层=[室内净高－5.2(m)]/1.2(m)

【例 7-16】 一办公室进门大厅室内净高 9.8m，求满堂脚手架增加层数。

【解】 满堂脚手架增加层=(9.8－5.2)/1.2=3 层余 1.0m=4 层

③ 挑脚手架，按搭设长度和层数，以延长米计算。

④ 悬空脚手架，按搭设水平投影面积以 m^2 计算。

⑤ 高度超过 3.6m 的内墙装饰脚手架按相应装饰脚手架的 30%计算。

(5) 其他脚手架计算规则

① 水平防护架，按实际铺板的水平投影面积，以 m^2 计算。

② 垂直防护架，按自然地坪至最上一层横杆之间的搭设高度，乘以实际搭设长度，以 m^2 计算。

③ 架空运输脚手架，按搭设长度以延长米计算。

④ 烟囱、水塔脚手架，区别不同搭接高度，以座计算。

⑤ 电梯井脚手架，按单孔以座计算。

⑥ 斜道区别不同高度以座计算。

⑦ 砌筑贮仓脚手架，不分单筒或贮仓组均按贮仓外边线周长，乘以设计室外地面至贮仓上口之间高度，以 m^2 计算。

⑧ 贮水（油）池脚手架，按外壁周长乘以室外地面至池壁顶面之间高度，以 m^2 计算。

⑨ 设备基础（块体）脚手架，按其外形周长乘以地坪至外形顶面边线之间高度，以 m^2 计算。

⑩ 建筑物垂直封闭，按封闭面的垂直投影面积计算。

⑪ 高度超过 3.6m 的喷浆，每 $100m^2$ 按 26 元包干使用。

(6) 安全网计算规则

① 立挂式安全网按架网部分的实挂长度乘以实挂高度计算。

② 挑出式安全网按挑出的水平投影面积计算。

7.3.12 模板工程

7.3.12.1 概述

混凝土结构的模板工程，是混凝土结构构件成型的一个十分重要的组成部分。现浇混凝土结构用模板工程的造价约占钢筋混凝土工程总造价的 3%，总用工量的 5%。因此采用先进的模板技术，对于提高工程质量，加快施工速度，提高劳动生产率，降低成本和实现文明施工，都具有十分重要的意义。

7.3.12.2 计算规则

见 7.3.4 所述。现浇构件每立方米混凝土模板接触面积见表 7-29。

【例 7-17】 一屋面挑檐的平面及剖面图见 7-68 所示。求挑檐模板工程量。

【解】 (1) 挑檐底板

挑檐板底模板工程量=挑檐宽×挑檐底板中心线长度

=0.6×(28+0.6+12+0.6)×2=0.6×82.4=49.44 (m^2)

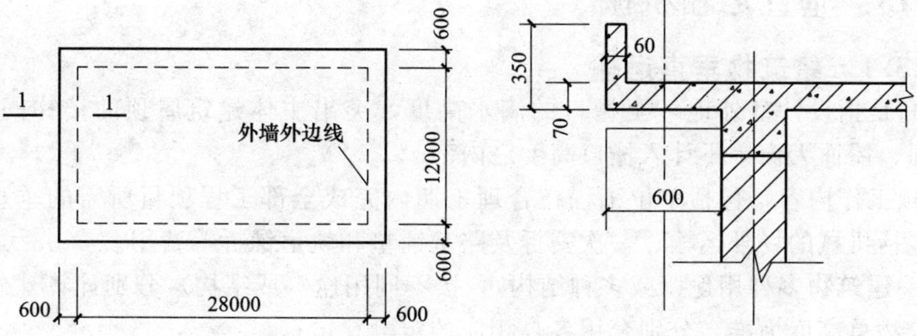

(a)　(b)

图 7-68　挑檐的平面及剖面图

(2) 挑檐立板

挑檐立板外侧模板工程量＝挑檐立板外侧高度×挑檐外侧周长

＝0.35×(28＋0.6×2＋12＋0.6×2)×2＝0.35×84.8＝29.68　(m^2)

挑檐立板内侧模板工程量＝挑檐内侧板高度×挑檐内侧周长

＝(0.35－0.07)×[28＋(0.6－0.06)×2＋12＋(0.6－0.06)×2]×2

＝0.28×84.3＝23.61　(m^2)

挑檐模板工程量＝挑檐板底模板工程量＋挑檐板立模工程量

＝49.44＋29.68＋23.61＝102.73　(m^2)

表 7-29　现浇构件每立方米混凝土模板接触面积　m^2

构件(项目)名称		接触面积	构件(项目)名称		接触面积
混凝土基础	基础梁	9.22	钢筋混凝土墙	墙厚100mm内	
	杯形基础	2.89		墙厚100mm外	
	独立柱	2.04	混凝土墙	墙厚300mm内	
	满堂基础(无梁式)	0.14		墙厚300mm外	
	满堂基础(有梁式)	2.78	地下室墙	混凝土及毛石混凝土	
	混凝土、毛石混凝土设备基础	2.93	挡土墙	钢筋混凝土	
框架式设备基础	底板	0.26	矩形单梁	梁高600mm内	
	墩柱	4.43		梁高600mm外	
	梁	3.79			
	肋形板	3.61			
矩形柱	周长1.2m以内	13.10	异形梁		
	周长1.8m以内	9.05			
	周长12.4m以内	6.72			
	周长12.4m以外	5.00			
钢筋混凝土门框		11.90	连续梁、框架梁	梁高600mm内	8.9
檐沟		14.25		梁高600mm外	6.57
过梁		7.35	肋形楼板		10.16
圈梁		4.00	平板	板厚80mm内	12.00
压顶		8.98		板厚100mm内	9.10
整体式楼梯		2.45		板厚100mm外	7.90
阳台		1.15	雨篷		1.20
			台阶		7.90
			混凝土墩块		1.40
			污水池		6.86
			室内水沟槽		36.10
			室内小沟槽		9.05
			洗脸槽		24.34

注：本表引自陈景栋、周承伦，建筑工程概预算编制实用手册，中国计划出版社，1992年1月，仅供参考。

7.3.13 垂直运输机械

7.3.13.1 建筑物垂直运输

① 檐高是指设计室外地坪至檐口的滴水高度，突出主体建筑屋顶的楼梯间、电梯间、屋顶水箱间、屋面天窗等不计入檐口高度之内。

② 定额工作内容，包括单位工程在合理工期内完成全部工程项目所需的垂直运输机械台班，不包括机械的场外运输、一次安拆及路基铺垫和轨道铺拆等费用。

③ 同一建筑物多种用途（或多种结构），按不同用途（或结构）分别计算建筑面积，并均以该建筑物总高度为准，分别套用各自相应的定额。

同一建筑物檐高不同应分别计算垂直运输机械。

④ 定额中现浇框架系指柱、梁全部为现浇的钢筋混凝土框架结构，如部分现浇时按现浇框架定额乘以 0.96 系数，如楼板也为现浇混凝土时，按现浇框架定额乘以 1.04 系数。

⑤ 檐高 3.6m 以内的单层建筑，不计算垂直运输机械台班。

7.3.13.2 构筑物垂直运输

构筑物的高度系指设计室外地坪至构筑物的顶面高度。突出构筑物主体的机房等高度，不计入构筑物高度内。

工程量计算规则如下：

① 建筑物垂直运输机械台班，区分不同建筑物的结构类型及高度按建筑面积以 m^2 计算。

② 构筑物垂直运输机械台班以座计算。超过规定高度时再按每增高 1m 定额项目计算，其高度不足 1m 时，按 1m 计算。

【例 7-18】 以六层建筑物底层是框架结构，二层至顶层为砖混结构，每层建筑面积是 $1200m^2$，求垂直运输工程量。

【解】 因为一层跟二到六层的结构不同，所以要把一层与二到六层的垂直运输工程量分别计算，并套用不同定额，求得：

$$一层建筑物的垂直运输工程量 = 一层建筑面积 = 1200m^2$$

$$二至六层建筑物的垂直运输工程量 = 二至六层建筑面积 1200\times5 = 6000(m^2)$$

7.3.14 建筑物超高增加费

7.3.14.1 说明

当建筑物檐高在 20m 以上或者层数 6 层以上的工程称作建筑物超高工程。檐高是指设计室外地坪至檐口的高度。突出主体建筑屋顶的楼梯间、电梯间、屋顶水箱间、屋面天窗等不计入檐高之内。

当建筑物超过定额规定高度后，必然会引起人工、机械施工效率的降低，主要因素包括以下几项：工人上下班降低效率、上楼工作前休息及自然休息增加的时间；垂直运输影响的时间；由于人工降效引起的机械降效等。

项目降效中包括的内容指建筑物檐口的高度 20m 以上的全部工程项目，但不包括垂直运输、各类构件的水平运输及各项脚手架。

7.3.14.2 工程量计算规则

① 建筑物超高增加费的内容包括：人工降效、其他机械降效、用水加压等费用。定额可参照表 7-30 和表 7-31。

② 人工降效按规定内容的全部人工费计算金额。

③ 其他机械降效按规定内容中的全部机械费（不包括吊装机械）计算金额。

④ 建筑物施工用水加压的水泵台班，按檐口的高度 20m 以上建筑面积以 m^2 计算。

⑤ 吊装机械降效费按 7.3.6 吊装项目中的全部机械费用乘以表 7-32 所列定额系数计算。

表 7-30 建筑物超高人工、机械降效率定额摘录

定额编号		14-1	14-2	14-3	14-4
项目	降效率	檐高(层数)			
		30m (7～10)以内	40m (11～13)以内	50m (14～16)以内	60m (17～19)以内
人工降效	%	3.33	6.00	9.00	13.33
吊装机械降效	%	7.67	15.00	22.20	34.00
其他机械降效	%	3.33	6.00	9.00	13.33

表 7-31 加压用水泵台班 计量单位：$100m^2$

定额编号		14-11	14-12	14-13	14-15
项目	单位	檐高(层数)			
		30m (7～10)以内	40m (11～13) 以内	50m (14～16) 以内	60m (17～19) 以内
基价	元	87.87	134.12	259.88	301.17
加压用水泵	台班	1.14	1.74	2.14	2.48
加压用水泵停滞	台班	1.14	1.74	2.14	2.48

表 7-32 吊装机械降效系数

檐高	30m 以内	40m 以内	50m 以内	60m 以内	70m 以内	80m 以内	90m 以内	100m 以内	110m 以内	120m 以内
降效系数	0.0767	0.1500	0.2220	0.3400	0.4643	0.5925	0.7233	0.8560	0.9900	1.1250

【例 7-19】 现浇钢筋混凝土框剪结构的商厦建筑面积及层数示意如图 7-69 所示，根据下列数据和定额计算建筑物超高人工、机械降效费和建筑物超高加压水泵台班费。

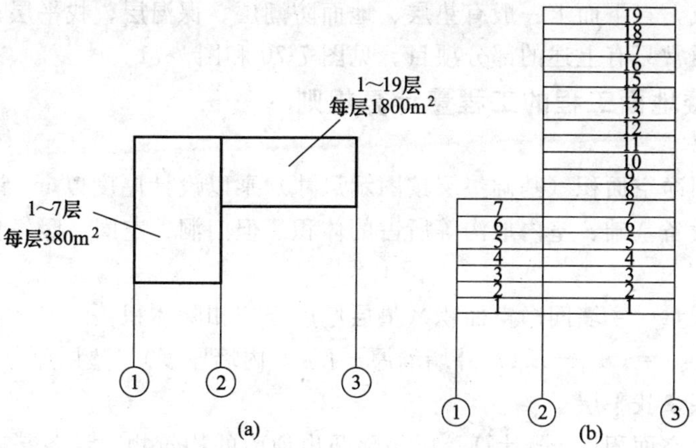

图 7-69 高层建筑平面及立面示意

1～7 层

①～②轴线：人工费：285000元

吊装机械费：97600 元

其他机械费：217800 元

1～19 层

②～③轴线：人工费：3947000元

吊装机械费：1097500 元

其他机械费：2038000 元

【解】(1) 人工降效费

①～②轴定额 14-1　285000 ×3.33％＝9490.5（元）

②～③轴定额 14-4　3947000×13.33％＝526135.1（元）

9490.5 ＋ 526135.1 ＝535625.6（元）

(2) 吊装机械降效费

①～②轴定额 14-1　97600 ×7.67％＝7485.92（元）

②～③轴定额 14-4　1097500×34％＝373150（元）

7485.92 ＋ 373150 ＝380635.92（元）

(3) 其他机械降效费

①～②轴定额 14-1　217800×3.33％＝7252.74（元）

②～③轴定额 14-4　2038000 ×13.33％＝271665.4（元）

7252.74＋ 271665.4＝278918.14（元）

7.4　装饰装修工程分部分项工程量计算

7.4.1　楼面地面工程

7.4.1.1　概述

楼地面工程包括垫层、找平层、整体面层、块料面层、楼梯面层、台阶面层、踢脚线、栏杆、扶手、弯头及其他（分格嵌条，防滑条）等分项工程项目。

楼地面的构成，自下而上一般有垫层、地面防潮层、保温层、找平层、面层。根据设计的不同，楼地面通常只有上述的部分项目。见图 7-70 和图 7-71。

7.4.1.2　楼地面工程的工程量计算规则

(1) 地面垫层

按室内主墙间净空面积（基础垫层按图示尺寸）乘以设计厚度以 m^3 计算。应扣除凸出地面的构筑物、设备基础、室内地沟等所占的体积。但门洞、空圈、暖气包槽、壁龛开口部分亦不增加。

地面垫层工程量＝主墙间净空面积×垫层厚度－应扣除体积

＝($S_{底}$－$L_{中}$×外墙墙厚－$L_{内}$×内墙厚度)×垫层厚－应扣除体积

(2) 整体面层、找平层

均按主墙间净空面积以 m^2 计算。应扣除凸出地面的构筑物、设备基础、室内地沟等所占的面积，不扣除柱、垛、间壁墙、附墙烟囱及面积在 0.3m^2 以内的孔洞所占的面积，但门洞、空圈、暖气包槽、壁龛开口部分亦不增加。

整体面层、找平层工程量＝主墙间净空面积－地面凸出部分所占面积

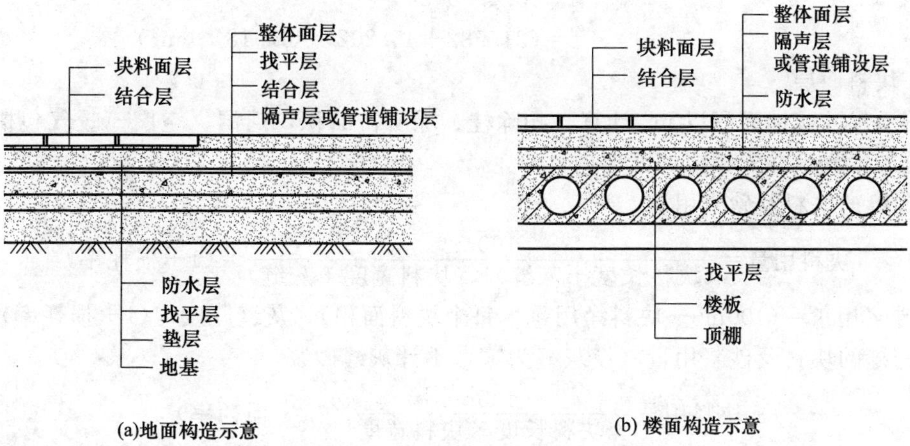

图 7-70 楼地面构造层示意

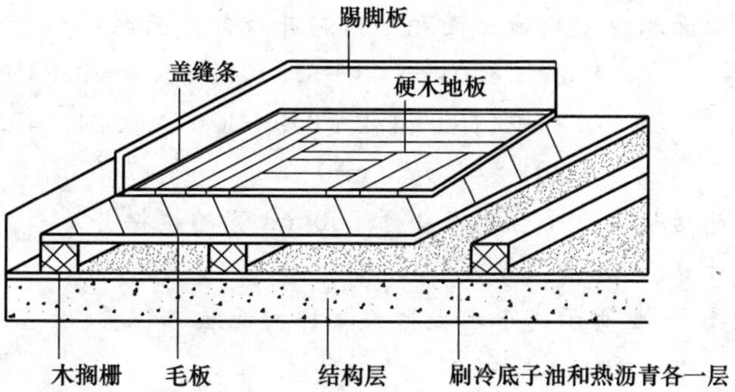

图 7-71 木地面结构示意

【例 7-20】 见图 7-72 所示某工程单层建筑平面图，墙厚是 240mm，定位轴位于墙体中心线，工程做法是：素土夯实；C15 炉渣混凝土垫层厚 100mm；素水泥浆结合层一道；1：2水泥砂浆抹面压光 20mm 厚。求该工程垫层、地面面层工程量。

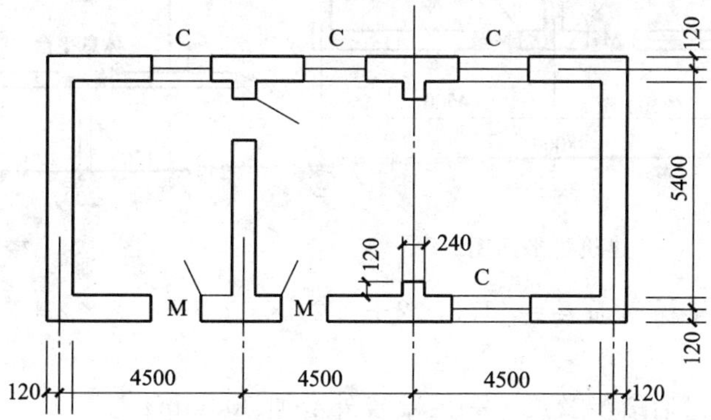

图 7-72 建筑平面图

【解】 C15炉渣混凝土垫层的工程量＝[(4.5－0.24)×(5.4－0.24)＋(9.0－0.24)×(5.4－0.24)]×0.1

＝(21.982＋45.202)×0.1＝6.72 (m^3)

1：2水泥砂浆整体面层的工程量＝(4.5－0.24)×(5.4－0.24)＋(9.0－0.24)×

(5.4－0.24)

＝(21.982＋45.202)＝67.18 (m^2)

(3) 块料面层

按图示尺寸实铺面积以 m^2 计算，扣除柱、垛所占面积，门洞、空圈、暖气包槽、壁龛开口部分的工程量并入相应的面层内计算。

① 勾缝的块料及砂浆用量

$$块料用量=\frac{100m^2}{(块料长度+灰缝)\times(块料宽度+灰缝)}\times(1+损耗率)$$

$$砂浆用量=(100m^2-块料净用量\times每个块料面积)\times灰缝厚度\times(1+损耗率)$$

② 密缝的块料及砂浆用量（设灰缝为零，不计灰缝砂浆）

$$块料用量=\frac{100m^2}{块料长度\times块料宽度}\times(1+损耗率)$$

【例 7-21】 根据图 7-73，求该建筑物室内花岗岩地面工程量。墙厚 240mm，$M1$＝1.0m，$M2$＝1.2m，$M3$＝0.9m，$M4$＝1.0m。

【解】 花岗岩地面面积＝室内地面面积＋门洞开口部分面积

＝8.24×6.04－[(8＋5.8)×2＋5.8－0.24＋4.5－0.24]×0.24＋(1.0＋1.2＋0.9＋1.0)×0.24＝49.77－8.981＋0.984＝41.773(m^2)

(4) 楼梯面层（包括踏步、平台以及小于 500mm 宽的楼梯井）

按水平投影面积计算。

【例 7-22】 根据图 7-74 所示，求水泥砂浆楼梯间面层工程量。

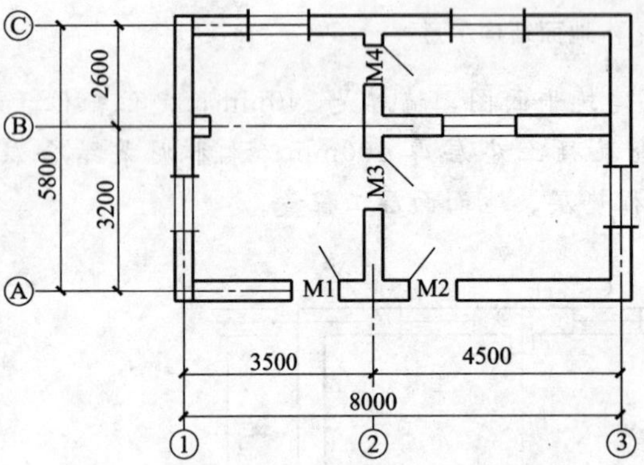

图 7-73 建筑物平面图

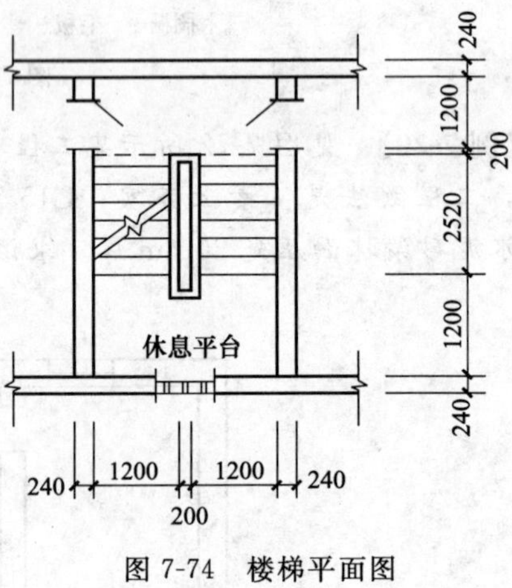

图 7-74 楼梯平面图

【解】 水泥砂浆楼梯间面层＝(1.2×2＋0.2)×(0.2＋1.2×2＋2.52)＝2.6×5.12＝13.312 (m^2)

(5) 台阶面层（包括踏步及最上一层踏步外沿加 300mm）

按水平投影面积计算。

【例 7-23】 根据图 7-75 所示，求花岗岩台阶面层工程量。

【解】 花岗岩台阶面层＝台阶中心线长×台阶宽度

＝[(0.3＋0.3/2)×2＋2.8＋(0.3＋0.3/2＋1.2)×2]×(0.3×3)

＝7.0×0.9＝6.3 (m^2)

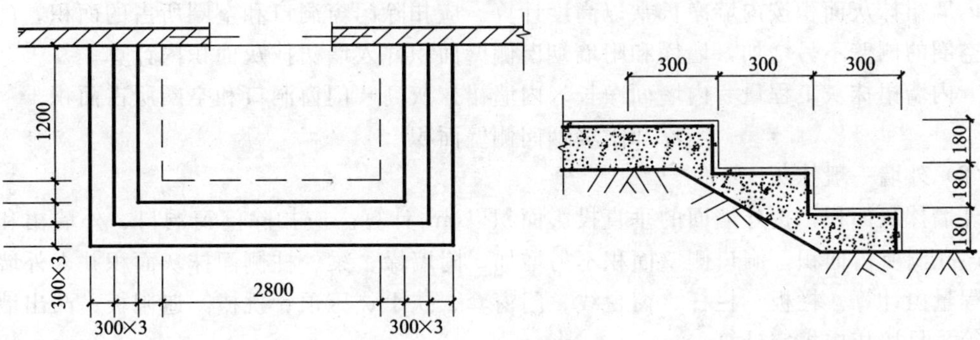

图 7-75 台阶示意图

(6) 其他

① 踢脚线按实贴长度乘高度以平方米计算，成品踢脚线按实贴延长米计算，洞口、空圈长度不予扣除，门洞、空圈、垛、附墙柱、烟囱等侧壁长度亦不增加。

② 散水、防滑坡道按图示尺寸以 m^2 计算。

③ 栏杆、扶手包括弯头长度按延长米计算。其中弯头按个计算。

④ 防滑条按踏步两端距离减 300mm，以延长米计算。

⑤ 明沟按图示尺寸以延长米计算。

【例 7-24】 某住宅楼有等高的 9 跑楼梯，用的不锈钢管扶手栏杆，每跑楼梯高为 1.5m，每跑楼梯扶手水平长为 2.8m，顶层楼梯连接的安全栏杆水平长 1.2m，求工程扶手栏杆工程量。

【解】 不锈钢扶手栏杆长$=[(1.5)^2+(2.8)^2]^{1/2}\times 9=3.18\times 9=28.62$(m)

弯头制安 10 个整。

7.4.2 墙、柱面工程

7.4.2.1 概述

墙、柱面工程主要包括：墙面抹灰、柱面抹灰、零星抹灰、墙面镶贴块料、零星镶贴块料、墙饰面、柱饰面、梁饰面、隔断、幕墙等项目。

7.4.2.2 工程量计算规则

(1) 内墙一般抹灰

内墙抹灰按图示尺寸以 m^2 计算。内墙抹灰面积应扣除门窗洞口和空圈所占的面积，不扣除踢脚板、挂镜线、$0.3m^2$ 以内的孔洞和墙与构件交接处的面积，洞口侧壁亦不增加。墙垛和附墙烟囱侧壁面积与内墙抹灰工程量合并计算。

内墙面抹灰工程量＝内墙面面积－门窗洞口和空圈所占的面积＋墙垛和附墙烟囱侧壁面积

内墙面抹灰的长度，以主墙间的图示净长尺寸计算。

内墙面抹灰高度：按表 7-33 规定计算。

表 7-33 内墙面抹灰高度取值表

类　型	抹灰高度取值
无墙裙	室内地面或楼面取至天棚底面
有墙裙	墙裙顶面取至天棚底面
顶板天棚	室内地面、楼面或墙裙顶面取至天棚底面另加 100mm

内墙裙抹灰面积按内墙净长乘以高度计算。应扣除门窗洞口和空圈所占的面积，门窗洞口和空圈的侧壁不另增加，墙垛和附墙烟囱侧壁面积并入墙裙抹灰面积内计算。

内墙裙抹灰工程量＝内墙面净长×内墙裙抹灰高－门窗洞口和空圈所占面积＋墙垛和附墙烟囱侧壁面积

（2）外墙一般抹灰

外墙抹灰面积，按外墙面的垂直投影面积以 m^2 计算。应扣除门窗洞口、外墙裙和大于 $0.3m^2$ 孔洞所占面积，洞口侧壁面积不另增加。附墙垛、梁、柱侧面抹灰面积并入外墙面抹灰工程量内计算。栏板、栏杆、窗台线、门窗套、扶手、压顶、挑檐、遮阳板、凸出墙外的腰线等，另按相应规定计算。

外墙面抹灰工程量＝外墙垂直投影面积－门窗洞口及 $0.3m^2$ 以上孔洞所占面积＋墙垛侧壁面积

外墙抹灰高按表 7-34 规定计算。

表 7-34　外墙抹灰高度取值表

类型			外墙抹灰高度取值
平屋面	有挑檐	无墙裙	设计室外地坪取至挑檐板底
		有墙裙	勒脚顶取至挑檐板底
	有女儿墙	无墙裙	设计室外地坪取至女儿墙压顶底
		有墙裙	勒脚顶取至女儿墙压顶底

外墙墙裙抹灰面积按其长度和高度计算，扣除门窗洞口和大于 $0.3m^2$ 孔洞所占面积，门窗洞口及孔洞的侧壁不增加。

外墙裙抹灰工程量＝$L_{外}$×外墙裙高－门窗洞口及 $0.3m^2$ 以上孔洞所占面积＋墙垛侧壁面积

（3）其他抹灰

① 栏板、栏杆（包括立柱、扶手或压顶等）抹灰按立面垂直投影面积乘以系数 2.2 以 m^2 计算。

② 阳台底面抹灰按水平投影面积以 m^2 计算，并入相应天棚抹灰面积内。阳台如带悬臂梁者，其工程量乘以系数 1.30。阳台上表面的抹灰按水平投影面积以 m^2 计算，套楼地面的相应定额子目。

③ 雨棚底面或顶面抹灰分别按水平投影面积计算，并入相应天棚抹灰面积内。雨棚顶面带反沿或反梁者，其工程量乘以系数 1.20；底面带悬臂梁者，其工程量亦乘以系数 1.20。

④ 墙面勾缝按垂直投影面积计算。应扣除墙裙和墙面抹灰的面积，不扣除门窗洞口、门窗套、腰线等零星抹灰所占的面积，附墙柱和门窗洞口侧面的勾缝面积不增加。

（4）外墙装饰抹灰

① 外墙各种装饰抹灰均按图示尺寸以垂直投影面积计算。应扣除门窗洞口、空圈的面积，其侧壁面积不另增加。

② 挑檐天沟、腰线、栏杆、门窗套、窗台线、压顶等均按图示尺寸展开面积以 m^2 计算，套相应的零星抹灰定额。

③ 墙面贴块料面层按图示尺寸以实贴面积计算。

（5）木隔墙、墙裙等装饰项目

① 木隔墙、墙裙、护壁板，均按图示尺寸长度乘以高度按实铺面积计算。

② 浴厕木隔断，按下横档底面至上横档顶面高度乘以图示长度以 m^2 计算，门扇面积并

入隔断面积内计算。

(6) 独立柱

独立柱：一般抹灰、装饰抹灰、镶贴块料均按结构断面周长乘以柱高度以 m^2 计算。

柱饰面工程量＝实铺面积＝饰面周长×柱高

【例 7-25】 有一方形柱做圆形花岗岩饰面，见图7-76所示，已知柱饰面外围直径为 800mm，柱高 6.8mm，求柱饰面工程量。

【解】 柱饰面工程量＝饰面周长×柱高＝3.14×0.8×6.8＝17.082(m^2)

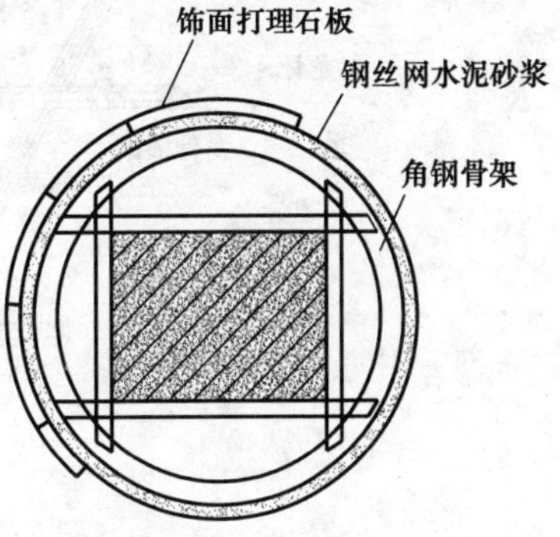

图 7-76 镶贴石材饰面板的圆柱构造图

7.4.3 天棚工程

7.4.3.1 概述

天棚亦称顶棚、吊顶或天花板，其构造形式多种多样。定额中天棚面装饰包含天棚的抹灰面层、龙骨、装饰面层、送（回）风口等部分。

7.4.3.2 工程量计算规则

(1) 天棚抹灰工程量

① 天棚抹灰面积按主墙间的净面积计算，不扣除间壁墙、垛、柱、附墙烟囱、检查口和管道所占的面积。带梁天棚，梁两侧抹灰面积，并入天棚抹灰工程量内计算。

② 密筋梁和井字梁天棚抹灰面积，按展开面积计算。

③ 天棚抹灰如带有装饰线时，区别三道线以内或五道线以内按延长米计算，线角的道数以一个突出的菱角为一道线（见图 7-77）所示。

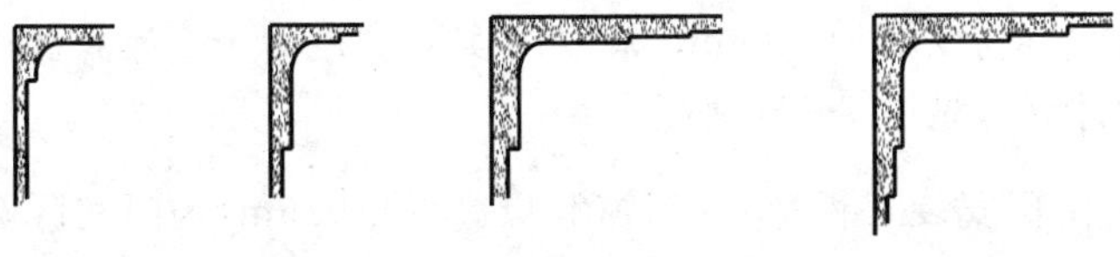

图 7-77 顶棚装饰线示意图

④ 檐口天棚的抹灰面积，并入相同的天棚抹灰工程量计算。

⑤ 天棚中的折线、灯槽线、圆弧形线、拱形线等艺术形式的抹灰，按展开面积计算。

(2) 吊顶天棚工程量

① 各种吊顶天棚龙骨按主墙间净空面积计算，不扣除间壁墙、检查口、附墙烟囱、柱、垛和管道所占的面积。但天棚中的折线，跌落等圆弧形、高低吊灯槽等面积龙骨不展开计算（见图 7-78）所示。

② 天棚装饰面层按主墙间实铺面积以平方米计算，不扣除间壁墙、检查口、附墙烟囱、附墙垛和管道所占的面积。应扣除独立柱及与天棚相连的窗帘盒所占的面积。

7.4.4 门窗工程

7.4.4.1 概述

门窗工程包括：木门、金属门、金属卷帘门、其他门、木窗、金属窗、门窗套、窗帘

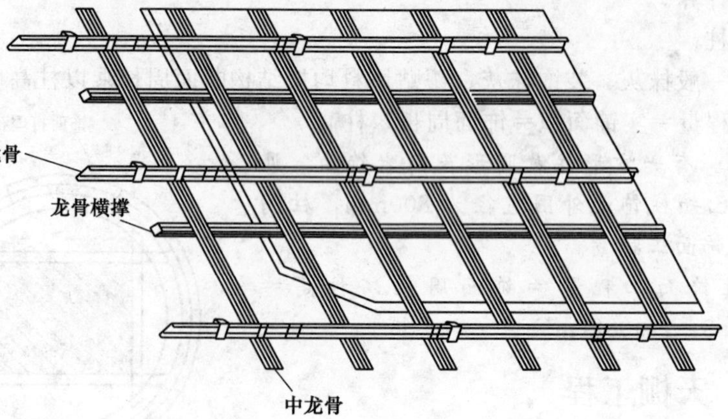

图 7-78 U形轻钢天棚龙骨构造示意

轨、窗台板等项目。各类门窗制作、安装工程量均按门、窗洞口面积计算。

7.4.4.2 工程量计算规则

(1) 木门窗

木门窗中各类门窗的制作、安装工程量均按门窗洞口面积计算。

门窗扇包镀锌铁皮，按门窗洞口面积以 m^2 计算；门窗框包镀锌铁皮、钉橡皮条、钉毛毡，按图示洞口尺寸以延长米计算。

(2) 铝合金门窗

铝合金门窗的制作、安装，不锈钢门窗、彩板组角钢门窗、塑料门窗、钢门窗的安装均按设计洞口面积计算。

(3) 卷闸门

卷闸门安装按洞口高度增加 600mm 乘以门实际宽度以 m^2 计算。电动装置安装以套计算，小门安装以个计算（见图 7-79）所示。

卷闸门安装工程量＝(门窗洞口高度＋0.6m)×门实际宽度

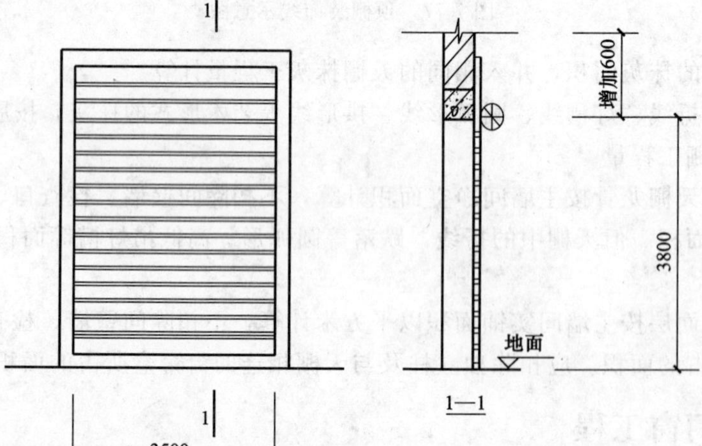

图 7-79 卷闸门示意

【例 7-26】 根据图 7-79 所示计算该卷闸门的工程量。

【解】 $S_{卷}=3.50\times(3.8+0.6)=3.50\times4.4=15.40\ (m^2)$

7.4.5 油漆、涂料、裱糊工程

7.4.5.1 概述

油漆、涂料、裱糊工程包括木材面油漆、抹灰面油漆、涂料、裱糊等分项工程项目。

7.4.5.2 工程量计算规则

(1) 楼地面、天棚面、墙柱、梁面喷（刷）涂料、抹灰面油漆工程

均按楼地面、天棚面、墙、柱梁面装饰工程相应的工程量计算规则规定计算。

(2) 木材面油漆

按表 7-35～表 7-39 规定计算。

表 7-35 木材面油漆木门工程量系数表

项目名称	系数	工程量计算方法
单层木门	1.00	按单面洞口面积
双层(一板一纱)木门	1.36	
单层全玻门	0.83	
木百叶门	1.25	
厂库大门	1.10	

表 7-36 木材面油漆木窗工程量系数表

项目名称	系数	工程量计算方法
单层玻璃窗	1.00	按单面洞口面积
双层(一玻一纱)木窗	1.36	
双层框扇(二玻一纱)木窗	2.00	
单层组合窗	1.13	
木百叶窗	1.25	

表 7-37 木材面油漆木扶手工程量系数表

项目名称	系数	工程量计算方法	项目名称	系数	工程量计算方法
木扶手(不带托板)	1.00	按延长米	封檐板、顺水板	1.74	按延长米
木扶手(带托板)	2.60		挂衣板、黑板框	0.52	
窗帘盒	2.04		挂镜线、窗帘棍	0.35	

表 7-38 其他木材面油漆工程量系数表

项 目 名 称	系数	工程量计算方法	项 目 名 称	系数	工程量计算方法
木板、纤维板、胶合板天棚	1.00	长×宽	屋面板(带檩条)	1.11	斜长×宽
木护墙、墙裙	1.00		木间壁、木隔断	1.90	单面外围面积
窗台板、筒子板	1.00		玻璃间壁露明墙筋	1.65	
清水板条天棚、檐口	1.07		木栅栏、木栏杆(带扶手)	1.82	
木方格吊顶天棚	1.20		木屋架	1.79	跨度(长)×中高×1/2
吸音板、墙裙、天棚面	0.87		衣柜、壁柜	0.91	投影面积(不展开)
暖气罩	1.28		零星木装修	0.87	展开面积

表 7-39 木地板油漆工程量系数表

项目名称	系数	工程量计算方法	项目名称	系数	工程量计算方法
木地板、木踢脚线	1.00	长×宽	木楼梯(不包括底面)	2.30	水平投影面积

(3) 金属面油漆

按表 7-40～表 7-42 规定计算。

表 7-40 单层钢门窗工程量系数表

项目名称	系数	工程量计算方法
单层钢门窗	1.00	洞口面积
双层(一玻一纱)钢门窗	1.48	
钢百叶钢门	2.74	
半截百叶钢门	2.22	
满钢门或包铁皮门	1.63	
钢折叠门	2.30	
射线防护门	2.96	框(扇)外围面积
厂库房平开、推拉门	1.70	
铁丝网大门	0.81	
间壁	1.85	长×宽
平板屋面	0.74	斜长×宽
瓦垄板屋面	0.89	
排水、伸缩缝盖板	0.78	展开面积
吸气罩	1.63	水平投影面积

表 7-41 其他金属面工程量系数表

项目名称	系数	工程量计算方法
钢屋架、天窗架、挡风架、屋架梁、支撑、檩条	1.00	重量(t)
墙架(空腹式)	0.50	
墙架(格板式)	0.82	
钢柱、吊车梁、花式梁柱、空花构件	0.63	
操作台、走台、制动梁钢梁车挡	0.71	
钢栅栏门、栏杆、圈栅	1.71	
铁爬梯	1.18	
轻型屋架	1.42	
踏步式钢扶梯	1.05	
零星铁件	1.32	

表 7-42 平板屋面涂刷磷化、锌黄底漆工程量系数表

项目名称	系数	工程量计算方法
平板屋面	1.00	斜长×宽
瓦垄板屋面	1.20	
排水、伸缩缝盖板	1.05	展开面积
吸气罩	2.20	水平投影面积
包镀锌铁皮门	2.20	洞口面积

7.4.6 其他零星工程

7.4.6.1 概述

其他零星工程包括柜类、货架、浴厕配件、圆钢晒衣架、压条、装饰线条、旗杆、招牌、灯箱、美术字、拆除等分项工程项目。

7.4.6.2 定额说明

① 设计采用的材料品种、规格与定额取定不同时，可以换算，但人工费、机械费不变。

② 铁件已包括刷防锈漆一遍。如设计需涂刷油漆，防火涂料按 7.4.5 相应子目执行。

③ 招牌基层。

a. 平面招牌安装在门前的墙面上；箱体招牌、竖式标箱是指六面体固定在墙面上；沿雨篷、檐口、阳台走向立式招牌，按平面招牌复杂项目执行。

b. 一般招牌和柜形招牌是指正立面无凸面；复杂招牌和异形招牌是指正立面有凹凸造型。

c. 招牌不包括灯饰。

④ 美术字安装：美术字均以成品安装固定为准。美术字不分字体。

⑤ 装饰线条。

a. 木装饰线、石膏装饰线均以成品安装为准。

b. 石料装饰线条均以成品安装为准。石材装饰线条磨边，磨圆角均包括在成品的单价中，不再另计。

⑥ 石材磨边、磨半圆边及台面开孔子目均为现场磨制。

⑦ 装饰线条以墙面直线安装为准，如天棚安装直线形、圆弧形或其他图案者，按以下规定计算。

a. 天棚面安装直线装饰线条人工乘以 1.34 系数。

b. 天棚面安装圆弧装饰线条人工乘以 1.6 系数，材料乘以 1.1 系数。

c. 墙面安装圆弧装饰线条人工乘以 1.2 系数，材料乘以 1.1 系数。

d. 装饰线条做艺术图案者，人工乘以 1.8 系数，材料乘以 1.1 系数。

⑧ 暖气罩挂板式是指挂钩在暖气片上；平墙式是指凹入墙内；明式是指凸出墙面；半凹半凸按明式子目执行。

⑨ 货架，柜类中未考虑面板拼花及饰面板上贴其他材料的花饰造型艺术品。

7.4.6.3 工程量计算规则

(1) 招牌、灯箱

① 平面招牌基层按正立面面积计算，复杂形的凹凸造型部分亦不增减。

② 沿雨篷、檐口、阳台走向立式招牌基层，按平面招牌复杂执行时，应按展开面积计算。

③ 箱体招牌和竖式标箱的基层，按外围体积计算。凸出箱外的灯饰、店徽及其他艺术装潢等均另行计算。

④ 灯箱的面层按展开面积以 m^2 计算。

⑤ 广告牌钢骨架以 t 计算。

(2) 美术字安装

按字的最大外围矩形面积以个计算。

(3) 压条

装饰线条均按延长米计算。

(4) 暖气罩

(包括脚的高度在内) 按正立面边框外围尺寸垂直投影面积计算。

(5) 镜面玻璃安装、盥洗室木镜箱

以正立面面积计算。

(6) 其他

塑料镜箱、毛巾环、肥皂盒、金属帘子杆、浴缸拉手、毛巾杆安装以只或副计算。大理石盥洗台以台面投影面积计算（不扣除孔洞面积)。

货架、柜类均以正立面的高（包括脚的高度在内）乘以宽以 m^2 计算。

收银台、试衣间等以个计算，其他以延长米为单位计算。

7.4.7 装饰脚手架及项目成品保护费

7.4.7.1 概述

装饰脚手架工程包括外装修专用脚手架、悬空及内装修脚手架、安全通道、竹制脚手架等分项工程项目。

装饰装修脚手架包括满堂脚手架，装饰外脚手架，内墙面粉饰脚手架、安全过道、封闭式安全笆、斜挑式安全笆、满挂安全网。层高超过 3.6m 不能利用原砌筑脚手架时的墙面、天棚装饰可计算相应的装饰脚手架。

项目成品保护费包括楼地面、楼梯、台阶、独立柱、内墙面饰面面层保护。

7.4.7.2 工程量计算规则

(1) 装饰装修脚手架

① 满堂脚手架，按实际搭设的水平投影面积计算，不扣除附墙柱，柱所占面积，其基层层高因以 3.6m 以上至 5.2m 为准。凡超过 3.6m，在 5.2m 以内的天棚抹灰及装饰装修应计算满堂脚手架基本层；层高超过 5.2m，每增加 1.2m 计算一个增加层，增加层的层数＝(层高－5.2)/1.2m，按四舍五入取整数。室内凡计算了满堂脚手架者其内墙面装饰不再计算装饰架，只按每 100m^2 墙面垂直投影面积增加改架工 1.28 工日。

② 装饰装修外脚手架，按外墙的外边线乘墙高以 m^2 计算，不扣除门窗洞口的面积。同一建筑物各面墙的高度不同，且不在同一步距内时，应分别计算工程量。

③ 利用主体外脚手架改变其步高做外墙装饰架时，按每 100m^2 外墙面垂直投影面积，增加改架工 1.28 工日；独立柱按柱周长增加 3.6m 乘柱高套用装饰装修外脚手架相应高度项目。

④ 内墙面装饰脚手架，均按内墙面垂直投影面积计算，不扣除门窗洞口的面积。

⑤ 封闭式安全笆按实际封闭的垂直投影面积计算。

⑥ 斜挑式安全笆按实际搭设的（长×宽）斜面面积计算。

⑦ 满挂安全网按实际满挂的垂直投影面积计算。

【例 7-27】 见图 7-80 所示，某单层建筑物天棚面进行翻新装饰，层高 8.4m，板厚 120mm，试求该工程的满堂脚手架工程量。

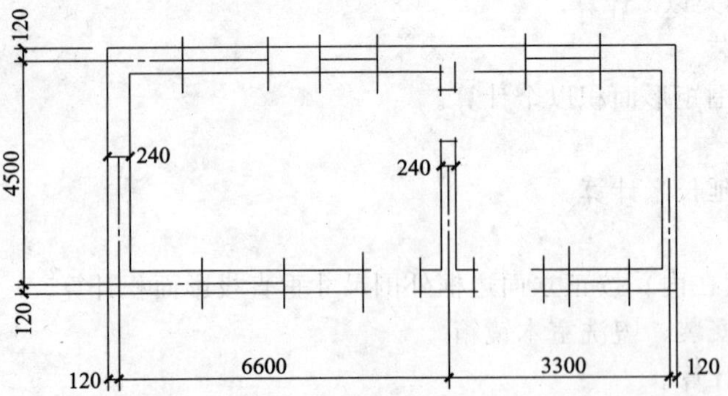

图 7-80 建筑物平面图

【解】 满堂脚手架的工程量＝(6.6－0.24)×(4.5－0.24)＋(3.3－0.24)×(4.5－0.24)＝40.13 (m^2)

室内净高＝(8.4－0.12)m＝8.28＞5.2，应算增加层

其增加层的层数：(8.28－5.2)/1.2＝2.57（层）

因 0.57 层×1.2m/层＝0.68m＞0.6m

故满堂脚手架增加层应按 3 层计算。

(2) 项目成品保护工程计算规则

按定额各章节相应子目规则执行。

7.4.8 垂直运输及超高增加费

7.4.8.1 概述

垂直运输工程包括多层建筑物、单层建筑物等分项项目。

超高增加费适用于建筑物檐高 20m 以上的单独承包的装饰装修工程。

檐高是指设计室外地坪至檐口高度。突出主体建筑物屋顶的电梯间、水箱间等大于顶层面积 50%以上应分别计算建筑物高度。

檐口高度小于 3.6m 的单层建筑物以及垂直运输高度小于 3.6m 的地下室，不计算垂直运输机械费。

7.4.8.2 工程量计算规则

(1) 垂直运输费

按装饰装修楼层，包括垂直运输高度大于 3.6m 地下室的分部分项、措施项目中的人工消耗量计算。

(2) 超高增加费

按檐口高度 20m 以上装饰装修工程的人工费、机械费分别计算。

【例 7-28】 有一商品住宅，地上 11 层，层高 3.3m，室内外高差是 0.30m，地下一层，层高 4.2m。该装饰工程为单独承包的，已知 1～5 层装饰工程人工费 97000 元；机械费 6800 元；6～11 层是装饰工程人工费是 85000 元，机械费是 7900 元。计算该工程的建筑物超高增加费。

【解】 建筑物高度 20m 以上单独承包的装饰装修工程才能计算建筑物超高增加费，因此 1～5 层不能计算超高增加费。

6～11 层垂直运输高度＝(3.3×11＋0.3)＝36.6m＜40m，由定额编号 B8-12 可知，人工、机械降效系数均为 4.5%。

建筑物超高增加费＝85000×4.5%＋7900 元×4.5%＝3825＋355.5 ＝4180.5（元）

本章练习

一、问答题

1. 怎样计算平整场地？
2. 讲述平整场地“$S_{平}=S_{底}+L_{外}\times 2+16$”的理论。
3. 如何区分基槽与基坑？
4. 怎样计算沟槽与基坑回填土？
5. 如何计算房心土回填？
6. 如何计算运土工程量？
7. 怎样计算打预制混凝土桩的工程量？
8. 怎样计算接桩、送桩工程量？

9. 怎样计算脚手架工程量？
10. 砖墙体积如何计算？女儿墙工程量如何计算？
11. 砖基础与墙身如何划分？
12. 砖基础大放脚如何计算工程量？
13. 怎样确定内墙身的高度？
14. 怎样计算内墙加固筋的工程量？
15. 怎样计算构造柱工程量？怎样计算构造柱模板工程量？
16. 怎样计算预制构件模板工程量？
17. 如何计算弯起钢筋的长度？
18. 如何计算锚固钢筋长度？
19. 钢筋的理论重量怎样确定？
20. 如何计算埋件的工程量？
21. 如何计算有梁板工程量？
22. 如何计算雨篷工程量？
23. 木门窗有哪些种类？
24. 怎样计算卷闸门工程量？
25. 怎样计算屋面木基层工程量？
26. 如何计算楼地面垫层工程量？
27. 如何计算楼地面面层工程量？
28. 如何计算块料面层工程量？
29. 如何计算台阶工程量？
30. 如何计算踢脚板工程量？
31. 如何计算楼梯扶手工程量？
32. 如何计算卷材屋面工程量？
33. 怎样确定内墙面抹灰高度和长度？
34. 怎样计算外墙面抹灰工程量？
35. 如何计算独立桩装饰工程？
36. 怎么计算油漆工程量？

二、选择题

1. 一幢六层住宅，勒脚以上结构的外围水平面积，每层为 600m²，六层无围护结构的挑阳台的水平投影面积之和为 200m²，则该工程的建筑面积为（　　）m²。

A. 700　　B. 3700　　C. 3800　　D. 3600

2. 下列项目应计算建筑面积是（　　）。

A. 地下室的采光井　　B. 室外台阶

C. 建筑物内的操作平台　　D. 穿过建筑物的通道

3. 一幢六层住宅，勒脚以上结构的外围水平面积，每层为 448.38m²，六层无围护结构的挑阳台的水平投影面积之和为 108m²，则该工程的建筑面积为（　　）。

A. 556.38m²　　B. 502.38m²　　C. 2744.28m²　　D. 2798.28m²

4. 建筑物内变形缝、沉降缝等，凡缝宽在（　　）mm 以内者，均依其缝宽按自然层计算建筑面积。

A. 150　　B. 200　　C. 300　　D. 400

5. 计算建筑面积中高低联跨的单层建筑物，需分别计算面积时，应以（　　）为界分别计算。

A. 高跨结构内边线　　B. 高跨结构外边线

C. 低跨结构外边线　　D. 低跨结构内边线

6. 地基强夯（　　）。

A. 按设计图示尺寸以体积计算 B. 按设计图示尺寸以面积计算

C. 按实际尺寸以面积计算 D. 按设计图示尺寸外扩 2m 以面积计算

7. 一设备的混凝土基础，底面积为 5m×5m，工作面为 0.3m，挖土深 1.5m，放坡系数 1∶0.5，则挖土工程量为（ ）m^3。

A. 55.16 B. 60.77 C. 37.5 D. 25

8. 打（拔）钢板桩按设计图示尺寸以（ ）计算。

A. 重量 B. 面积 C. 体积 D. 防护面积

9. 楼地面工程整体面层水泥砂浆楼地面、现浇水磨石楼地面不正确的计量是（ ）。

A. 按设计图示尺寸以面积计算 B. 按设计图示尺寸以实际面积计算

C. 应扣除地沟等所占面积 D. 暖气包槽的开口部分合并计入面积

10. 隔热，保温工程不正确的是（ ）。

A. 铺贴不包括胶结材料，应以净厚度计算。

B. 保温隔热使用稻壳加药物防虫剂时，应在清单项目栏中进行描述

C. 柱保温以保温层中心线展开长度乘保温层高度及厚度（不包括粘接层厚度）计算

D. 墙体保温隔热不扣除管道穿墙洞口所占体积。

11. 瓦、型材屋面计量规则有（ ）。

A. 按设计图示尺寸以斜面面积计算

B. 按设计图示尺寸以水平投影面积计算

C. 按设计图示尺寸以水平投影面积乘延尺系数计算

D. 扣除房上小气窗等所占面积后按实际面积计算

12. 某建筑采用现浇整体楼梯，楼梯共 3 层自然层，楼梯间净长 6m，净宽 4m，楼梯井宽 450mm，长 3m，则该现浇楼梯的混凝土工程量为（ ）。

A. 22.65m^2 B. 24.00m^2 C. 67.95m^2 D. 72.00m^2

13. 一房间主墙间净空面积为 54.6m^2，柱、垛所占面积为 2.4 m^2，门洞开口部分所占面积为0.56 m^2，则该房间水泥砂浆地面工程量为（ ）m^2。

A. 52.20 B. 52.76 C. 57.56 D. 54.60

14. 梁和板搁置在墙上板的搁置长度不小于（ ）mm。

A. 60 B. 90 C. 120 D. 180

15. 水塔基础与塔身划分（ ）。

A. 以砖砌体的扩大部分顶面为界 B. 以砖砌体的扩大部分地面为界

C. 以砖砌体的扩大部分底面为界 D. 以砖砌体的扩大部分平均面为界

8 建筑工程定额计价

知识目标

了解建筑工程定额计价的概念、工程费用的组成及定额计价的步骤。

能力目标

能按照有关规定进行单位工程施工图预算计价。

8.1 概 述

8.1.1 建筑工程定额计价的概念

所谓“建筑工程定额计价”，就是采用《全国统一建筑基础定额地区单位估价表》中的“基价”计算建筑工程造价，也就是中华人民共和国建设部令第 107 号发布的《建筑工程施工发包与承包计价管理办法》第五条第一项指出的“工料单价法”计价。

建筑工程定额计价，按照拟建项目实施阶段的不同，可以划分为初步设计单位工程计价、施工图单位工程计价和建设项目竣工结算计价三种类型，本章仅对建筑施工图单位工程预算定额计价的方法进行介绍。

8.1.2 建筑安装工程费用组成

8.1.2.1 建筑安装工程费用组成概述

建筑安装工程费用也称建筑安装工程造价。

为了加强建设项目投资管理和适应建筑市场的发展，有利于合理确定和控制工程造价，提高建设投资效益，国家统一建筑安装工程费划分的口径。这一做法使得业主、承包商、监理公司、政府主管及监督部门各方，在编制设计概算、施工图预算、建设工程招标文件、进行工程成本核算、确定工程承包价、工程结算等方面有了统一的标准。

根据原建设部“关于印发《建筑安装工程费用项目组成》的通知”（建标［2003］206 号），我国现行建筑安装工程费用项目主要由四部分组成：直接费、间接费、利润和税金。其具体构成如图 8-1 所示。

- 建筑安装工程费
  - 直接费
    - 直接工程费
    - 措施费
  - 间接费
    - 规费
    - 企业管理费
  - 利润
  - 税金

图 8-1 建筑安装工程费用的组成

8.1.2.2 直接费

建筑安装工程直接费由直接工程费和措施费组成。

(1) 直接工程费

直接工程费是指施工过程中耗费的直接构成工程实体的各项费用，包括人工费、材料费、施工机械费使用费。

① 人工费　建筑安装工程费中的人工费，是指直接从事建筑安装工程施工作业的生产工人开支的各项费用。构成人工费的基本要素有两个，即人工工日消耗量和人工日工资单价。

人工费的基本计算公式为：

$$人工费=\sum(工日消耗量\times日工资单价)$$

② 材料费　建筑安装工程费中的材料费，是指施工过程中消耗的构成工程实体的原材料、辅助材料、构配件、零件、半成品费用。构成材料费的基本要素是材料的消耗量、材料基价和检验试验费。

材料费的基本计算公式为：

$$材料费=\sum(材料消耗量\times材料基价)+检验试验费$$

③ 施工机械使用费　建筑安装工程费中的施工机械使用费，是指施工机械作业所发生的机械使用费以及机械安拆费和场外运费。构成施工机械使用费的基本要素是施工机械台班消耗量和机械台班单价。

施工机械使用费的基本计算公式为：

$$施工机械使用费=\sum(施工机械台班消耗量\times机械台班单价)$$

(2) 措施费

措施费是指实际施工中必须发生的施工准备和施工过程中技术、生活、安全、环境保护等方面的非工程实体项目的费用。所谓非实体性项目，是指其费用的发生和金额的大小与使用时间、施工方法或者两个以上工序相关，并且不形成最终的实体工程，如大型机械设备进出场及安拆、文明施工和安全保护、临时设施等。措施项目的构成需考虑多种因素，除工程本身的因素外，还涉及水文、气象、环境、安全等因素。综合《建筑安装工程费用项目组成》、《建设工程工程量清单计价规范》(GB 50500—2008) 以及《建筑工程安全保护、文明施工措施费用及使用管理规定》(建办［2005］89 号) 的规定，措施项目费可以归纳为以下几项。

① 安全、文明施工费　安全防护、文明施工措施费用，是指按国家现行的建筑施工安全、施工现场环境与卫生标准和有关规定，购置和更新施工安全防护用具及设施、改善安全生产条件和作业环境所需要的费用。其具体内容见表 8-1。

表 8-1　建筑工程安全防护、文明施工措施项目主要内容

类别	项目名称	具体要求
文明施工与环境保护	安全警示标志牌	在易发伤亡事故(或危险)处设置明显的、符合国家标准的安全警示标志牌
	现场围栏	现场采用封闭围栏，高度不小于 1.8m；围栏材料可采用彩色、定型钢板，砖、混凝土砌块等墙体
	五板一图	在进门处悬挂工程概况、管理人员名单及监督电话、安全生产、文明施工、消防保卫五板；施工现场总平面图
	企业标志	现场出入的大门应设有本企业标识
	场容场貌	道路畅通；排水沟、排水设施通畅；工地地面硬化处理；绿化
	材料堆放	材料、构件、料具等堆放时，悬挂有名称、品种、规格等标牌；水泥和其他易飞扬细颗粒建筑材料应密闭存放或采取覆盖等措施；易燃、易爆和有毒有害物品分类存放
	现场防火	消防器材配置合理，符合消防要求
	垃圾清运	施工现场应设置密闭式垃圾站，施工垃圾、生活垃圾应分类存放。施工垃圾必须采用相应容器或管道运输

续表

类别	项目名称		具体要求
临时设施	现场办公生活设施		施工现场办公、生活区与作业区分开设置，保持安全距离；工地办公室、现场宿舍、食堂、厕所、饮水、休息场所符合卫生和安全要求
临时设施	施工现场临时用电	配电线路	按照 TN-S 系统要求配备五芯电缆、四芯电缆和三芯电缆；按要求架设临时用电线路的电杆、横担、瓷夹、瓷瓶等，或电缆埋地的地沟；对靠近施工现场的外电线路，设备木质、塑料等绝缘体的防护设施
临时设施	施工现场临时用电	配电箱开关箱	(1)按三级配电要求，配备总配电箱、分配电箱、开关箱三类标准电箱；开关箱应符合一机、一箱、一闸、一漏；三类电箱中的各类电器应是合格品 (2)按两级保护的要求，选取符合容量要求和质量合格的总配电箱和开关箱中的漏电保护器
临时设施	施工现场临时用电	接地保护装置	施工现场保护零线的重复接地应不少于 3 处
安全施工	临边洞口交叉高处作业防护	楼板、屋面、阳台灯临边防护	用密目式安全立网全封闭，作业层另加两边防护栏杆和 18cm 高的踢脚板
安全施工	临边洞口交叉高处作业防护	通道口防护	设防护棚，防护棚应为不小于 5cm 厚的木板或两道相距 50cm 的竹笆，两侧应沿栏杆架用密目式安全网封闭
安全施工	临边洞口交叉高处作业防护	预留空洞防护	用木板全封闭；短边超过 1.5m 长的洞口，除封闭外四周还应设有防护栏杆
安全施工	临边洞口交叉高处作业防护	电梯井口防护	设置定型化、工具化、标准化的防护门；在电梯井内每隔两层(不大于 10cm)设置一道水平安全网
安全施工	临边洞口交叉高处作业防护	楼梯边防护	设 1.2m 高的定型化、工具化、标准化的防护栏杆，18cm 高的踢脚板
安全施工	临边洞口交叉高处作业防护	垂直方向交叉作业防护	设置防护隔离棚或其他设施
安全施工	临边洞口交叉高处作业防护	高空作业防护	有悬挂安全带的悬索或其他设施；有操作平台；有上下的梯子或其他形式的通道

建筑工程安全防护、文明施工措施费用是由（建筑安装工程费用项目组成）中措施费所含的环境保护费、文明施工费、安全施工费、临时设施费组成。

环境保护费的计算方法：

环境保护费＝直接工程费×环境保护费费率（%）

文明施工费的计算方法：

文明施工费＝直接工程费×文明施工费费率（%）

安全施工费的计算方法：

安全施工费＝直接工程费×安全施工费费率（%）

临时设施费计算公式为：

临时设施费＝(周转使用临建费×一次性使用临建费)×[1＋其他临时设施所占比例（%）]

② 夜间施工增加费　夜间施工增加费是指应夜间施工所发生的夜班补助费、夜间施工降效、夜间施工照明设备摊销及照明用电等费用。

③ 二次搬运费　二次搬运费是指因施工场地狭小等特殊情况而发生的二次搬运费用。

④ 冬雨季施工增加费　冬雨季施工费是指在冬季、雨季施工期间，为了确保工程质量，采取保温、防雨措施所增加的材料费、人工费和设施费用，以及因功效和机械作业效率降低所增加的费用。

⑤ 大型机械设备进出场及安拆费　大型机械设备进出场及安拆费是指机械整体或分体自停放场地运至施工现场或由一个施工地点运至另一个施工地点，所发生的机械进出场运输

及转移费用及机械在施工现场进行安装、拆卸所需要的人工费、材料费、机械费、试运转费和安装所需的辅助设施的费用。

⑥ 施工排水费、降水费 施工排水费是指为确保工程在正常条件下施工，采取各种排水措施所发生的各种费用。

施工降水费是指为确保工程在正常条件下施工，采取各种降水措施所发生的各种费用。

⑦ 地上地下设施、建筑物的临时保护设施费 地上地下设施、建筑物的临时保护设施费是指为了保护施工现场的一些成品免受其他施工工序的破坏，而在施工现场搭设一些临时保护设施所发生的费用。

⑧ 已完工程及设备保护费 已完工程及设备保护费是指竣工验收前，对已完工程及设备进行保护所需费用。已完工程以及设备保护费可按下式计算：

已完工程及设备保护费＝成品保护所需机械费＋材料费＋人工费

⑨ 专业措施项目 混凝土、钢筋混凝土模板及支架费。混凝土、钢筋混凝土模板及支架费是指混凝土施工过程中需要的各种钢模板、木模板、支架等的支、拆、运输费用及模板、支架的摊销（或租赁）费用。

a. 混凝土、钢筋混凝土模板及支架费的计算方法。模板及支架分自有和租赁两种，采取不同的计算方法。

自有模板及支架费的计算：

模板及支架费＝模板摊销量×模板价格＋支、拆、运输费

租赁及支架费的计算：

租赁费＝模板使用量×使用日期×租赁价格＋支、拆、运输费

b. 脚手架费。脚手架费是指施工需要的各种脚手架搭、拆、运输费用及脚手架的摊销（或租赁）费用。

脚手架同样分自有和租赁两种，采取不同的计算方法。

上述措施费中未列计算公式的，大多以直接工程费为取费依据，根据工程所在地工程造价管理机构测定的相应费率计算支出。

8.1.2.3 间接费

建筑安装工程间接费是指虽不直接由施工的工艺过程所引起，但却与工程的总体条件有关的，建筑安装企业为组织施工和进行经营管理，以及间接为建筑安装生产服务的各项费用。

按现行规定，建筑安装工程间接费有规费和企业管理费组成。

（1）规费

规费是指政府和有关权力部门规定必须缴纳的费用（简称规费）。包括：

① 工程排污费，是指施工现场按规定缴纳的工程排污费。

② 社会保障费，包括养老保险费、失业保险费和医疗保险费。

③ 住房公积金，是指企业按规定标准为职工缴纳的住房公积金。

④ 危险作业意外伤害保险，是指按照建筑法规定，企业为从事危险作业的建筑安装施工人员支付的意外伤害保险费。

（2）企业管理费

企业管理费是指建筑安装企业组织施工生产和经营管理所需费用，包括：管理人员工资、办公费、差旅交通费、固定资产使用费、工具用具使用费、劳动保险费、工会经费、职工教育经费、财产保险费、财务费、税金及其他。

间接费的计算方法：

间接费＝取费基数×间接费费率

间接费的取费基数有三种，分别是：以直接费为计算基础，以人工费和机械费合计为计算基础，以及以人工费为计算基础。

间接费费率(％)＝规费费率(％)＋企业管理费费率（％）

在不同的取费基数下，规费费率和企业管理费费率计算方法均不相同。

8.1.2.4 利润及税金

建筑安装工程费用中的利润及税金是建筑安装企业职工为社会劳动所创造的那部分价值在建筑安装工程造价中的体现。

（1）利润

利润是指施工企业完成所承包工程获得的盈利。利润的计算同样因计算基数的不同而不同。

以直接费为计算基数时利润的计算方法：

利润＝(直接费＋间接费)×相应利润率（％）

以人工费和机械费为计算基数时利润的计算方法：

利润＝直接费中的人工费和机械费合计×相应利润率（％）

以人工费为计算基数时利润的计算方法。

利润＝直接费中的人工费合计×相应利润率（％）

（2）税金

建筑安装工程税金是指国家税法规定的应计入建筑安装工程费用的营业税，城市维护建设税及教育费附加。

8.2 建筑安装工程费用计算程序

建筑安装工程费用计算程序亦称建筑安装工程造价计算程序，是指计算建筑安装工程造价有规律的顺序。

建筑安装工程费用计算程序没有全国统一的格式，一般由省、市、自治区工程造价主管部门结合本地区具体情况确定。

8.2.1 建筑安装工程费用计算程序的拟定

拟定建筑安装工程费用计算程序主要有两个方面的内容，一是拟定费用项目和计算顺序；二是拟定取费基础和各项费率。见图 8-2。

（1）建筑安装工程费用项目及计算顺序的拟定

各地区参照国家主管部门规定的建筑安装工程费用项目和取费基础，结合本地区实际情况拟定费用项目和计算顺序，并颁布本地区使用的建筑安装工程费用计算程序。

（2）费用计算基础和费率的拟定

在拟定建筑安装工程费用计算基础时，应遵照国家的有关规定，应遵守确定工程造价的客观经济规律，使工程造价的计算结果能较准确地反映行业的生产力水平。当取费基础和费用项目确定之后，就可以根据有关资料测算出各项费用的费率，以满足计算工程造价的需要。

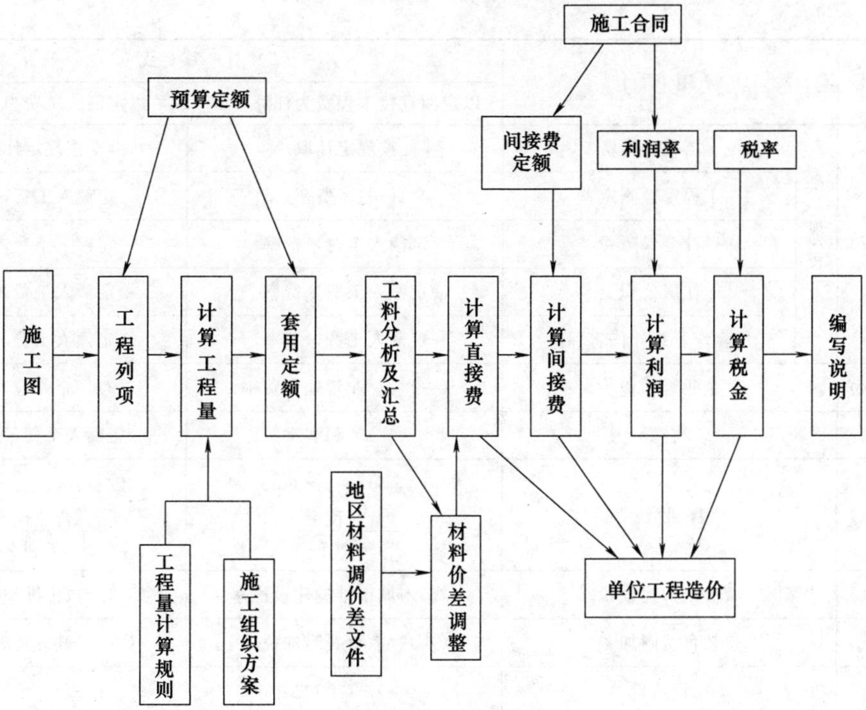

图 8-2　建筑工程定额计价程序示意

8.2.2　建筑安装工程费用计算程序表

建筑安装工程费用计算程序见表 8-2。

表 8-2　建筑安装工程费用（造价）计算程序表

<table>
<tr><th rowspan="2">费用名称</th><th rowspan="2">序号</th><th rowspan="2" colspan="2">费用项目</th><th colspan="2">计算式</th></tr>
<tr><th>以定额直接工程费为计算基础</th><th>以定额人工费为计算基础</th></tr>
<tr><td rowspan="14">直接费</td><td>(一)</td><td colspan="2">直接工程费</td><td>Σ(分项工程量×定额基价)</td><td>Σ(分项工程量×定额基价)</td></tr>
<tr><td>(二)</td><td colspan="2">单项材料价差调整</td><td>Σ[单位工程某材料用量×(现行材料单价－定额材料单价)]</td><td>Σ[单位工程某材料用量×(现行材料单价－定额材料单价)]</td></tr>
<tr><td>(三)</td><td colspan="2">综合系数调整材料价差</td><td>定额材料费×综调系数</td><td>定额材料费×综调系数</td></tr>
<tr><td rowspan="11">(四)</td><td rowspan="11">措施费</td><td>环境保护费</td><td>按规定计取</td><td>按规定计取</td></tr>
<tr><td>文明施工费</td><td>(一)×费率</td><td>定额人工费×费率</td></tr>
<tr><td>安全施工费</td><td>(一)×费率</td><td>定额人工费×费率</td></tr>
<tr><td>临时设施费</td><td>(一)×费率</td><td>定额人工费×费率</td></tr>
<tr><td>夜间施工费</td><td>(一)×费率</td><td>定额人工费×费率</td></tr>
<tr><td>二次搬运费</td><td>(一)×费率</td><td>定额人工费×费率</td></tr>
<tr><td>大型机械进出场及安拆费</td><td>按措施项目定额计价</td><td>按措施项目定额计价</td></tr>
<tr><td>混凝土、钢筋混凝土模板及支架费</td><td>按措施项目定额计价</td><td>按措施项目定额计价</td></tr>
<tr><td>脚手架费</td><td>按措施项目定额计价</td><td>按措施项目定额计价</td></tr>
<tr><td>已完工程及设备保护费</td><td>按措施项目定额计价</td><td>按措施项目定额计价</td></tr>
<tr><td>施工排水、降水费</td><td>按措施项目定额计价</td><td>按措施项目定额计价</td></tr>
</table>

续表

费用名称	序号	费用项目		计算式：以定额直接工程费为计算基础	计算式：以定额人工费为计算基础
间接费	（五）	规费	工程排污费	按规定计取	按规定计取
			工程定额测定费	（一）×费率	定额人工费×费率
			社会保障费	定额人工费×费率	定额人工费×费率
			住房公积金	定额人工费×费率	定额人工费×费率
			危险作业意外伤害保险	定额人工费×费率	定额人工费×费率
	（六）	企业管理费		（一）×企业管理费费率	（一）×企业管理费费率
利润	（七）	利润		（一）×利润率	定额人工费×利润率
税金	（八）	营业税		［（一）～（七）之和］×$\frac{营业税率}{1-营业税率}$	［（一）～（七）之和］×$\frac{营业税率}{1-营业税率}$
	（九）	城市维护建设税		（八）×城市维护建设税率	（八）×城市维护建设税率
	（十）	教育费附加		（八）×教育费附加税率	（八）×教育费附加税率
工程造价		工程造价		（一）～（十）之和	（一）～（十）之和

8.2.3 计算建筑安装工程费用的原则

8.2.3.1 计算建筑安装工程费用的原则

定额直接工程费根据预算定额基价算出，这具有很强的规范性。按照这一思路，对于措施费、规费、企业管理费等有关费用的计算也必须遵循其规范性，以保证建筑安装工程造价的社会必要劳动量的水平。为保证计算出的措施费、间接费等各项费用的水平具有稳定性，工程造价主管部门对各项费用的计算做了明确的规定：

① 建筑工程一般以定额直接工程费为基础计算各项费用；

② 安装工程一般以定额人工费为基础计算各项费用；

③ 装饰工程一般以定额人工费为基础计算各项费用；

④ 材料价差不能作为计算间接费等费用的基础。

8.2.3.2 确定计算建筑安装工程费用的条件

计算建筑安装工程费用，要根据工程类别和施工企业取费证等级确定各项费率。

（1）建设工程类别划分

① 建筑工程类别划分　建筑工程类别划分见表 8-3。

② 装饰工程类别划分　装饰工程类别划分见表 8-4。

表 8-3　建筑工程类别划分表

一类工程	(1)跨度 30m 以上的单层工业厂房；建筑面积 9000m^2 以上的多层工业厂房 (2)单炉蒸发量 10t/h 以上或蒸发量 30t/h 以上的锅炉房 (3)层数 30 层以上多层建筑 (4)跨度 30m 以上的钢网架、悬索、薄壳层盖建筑 (5)建筑面积 12000m^2 以上的公共建筑，20000 个座位以上的体育场 高度 100m 以上的烟囱；高度 60m 以内或容积 100m^3 以上的水塔；容积 4000m^3 以上的池类

续表

二类工程	(1)跨度 30m 以内的单层工业厂房;建筑面积 6000m² 以上的多层工业厂房 (2)单炉蒸发量 6.5t/h 以上或蒸发量 20t/h 以上的锅炉房 (3)层数 16 层以上多层建筑 (4)跨度 30m 以内的钢网架、悬索、薄壳层盖建筑 (5)建筑面积 8000m² 以上的公共建筑,20000 个座位以内的体育场 (6)高度 100m 以内的烟囱;高度 60m 以内或容积 100m³ 以内的水塔;容积 3000m³ 以上的池类
三类工程	(1)跨度 24m 以内的单层工业厂房;建筑面积 3000m² 以上的多层工业厂房 (2)单炉蒸发量 4t/h 以上或蒸发量 10t/h 以上的锅炉房 (3)层数 8 层以上多层建筑 (4)建筑面积 5000m² 以上的公共建筑 (5)高度 50m 以内的烟囱;高度 40m 以内或容积 50m³ 以内的水塔;容积 1500m³ 以上的池类 (6)栈桥、混凝土贮仓、料斗
四类工程	(1)跨度 18m 以内的单层工业厂房;建筑面积 3000m² 以内的多层工业厂房 (2)单炉蒸发量 4t/h 以内或蒸发量 10t/h 以内的锅炉房 (3)层数 8 层以内多层建筑 (4)建筑面积 5000m² 以内的公共建筑 (5)高度 30m 以内的烟囱;高度 25m 以内的水塔;容积 1500m³ 以内的池类 (6)运动场、混凝土挡土墙、围墙、保坎、砖石挡土墙

表 8-4 装饰工程类别划分表

一类工程	每平方米(装饰建筑面积)定额直接费(含未计价材料费)1600 元以上的装饰工程;外墙面各种幕墙、石材干挂工程
二类工程	每平方米(装饰建筑面积)定额直接费(含未计价材料费)1000 元以上的装饰工程;外墙面二次块料面层单项装饰工程
三类工程	每平方米(装饰建筑面积)定额直接费(含未计价材料费)500 元以上的装饰工程
四类工程	独立承包的各类单项装饰工程;每平方米(装饰建筑面积)定额直接费(含未计价材料费)500 元以内的装饰工程;家庭装饰工程

注:除一类装饰工程外,有特殊声光要求的装饰工程,其类别按上表规定相应提高一类。

(2) 施工企业工程取费级别评审条件

施工企业工程取费级别评审条件见表 8-5。

表 8-5 施工企业工程取费级别评审条件

取费级别	评审条件
一级取费	1. 企业具有一级资质证书 2. 企业近五年来承担过两个以上一类工程 3. 企业参加了社会劳保统筹,退(离)休职工人数占在册职工人数 30%以上
二级取费	1. 企业具有二级资质证书 2. 企业近五年来承担过两个以上二类及其以上工程 3. 企业参加了社会劳保统筹,退(离)休职工人数占在册职工人数 20%以上
三级取费	1. 企业具有三级资质证书 2. 企业近五年来承担过两个三类及其以上工程 3. 企业参加了社会劳保统筹,退(离)休职工人数占在册职工人数 10%以上
四级取费	1. 企业具有四级资质证书 2. 企业近五年来承担过两个四类及其以上工程 3. 企业参加了社会劳保统筹,退(离)休职工人数占在册职工人数 10%以下

8.2.3.3 建筑安装工程费用费率实例

(1) 措施费标准

某地区建筑工程主要措施费标准见表 8-6。某地区装饰工程主要措施费标准见表 8-7。

表 8-6 建筑工程措施费标准

工程类别	计算基础	文明施工/%	安全施工/%	临时设施/%	夜间施工/%	二次搬运/%
一类	定额人工费	1.5	2.0	2.8	0.8	0.6
二类	定额人工费	1.2	1.6	2.6	0.7	0.5
三类	定额人工费	1.0	1.3	2.3	0.6	0.4
四类	定额人工费	0.9	1.0	2.0	0.5	0.3

表 8-7 装饰工程主要措施费标准

工程类别	计算基础	文明施工/%	安全施工/%	临时设施/%	夜间施工/%	二次搬运/%
一类	定额人工费	7.5	10.0	11.2	3.8	3.1
二类	定额人工费	6.0	8.0	10.4	3.4	2.6
三类	定额人工费	5.0	6.5	9.2	2.9	2.2
四类	定额人工费	4.5	5.0	8.1	2.3	1.6

(2) 规费取费标准

某地区建筑工程、装饰工程主要规费标准见表 8-8。

表 8-8 建筑工程、装饰工程主要规费标准

工程类别	计算基础	社会保障费/%	住房公积金/%	危险作业意外伤害保险/%
一类	定额人工费	16	6.0	0.6
二类	定额人工费	16	6.0	0.6
三类	定额人工费	16	6.0	0.6
四类	定额人工费	16	6.0	0.6
工程定额测定费:(一类～四类工程)直接工程费×0.12%				

(3) 企业管理费标准

某地区企业管理费标准见表 8-9。

表 8-9 企业管理费标准

工 程 类 别	建 筑 工 程		装 饰 工 程	
	计算基础	费率/%	计算基础	费率/%
一类	定额直接工程费	7.5	定额人工费	38.6
二类	定额直接工程费	6.9	定额人工费	35.2
三类	定额直接工程费	5.9	定额人工费	32.5
四类	定额直接工程费	5.1	定额人工费	27.6

(4) 利润标准

某地区利润标准见表 8-10。

表 8-10　利润标准

取费级别		计算基础	利润/%	计算基础	利润/%
一级取费	Ⅰ	定额直接工程费	10	定额人工费	55
	Ⅱ	定额直接工程费	9	定额人工费	50
二级取费	Ⅰ	定额直接工程费	8	定额人工费	44
	Ⅱ	定额直接工程费	7	定额人工费	39
三级取费	Ⅰ	定额直接工程费	6	定额人工费	33
	Ⅱ	定额直接工程费	5	定额人工费	28
四级取费	Ⅰ	定额直接工程费	4	定额人工费	22
	Ⅱ	定额直接工程费	3	定额人工费	17

(5) 计取税金的标准

某地区计取税金的标准见表 8-11。

表 8-11　计取税金标准

工程所在地	营业税		城市维护建设税		教育费附加	
	计算基础	税率/%	计算基础	税率/%	计算基础	税率/%
在市区	直接费＋间接费＋利润	3.093	营业税	7	营业税	3
在县城、镇	直接费＋间接费＋利润	3.093	营业税	5	营业税	3
不在市区、县城、镇	直接费＋间接费＋利润	3.093	营业税	1	营业税	3

其综合税率：纳税地点在市区 3.461%；纳税地点在县城镇 3.397%；纳税地点不在市区、县城、镇的 3.268%。

8.2.4 建筑安装工程费用计算步骤

8.2.4.1 填写单位工程预算表

根据施工图纸及有关标准图，按照工程量计算规则的规定及科学的计算顺序，完成各分部分项工程工程量计算，并按照定额的顺序排序，将各分部分项工程中相同定额子目的工程量合并，整理填入工程量汇总表内，经自我复核和校核人校核无误后，可着手编制单位工程预算书。

(1) 抄写工程数量

按照定额分部分项工程排列的顺序，把工程量计算表中的各分部分项工程名称、计量单位和工程量抄写到预算表的相应栏内，同时，把相应定额编号填写到预算表的“定额编号”栏内，以便套用定额单价。

(2) 抄写定额单价

把预算定额或单位估价表中的有关分项或子项工程的定额单价（基价），有抄写定额编号的同时，填写到预算表相应分项工程或子项工程的“单位价值”栏内，并将“三项”单价（即人工费、材料费、机械费）也抄入相应栏内。

注意在抄写定额单价时应区分定额中哪些项目的单价可以直接套用，哪些单价必须经过换算后才能套用，如果定额中没有所需单价，也没有相接近的定额可以参照使用时，则应编制补充定额后再填入，并在定额编号栏目中注“补”字。

(3) 计算合价与小计

计算合价是指把预算表内的各分项工程量乘其预算单价所得积数的过程，并把各分项的计算结果写入本工程子目的“总价值”栏内，同时计算出“三项”费用的积数也填入各自相应栏目内。

8.2.4.2 计算各分部分项工程合价与小计

把一个分部工程（如土石方工程）各个分项工程的“合价”竖向相加，即可求得该分部工程的“小计”。

8.2.4.3 计算直接费

（1）直接工程费

把各分部工程的小计相加，就可以得出该单位工程的定额项目直接工程费。

（2）措施费

按相关规定、费率计算措施费。

8.2.4.4 计算间接费

（1）计算规费

规费＝规定计算基础×相应规定费率

（2）计算企业管理费

企业管理费＝直接工程费×相应规定费率

8.2.4.5 计算利润

利润＝(直接工程费＋管理费)×利润率

8.2.4.6 计算税金

按相关规定、费率计算。

8.2.4.7 计算单位工程预算含税造价

将上述一～六项费用计算完毕并将各项数值相加，就可以搞活市场求出一个单位工程预算含税造价的总值。

8.2.4.8 计算单位工程主要材料需要表

为了按实物法对一些主要建筑材料（如钢材、木材、水泥、金属门窗等）进行单独调整差价，必须计算单位工程主要材料消耗表。

某种材料耗用量＝分项工程数量×相应材料定额用量

8.2.4.9 编写单位工程预算编制说明

编制说明没有固定内容，应根据单位工程的实际情况编写。就一般情况来说，主要应说明单位工程的概况；编制依据；建筑面积；主要材料需要数量；单位平方米造价；材料差价处理方法以及应说明的其他有关问题等。

8.2.4.10 装订、送审、复制、盖章、发送

至此，一份单位工程预算就编制完毕。

8.3 建筑单位工程施工图定额计价示例

某水泵房由某二级施工企业施工，根据直接工程费 428556.97 元，脚手架费 13963.96 元，模板及支架费 30391.88 元的数据和下列有关条件计算该工程的造价。

有关条件如下：

（1）建筑层数及工程类别

一层；四类工程；工程在市区

（2）取费等级

二级Ⅱ档

(3) 直接工程费

人工费 113821.19 元

机械费 30688.87 元

材料费 284046.91 元

扣减脚手架费 13963.96 元

直接费用小计：428556.97－13963.96－30391.88＝384201.13（元）

(4) 有关规定

按合同规定收取下列费用：

① 环境保护费（某地区规定，按直接工程费的0.4%收取）；

② 文明施工费；

③ 安全施工费；

④ 临时设施费；

⑤ 二次搬运费；

⑥ 脚手架费；

⑦ 混凝土及钢筋混凝土模板及支架费；

⑧ 工程定额测定费；

⑨ 社会保障费；

⑩ 住房公积金；

⑪ 利润税金。

(5) 根据上述条件和本章相关规定确定各种费率和计算各项费用。

(6) 根据费用计算程序以直接工程费为基础计算水泵房工程的工程造价，见表8-12。

表8-12 某水泵房工程建筑工程造价计算表

<table>
<tr><th>序号</th><th colspan="2">费用名称</th><th>计算式</th><th>金额(元)</th></tr>
<tr><td>(一)</td><td colspan="2">直接工程费</td><td>428556.97－13963.96－30391.88</td><td>384201.13</td></tr>
<tr><td>(二)</td><td colspan="2">单项材料价差调整</td><td>采用实物金额法不计算此费用</td><td>——</td></tr>
<tr><td>(三)</td><td colspan="2">综合系数调整材料价差</td><td>采用实物金额法不计算此费用</td><td>——</td></tr>
<tr><td rowspan="11">(四)</td><td rowspan="11">措施费(元)</td><td>环境保护费</td><td>384201.13×0.4%＝1536.80</td><td rowspan="11">63950.09</td></tr>
<tr><td>文明施工费</td><td>384201.13×0.9%＝3457.81</td></tr>
<tr><td>安全施工费</td><td>384201.13×1.0%＝3842.01</td></tr>
<tr><td>临时设施费</td><td>384201.13×2.0%＝7684.02</td></tr>
<tr><td>夜间施工增加费</td><td>384201.13×0.5%＝1921.01</td></tr>
<tr><td>二次搬运费</td><td>384201.13×0.3%＝1152.60</td></tr>
<tr><td>大型机械进出场及安拆费</td><td>—</td></tr>
<tr><td>脚手架费</td><td>13963.96</td></tr>
<tr><td>已完工程及设备保护费</td><td>—</td></tr>
<tr><td>混凝土及钢筋混凝土模板及支架费</td><td>30391.88</td></tr>
<tr><td>施工排水、降水费</td><td>—</td></tr>
</table>

续表

序号	费用名称		计 算 式	金额(元)
(五)	规费(元)	工程排污费	—	25501.7
		工程定额测定费	384201.13×0.12%=461.04	
		社会保障费	113821.19×16%=18211.39	
		住房公积金	113821.19×6.0%=6829.27	
		危险作业意外伤害保险	—	
(六)	企业管理费		384201.13×5.1%=19594.26	19594.26
(七)	利润		384201.13×7.0%=26894.08	26894.08
(八)	营业税		520141.26×3.093%=16087.97	16087.97
(九)	城市维护建设费		16087.97×7%=1126.16	1126.16
(十)	教育费附加		16087.97×3%=482.64	482.64
工程造价			(一)~(十)之和	537838.03

8.4 工程量清单计价与定额计价的区别

工程量清单计价与传统定额预算计价的差别主要有以下几条。

(1) 编制工程量的单位不同

传统定额预算计价办法是：建设工程的工程量分别由招标单位和投标单位按图计算。工程量清单计价是：工程量由招标单位统一计算或委托有工程造价咨询资质单位统一计算，“工程量清单”是招标文件的重要组成部分，各投标单位根据招标人提供的“工程量清单”，根据自身的技术装备、施工经验、企业成本、企业定额和管理水平自主填写报综合单价。

(2) 编制工程量清单时间不同

传统的定额预算计价法是在发出招标文件后编制（招标与投标人同时编制或投标人编制在前，招标人编制在后）。工程量清单报价法必须在发出招标文件前编制。

(3) 表现形式不同

采用传统的定额预算计价法一般是总价形式。工程量清单报价法采用综合单价形式，综合单价包括人工费、材料费、机械使用费、管理费和利润，并考虑风险因素。工程量清单报价具有直观、单价相对固定的特点，工程量发生变化时，单价一般不作调整。

(4) 编制依据不同

传统的定额预算计价法主要依据施工图纸；人工、材料、机械台班消耗量依据建设行政主管部门颁发的预算定额；人工、材料、机械台班单价依据工程造价管理部门发布的价格信息进行计算。工程量清单报价法，根据建设部第107号令规定：标底的编制根据招标文件中的工程量清单和有关要求、施工现场情况、合理的施工方法以及按建设行政主管部门制定的有关工程造价计价办法编制。企业的投标报价则根据企业定额和市场价格信息，或参照建设行政主管部门发布的社会平均消耗量定额编制。

(5) 费用组成不同

传统预算定额计价法的工程造价由直接费、间接费、利润和税金组成。工程量清单计价法工程造价包括分部分项工程费、措施项目费、其他项目费、规费和税金；包括完成每项工程包含的全部工程内容的费用（规费、税金除外）；包括工程量清单中没有体现的，施工中又必须发生的工程内容所需费用，包括风险因素而增加的费用。

（6）评标所用的方法不同

传统预算定额计价投标一般采用百分制评分法。采用工程量清单计价法投标，一般采用合理低报价中标法，既要对总价进行评分，还要对综合单价进行分析评分。

（7）项目编码不同

采用传统的预算定额项目编码，全国各省市采用不同的定额子目，采用工程量清单计价全国实行统一编码，项目编码采用十二位阿拉伯数字表示。一到九位为统一编码，其中，一、二位为附录顺序码，三、四位为专业工程顺序码，五、六位为分部工程顺序码。七、八、九位为分项工程项目名称顺序码，十到十二位为清单项目名称顺序码。前九位编码不能变动，后三位编码，由清单编制人根据项目设置的清单项目编制。

（8）合同价调整方式不同

传统的定额预算计价合同价调整方式有：变更签证、定额解释和政策性调整。工程量清单计价法合同价调整方式主要是索赔。工程量清单的综合单价一般通过招标中报价的形式体现，一旦中标，报价作为签订施工合同的依据相对固定下来，工程结算按承包商实际完成工程量乘以清单中相应的单价计算，减少了调整活口。采用传统的预算定额经常有定额解释及定额规定，结算中又有政策性文件调整。工程量清单计价单价不能随意调整。

（9）投标计算口径达到了统一

因为各投标单位都根据统一的工程量清单报价，达到了投标计算口径统一。不再是传统预算定额招标，各投标单位各自计算工程量，各投标单位计算的工程量均不一致。

附　录

附录1　某水泵房施工图预算编制

泵房施工图

图纸目录

序号	图　号	图　　名	图纸张数	图纸规格	备　注
1	建施　-01	图纸目录表、门窗表、装修表	1	3#	
2	建施　-02	平面图、立面图	1	3#	
3	建施　-03	立面图、剖面图、设计说明	1	3#	

装 修 表

名称	地面	踢脚	墙裙	墙面	顶棚
辅助用房	98ZJ001 地2/4 水泥砂浆地面	98ZJ001 踢4/22 水泥砂浆踢脚		98ZJ001 涂32/62 仿瓷涂料	98ZJ001 涂32/62 仿瓷涂料

门 窗 表

名称	编号	洞口尺寸(宽×高)	采用标准图集	樘数	备　注
门	M1	2100×2800	98ZJ681 GJM301	1	防盗
窗	C1	1200×1900	铝合金窗 参98ZJ721 118页17	3	窗户应设安全防护网
	C2	1500×1900	铝合金窗 参98ZJ721 118页17	3	窗户应设安全防护网

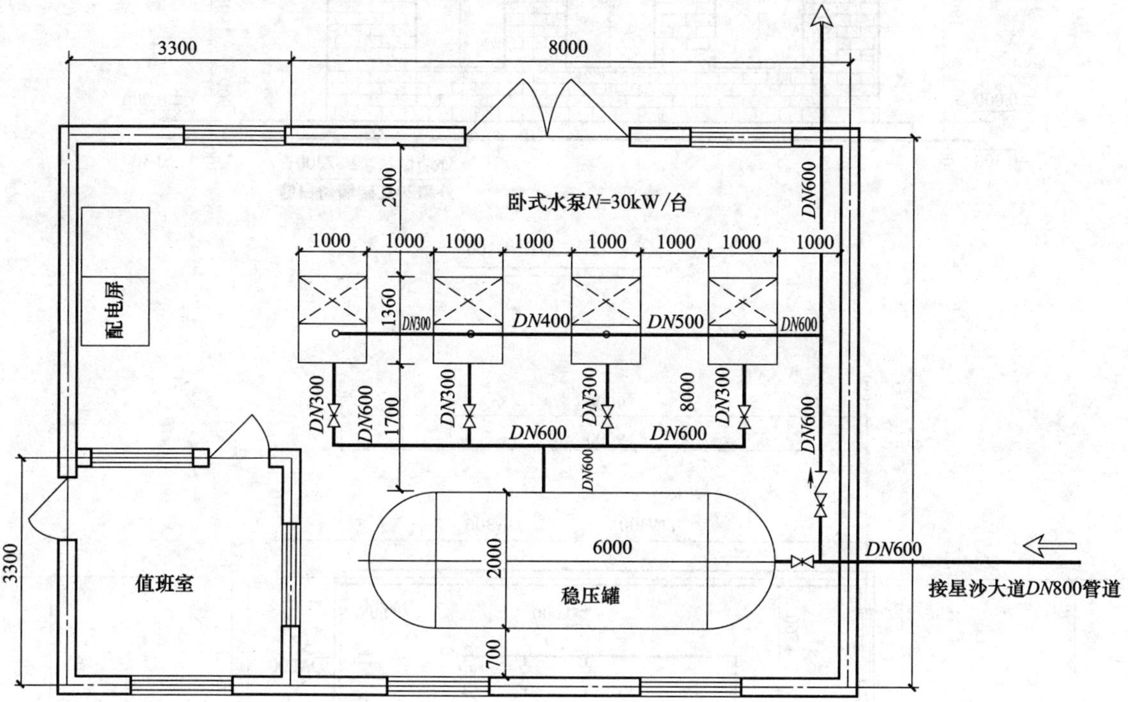

星沙加压泵房平面图1:50

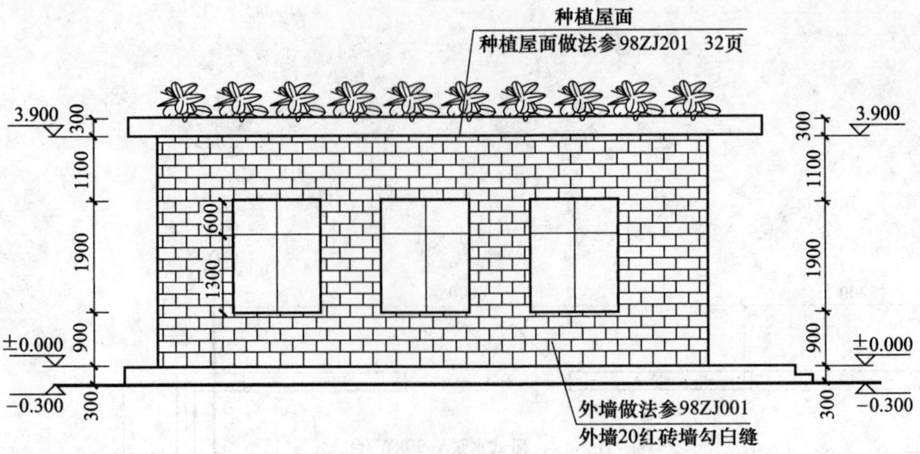

①—② 立面图 1:100

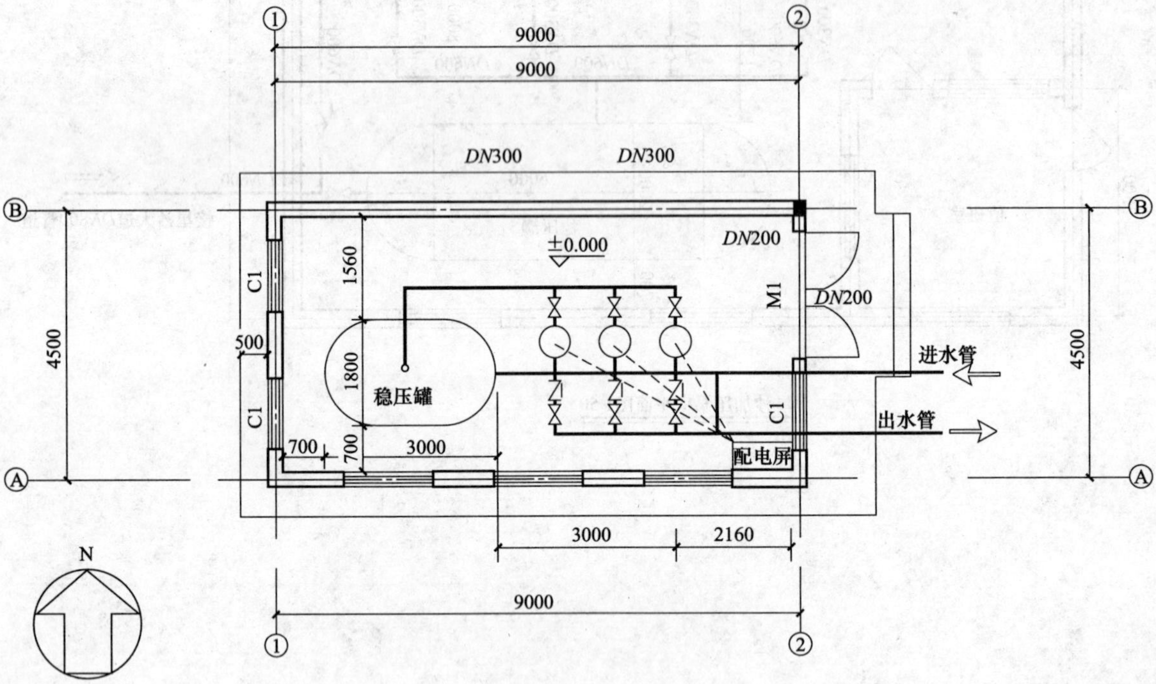

平面布置图 1:100

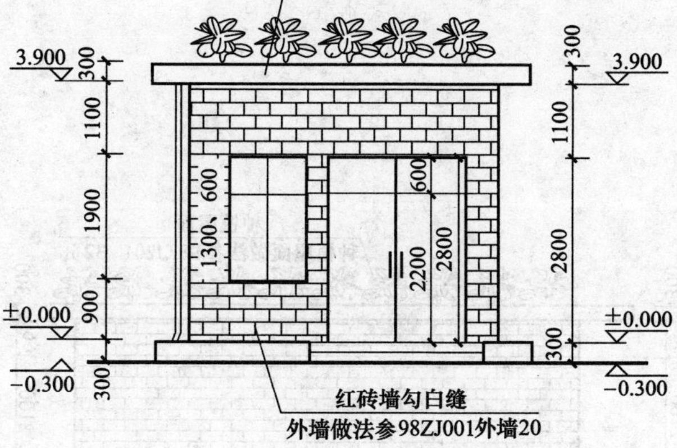

Ⓐ—Ⓑ 立面图 1:100

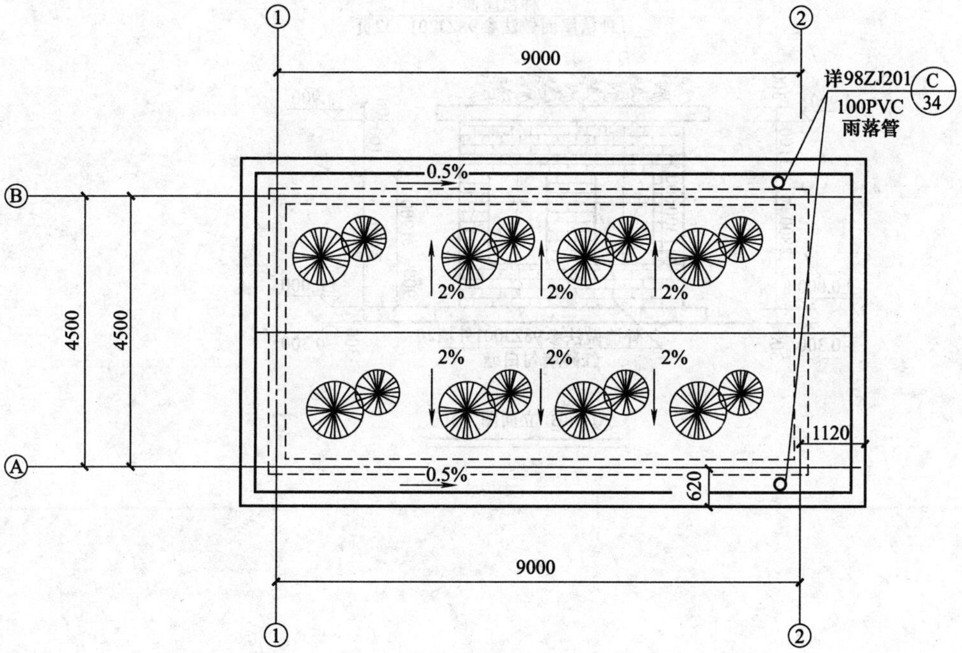

屋顶平面图　1:100

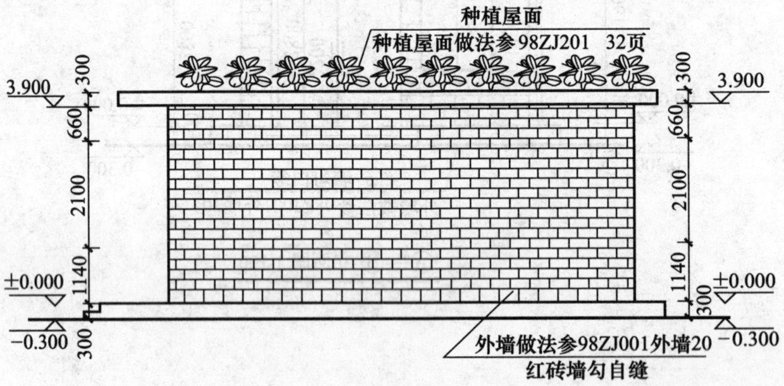

②—① 立面图 1:100

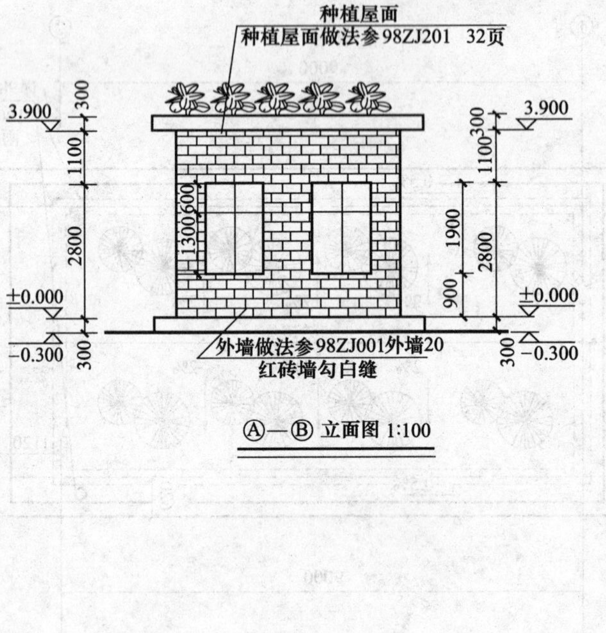

Ⓐ—Ⓑ 立面图 1:100

设计说明

1. 该改造项目建筑面积 43.8m²，±0.000 相当于原±0.000＋300mm 砌体选用黏土多孔砖，砌块和砂浆标号见结施。

2. 外墙装修：外墙做法参 98ZJ001 外墙 20

3. 室内装修：详见装修表。

4. 门窗详见门窗表。

5. 地面：所有地面均为普通地面砖，贴面，见 98ZJ001 (地19/6)

踢脚均为瓷砖踢脚，见 982ZJ501 (4/3)。

6. 门窗：所有门窗均为白色铝合金边框，白色玻璃，铝合金采用 90 系列，所有门窗尺寸均为洞口尺寸。

7. 其他：

a. 凡墙体为砖墙者，均应设置防潮层，防潮层做法为 20 厚 1：2 水泥砂浆加 5%防水剂，位于室内墙下一皮砖处。

b. 平面基座位置及工艺布置尺寸均详结施和水施图。

c. 散水详 98ZJ001 散 1。

d. 屋面做法参 98ZJ001 屋 24。

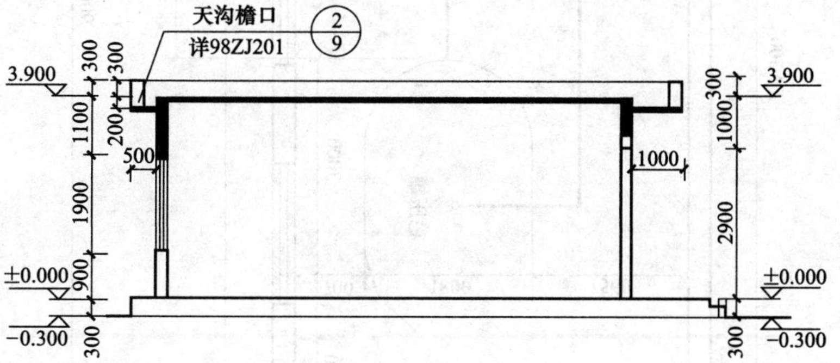

1—1 立面图 1:100

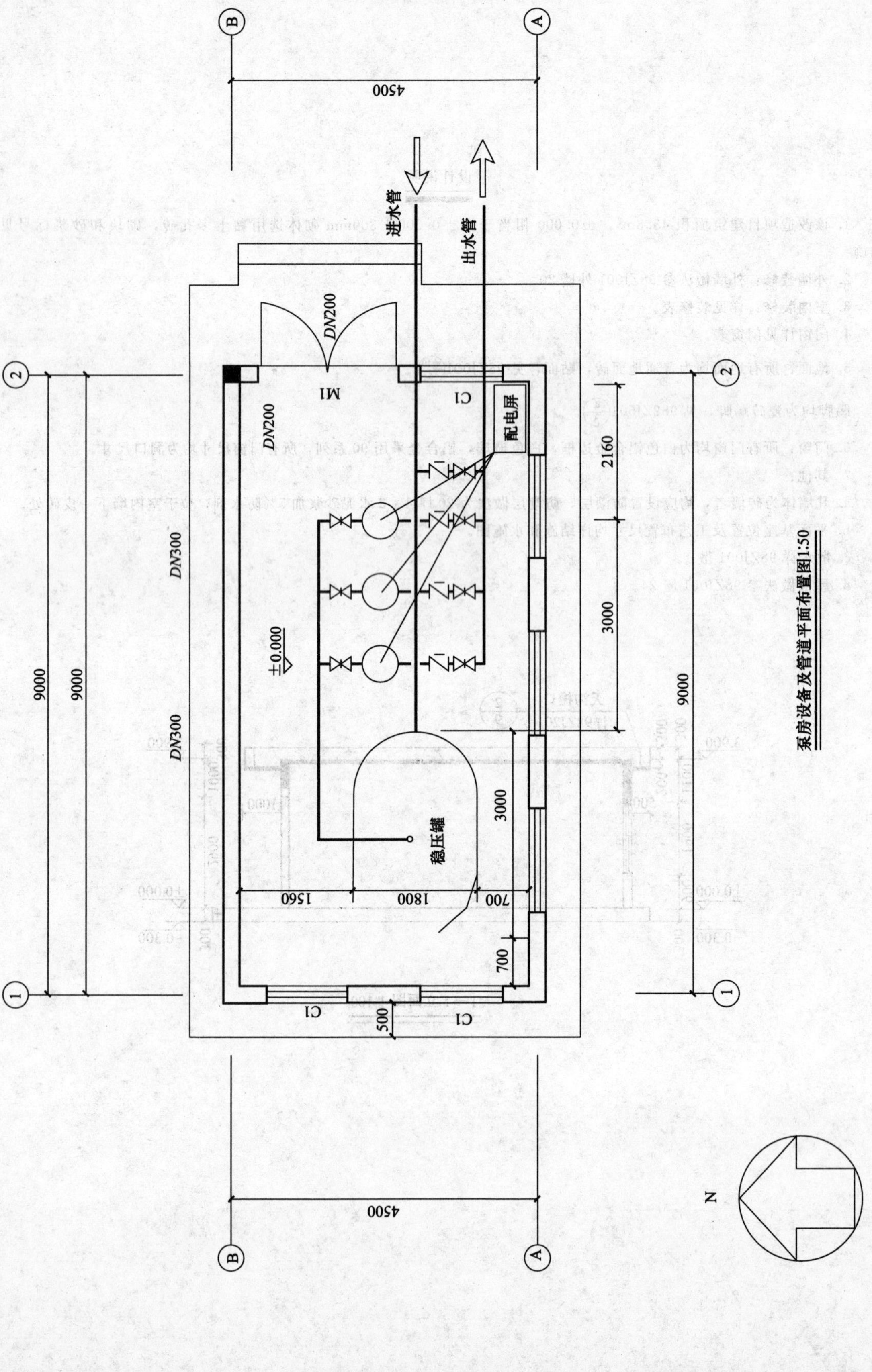

泵房设备及管道平面布置图1:50

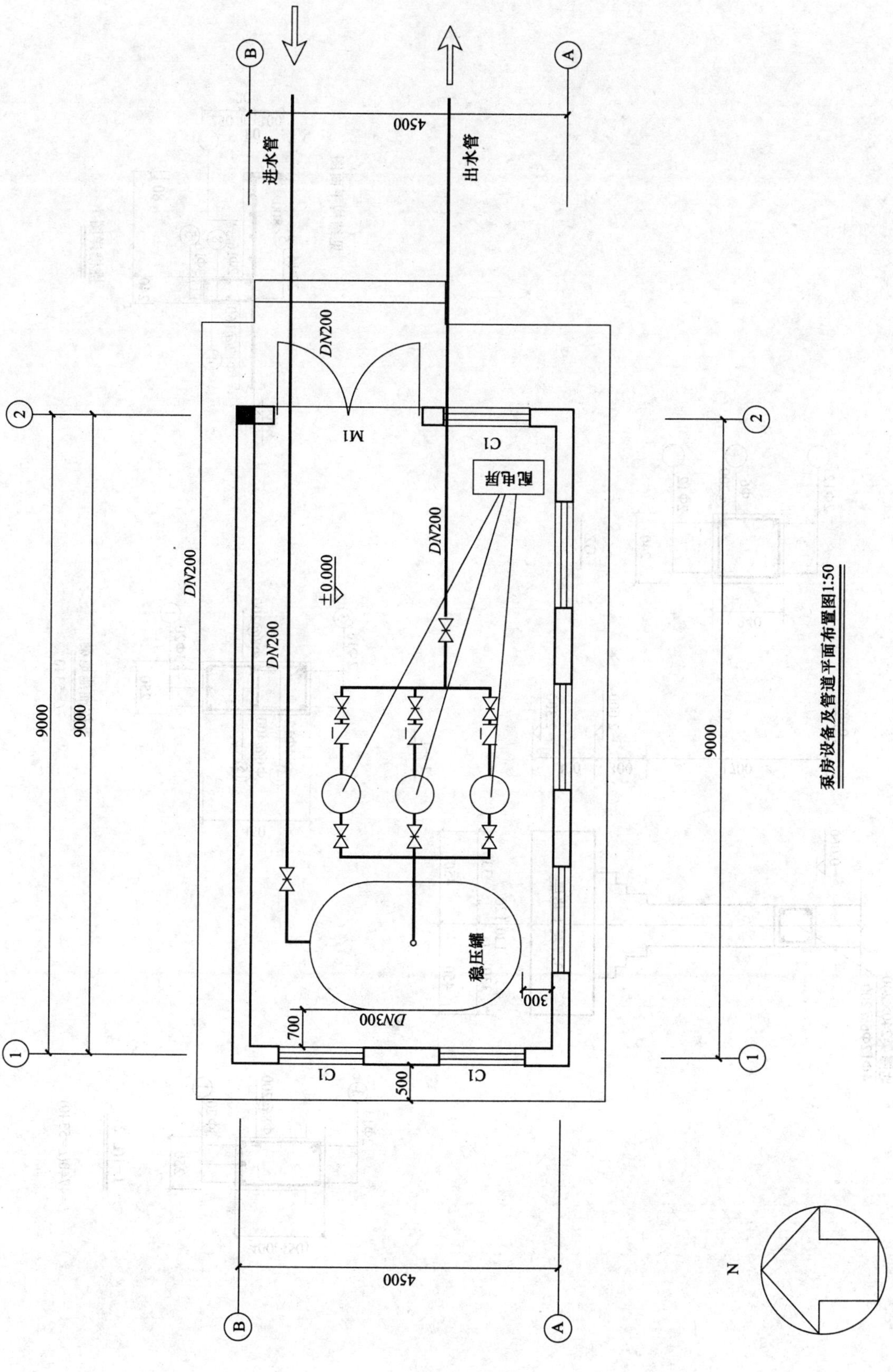

泵房设备及管道平面布置图1:50

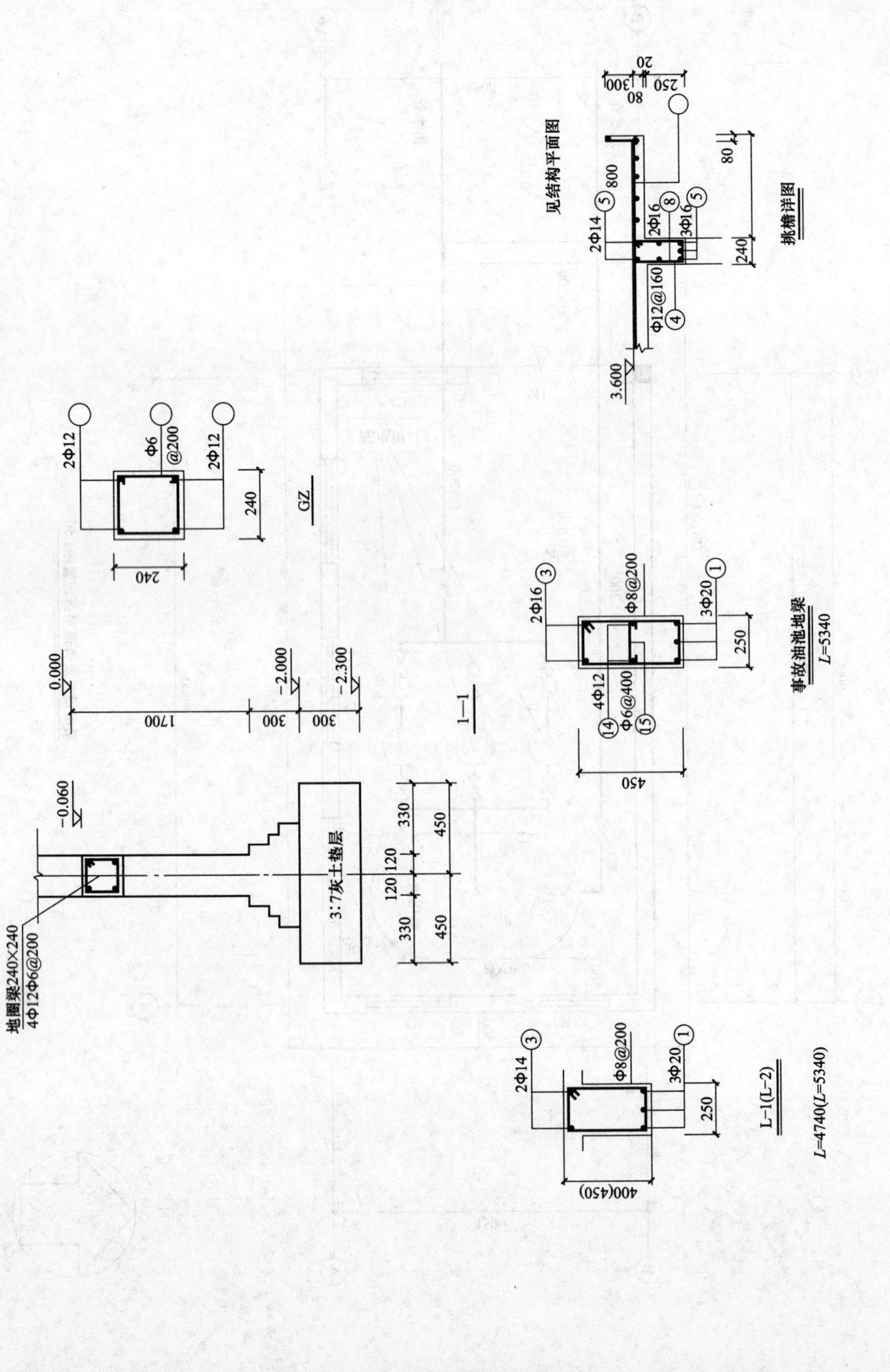
地圈梁240×240
4Φ12Φ6@200
-0.060
3:7灰土垫层
330
120
120
330
450
450
1—1
0.000
-2.000
-2.300
1700
300
300
2Φ12
Φ6
@200
2Φ12
240
240
GZ
2Φ14
Φ8@200
3Φ20
250
400(450)
L-1(L-2)
L=4740(L=5340)
2Φ16
Φ8@200
3Φ20
4Φ12
Φ6@400
250
450
事故油池地梁
L=5340
见结构平面图
2Φ14
800
2Φ16
3Φ16
Φ12@160
3.600
80
240
300
80
20
250
挑檐详图

单位工程招标控制价/投标报价汇总表

工程名称：水泵房-建筑工程-建筑工程1　　标段：　　第1页　共1页

序号	汇总内容	计费基础	费率（%）	金额（元）	其中：暂估价（元）
1	分部分项工程费			53253.74	
2	措施项目费	2.1＋2.2＋2.3		8562.42	
2.1	安全文明施工费	人工费＋机械费	24.084	2737.72	
2.2	冬雨季施工增加费	1	0.16	85.21	
2.3	施工措施项目费			5739.49	
3	其他项目费	3.1～3.4			
3.1	暂列金额				
3.2	专业工程暂估价				
3.3	计日工				
3.4	总承包服务费	1			
4	规费	4.1＋4.2＋4.3＋4.4		6673.86	
4.1	工程排污费	1＋2＋3	0.4	247.26	
4.2	职工教育经费	(1＋2＋3.3)中的工资总额	1.5	313.46	
4.3	养老保险费	1＋2＋3	3.5	2163.57	
4.4	其他规费	(1＋2＋3.3)中的工资总额	18.9	3949.57	
5	税金	1＋2＋3＋4	3.461	2370.44	
6	合计			70860.46	

【说明：1. 本表适用于单位工程招标控制价或投标报价的汇总，如无单位工程划分，单项工程也使用本汇总表。2. 其他规费栏包括失业保险费、医疗保险费、工伤保险费、危险作业意外伤害保险费、住房公积金、工会经费等六项。】

分部分项工程量清单与计价表

工程名称：水泵房-建筑工程-建筑工程1　　标段：　　第1页　共1页

序号	项目编码	项目名称及特征描述	计量单位	工程量	金额（元）		
					综合单价	合价	其中：暂估价
		分部分项工程费				53253.74	
1	010101001001	平整场地	m^2	43.798	6.72	294.32	
2	010101003001	挖基础土方	m^3	48.6	196.84	9566.42	
3	010301001001	砖基础	m^3	11.696	262.48	3069.97	
4	010301001002	砖垫层	m^3	7.29	140.27	1022.57	
5	010302001001	实心砖墙	m^3	17.407	313.93	5464.52	
6	010410003001	过梁	m^3	0.592	622.29	368.27	
7	010403004001	圈梁	m^3	1.944	405.12	787.55	
8	010405002001	无梁板	m^3	4.478	298.14	1335.10	
9	010405007001	天沟、挑檐板	m^3	2.137	417.89	892.99	
10	010402001001	矩形柱	m^3	0.225	383.79	86.20	
11	010416001001	现浇混凝土钢筋	t	3.041	5552.34	16885.22	
12	010702003001	屋面刚性防水	m^2	60.336	31.95	1927.72	
13	010702001001	屋面卷材防水	m^2	60.336	30.29	1827.57	
14	010803001001	保温隔热屋面	m^2	60.336	20.44	1233.26	
15	010306001001	砖散水、地坪	m^2	1.0	8492.06	8492.06	
	本页小计					53253.74	
	合计					53253.74	

施工措施项目清单与计价表

工程名称：水泵房-建筑工程-建筑工程 1　　标段：　　第 1 页　共 1 页

序号	项目编码	项目名称及特征描述	计量单位	工程量	金额(元)		
					综合单价	合价	其中:暂估价
1	JC0201002001	地上建筑外脚手架	m^2	43.798	25.89	1133.92	
2	JC0101006001	现浇矩形柱模板	m^2	1.872	42.46	79.49	
3	JC0101018001	现浇无梁板模板	m^2	37.318	43.12	1609.13	
4	JC0101025001	现浇其他构件模板	m^2	19.35	129.84	2512.40	
5	JC0101012001	现浇圈梁模板	m^2	10.26	39.43	404.55	
本页小计						5739.49	
合计						5739.49	

分部分项工程量清单/施工措施项目清单与计价表

工程名称：水泵房-建筑工程-建筑工程 1　　标段：　　第 1 页　共 18 页

清单编码	010101001001	名称	平整场地	计量单位	m^2	数量	43.80	综合单价	6.72

消耗量标准编号	项目名称	单位	数量	取费基价		动态基价				管理费	利润	合价
				人工费	机械费	小计	人工费	材料费	机械费	33.30%	22.00%	(元)
A1-31	平整场地	$100m^2$	1.105	94.50		214.20	214.20			34.77	22.97	294.44
人工单价:综合工日单价:68 元/日 装饰人工单价:82 元/日				累计(元)		—	—	—		34.77	22.97	294.44

材料费或机械费明细	主要材料机械名称、规格、型号	单位	数量	材料单价	材料合价	材料暂估单价	材料暂估合价	机械单价	机械合价
	综合工日	工日	0.08	68.00	5.40				
	其他材料费、其他机械费	元	—		−5.40				
	材料费、机械费小计	元	—						

分部分项工程量清单/施工措施项目
清单与计价表

工程名称：水泵房-建筑工程-建筑工程1　　　　标段：　　　　第2页　共18页

清单编码	010101003001	名称	挖基础土方	计量单位	m³	数量	48.60	综合单价	196.84

消耗量标准编号	项目名称	单位	数量	取费基价		动态基价				管理费	利润	合价
				人工费	机械费	小计	人工费	材料费	机械费	33.30%	22.00%	(元)
A1-16	挖基坑　三类土 深度2m以内	100m³	1.35	1499.10		3397.96	3397.96			673.92	445.23	5706.40
A1-29	回填土　夯填	100m³	−0.097	882.00	124.85	2159.79	1999.18		160.62	−32.52	−21.49	−263.51
A1-96	人工装土、自卸汽车(载重6.5t) 运距1km以内	1000m³	0.144	4689.00	6642.84	19258.06	10628.40	40.83	8588.89	543.38	358.99	3675.54
A1-97	人工装土、自卸汽车(载重6.5t) 运距每增加1km以内	1000m³	0.144		1685.79	2179.79			2179.79	80.84	53.41	448.14
人工单价:综合工日单价:68元/日 装饰人工单价:82元/日				累计(元)		—	—	—	—	1265.62	836.14	9566.57

材料费或机械费明细	主要材料机械名称、规格、型号	单位	数量	材料单价	材料合价	材料暂估单价	材料暂估合价	机械单价	机械合价
	综合工日	工日	1.79	68.00	121.89				
	电	kW·h	−0.18	0.99	−0.18				
	水	m³	0.04	3.40	0.12				
	机上人工	工日	0.06	68.00	4.38				
	汽油	kg	2.02	8.12	16.38				
	夯实机 电动 夯击能力20～62N·m 小	台班	−0.01					29.21	−0.32
	自卸汽车　装载质量5t　中	台班	0.06					495.41	31.05
	洒水车　罐容量4000L　中	台班	0.00					484.56	0.86
	其他材料费、其他机械费	元	—		−142.47				0.00
	材料费、机械费小计	元	—		0.12				31.59

分部分项工程量清单/施工措施项目
清单与计价表

工程名称：水泵房-建筑工程-建筑工程 1　　标段：　　第 3 页　共 18 页

清单编码	010301001001	名称	砖基础	计量单位	m^3	数量	11.70	综合单价	262.48

消耗量标准编号	项目名称	单位	数量	取费基价		动态基价				管理费 33.30%	利润 22.00%	合价（元）
				人工费	机械费	小计	人工费	材料费	机械费			
A3-1	砖基础	$10m^3$	1.17	365.40	19.05	2336.01	828.24	1472.59	35.18	149.78	98.96	2981.87
A8-111	防水砂浆 防水砂浆 平面	$100m^2$	0.065	276.60	16.60	1192.77	626.92	535.08	30.62	6.35	4.19	88.07
人工单价：综合工日单价：68 元/日 装饰人工单价：82 元/日				累计（元）		—	—	—	—	156.13	103.15	3069.94

	主要材料机械名称、规格、型号	单位	数量	材料单价	材料合价	材料暂估单价	材料暂估合价	机械单价	机械合价
材料费或机械费明细	标准砖 240×115×53	千块	0.52	219.00	114.71				
	水	m^3	0.21	3.40	0.71				
	机上人工	工日	0.04	68.00	2.78				
	电	kW·h	0.35	0.99	0.35				
	水泥 32.5 级	kg	61.79	0.28	17.30				
	中净砂	m^3	0.30	54.00	16.45				
	综合工日	工日	1.27	68.00	86.34				
	防水粉	kg	0.31	1.30	0.40				
	粗净砂	m^3	0.01	57.61	0.72				
	灰浆搅拌机　拌筒容量 200L　小	台班	0.04					90.21	3.69
	其他材料费、其他机械费	元	—		−89.47				0.00
	材料费、机械费小计	元	—		150.28				3.69

分部分项工程量清单/施工措施项目

清单与计价表

工程名称：水泵房-建筑工程-建筑工程1　　　　标段：　　　　第4页　共18页

清单编码	010301001002	名称	砖垫层	计量单位	m^3	数量	7.29	综合单价	140.27

消耗量标准编号	项目名称	单位	数量	取费基价		动态基价				管理费	利润	合价
				人工费	机械费	小计	人工费	材料费	机械费	33.30%	22.00%	（元）
A3-86	灰土垫层	$10m^3$	0.729	243.30	9.99	1262.63	551.48	698.31	12.85	61.49	40.62	1022.58
人工单价：综合工日单价：68元/日 装饰人工单价：82元/日			累计（元）		—	—	—	—		61.49	40.62	1022.58

材料费或机械费明细	主要材料机械名称、规格、型号	单位	数量	材料单价	材料合价	材料暂估单价	材料暂估合价	机械单价	机械合价
	电	kW·h	0.73	0.99	0.72				
	水	m^3	0.20	3.40	0.69				
	综合工日	工日	0.81	68.00	55.15				
	夯实机 电动 夯击能力20～62N·m 小	台班	0.04					29.21	1.29
	其他材料费、其他机械费	元	—		13.27				0.00
	材料费、机械费小计	元	—		69.83				1.29

分部分项工程量清单/施工措施项目
清单与计价表

工程名称：水泵房-建筑工程-建筑工程 1　　　　标段：　　　　第 5 页　共 18 页

清单编码	010302001001	名称	实心砖墙				计量单位	m^3	数量	17.41	综合单价	313.87
消耗量标准编号	项目名称	单位	数量	取费基价		动态基价				管理费	利润	合价
				人工费	机械费	小计	人工费	材料费	机械费	33.30%	22.00%	(元)
A3-4	单面清水砖墙 1 砖	$10m^3$	1.741	566.10	18.56	2815.37	1283.16	1497.93	34.28	338.96	223.94	5464.46
人工单价：综合工日单价：68 元/日 装饰人工单价：82 元/日				累计(元)		—	—	—	—	338.96	223.94	5464.46
材料费或机械费明细	主要材料机械名称、规格、型号				单位	数量	材料单价	材料合价	材料暂估单价	材料暂估合价	机械单价	机械合价
	标准砖 240×115×53				千块	0.53	219.00	116.40				
	水				m^3	0.28	3.40	0.96				
	机上人工				工日	0.04	68.00	2.58				
	电				kW·h	0.33	0.99	0.32				
	水泥 32.5 级				kg	41.86	0.28	11.72				
	中净砂				m^3	0.29	54.00	15.68				
	综合工日				工日	1.89	68.00	128.34				
	灰浆搅拌机 拌筒容量 200L　小				台班	0.04					90.21	3.43
	其他材料费、其他机械费				元	—		−126.19				0.00
	材料费、机械费小计				元	—		149.82				3.43

分部分项工程量清单/施工措施项目
清单与计价表

工程名称：水泵房-建筑工程-建筑工程 1　　　　标段：　　　　第 6 页　共 18 页

清单编码	010410003001	名称	过梁				计量单位	m^3	数量	0.59	综合单价	622.29
消耗量标准编号	项目名称	单位	数量	取费基价		动态基价				管理费	利润	合价
				人工费	机械费	小计	人工费	材料费	机械费	33.30%	22.00%	(元)
A4-121 换	预制混凝土过梁～换：预制混凝土，砾石最大粒径 40mmC20 水泥 32.5	$10m^3$	0.072	405.60	223.33	2958.33	919.31	1730.28	308.75	15.08	9.96	238.04
A6-154	小型构件安装构件体积 $0.1m^3$ 以内 不焊接	$10m^3$	0.073	142.20	792.61	1266.99	322.33	12.60	932.05	22.72	15.01	130.23
人工单价：综合工日单价：68 元/日 装饰人工单价：82 元/日				累计(元)		—	—	—	—	37.80	24.97	368.27

分部分项工程量清单/施工措施项目
清单与计价表

工程名称：水泵房-建筑工程-建筑工程 1　　标段：　　第 7 页　共 18 页

	主要材料机械名称、规格、型号	单位	数量	材料单价	材料合价	材料暂估单价	材料暂估合价	机械单价	机械合价
材料费或机械费明细	水	m^3	1.66	3.40	5.64				
	松原木	m^3	0.00	610.00	1.72				
	机上人工	工日	0.40	68.00	26.91				
	电	kW·h	4.26	0.99	4.23				
	柴油	kg	4.25	6.92	29.43				
	水泥 32.5 级	kg	364.29	0.28	102.00				
	砾石 40mm	m^3	1.12	60.00	67.42				
	中净砂	m^3	0.59	54.00	32.01				
	综合工日	工日	2.23	68.00	151.61				
	杉原条	m^3	0.00	726.52	1.52				
	塔式起重机　起重力矩 600kN·m　大	台班	0.03					497.04	15.12
	机动翻斗车　装载质量 1t　小	台班	0.08					146.25	11.21
	皮带运输机带长×带宽 15m×0.5m　小	台班	0.03					169.82	5.17
	单卧轴式混凝土搅拌机　出料容量 350L　小	台班	0.03					178.09	5.42
	汽车式起重机　提升质量 20t　大	台班	0.10					1165.09	114.97
	其他材料费、其他机械费	元	—		−210.43				0.65
	材料费、机械费小计	元	—		212.06				152.53

分部分项工程量清单/施工措施项目

清单与计价表

工程名称：水泵房-建筑工程-建筑工程1　　　　标段：　　　　第8页　共18页

清单编码	010403004001	名称	圈梁	计量单位	m^3	数量	1.94	综合单价	405.12

消耗量标准编号	项目名称	单位	数量	取费基价		动态基价				管理费 33.30%	利润 22.00%	合价（元）
				人工费	机械费	小计	人工费	材料费	机械费			
A4-90	现浇混凝土圈梁	$10m^3$	0.194	723.00	53.01	3630.46	1638.81	1913.97	77.68	50.13	33.12	787.56
人工单价：综合工日单价：68元/日 装饰人工单价：82元/日				累计（元）		—	—	—	—	50.13	33.12	787.56

材料费或机械费明细	主要材料机械名称、规格、型号	单位	数量	材料单价	材料合价	材料暂估单价	材料暂估合价	机械单价	机械合价
	水	m^3	1.14	3.40	3.89				
	机上人工	工日	0.04	68.00	2.65				
	电	kW·h	2.51	0.99	2.49				
	水泥32.5级	kg	384.91	0.28	107.77				
	砾石40mm	m^3	0.92	60.00	55.30				
	中净砂	m^3	0.42	54.00	22.43				
	综合工日	工日	2.41	68.00	163.54				
	单卧轴式混凝土搅拌机　出料容量350L　小	台班	0.04					178.09	6.93
	其他材料费、其他机械费	元	—		−167.07				0.82
	材料费、机械费小计	元	—		191.00				7.75

分部分项工程量清单/施工措施项目

清单与计价表

工程名称：水泵房-建筑工程-建筑工程 1　　　　标段：　　　　第 9 页　共 18 页

清单编码	010405002001	名称	无梁板			计量单位	m^3	数量	4.48	综合单价	298.14
消耗量标准编号	项目名称	单位	数量	取费基价		动态基价				管理费	利润	合价
				人工费	机械费	小计	人工费	材料费	机械费	33.30%	22.00%	(元)
A4-99	现浇混凝土无梁板	$10m^3$	0.448	366.30	87.16	2729.35	830.29	1772.03	127.03	67.65	44.69	1335.09
人工单价:综合工日单价:68 元/日 装饰人工单价:82 元/日				累计(元)		—	—	—	—	67.65	44.69	1335.09

材料费或机械费明细	主要材料机械名称、规格、型号	单位	数量	材料单价	材料合价	材料暂估单价	材料暂估合价	机械单价	机械合价
	水	m^3	1.33	3.40	4.52				
	机上人工	工日	0.06	68.00	4.29				
	电	kW·h	4.07	0.99	4.03				
	水泥 32.5 级	kg	319.86	0.28	89.56				
	砾石 40mm	m^3	0.91	60.00	54.83				
	中净砂	m^3	0.49	54.00	26.32				
	综合工日	工日	1.22	68.00	83.06				
	单卧轴式混凝土搅拌机　出料容量 350L　小	台班	0.06					178.09	11.22
	其他材料费、其他机械费	元	—		−89.33				1.48
	材料费、机械费小计	元	—		177.28				12.71

分部分项工程量清单/施工措施项目 清单与计价表

工程名称：水泵房-建筑工程-建筑工程 1　　标段：　　第 10 页　共 18 页

清单编码	010405007001	名称	天沟、挑檐板	计量单位	m^3	数量	2.14	综合单价	417.89

消耗量标准编号	项目名称	单位	数量	取费基价		动态基价				管理费	利润	合价
				人工费	机械费	小计	人工费	材料费	机械费	33.30%	22.00%	(元)
A4-110	现浇混凝土天沟挑檐	10m^3	0.214	746.40	136.21	3684.77	1691.82	1793.46	199.49	62.90	41.55	892.99
人工单价：综合工日单价：68 元/日 装饰人工单价：82 元/日				累计(元)		—	—	—	—	62.90	41.55	892.99

	主要材料机械名称、规格、型号	单位	数量	材料单价	材料合价	材料暂估单价	材料暂估合价	机械单价	机械合价
材料费或机械费明细	水	m^3	1.58	3.40	5.39				
	机上人工	工日	0.10	68.00	6.81				
	电	kW·h	6.46	0.99	6.41				
	水泥 32.5 级	kg	320.19	0.28	89.65				
	砾石 40mm	m^3	0.91	60.00	54.89				
	中净砂	m^3	0.49	54.00	26.35				
	综合工日	工日	2.49	68.00	169.43				
	单卧轴式混凝土搅拌机　出料容量 350L　小	台班	0.10					178.09	17.84
	其他材料费、其他机械费	元	—		−179.32				2.14
	材料费、机械费小计	元	—		179.61				19.98

分部分项工程量清单/施工措施项目

清单与计价表

工程名称：水泵房-建筑工程-建筑工程1　　标段：　　第11页　共18页

清单编码	010402001001	名称		矩形柱				计量单位	m^3	数量	0.22	综合单价	383.79

消耗量标准编号	项目名称	单位	数量	取费基价		动态基价				管理费	利润	合价
				人工费	机械费	小计	人工费	材料费	机械费	33.30%	22.00%	(元)
A4-83	现浇混凝土柱 矩形	$10m^3$	0.022	649.20	86.40	3511.36	1471.36	1912.27	127.27	5.39	3.56	86.20
人工单价：综合工日单价：68元/日 装饰人工单价：82元/日				累计(元)		—	—	—	—	5.39	3.56	86.20
材料费或机械费明细	主要材料机械名称、规格、型号				单位	数量	材料单价	材料合价	材料暂估单价	材料暂估合价	机械单价	机械合价
	水				m^3	1.05	3.40	3.58				
	机上人工				工日	0.06	68.00	4.40				
	电				kW·h	3.95	0.99	3.92				
	水泥32.5级				kg	383.92	0.28	107.50				
	砾石40mm				m^3	0.88	60.00	52.73				
	中净砂				m^3	0.40	54.00	21.38				
	粗净砂				m^3	0.03	57.61	1.94				
	综合工日				工日	2.12	68.00	144.14				
	单卧轴式混凝土搅拌机 出料容量350L 小				台班	0.06					178.09	10.82
	灰浆搅拌机 拌筒容量200L 小				台班	0.00					90.21	0.35
	其他材料费、其他机械费				元	—		−152.28				1.30
	材料费、机械费小计				元	—		187.31				12.47

分部分项工程量清单/施工措施项目
清单与计价表

工程名称：水泵房-建筑工程-建筑工程 1　　标段：　　第 12 页　共 18 页

清单编码	010416001001	名称	现浇混凝土钢筋		计量单位	t	数量	3.04	综合单价	5552.34
消耗量标准编号	项目名称	单位	数量	取费基价		动态基价			管理费	利润	合价
				人工费	机械费	小计	人工费	材料费	机械费	33.30%	22.00%	(元)
A4-7	圆钢筋 直径 16mm	t	1.962	273.90	108.12	5130.25	620.84	4331.78	177.63	249.59	164.89	10480.02
A4-6	圆钢筋 直径 14mm	t	0.127	302.70	118.26	5316.30	686.14	4435.20	195.04	17.80	11.76	704.74
A4-2	圆钢筋 直径 6.5mm	t	0.659	830.10	60.63	5509.15	1881.56	3527.78	99.80	195.47	129.14	3955.13
A4-1	冷拔低碳钢丝 ϕ5mm 以下	t	0.036	1154.10	199.03	7336.94	2615.83	4405.56	315.56	16.22	10.72	291.07
A4-5	圆钢筋 直径 12mm	t	0.257	353.10	71.22	5424.01	800.35	4510.27	113.35	36.31	23.99	1454.27
人工单价：综合工日单价：68 元/日 装饰人工单价：82 元/日				累计(元)		—	—	—	—	515.39	340.50	16885.23

分部分项工程量清单/施工措施项目
清单与计价表

工程名称：水泵房-建筑工程-建筑工程 1　　标段：　　第 13 页　共 18 页

	主要材料机械名称、规格、型号	单位	数量	材料单价	材料合价	材料暂估单价	材料暂估合价	机械单价	机械合价
材料费或机械费明细	镀锌铁丝 22 号	kg	5.20	4.10	21.31				
	水	m^3	0.55	3.40	1.86				
	圆钢Φ16	kg	658.06	4.20	2763.87				
	机上人工	工日	0.79	68.00	53.62				
	电	kW·h	80.41	0.99	79.76				
	综合工日	工日	13.76	68.00	935.53				
	圆钢Φ14	kg	42.60	4.30	183.16				
	圆钢Φ6.5	kg	221.03	3.40	751.51				
	冷拔低碳钢丝Φ5 以内	kg	12.90	4.00	51.61				
	圆钢Φ12	kg	86.20	4.39	378.41				
	电动卷扬机 单筒慢速 牵引力 50kN 小	台班	0.21					126.73	26.87
	钢筋切断机 直径 ϕ40mm 小	台班	0.12					49.57	5.74
	钢筋弯曲机 直径 ϕ40mm 小	台班	0.17					27.01	4.60
	对焊机 容量 75kV·A 小	台班	0.07					215.06	14.02
	点焊机 容量 长臂 75kV·A 中	台班	0.19					243.40	45.51
	直流弧焊机 功率 32kW 小	台班	0.32					186.89	60.61
	钢筋调直机 直径 ϕ14mm 小	台班	0.01					38.82	0.34
	其他材料费、其他机械费	元	—		−1042.96				0.00
	材料费、机械费小计	元	—		4177.69				157.69

分部分项工程量清单/施工措施项目

清单与计价表

工程名称：水泵房-建筑工程-建筑工程1　　　标段：　　　第14页　共18页

清单编码	010702003001	名称	屋面刚性防水			计量单位	m^2	数量	60.34	综合单价	31.95
消耗量标准编号	项目名称	单位	数量	取费基价		动态基价				管理费	利润	合价
				人工费	机械费	小计	人工费	材料费	机械费	33.30%	22.00%	（元）
A3-95	砾(碎)石干铺垫层	$10m^3$	0.302	201.60	5.90	1410.03	456.95	945.46	7.58	20.87	13.79	460.48
A3-101	混凝土垫层	$10m^3$	0.241	367.50	126.11	2511.83	832.99	1488.80	190.04	39.61	26.17	671.14
A8-24换	石油沥青玛蹄脂卷材屋面　干铺油毡一层～换：30g无纺布	$100m^2$	0.603	39.30		200.56	89.09	111.49		7.89	5.22	134.05
A8-24换	石油沥青玛蹄脂卷材屋面　干铺油毡一层～换：泡沫塑料40mm	$100m^2$	0.603	39.30		976.48	89.09	887.41		7.89	5.22	601.93
A-1	种植土	m^3	1.00			60.00						60.00
人工单价:综合工日单价:68元/日 装饰人工单价:82元/日				累计(元)		—	—	—	—	76.26	50.40	1927.60

分部分项工程量清单/施工措施项目

清单与计价表

工程名称：水泵房-建筑工程-建筑工程1　　　标段：　　　第15页　共18页

	主要材料机械名称、规格、型号	单位	数量	材料单价	材料合价	材料暂估单价	材料暂估合价	机械单价	机械合价
材料费或机械费明细	粗砂	m^3	0.01	57.61	0.84				
	砾（碎）石	m^3	0.06	70.00	3.90				
	电	kW·h	0.28	0.99	0.28				
	综合工日	工日	0.11	68.00	7.40				
	水	m^3	0.03	3.40	0.09				
	机上人工	工日	0.00	68.00	0.27				
	水泥32.5级	kg	8.75	0.28	2.45				
	砾石40mm	m^3	0.03	60.00	2.03				
	中净砂	m^3	0.03	54.00	1.37				
	30g无纺布	m^2	1.14	0.98	1.11				
	泡沫塑料40mm	m^2	1.14	7.80	8.87				
	其他费补差	元	0.99	1.00	0.99				
	夯实机 电动 夯击能力20～62N·m小	台班	0.00					29.21	0.04
	单卧轴式混凝土搅拌机 出料容量350L小	台班	0.00					178.09	0.72
	其他材料费、其他机械费	元	—		−8.94				0.04
	材料费、机械费小计	元	—		20.66				0.80

分部分项工程量清单/施工措施项目

清单与计价表

工程名称：水泵房-建筑工程-建筑工程 1　　　　标段：　　　　第 16 页　共 18 页

清单编码	010702001001	名称	屋面卷材防水			计量单位	m^2	数量	60.34	综合单价	30.29
消耗量标准编号	项目名称	单位	数量	取费基价		动态基价				管理费	利润	合价（元）
				人工费	机械费	小计	人工费	材料费	机械费	33.30%	22.00%	
A8-25	石油沥青改性卷材　热贴满铺一胶一毡	$100m^2$	0.603	111.30		2969.35	252.27	2717.08		22.35	14.77	1827.64
人工单价：综合工日单价：68 元/日 装饰人工单价：82 元/日				累计(元)		—	—	—	—	22.35	14.77	1827.64

	主要材料机械名称、规格、型号	单位	数量	材料单价	材料合价	材料暂估单价	材料暂估合价	机械单价	机械合价
材料费或机械费明细	水泥 32.5 级	kg	0.17	0.28	0.05				
	汽油 70 号	kg	0.43	4.93	2.11				
	铁钉	kg	0.00	5.30	0.01				
	水	m^3	0.00	3.40	0.00				
	SBS 改性沥青卷材	m^2	1.21	15.00	18.08				
	SBS 油膏	kg	0.24	4.21	1.01				
	石油沥青 30 号	kg	0.16	3.80	0.59				
	SBS 黏胶	kg	1.80	2.67	4.80				
	木柴	kg	0.95	0.34	0.32				
	107 胶	kg	0.01	1.36	0.02				
	综合工日	工日	0.04	68.00	2.52				
	圆钢Φ6	kg	0.04	3.40	0.15				
	其他材料费、其他机械费	元	—		−2.52				
	材料费、机械费小计	元	—		27.15				

分部分项工程量清单/施工措施项目
清单与计价表

工程名称：水泵房-建筑工程-建筑工程 1　　　　标段：　　　　第 17 页　共 18 页

清单编码	010803001001	名称	保温隔热屋面	计量单位	m^2	数量	60.34	综合单价	20.44

消耗量标准编号	项目名称	单位	数量	取费基价		动态基价				管理费	利润	合价
				人工费	机械费	小计	人工费	材料费	机械费	33.30%	22.00%	(元)
A9-202	屋面保温 现浇水泥珍珠岩	$10m^3$	0.196	215.70		2143.21	488.93	1654.29		14.08	9.30	443.45
B1-2	水泥砂浆 在填充材料上 20mm	$100m^2$	0.603	240.00	20.51	1165.36	656.00	471.48	37.89	52.31	34.56	789.58
人工单价：综合工日单价：68 元/日 装饰人工单价：82 元/日				累计(元)		—	—	—	—	66.39	43.86	1233.03

	主要材料机械名称、规格、型号	单位	数量	材料单价	材料合价	材料暂估单价	材料暂估合价	机械单价	机械合价
材料费或机械费明细	水	m^3	0.04	3.40	0.12				
	综合工日	工日	0.02	68.00	1.59				
	水泥珍珠岩	m^3	0.03	156.78	5.30				
	机上人工	工日	0.00	68.00	0.29				
	电	kW·h	0.04	0.99	0.04				
	粗净砂	m^3	0.03	57.61	1.78				
	水泥 32.5 级	kg	10.32	0.28	2.89				
	装饰人工	工日	0.08	82.00	6.56				
	灰浆搅拌机 拌筒容量 200L 小	台班	0.00					90.21	0.38
	其他材料费、其他机械费	元	—		−8.46				0.00
	材料费、机械费小计	元	—		10.09				0.38

分部分项工程量清单/施工措施项目

清单与计价表

工程名称：水泵房-建筑工程-建筑工程 1　　　　标段：　　　　第 18 页　共 18 页

清单编码	010306001001	名称	砖散水、地坪				计量单位	m^2	数量	1.00	综合单价	8492.06
消耗量标准编号	项目名称	单位	数量	取费基价		动态基价				管理费	利润	合价
				人工费	机械费	小计	人工费	材料费	机械费	33.30%	22.00%	（元）
A1-30	原土打夯	$100m^2$	0.199	42.60	12.71	112.91	96.58		16.38	3.67	2.42	28.56
A3-86	灰土垫层	$10m^3$	1.985	243.30	9.99	1262.64	551.48	698.31	12.85	167.43	110.60	2784.38
A3-101换	混凝土垫层～换:预制混凝土.砾石最大粒径40mmC15水泥 32.5	$10m^3$	1.985	367.50	126.11	2588.06	833.00	1565.03	190.03	326.27	215.55	5679.12
人工单价:综合工日单价:68 元/日 装饰人工单价:82 元/日				累计(元)		—	—	—	—	497.37	328.57	8492.06

材料费或机械费明细	主要材料机械名称、规格、型号	单位	数量	材料单价	材料合价	材料暂估单价	材料暂估合价	机械单价	机械合价
	电	kW·h	145.68	0.99	144.52				
	综合工日	工日	40.70	68.00	2767.41				
	水	m^3	16.94	3.40	57.60				
	机上人工	工日	2.00	68.00	136.33				
	水泥 32.5 级	kg	4992.08	0.28	1397.78				
	砾石 40mm	m^3	17.64	60.00	1058.56				
	中净砂	m^3	11.23	54.00	606.27				
	夯实机 电动 夯击能力 20～62N·m 小	台班	0.98					29.21	28.76
	单卧轴式混凝土搅拌机 出料容量 350L 小	台班	2.00					178.09	357.05
	其他材料费、其他机械费	元	—		−1675.74				20.16
	材料费、机械费小计	元	—		4492.73				405.98

【说明：1. 清单综合单价＝累计合价÷清单数量；2. 管理费或利润＝数量×取费基价中的人工费（或人工费＋机械费）×相应费率；3. 合价＝数量×动态基价小计＋管理费＋利润；4. 招标文件提供了暂估单价的材料，按暂估的单价填入表内“暂估单价”栏及“暂估合价”栏；5. 材料费或机械费明细栏内数据仅为一个计量单位的综合单价含量；6. 可以计算工程量的施工措施项目按本表列项计价。】

分部分项工程量清单/施工措施项目

清单与计价表

工程名称：水泵房-建筑工程-建筑工程 1　　　　标段：　　　　第 1 页　共 7 页

清单编码	JC0201002001	名称	地上建筑外脚手架				计量单位	m²		数量	43.80	综合单价	25.89
消耗量标准编号	项目名称	单位	数量	取费基价		动态基价				管理费	利润	合价	
				人工费	机械费	小计	人工费	材料费	机械费	33.30%	22.00%	(元)	
BA11-1	建筑物综合脚手架 单层民用建筑 檐口高 10m 以内	100m²	0.438	647.70	101.51	2174.16	1468.13	567.58	138.45	109.28	72.20	1133.75	
人工单价：综合工日单价：68 元/日 装饰人工单价：82 元/日			累计(元)			—	—	—	—	109.28	72.20	1133.75	

材料费或机械费明细	主要材料机械名称、规格、型号	单位	数量	材料单价	材料合价	材料暂估单价	材料暂估合价	机械单价	机械合价
	其他材料费	元	0.78	1.00	0.78				
	钢管Φ48×3.5	kg	0.47	5.00	2.34				
	综合工日	工日	0.22	68.00	14.68				
	机上人工	工日	0.00	68.00	0.20				
	柴油	kg	0.10	6.92	0.69				
	载货汽车 装载重量 6t 中	台班	0.00					461.46	138.44
	其他材料费、其他机械费	元	—		−13.01				−137.05
	材料费、机械费小计	元	—		5.68				1.38

分部分项工程量清单/施工措施项目

清单与计价表

工程名称：水泵房-建筑工程-建筑工程1　　标段：　　第2页　共7页

清单编码	JC0101006001	名称	现浇矩形柱模板			计量单位	m²	数量	1.87	综合单价	42.46
消耗量标准编号	项目名称	单位	数量	取费基价		动态基价				管理费	利润	合价
				人工费	机械费	小计	人工费	材料费	机械费	33.30%	22.00%	（元）
A12-59	矩形柱 竹胶合板模板 钢支撑	100m²	0.019	1044.00	166.26	3514.74	2366.32	930.00	217.89	7.66	5.06	79.49
人工单价：综合工日单价：68元/日 装饰人工单价：82元/日			累计（元）			—	—	—	—	7.66	5.06	79.49

	主要材料机械名称、规格、型号	单位	数量	材料单价	材料合价	材料暂估单价	材料暂估合价	机械单价	机械合价
材料费或机械费明细	模板竹胶合板[15mm 双面覆膜]	m²	0.09	30.00	2.80				
	杉原条	m³	0.00	726.52	2.36				
	松原木	m³	0.00	610.00	0.93				
	铁钉	kg	0.22	5.30	1.17				
	机上人工	工日	0.00	68.00	0.32				
	汽油	kg	0.04	8.12	0.35				
	柴油	kg	0.09	6.92	0.65				
	电	kW·h	0.01	0.99	0.01				
	综合工日	工日	0.35	68.00	24.02				
	汽车式起重机 提升质量5t中	台班	0.00					483.35	87.00
	载货汽车 装载质量6t中	台班	0.00					461.46	129.21
	木工圆锯机 直径ϕ500mm小	台班	0.00					31.00	1.86
	其他材料费、其他机械费	元	—		−23.17				−215.86
	材料费、机械费小计	元	—		9.44				2.21

分部分项工程量清单/施工措施项目

清单与计价表

工程名称：水泵房-建筑工程-建筑工程 1　　　　标段：　　　　第 3 页　共 7 页

清单编码	JC0101018001	名称	现浇无梁板模板	计量单位	m^2	数量	37.32	综合单价	43.12

消耗量标准编号	项目名称	单位	数量	取费基价		动态基价				管理费	利润	合价
				人工费	机械费	小计	人工费	材料费	机械费	33.30%	22.00%	（元）
A12-105	无梁板 竹胶合板模板 钢支撑	$100m^2$	0.373	1024.50	168.81	3654.16	2322.20	1108.66	223.30	148.22	97.92	1609.14
人工单价：综合工日单价：68 元/日 装饰人工单价：82 元/日				累计（元）		—	—	—	—	148.22	97.92	1609.14

分部分项工程量清单/施工措施项目

清单与计价表

工程名称：水泵房-建筑工程-建筑工程 1　　　　标段：　　　　第 4 页　共 7 页

	主要材料机械名称、规格、型号	单位	数量	材料单价	材料合价	材料暂估单价	材料暂估合价	机械单价	机械合价
材料费或机械费明细	镀锌铁丝 22 号	kg	0.00	4.10	0.01				
	模板竹胶合板 [15mm 双面覆膜]	m^2	0.08	30.00	2.53				
	杉原条	m^3	0.01	726.52	3.80				
	松原木	m^3	0.00	610.00	1.47				
	铁钉	kg	0.29	5.30	1.54				
	机上人工	工日	0.00	68.00	0.31				
	汽油	kg	0.03	8.12	0.28				
	柴油	kg	0.10	6.92	0.71				
	电	kW·h	0.06	0.99	0.06				
	粗净砂	m^3	0.00	57.61	0.00				
	水	m^3	0.00	3.40	0.00				
	水泥 32.5 级	kg	0.02	0.28	0.00				
	综合工日	工日	0.34	68.00	23.21				
	汽车式起重机 提升质量 5t 中	台班	0.00					483.35	72.50
	载货汽车 装载质量 6t 中	台班	0.00					461.46	143.05
	木工圆锯机 直径 ϕ500mm 小	台班	0.00					31.00	7.75
	其他材料费、其他机械费	元	—		−22.86				−221.07
	材料费、机械费小计	元	—		11.08				2.23

分部分项工程量清单/施工措施项目

清单与计价表

工程名称：水泵房-建筑工程-建筑工程 1　　　　　　标段：　　　　　　第 5 页　共 7 页

清单编码	JC0101025001	名称	现浇其他构件模板	计量单位	m^2	数量	19.35	综合单价	129.84

消耗量标准编号	项目名称	单位	数量	取费基价		动态基价				管理费 33.30%	利润 22.00%	合价（元）
				人工费	机械费	小计	人工费	材料费	机械费			
A12-126	挑檐天沟木模板木支撑	$100m^2$	0.396	1607.10	112.15	5393.84	3642.75	1594.92	156.16	226.71	149.78	2512.46
人工单价：综合工日单价：68 元/日 装饰人工单价：82 元/日				累计(元)		—	—	—	—	226.71	149.78	2512.46

	主要材料机械名称、规格、型号	单位	数量	材料单价	材料合价	材料暂估单价	材料暂估合价	机械单价	机械合价
材料费或机械费明细	杉原条	m^3	0.02	726.52	15.53				
	松原木	m^3	0.01	610.00	8.12				
	铁钉	kg	0.86	5.30	4.56				
	机上人工	工日	0.00	68.00	0.28				
	柴油	kg	0.14	6.92	0.94				
	电	kW・h	1.01	0.99	1.00				
	综合工日	工日	1.10	68.00	74.55				
	载货汽车 装载重量 6t 中	台班	0.00					461.46	92.29
	木工圆锯机 直径Φ500mm 小	台班	0.04					31.00	63.86
	其他材料费、其他机械费	元	—		−72.34				−152.95
	材料费、机械费小计	元	—		32.64				3.20

分部分项工程量清单/施工措施项目
清单与计价表

工程名称：水泵房-建筑工程-建筑工程 1　　标段：　　第 6 页　共 7 页

清单编码	JC0101012001	名称	现浇圈梁模板			计量单位	m^2	数量	10.26	综合单价	39.43
消耗量标准编号	项目名称	单位	数量	取费基价		动态基价				管理费	利润	合价
				人工费	机械费	小计	人工费	材料费	机械费	33.30%	22.00%	(元)
A12-82	圈梁 直形 竹胶合板模 木支撑	$100m^2$	0.103	933.60	82.18	3366.50	2116.12	1142.14	108.16	34.84	23.02	404.60
人工单价:综合工日单价:68 元/日 装饰人工单价:82 元/日				累计(元)		—	—	—	—	34.84	23.02	404.60

分部分项工程量清单/施工措施项目
清单与计价表

工程名称：水泵房-建筑工程-建筑工程 1　　标段：　　第 7 页　共 7 页

	主要材料机械名称、规格、型号	单位	数量	材料单价	材料合价	材料暂估单价	材料暂估合价	机械单价	机械合价
材料费或机械费明细	镀锌铁丝 22 号	kg	0.00	4.10	0.01				
	模板竹胶合板［15mm 双面覆膜］	m^2	0.11	30.00	3.33				
	杉原条	m^3	0.00	726.52	1.57				
	松原木	m^3	0.00	610.00	0.68				
	铁钉	kg	0.53	5.30	2.82				
	机上人工	工日	0.00	68.00	0.16				
	汽油	kg	0.02	8.12	0.15				
	柴油	kg	0.05	6.92	0.35				
	电	kW·h	0.00	0.99	0.00				
	粗净砂	m^3	0.00	57.61	0.00				
	水	m^3	0.00	3.40	0.00				
	水泥 32.5 级	kg	0.02	0.28	0.00				
	综合工日	工日	0.31	68.00	21.24				
	汽车式起重机 提升重量 5t 中	台班	0.00					483.35	38.67
	载货汽车 装载重量 6t 中	台班	0.00					461.46	69.22
	木工圆锯机 直径Φ500mm 小	台班	0.00					31.00	0.31
	其他材料费、其他机械费	元	—		−18.85				−107.11
	材料费、机械费小计	元	—		11.46				1.09

【说明：1. 清单综合单价＝累计合价÷清单数量；2. 管理费或利润＝数量×取费基价中的人工费（或人工费＋机械费）×相应费率；3. 合价＝数量×动态基价小计＋管理费＋利润；4. 招标文件提供了暂估单价的材料，按暂估的单价填入表内“暂估单价”栏及“暂估合价”栏；5. 材料费或机械费明细栏内数据仅为一个计量单位的综合单价含量；6. 可以计算工程量的施工措施项目按本表列项计价。】

人工、主要材料、机械汇总表

工程名称：水泵房-建筑工程-建筑工程 1　　标段：　　第 1 页　共 3 页

序号	编码	名称(材料、机械规格型号)	单位	数量	单价(元)	合价(元)	备注
1	A12-126	挑檐天沟　木模板木支撑	100m^2	0.40			
2	CL00587	松原木	m^3	0.36	610.000	221.662	
3	CL00604	镀锌铁丝 22 号	kg	15.89	4.100	65.156	
4	CL00605	镀锌铁丝 8 号	kg	6.65	4.100	27.255	
5	CL00611	钢管 $\phi48\times3.5$	kg	20.46	5.000	102.295	
6	CL00650	模板竹胶合板[15mm 双面覆膜]	m^2	4.46	30.000	133.944	
7	CL00669	标准砖 240×115×53	千块	15.38	219.000	3367.737	
8	CL00671	粗砂	m^3	0.88	57.610	50.455	
9	CL00675	砾(碎)石	m^3	3.36	70.000	235.077	
10	CL00734	电焊条	kg	15.78	5.000	78.905	
11	CL00778	嵌缝料	kg	3.96	20.000	79.200	
12	CL00812	汽油 70 号	kg	25.78	4.930	127.084	
13	CL00834	对接扣件(单个 1.4kg)	个	0.64	4.800	3.091	
14	CL00850	回转扣件(单个 1.4kg)	个	0.48	4.800	2.292	
15	CL00866	铁钉	kg	33.51	5.300	177.608	
16	CL00875	直角扣件(单个 1.4kg)	个	2.80	6.720	18.838	
17	CL00913	安全网	m^2	5.72	9.200	52.627	
18	CL00916	草板纸 80 号	张	14.85	0.750	11.138	
19	CL00917	草袋子	m^2	10.50	1.950	20.472	
20	CL00922	底座(1.71kg)	个	0.30	6.670	1.987	
21	CL00940	其他材料费	元	34.04	1.000	34.041	
22	CL02461	泡沫塑料 40mm	m^2	68.60	7.800	535.106	
23	CL03039	30g 无纺布	m^2	68.60	0.980	67.231	
24	CL03105	竹脚手板(侧编)	m^2	3.04	11.000	33.437	
25	CL04631	水泥 32.5 级	kg	10771.74	0.280	3016.087	
26	CL04645	砾石 40mm	m^3	28.39	60.000	1703.340	
27	CL04651	中净砂	m^3	25.85	54.000	1395.801	
28	CL04652	粗净砂	m^3	2.02	57.610	116.232	
本页小计						11678.094	
合计						11678.09	

人工、主要材料、机械汇总表

工程名称：水泵房-建筑工程-建筑工程1　　　　标段：　　　　第2页　共3页

序号	编码	名称(材料、机械规格型号)	单位	数量	单价(元)	合价(元)	备注
29	CL04666	生石灰	kg	8058.95	0.200	1611.790	
30	CL04668	黏土	m^3	31.52	8.400	264.794	
31	CL04675	石灰膏	m^3	0.51	173.000	88.099	
32	CL04713	水	m^3	45.74	3.400	155.512	
33	CL05319	防水粉	kg	3.58	1.300	4.648	
34	CL05468	麻绳	kg	0.00	5.170	0.019	
35	CL05540	钢板 10mm	kg	2.22	4.000	8.880	
36	CL06047	隔离剂	kg	8.91	1.660	14.791	
37	CL06072	焊接钢管	kg	9.27	3.800	35.223	
38	CL06306	杉原条	m^3	0.64	726.520	463.909	
39	CL06313	圆钢Φ6.5	kg	672.18	3.400	2285.412	
40	CL06316	圆钢Φ12	kg	262.14	4.390	1150.795	
41	CL06317	圆钢Φ14	kg	129.86	4.300	558.403	
42	CL06318	圆钢Φ16	kg	2001.24	4.200	8405.208	
43	CL06319	圆钢Φ18	kg	0.83	4.200	3.486	
44	CL06336	冷拔低碳钢丝 ϕ5 以内	kg	39.24	4.000	156.960	
45	CL06350	SBS 改性沥青卷材	m^2	72.74	15.000	1091.098	
46	CL06356	SBS 油膏	kg	14.53	4.210	61.156	
47	CL06362	石油沥青 30 号	kg	9.45	3.800	35.899	
48	CL06364	SBS 黏胶	kg	108.58	2.670	289.898	
49	CL06417	木柴	kg	57.56	0.340	19.569	
50	CL06449	107 胶	kg	0.81	1.360	1.107	
51	CL10071	角钢 50×4	kg	1.19	3.300	3.940	
52	J1-68	夯实机 电动 夯击能力 20～62N·m 小	台班	0.85	29.207	24.844	
53	J3-17	汽车式起重机 提升重量 5t 中	台班	0.07	483.346	32.679	
54	J3-21	汽车式起重机 提升重量 20t 大	台班	0.06	1165.087	68.041	
55	J3-37	塔式起重机 起重力矩 600kN·m 大	台班	0.02	497.040	8.947	
56	J4-14	自卸汽车 装载重量 5t 中	台班	3.05	495.411	1508.823	
	本 页 小 计					18353.931	
	合计					18353.93	

人工、主要材料、机械汇总表

工程名称：水泵房-建筑工程-建筑工程 1　　　　标段：　　　　第 3 页　共 3 页

序号	编码	名称(材料、机械规格型号)	单位	数量	单价(元)	合价(元)	备注
57	J4-30	机动翻斗车 装载重量 1t 小	台班	0.05	146.248	6.634	
58	J4-34	洒水车 罐容量 4000L 中	台班	0.09	484.555	41.866	
59	J4-6	载货汽车 装载重量 6t 中	台班	0.35	461.461	160.127	
60	J5-10	电动卷扬机 单筒慢速 牵引力 50kN 小	台班	0.64	126.731	81.701	
61	J5-20	皮带运输机带长×带宽 15m×0.5m 小	台班	0.02	169.815	3.057	
62	J6-11	单卧轴式混凝土搅拌机 出料容量 350L 小	台班	2.85	178.094	507.888	
63	J6-16	灰浆搅拌机 拌筒容量 200L 小	台班	1.39	90.211	125.765	
64	J7-1	钢筋调直机 直径 ϕ14mm 小	台班	0.03	38.825	1.020	
65	J7-12	木工圆锯机 直径 ϕ500mm 小	台班	0.91	30.998	28.245	
66	J7-2	钢筋切断机 直径 ϕ40mm 小	台班	0.35	49.573	17.452	
67	J7-3	钢筋弯曲机 直径 ϕ40mm 小	台班	0.52	27.008	13.983	
68	J9-12	对焊机 容量 75kV·A 小	台班	0.20	215.057	42.644	
69	J9-27	点焊机 容量 长臂 75kV·A 中	台班	0.57	243.403	138.411	
70	J9-8	直流弧焊机 功率 32kW 小	台班	0.99	186.891	184.333	
71	JX00043	混凝土振捣器(插入式)	台班	0.92	10.700	9.875	
72	JX00044	混凝土振捣器(平板式)	台班	2.04	12.850	26.224	
73	QTFBC	其他费补差	元	60.00	1.000	60.000	
74	RG00003	综合工日	工日	301.49	68.000	20501.614	
75	RG00005	装饰人工工日	工日	4.82	82.000	395.568	
76	SJ00040	水泥珍珠岩	m^3	2.04	156.780	319.580	
77	Z0460	圆钢Φ6	kg	2.64	3.400	8.980	
本　页　小　计						22674.966	
合计						22674.97	

单位工程招标控制价/投标报价汇总表

工程名称：水泵房-装饰装修工程-装饰装修工程 1　　标段：　　第 1 页　共 1 页

序号	汇 总 内 容	计费基础	费率(%)	金额(元)	其中:暂估价(元)
1	分部分项工程费	1.1～1.n		12469.94	
2	措施项目费	2.1＋2.2＋2.3		884.21	
2.1	安全文明施工费	人工费	26.472	601.54	
2.2	冬雨季施工增加费	1	0.16	19.95	
2.3	施工措施项目费			262.72	
3	其他项目费	3.1～3.4			
3.1	暂列金额				
3.2	专业工程暂估价				
3.3	计日工				
3.4	总承包服务费	1			
4	规费	4.1＋4.2＋4.3＋4.4		1779.83	
4.1	工程排污费	1＋2＋3	0.4	53.42	
4.2	职工教育经费	(1＋2＋3.3)中的工资总额	1.5	92.57	
4.3	养老保险费	1＋2＋3	3.5	467.40	
4.4	其他规费	(1＋2＋3.3)中的工资总额	18.9	1166.44	
5	税金	1＋2＋3＋4	3.461	523.79	
6	合 计			15657.77	

【说明：1. 本表适用于单位工程招标控制价或投标报价的汇总，如无单位工程划分，单项工程也使用本汇总表。2. 其他规费栏包括失业保险费、医疗保险费、工伤保险费、危险作业意外伤害保险费、住房公积金、工会经费等六项。】

单位工程竣工结算汇总表

工程名称：水泵房-装饰装修工程-装饰装修工程 1　　标段：　　第 1 页　共 1 页

序号	汇 总 内 容	计费基础	费率(%)	金额(元)
1	分部分项工程费	1.1～1.n		12469.94
2	措施项目费	2.1＋2.2＋2.3		884.21
2.1	安全文明施工费	人工费	26.472	601.54
2.2	冬雨季施工增加费	1	0.16	19.95
2.3	施工措施项目费			262.72
3	其他项目费	3.1～3.4		
3.1	暂列金额			
3.2	专业工程暂估价			
3.3	计日工			
3.4	总承包服务费	1		
4	规费	4.1＋4.2＋4.3＋4.4		1779.83
4.1	工程排污费	1＋2＋3	0.4	53.42
4.2	职工教育经费	(1＋2＋3.3)中的工资总额	1.5	92.57
4.3	养老保险费	1＋2＋3	3.5	467.40
4.4	其他规费	(1＋2＋3.3)中的工资总额	18.9	1166.44
5	税金	1＋2＋3＋4	3.461	523.79
6	合 计			15657.77

【说明：1. 如无单位工程划分，单项工程也使用本表汇总。2. 其他规费栏包括失业保险费、医疗保险费、工伤保险费、危险作业意外伤害保险费、住房公积金、工会经费等六项。】

分部分项工程量清单/施工措施项目
清单与计价表

工程名称：水泵房-装饰装修工程-装饰装修工程 1　　标段：　　第 1 页　共 1 页

序号	项目编码	项目名称及特征描述	计量单位	工程量	金额(元)		
					综合单价	合价	其中:暂估价
		分部分项工程费				12469.94	
1	020406002001	金属平开窗	樘	6.0	647.80	3886.80	
2	020402006001	防盗门	樘	1.0	1466.19	1466.19	
3	020301001001	天棚抹灰	m^2	37.318	30.20	1126.99	
4	020203001001	天沟底面、侧面零星项目一般抹灰	m^2	17.85	105.50	1883.18	
5	020201001001	内墙面一般抹灰	m^2	74.965	28.80	2159.00	
6	020201003001	外墙面勾缝	m^2	74.965	2.62	196.41	
7	020102002001	块料楼地面	m^2	37.318	42.82	1597.94	
8	020105001001	水泥砂浆踢脚线	m^2	3.906	39.28	153.43	
	本页小计					12469.94	
	合计					12469.94	

【说明：可以计算工程量的施工措施项目按本表列项计价】

分部分项工程量清单/施工措施项目
清单与计价表

工程名称：水泵房-装饰装修工程-装饰装修工程 1　　标段：　　第 1 页　共 1 页

序号	项目编码	项目名称及特征描述	计量单位	工程量	金额(元)		
					综合单价	合价	其中:暂估价
1	B0204001	脚手架搭拆费		37.318	7.04	262.72	
	本页小计					262.72	
	合计					262.72	

【说明：可以计算工程量的施工措施项目按本表列项计价】

分部分项工程量清单/施工措施项目

清单综合单价分析表

工程名称：水泵房-装饰装修工程-装饰装修工程 1　　　　标段：　　　　第 1 页　共 8 页

清单编码	020406002001	名称	金属平开窗	计量单位	樘	数量	6.00	综合单价	647.8

消耗量标准编号	项目名称	单位	数量	取费基价		动态基价				管理费	利润	合价
				人工费	机械费	小计	人工费	材料费	机械费	32.20%	29.00%	（元）
B4-58	铝合金门窗制作、安装双扇平开窗带上亮	100m²	0.137	2917.20	574.61	26585.55	7973.65	18026.57	585.26	128.69	115.90	3886.81
人工单价：综合工日单价：68 元/日 装饰人工单价：82 元/日				累计（元）		—	—	—	—	128.69	115.90	3886.81

材料费或机械费明细	主要材料机械名称、规格、型号	单位	数量	材料单价	材料合价	材料暂估单价	材料暂估合价	机械单价	机械合价
	电锤 520W　小	台班	0.44					8.99	3.99
	其他材料费、其他机械费	元	—		411.61				9.37
	材料费、机械费小计	元	—		411.61				13.36

分部分项工程量清单/施工措施项目

清单综合单价分析表

工程名称：水泵房-装饰装修工程-装饰装修工程1　　　　标段：　　　　第2页　共8页

清单编码	020402006001	名称	防盗门	计量单位	樘	数量	1.00	综合单价	1466.19

消耗量标准编号	项目名称	单位	数量	取费基价		动态基价				管理费	利润	合价
				人工费	机械费	小计	人工费	材料费	机械费	32.20%	29.00%	(元)
B4-90	防盗门	$100m^2$	0.059	1140.00	34.69	24152.88	3115.93	21000.00	36.95	21.66	19.51	1466.19
人工单价:综合工日单价:68元/日 装饰人工单价:82元/日				累计(元)		—	—	—	—	21.66	19.51	1466.19

材料费或机械费明细	主要材料机械名称、规格、型号	单位	数量	材料单价	材料合价	材料暂估单价	材料暂估合价	机械单价	机械合价
	电锤520W　小	台班	0.24					8.99	2.18
	其他材料费、其他机械费	元	—		1239.00				0.00
	材料费、机械费小计	元	—		1239.00				2.18

分部分项工程量清单/施工措施项目
清单综合单价分析表

工程名称：水泵房-装饰装修工程-装饰装修工程 1　　　　标段：　　　　第 3 页　共 8 页

清单编码	020301001001	名称	天棚抹灰	计量单位	m^2	数量	37.32	综合单价	30.2

消耗量标准编号	项目名称	单位	数量	取费基价		动态基价				管理费	利润	合价
				人工费	机械费	小计	人工费	材料费	机械费	32.20%	29.00%	(元)
B3-1	抹灰面层混凝土天棚 石灰砂浆现浇	$100m^2$	0.373	417.30	11.72	1529.95	1140.62	367.67	21.66	50.12	45.14	665.93
B5-252	涂料、裱糊刮仿瓷涂料 二遍	$100m^2$	0.373	336.00		1030.75	918.39	112.36		40.35	36.35	461.17
人工单价:综合工日单价:68 元/日 装饰人工单价:82 元/日				累计(元)		—	—	—	—	90.47	81.49	1127.10

材料费或机械费明细	主要材料机械名称、规格、型号	单位	数量	材料单价	材料合价	材料暂估单价	材料暂估合价	机械单价	机械合价
	灰浆搅拌机 拌筒容量 200L 小	台班	0.00					90.21	0.22
	其他材料费、其他机械费	元	—		4.80				0.00
	材料费、机械费小计	元	—		4.80				0.22

分部分项工程量清单/施工措施项目
清单综合单价分析表

工程名称：水泵房-装饰装修工程-装饰装修工程 1　　标段：　　第 4 页　共 8 页

清单编码	020203001001	名称	天沟底面、侧面零星项目一般抹灰	计量单位	m^2	数量	17.85	综合单价	105.5

消耗量标准编号	项目名称	单位	数量	取费基价		动态基价				管理费	利润	合价
				人工费	机械费	小计	人工费	材料费	机械费	32.20%	29.00%	（元）
B3-1	天沟底面抹灰面层混凝土天棚石灰砂浆 现浇	$100m^2$	0.179	417.30	11.72	1529.94	1140.61	367.65	21.68	24.05	21.66	319.57
B2-22	天沟侧面一般抹灰水泥沙浆零星项目	$100m^2$	0.171	1968.60	19.05	5941.40	5380.82	525.38	35.20	108.40	97.62	1221.99
B5-235	天沟侧面刷墙漆 外墙面 毛面	$100m^2$	0.099	211.20		1085.35	577.27	508.08		6.73	6.06	120.25
B5-252	天沟底面涂料、裱糊刮仿瓷涂料 二遍	$100m^2$	0.179	336.00		1030.78	918.38	112.35		19.37	17.44	221.31
人工单价：综合工日单价：68 元/日 装饰人工单价：82 元/日				累计（元）		—	—	—	—	158.55	142.78	1883.12

材料费或机械费明细	主要材料机械名称、规格、型号	单位	数量	材料单价	材料合价	材料暂估单价	材料暂估合价	机械单价	机械合价
	灰浆搅拌机 拌筒容量 200L 小	台班	0.01					90.21	0.55
	其他材料费、其他机械费	元	—		12.66				0.00
	材料费、机械费小计	元	—		12.66				0.55

分部分项工程量清单/施工措施项目

清单综合单价分析表

工程名称：水泵房-装饰装修工程-装饰装修工程1　　标段：　　第5页　共8页

清单编码	020201001001	名称	内墙面一般抹灰	计量单位	m^2	数量	74.97	综合单价	28.8

消耗量标准编号	项目名称	单位	数量	取费基价		动态基价				管理费	利润	合价
				人工费	机械费	小计	人工费	材料费	机械费	32.20%	29.00%	(元)
B2-1	一般抹灰墙面、墙裙石灰砂浆二遍 砖墙	$100m^2$	0.75	387.00	17.58	1405.15	1057.80	314.87	32.48	93.46	84.17	1231.49
B5-252	涂料刮仿瓷涂料 二遍	$100m^2$	0.75	336.00		1030.76	918.40	112.36		81.14	73.08	927.29
人工单价：综合工日单价：68元/日 装饰人工单价：82元/日				累计(元)		—	—	—	—	174.60	157.25	2158.78

材料费或机械费明细	主要材料机械名称、规格、型号	单位	数量	材料单价	材料合价	材料暂估单价	材料暂估合价	机械单价	机械合价
	灰浆搅拌机 拌筒容量200L 小	台班	0.00					90.21	0.32
	其他材料费、其他机械费	元	—		4.27				0.00
	材料费、机械费小计	元	—		4.27				0.32

分部分项工程量清单/施工措施项目

清单综合单价分析表

工程名称：水泵房-装饰装修工程-装饰装修工程 1　　　　标段：　　　　第 6 页　共 8 页

清单编码	020201003001	名称	外墙面勾缝	计量单位	m^2	数量	74.97	综合单价	2.62

消耗量标准编号	项目名称	单位	数量	取费基价		动态基价				管理费	利润	合价
				人工费	机械费	小计	人工费	材料费	机械费	32.20%	29.00%	（元）
A3-61	砖墙面原浆勾缝	$100m^2$	0.789	86.40		195.84	195.84			21.95	19.77	196.24
人工单价：综合工日单价：68 元/日 装饰人工单价：82 元/日				累计（元）		—	—	—	—	21.95	19.77	196.24

材料费或机械费明细	主要材料机械名称、规格、型号	单位	数量	材料单价	材料合价	材料暂估单价	材料暂估合价	机械单价	机械合价
	其他材料费、其他机械费	元	—						
	材料费、机械费小计	元	—						

分部分项工程量清单/施工措施项目
清单综合单价分析表

工程名称：水泵房-装饰装修工程-装饰装修工程 1　　　　标段：　　　　第 7 页　共 8 页

清单编码	020102002001	名称	块料楼地面	计量单位	m^2	数量	37.32	综合单价	42.82

消耗量标准编号	项目名称	单位	数量	取费基价		动态基价				管理费	利润	合价
				人工费	机械费	小计	人工费	材料费	机械费	32.20%	29.00%	（元）
B1-6	水泥砂浆 楼地面	$100m^2$	0.373	308.10	16.60	1454.05	842.14	581.23	30.67	37.01	33.33	612.69
B1-9	水泥砂浆 加浆抹光随捣随抹	$100m^2$	0.373	225.90	4.40	813.49	617.45	187.91	8.12	27.13	24.44	355.00
B1-4	细石混凝土 30mm	$100m^2$	0.373	243.60	25.67	1353.16	665.84	645.12	42.20	29.26	26.35	560.34
B1-5	细石混凝土 增减 1mm	$100m^2$	0.373	8.40	0.86	42.98	22.95	18.61	1.42	1.01	0.91	17.95
A1-30	原土打夯	$100m^2$	0.373	42.60	12.71	112.92	96.57		16.35	5.12	4.61	51.84
人工单价：综合工日单价：68 元/日 装饰人工单价：82 元/日				累计(元)		—	—	—	—	99.53	89.64	1597.82

材料费或机械费明细	主要材料机械名称、规格、型号	单位	数量	材料单价	材料合价	材料暂估单价	材料暂估合价	机械单价	机械合价
	灰浆搅拌机 拌筒容量 200L 小	台班	0.00					90.21	0.39
	双锥反转出料混凝土搅拌机 出料容量 350L 小	台班	0.00					140.64	0.44
	夯实机 电动 夯击能力 20～62N·m 小	台班	0.01					29.21	0.16
	其他材料费、其他机械费	元	—		14.32				0.00
	材料费、机械费小计	元	—		14.32				0.99

分部分项工程量清单/施工措施项目
清单综合单价分析表

工程名称：水泵房-装饰装修工程-装饰装修工程1　　标段：　　第8页　共8页

清单编码	020105001001	名称	水泥砂浆踢脚线	计量单位	m^2	数量	3.91	综合单价	39.28

消耗量标准编号	项目名称	单位	数量	取费基价		动态基价				管理费 32.20%	利润 29.00%	合价（元）
				人工费	机械费	小计	人工费	材料费	机械费			
B1-10	水泥砂浆 踢脚线	$100m^2$	0.039	1003.20	20.51	3320.26	2742.05	540.26	37.95	12.60	11.35	153.43
人工单价：综合工日单价：68元/日 装饰人工单价：82元/日			累计（元）	—	—	—	—	—	—	12.60	11.35	153.43

材料费或机械费明细	主要材料机械名称、规格、型号	单位	数量	材料单价	材料合价	材料暂估单价	材料暂估合价	机械单价	机械合价
	灰浆搅拌机 拌筒容量200L小	台班	0.00					90.21	0.38
	其他材料费、其他机械费	元	—		5.39				0.00
	材料费、机械费小计	元	—		5.39				0.38

【说明：1. 清单综合单价＝累计合价÷清单数量；2. 管理费或利润＝数量×取费基价中的人工费（或人工费＋机械费）×相应费率；3. 合价＝数量×动态基价小计＋管理费＋利润；4. 招标文件提供了暂估单价的材料，按暂估的单价填入表内“暂估单价”栏及“暂估合价”栏；5. 材料费或机械费明细栏内数据仅为一个计量单位的综合单价含量；6. 可以计算工程量的施工措施项目按本表列项计价。】

分部分项工程量清单/措施项目

清单综合单价分析表

工程名称：水泵房-装饰装修工程-装饰装修工程 1　　标段：　　第 1 页　共 1 页

清单编码	B0204001	名称	脚手架搭拆费	计量单位		数量	37.32	综合单价	7.04

消耗量标准编号	项目名称	单位	数量	取费基价		动态基价				管理费	利润	合价
				人工费	机械费	小计	人工费	材料费	机械费	32.20%	29.00%	(元)
B7-5	满堂脚手架 层高 3.6～5.2m	100m²	0.373	196.50	6.77	584.29	537.10	37.96	9.22	23.60	21.26	262.80
人工单价:综合工日单价:68 元/日 装饰人工单价:82 元/日				累计(元)		—	—	—	—	23.60	21.26	262.80

材料费或机械费明细	主要材料机械名称、规格、型号	单位	数量	材料单价	材料合价	材料暂估单价	材料暂估合价	机械单价	机械合价
	载货汽车 装载重量 6t 中	台班	0.00					461.46	9.23
	其他材料费、其他机械费	元	—		0.38				-9.14
	材料费、机械费小计	元	—		0.38				0.09

【说明：1. 清单综合单价＝累计合价÷清单数量；2. 管理费或利润＝数量×取费基价中的人工费（或人工费＋机械费)×相应费率；3. 合价＝数量×动态基价小计＋管理费＋利润；4. 招标文件提供了暂估单价的材料，按暂估的单价填入表内“暂估单价”栏及“暂估合价”栏；5. 材料费或机械费明细栏内数据仅为一个计量单位的综合单价含量；6. 可以计算工程量的施工措施项目按本表列项计价。】

施工措项施项目清单与计价表

工程名称：水泵房-装饰装修工程-装饰装修工程 1　　标段：　　第 1 页　共 1 页

序号	项 目 名 称	计算基础	费率(%)	金额(元)
	以"项"计价(无定额可套)的措施项目			
1	夜间施工增加费(缩短工期措施费)			
2	二次搬运费			
3	施工排水费			
4	施工降水费			
5	地上、地下设施，建筑物的临时保护设施费			
6	已完工程及设备保护费			
7	各专业工程的措施项目			
	合计			

【说明：本表适用于以"项"计价的措施项目。】

人工、主要材料、机械汇总表

工程名称：水泵房-装饰装修工程-装饰装修工程1　　标段：　　第1页　共2页

序号	编码	名称(材料、机械规格型号)	单位	数量	单价(元)	合价(元)	备注
1	AW00581	其他材料费	元	5.94	1.000	5.937	
2	CL00404	合金钢钻头 $\phi10$	个	1.33	5.400	7.191	
3	CL00917	草袋子	m^2	16.41	1.950	32.003	
4	CL01454	防盗门	m^2	5.90	210.000	1239.000	
5	CL01483	密封毛条	m	89.51	0.190	17.006	
6	CL01765	平板玻璃 5mm	m^2	12.63	26.650	336.590	
7	CL01846	双飞粉	kg	224.90	0.210	47.230	
8	CL01859	117 胶	kg	91.14	1.030	93.874	
9	CL02147	膨胀螺栓 M8×65	套	213.11	0.210	44.753	
10	CL02148	螺钉 M5×16	个	407.65	0.020	8.153	
11	CL02371	地脚	个	106.56	0.400	42.622	
12	CL02706	回转扣件	kg	0.18	4.800	0.859	
13	CL02707	对接扣件	kg	0.12	4.800	0.573	
14	CL02708	直角扣件	kg	0.48	4.800	2.292	
15	CL02714	脚手架底座	kg	0.11	4.800	0.537	
16	CL02876	砂纸	张	0.99	0.700	0.693	
17	CL02877	其他材料费(占材料费)	%	0.53	1.000	0.535	
18	CL03105	竹脚手板(侧编)	m^2	0.62	11.000	6.811	
19	CL03456	铝合金型材	kg	62.62	30.000	1878.681	
20	CL04110	墙漆	kg	2.46	8.000	19.689	
21	CL04151	底面处理剂	kg	1.07	10.230	10.918	
22	CL04227	软填料	kg	3.60	7.750	27.892	
23	CL04396	玻璃胶 350g	支	9.31	8.000	74.462	
24	CL04427	密封油膏	kg	7.32	3.740	27.361	
25	CL04631	水泥 32.5 级	kg	1673.14	0.280	468.480	
26	CL04638	白水泥	kg	17.82	0.420	7.484	
27	CL04643	砾石 10mm	m^3	0.96	60.000	57.441	
28	CL04651	中净砂	m^3	0.56	54.000	30.261	
本 页 小 计						4489.330	
	合计					4489.33	

人工、主要材料、机械汇总表

工程名称：水泵房-装饰装修工程-装饰装修工程1　　标段：　　第2页　共2页

序号	编码	名称(材料、机械规格型号)	单位	数量	单价(元)	合价(元)	备注
29	CL04652	粗净砂	m^3	3.31	57.610	190.671	
30	CL04654	粗净砂(过筛)	m^3	0.75	57.610	43.065	
31	CL04675	石灰膏	m^3	0.91	173.000	157.425	
32	CL04684	107胶	kg	39.68	1.360	53.963	
33	CL04713	水	m^3	6.08	3.400	20.660	
34	CL04714	纸筋	kg	13.02	1.000	13.020	
35	CL05347	防锈漆	kg	0.23	8.600	1.957	
36	CL06140	松厚板	m^3	0.02	943.000	17.483	
37	EA0131	焊接钢管	kg	0.26	3.600	0.940	
38	J1-68	夯实机 电动 夯击能力20～62N·m小	台班	0.21	29.207	6.101	
39	J4-6	载货汽车 装载重量6t中	台班	0.01	461.461	3.442	
40	J6-16	灰浆搅拌机 拌筒容量200L小	台班	0.65	90.211	58.271	
41	J6-6	双锥反转出料混凝土搅拌机 出料容量350L小	台班	0.12	140.642	16.262	
42	J7-114	电锤520W　小	台班	2.91	8.989	26.119	
43	JB0120	107胶	kg	7.92	1.360	10.771	
44	JX00782	制作安装综合机械	台班	0.22	254.990	56.243	
45	RG00003	综合工日	工日	2.80	68.000	190.535	
46	RG00005	装饰人工工日	工日	72.94	82.000	5980.874	
	本页小计					6847.803	
	合计					6847.80	

附录2　全国建设工程造价员管理办法

第一章　总则

第一条　为加强对建设工程造价员的管理，规范建设工程造价员的从业行为和提高其业务水平，根据建设部《关于由中国建设工程造价管理协会归口做好建设工程概预算人员行业自律工作的通知》（建标［2005］69号）文件精神，制定本办法。

第二条　本办法所称建设工程造价员是指通过考试，取得《全国建设工程造价员资格证书》，从事工程造价业务的人员（以下简称造价员）。

第三条　中国建设工程造价管理协会（以下简称中价协）负责全国建设工程造价员的行业自律管理工作。各地区造价管理协会或归口管理机构（以下统称管理机构）应在本地区建设行政主管部门的指导和监督下，负责本地区造价员的自律管理工作。中价协各专业委员会（以下简称专委会）负责本行业造价员的自律管理工作。全国建设工程造价员行业自律工作受建设部标准定额司指导和监督。

第四条　《全国建设工程造价员资格证书》是造价员从事工程造价业务的资格证明，《全国建设工程造价员资格证书》由中价协负责监制和管理。

第二章　造价员资格考试

第五条 造价员资格考试实行全国统一考试大纲、通用专业和考试科目，各管理机构和专委会负责组织命题和考试。

通用专业和考试科目

通用专业：土建工程；安装工程。

通用考试科目：工程造价基础知识；土建工程或安装工程（可任选一门）。

其他专业和考试科目由各管理机构、专委会根据本地区、本行业的需要设置，并报中价协备案。

第七条 中价协负责组织编写《全国建设工程造价员资格考试大纲》和《工程造价基础知识》考试教材，并对各管理机构、专委会的考务工作进行监督和检查。各管理机构、专委会应按考试大纲要求编制土建工程、安装工程及其他专业科目考试教材，并负责组织命题、考试、阅卷、确定考试合格标准、颁发资格证书、制作专用章等工作。

第八条 凡遵守国家法律、法规，恪守职业道德，具备下列条件之一者，均可申请参加造价员资格考试：

（一）工程造价专业，中专及以上学历；

（二）其他专业，中专及以上学历，工作满一年。

第九条 工程造价专业大专及以上应届毕业生可向管理机构或专委会申请免试《工程造价基础知识》。

第三章 造价员管理

第十条 造价员应在本人承担的工程造价业务文件上签字、加盖专用章，并承担相应的岗位责任。

第十一条 造价员资格考试合格者，由各管理机构、专委会颁发由中价协统一印制的《全国建设工程造价员资格证书》及专用章，证书编号规则及专用章样式由中价协统一规定。

第十二条 各管理机构和各专委会应建立造价员信息管理系统和信用评价体系，并向社会公众开放查询造价员资格、信用记录等信息。

第十三条 造价员跨地区或行业变动工作，并继续从事建设工程造价工作的，应持调出手续、《全国建设工程造价员资格证书》和专用章，到调入所在地管理机构或专委会申请办理变更手续，换发资格证书和专用章。

第十四条 造价员可以从事与本人取得的《全国建设工程造价员资格证书》专业相符合的建设工程造价工作。

第十五条 造价员不得同时受聘在两个或两个以上单位。

第四章 继续教育

第十六条 继续教育是指提高业务素质，更新知识，学习新技能，掌握新方法所进行的业务培训、专业教育等。

第十七条 各管理机构和各专委会负责本地区或本行业的继续教育教材的编制及组织培训工作。

第十八条 造价员每三年参加继续教育的时间原则上不得少于30小时，各管理机构和各专委会可根据需要进行调整。

第五章 资格证书管理

第十九条 《全国建设工程造价员资格证书》原则上每三年验证一次，由各管理机构和各专委会负责具体实施。

第二十条 《全国建设工程造价员资格证书》验证的内容为本人从事工程造价工作的业

绩、继续教育情况、职业道德等。

第二十一条　有下列情形之一者，验证不合格或注销《全国建设工程造价员资格证书》和专用章：

（一）无工作业绩的；

（二）脱离工程造价业务岗位的；

（三）未按规定参加继续教育的；

（四）以不正当手段取得《全国建设工程造价员资格证书》的；

（五）在建设工程造价活动中有不良记录的；

（六）涂改《全国建设工程造价员资格证书》和转借专用章的；

（七）在两个或两个以上单位以造价员名义执业的。

第六章　自律规定

第二十二条　应遵守国家法律、法规，维护国家和社会公共利益，忠于职守，恪守职业道德，自觉抵制商业贿赂。

第二十三条　应遵守工程造价行业的技术规范和规程，保证工程造价业务文件的质量。

第二十四条　应保守委托人的商业秘密。

第二十五条　不准许他人以自己的名义执业。

第二十六条　与委托人有利害关系时，应当主动回避。

第二十七条　接受继续教育，提高专业技术水平。

第二十八条　对违反国家法律、法规的计价行为，有权向国家有关部门举报。

第七章　附则

第二十九条　各管理机构和各专委会应根据本办法，制订本地区、本行业的实施细则，报中价协备案。

第三十条　本办法在执行过程中，遇有关问题，请及时将意见和建议反馈中价协，本办法由中价协负责解释。

第三十一条　本办法自发布之日起试行。

附录3　湘建价计［2009］29号文摘要

《湖南省建设工程计价办法》和工程消耗量标准水平动态调整及统一解释

（一）建设工程计价办法

1. 建筑工程上册第3页第3条说明规定了机械挖土方工程量按机械土方90%、人工挖土方10%计算。其人工挖土方工程量的取费按什么标准执行？

人工挖土方并入机械土石方取费标准内计算。即10%的人工挖土方部分按机械土石方工程取费标准执行。

2. 执行消耗量标准中的人工装土、自卸汽车运土项目的工程量其取费按什么标准执行？

人工装土、自卸汽车运土并入各专业工程取费标准内计算。即其人工装土、自卸汽车运土是建筑工程中的项目，应并入建筑工程内计算，按建筑工程取费标准计算；是市政工程中的项目按市政工程取费标准计费。

3. 单位工程建筑面积较小的别墅工程由于工程量较小，造型相对复杂，单位面积内分摊的准备工作与收尾工作时间较长，变换操作地点以及操作地点转移影响的操作时间较多，各专业工种之间的工序搭接及有关工程的交叉、配合中不可避免的停歇时间相对拉长等因素，从而大大影响了生产工作的作业时间，同时工效大幅度降低，建议增加一定的人工、机械调整系数？

单位工程建筑面积在 300m^2 以下的工程，其消耗量标准中的人工、机械乘系数 1.15（包括建筑、装饰、安装工程）；单位建筑面积超过 300m^2 的别墅工程，其人工、机械乘系数 1.15。

4. 计价办法附录中能自行的特、大型施工机械其进出场费如何计算？

计价办法附录中未列项目的汽车式钻孔机、轮胎式装载机、自行式铲运机和汽车式起重机等能自行的特、大型的机械，其进出场费用按本机工作台班 0.5 台班计算。

5. 大型机械进出场工料机用量的百分比，在计算机械进出场费时，这个百分比是另外增加，还是已经综合了这个比例的回程工料机用量？

机械场外运输出场费中已经综合了机械回程工料机费用。

6. 施工企业在有害环境中施工能否计取特殊保健费，如何计取？

《湖南省建设工程计价办法》（湘建价［2006］330 号）文中规定的“施工企业计费费率参考表”没有综合特殊保健费。

施工企业参加特殊工程（包括有害、有毒、放射性、潜水作业等）施工的保健费应当按照相关规定计取。计取标准及计算基数应依据省级政府或省级有关权力部门的规定并在施工合同中约定。

7. 已完工程保护费（如墙面、地板等）应该有特殊要求，实际采取了保护措施的，经建设方签证才能计算，做上限值或投标报价时可以不计算？

可以。编制上限值或投标报价时可以不考虑已完工程保护费，工程结算时，可按建设方签证计算。

8. 沥青混凝土是否视同商品混凝土计取一定的管理费？

采用商品沥青混凝土的工程，其商品沥青混凝土按 2.5%计取企业管理费，不计利润，但应按规定计算取相应的规费、税金。

9. 一个清单项目名称内，有两个或两个以上专业工程内容，其取费标准是按不同专业工程取费标准执行还是按清单项目名称的取费标准执行？

按清单项目名称取费标准计取相关费用。

例如：建筑工程中的钢屋架清单项目，其工作内容包括钢屋架制作、运输、拼装、安装、探伤，刷油漆。按照消耗量标准的划分：钢屋架制作、运输、拼装、安装套建筑工程中的项目；钢屋架探伤套用安装工程中的项目；钢屋架刷油漆则套装饰工程中的项目。为简化计算、方便操作，因此，钢屋架清单项目中包括的探伤和油漆均按清单项目，即按建筑工程相应的取费标准执行。

（二）建筑工程解释

第一章　土石方工程

1. 挖掘机配置液压破碎锤（俗称炮机）开挖石方如何处理？

按人工打眼爆破石方相应消耗量子目执行。

2. 基坑、槽爆破石方，计取了超挖量，是否应计取工作面？

爆破石方的开挖工程量，首先应根据操作要求计算工作面宽度，然后，根据岩石类别考虑计算超挖工程量。

3. 挖掘机挖基坑槽石碴是否可以乘系数？

可按相应挖掘机台班数量乘以 1.62。

4. 用塔吊运土回填土方如何处理？

塔吊费用列入措施费中，回填土方按相关回填子目执行。

第二章 桩基工程

1. 人工挖孔桩遇挖淤泥如何处理？

参照挖流砂的规定处理。按开挖断面面积乘深度计量，每立方米增加 2.5 工日。

2. 泵压长螺旋钻孔桩如何处理？

可按履带式长螺旋钻孔灌注桩相应子目执行。

第四章 钢筋、混凝土工程

1. 斜屋面板如何套用子目？

斜屋面板混凝土浇筑按相应的非泵送梁、板子目执行，人工、机械乘以 1.2 系数。

斜屋面板（包括梁板）以及与之相接的顶层柱、墙模板按梁、板、柱、墙相应子目执行，人工、机械乘以 1.2 系数。

2. 混凝土柱、混凝土墙采用泵送浇筑，其水平施工缝处理如何套用消耗量子目？

工程量按实际摊铺面积计算，消耗量按每 $100m^2$，增加水泥砂浆 1∶2 用量 $1.05m^3$，综合工日 8 工日。

编制预算、标底或上限值时，可简化计算，混凝土墙按 $10m^3$ 体积计算 1∶2 水泥砂浆 $0.28m^3$，人工 2.13 工日；混凝土柱按 $10m^3$ 体积计算 1∶2 水泥砂浆 $0.31m^3$，人工 2.36 工日。

3. 钢筋植筋缺少对应清单项目，消耗量子目，如何处理？

(1) 清单按 010417002 预埋铁件项目，项目特征标明钢筋种类、规格，植筋深度、结构胶种类，计量单位按 t，工程量按钢筋重量，程内容包括钻孔、清孔、装胶、钢筋制作、植筋（安装）。

(2) 消耗量标准成孔、清孔、装胶按 BA4-4-BA4～13。钢筋制作，安装按钢筋制安相应子目。

第八章 屋面及防水工程

1. 塑料夹层板如何编制清单项目，如何套用消耗量子目？

塑料夹层板防水区分屋面、地下室，根据不同板厚套用相应卷材防水清单项目；

塑料夹层板消耗量套用 BA8-13 子目（详见附表）。

第九章 构筑物工程

1. 玻璃钢球面圆拱化粪池缺对清单项目、消耗量子目。如何处理？

(1) 清单按 010303004 化粪池项目，特征应标明材料玻璃钢球面圆拱化粪池及容量。计量单位为座。

(2) 玻璃钢球面圆拱化粪池制作、安装消耗量子目详见附表补充子目。

第十章 脚手架工程

1. 湘建价计［2008］31 号文中综合脚手架和单项脚手架关系如何？

在没有完整的施工组织设计时，可按综合脚手架执行。有详细完整施工组织设计，可按单项脚手架执行。

第十一章 模板工程

1. 后浇带模板如何计算？

后浇带除新老混凝土接触面（已浇混凝土与后浇混凝土接触面）按 A12-130 外，其他后浇带的成型模板按相应墙梁、板子目执行。

2. 满堂基础采用砖砌梁侧模，如何套用子目？

砖砌梁侧模套用砖地沟子目，表面抹水泥砂浆套用 B2-22 子目。

第十二章　垂直运输机械

1. 垂直运输机械，结算可否按实际使用时间结算？若可以，机械停滞和夜间加班如何计算？

编制预算或控制价时按消耗量标准的相关规定计算。结算时按投标文件有关垂直运输费报价或合同约定办理。实际发生工期延误、机械停滞，甲、乙双方协商处理。

（三）装饰工程解释

1. 外墙幕墙、雨篷底板吊顶采用型钢做龙骨（骨架），面层（饰面）为铝单板，消耗量标准没有子目，如何计价？

由于外墙幕墙、雨篷底吊顶采用型钢龙骨（骨架），国家标准、中南地区建筑标准设计没有具体的标准设计，对于龙骨（骨架）的构造要求、材料型号规模以及面屋（饰面）材料的固定方式各单体设计没有统一标准要求，因此，可根据各单位设计参照类似消耗量标准执行；没有类似消耗量标准的可编制一次性补充消耗量标准。

2. 轻钢龙骨上安装纸面石膏板，设计要求采用自攻螺钉固定，刮仿瓷涂料前自攻螺钉的外露部分用防锈漆或腻子封闭处理，否则仿瓷涂料面将会出现斑点。其自攻螺钉封闭处理如何计费？

每安装 100m^2 纸面石膏板增加人工 0.78 工日，其他材料费 18 元。

3. 石膏板缝贴绷带、刮腻子消耗量标准按每 100m 计量，施工过程中一般不会发生签证或隐蔽工程记录。因此，结算时其工程量很难确定，建议有签证或隐蔽工程记录，按其签证或隐蔽工程记录计算，没有的可按每 100m^2 综合 254m 的板缝计算。

4. 编号为 B4-108 电子感应门按樘计算，其尺寸是按多大考虑的？

电子感应门高按 2.2m、宽按 3.8m 综合并按成品考虑，实际价格不同，按双方认可价格计算。

5. 金属面油漆，消耗量标准规定按展开面积计算工程量，计算繁琐。建议恢复 1999 年定额按 t 计量，可以减少重复劳动，节约大量时间？

金属面油漆如果采用按吨计量，是可以减少重复劳动，节约一定的时间，提高一定的工效，但另外一个关键点是计价不准，由于各工程项目设计采用的构配件型材厚度不同，其基价相差甚大，例如，同样是“H”形构件，如设计厚度分别是 6mm、9mm、12mm、18mm，相同构件涂刷面积基本相同，但其重量相差几倍，也就是说基价相差几倍。因此，合理确定工程造价，其金属面油漆应按展开面积计算是比较合适的。

附录 4　《建设工程工程量清单计价规范》中的强制性条文

1.0.3　全部使用国有资金投资或国有资金投资为主的工程建设项目，必须采用工程量清单计价。

3.1.2　采用工程量清单方式招标，工程量清单必须作为招标文件的组成部分，其准确性和完整性由招标人负责。

3.2.1　分部分项工程量清单应包括项目编码、项目名称、项目特征、计量单位和工程量。

3.2.2 分部分项工程量清单应根据附录规定的项目编码、项目名称、项目特征、计量单位和工程量计算规则进行编制。

3.2.3 分部分项工程量清单的项目编码，应采用十二位阿拉伯数字表示。一至九位应按附录的规定设置，十至十二位应根据拟建工程的工程量清单项目名称设置，同一招标工程的项目编码不得有重码。

3.2.4 分部分项工程量清单的项目名称应按附录的项目名称结合拟建工程的实际确定。

3.2.5 分部分项工程量清单中所列工程量应按附录中规定的工程量计算规则计算。

3.2.6 分部分项工程量清单的计量单位应按附录中规定的计量单位确定。

3.2.7 分部分项工程量清单项目特征应按附录中规定的项目特征，结合拟建工程项目的实际予以描述。

4.1.2 分部分项工程量清单应采用综合单价计价。

4.1.3 招标文件中的工程量清单标明的工程量是投标人投标报价的共同基础，竣工结算的工程量按发、承包双方在合同中约定应予计量且实际完成的工程量确定。

4.1.5 措施项目清单中的安全文明施工费应按照国家或省级、行业建设主管部门的规定计价，不得作为竞争性费用。

4.1.8 规费和税金应按国家或省级、行业建设主管部门的规定计价，不得作为竞争性费用。

4.3.2 投标人应按招标人提供的工程量清单填报价格。填写的项目编码、项目名称、项目特征、计量单位、工程量必须与招标人提供的一致。

4.8.1 工程完工后，发、承包双方应在合同约定时间内办理工程竣工结算。

参考文献

[1] 建设工程工程量清单计价规范（GB 50500—2008）. 北京：中国计划出版社，2008.

[2] 袁建新主编. 建筑工程工程量清单计价. 第2版. 北京：中国建筑工业出版社，2008.

[3] 本书编委会编. 工程量清单计价基础知识—工程量清单计价造价员培训教程. 北京：中国建筑工业出版社，2004.

[4] 袁建新主编. 建筑工程预算. 第4版. 北京：中国建筑工业出版社，2010.

[5] 本书编委会编. 建筑工程—工程量清单计价造价员培训教程. 北京：中国建筑工业出版社，2004.

[6] 本书编委会编. 建筑与装饰装修工程计价应用与案例. 北京：中国建筑工业出版社，2004.

[7] 邢莉燕主编. 工程量清单的编制与投标报价. 济南：山东科学技术出版社，2004.

[8] 刘全义主编. 建筑工程定额与预算. 北京：清华大学出版社，2009.

[9] 钱昆润，戴望炎，张星编著. 建筑工程定额与预算. 第5版. 南京：东南大学出版社，2006.

[10] 沈祥华主编. 建筑工程概预算，第3版. 武汉：武汉理工大学出版社，2008.

[11] 宋芳主编. 建筑工程定额与预算. 第1版. 北京：机械工业出版社，2009.

[12] 本书编写组编. 建筑工程造价员培训教材. 北京：中国建材工业出版社，2009.

[13] 中华人民共和国建设部. 建筑工程建筑面积计算规范（GB/T 50353—2005）. 北京：中国计划出版社，2005.

[14] 中华人民共和国建设部. 建设工程工程量清单计价规范（GB 50500—2008）. 北京：中国计划出版社，2008.

[15] 中华人民共和国建设部标准定额司. 全国统一建筑工程基础定额（GJD-101-95）. 北京：中国计划出版社，1995.

[16] 吴贤国主编. 建筑工程概预算. 第2版. 北京：中国建筑工业出版社，2007.

[17] 许焕兴主编. 新编装饰装修工程预算. 北京：中国建筑工业出版社，2005.

[18] 田永复主编. 建筑装饰工程概预算. 北京：中国建筑工业出版社，2000.

[19] 工程造价员网校编. 建筑工程工程量清单分部分项计价与预算定额计价对照实例详解. 北京：中国建筑工业出版社，2009.

[20] 顾湘东主编. 建筑装饰装修工程预算，长沙：湖南大学出版社，2007.

[21] 张国栋主编. 图解建筑工程工程量清单计算手册. 第3版. 北京：机械工业出版社，2009.

[22] 李金凤，王忠礼编. 建筑工程预算. 北京：机械工业出版社，2008.

[23] 天津理工大学造价工程师培训中心编. 全国造价工程师执业资格考试复习指导. 第2版. 天津：天津大学出版社，2007.

[24] 全国造价工程师执业资格考试培训教材编审组编. 工程造价案例分析（2009版）. 北京：中国城市出版社 2009.